PROFESSIONS, PROFESSIONNELS ET ÉTABLISSEMENTS DE SANTÉ FACE AU DROIT PÉNAL

Anne PONSEILLE

PROFESSIONS, PROFESSIONNELS ET ÉTABLISSEMENTS DE SANTÉ FACE AU DROIT PÉNAL

LEH Édition

SOMMAIRE

PRÉFACE

« La responsabilité des médecins dans l'exercice consciencieux de leur profession ne saurait être justiciable de la loi » !*

On mesure, à la lecture de l'ouvrage de Mme Anne Ponseille, le chemin parcouru.

Longtemps, acteurs de santé et juristes se sont superbement ignorés, voire raillés. Pourtant le doyen Savatier écrivait dans ses *Métamorphoses* :

> *Médecin et juriste incarnent deux humanismes… Toutefois l'être humain est si riche que le médecin et le juriste, le regardant respectivement sous l'angle de leur profession, ne se rencontrent pas immédiatement… Mais, par le sommet, les deux professions se rejoignent. Le médecin, à travers le corps qu'il soigne, noue nécessairement un lien étroit avec cette « personne » qui préoccupe le juriste. Et le juriste… prend nécessairement appui sur les corps humains qui sont l'élément vivant de la personne***.

Depuis quelques décennies les évolutions respectives du monde de la santé et du droit suivent des voies moins parallèles que convergentes et la sphère du droit pénal n'est pas, tant s'en faut, en retrait.

Ce mouvement est ambivalent, comme le démontre l'auteure, l'immixtion du droit pénal dans le champ de la santé protège tout autant qu'il ne sanctionne. Il intéresse et s'intéresse à tous les acteurs, professionnels comme établissements de santé, et l'immense travail accompli par Mme Ponseille reflète cette réalité.

Loin de verser dans la facilité et de n'aborder que la partie émergée de « l'iceberg répressif », l'ouvrage envisage de nombreuses questions moins convenues et dresse un état des lieux exhaustif qui permet d'affirmer que le contenant *Professions, professionnels et établissements de santé face au droit pénal* est bien conforme au contenu. La somme réalisée est impressionnante, elle intègre et dépasse l'approche du seul droit pénal médical.

On pourrait résumer les apports du travail de Mme Ponseille par cette formule quelque peu laconique : « utile et rare ».

« Rareté », de première part, car le constat doit être dressé du manque d'ouvrages fondamentaux en droit pénal de la santé. Assurément la tendance est en passe de s'inverser et la relative pénurie ne nous menace plus véritablement. L'Association française de droit de la santé avait consacré son colloque de l'année 2008 au droit pénal de la santé, notre collègue Patrick Mistretta a récemment publié un ouvrage de référence consacré au droit pénal médical. Pour autant le livre de Mme Ponseille était attendu et espéré par tous ceux qui œuvrent au confluent de la santé et du droit. Qu'on ne s'étonne pas de

---

* Rapport de l'Académie de médecine, Archives de la Bibl. de l'Académie nationale de médecine, 1829, not. Dr Double ; Rapport Dr Double, *in* Dubrac, *Traité de jurisprudence médicale et pharmaceutique*, J.-B. Baillière, Paris, 1882, p. 101.

** *Les Métamorphoses économiques et sociales du droit privé d'aujourd'hui*, Seconde série, Dalloz 1959, *L'universalisme renouvelé des disciplines juridiques, Au confluent de deux humanismes : ententes et mésententes entre médecins et juristes*, p. 234, n° 213.

cette attente puisque droit pénal et droit de la santé sont tous deux « droit des larmes et du sang ». Saluons aussi l'éditeur qui n'a pas confiné l'œuvre dans les rayons peu parcourus des ouvrages spécialisés, mais a, au contraire, saisi le caractère fondamental du travail accompli en le publiant dans une collection d'ouvrages généraux.

« Utilité », de seconde part, reflète bien les apports de l'ouvrage. Utile, il l'est indéniablement et à plusieurs titres. Mme Ponseille brasse et embrasse avec efficacité une multitude de questions. L'étude démontre que les problématiques situées au confluent du droit pénal et de la santé ne sauraient être circonscrites à la seule dimension d'exposition des acteurs de santé au risque répressif. Le droit, pénal, protège les professionnels tout autant qu'il les expose. « Acteurs » du procès pénal hommes et femmes de l'art n'en sont seulement les proies. Le travail de Mme Ponseille sera le compagnon des universitaires et des chercheurs en droit pénal et en droit de la santé, il figurera sans nul doute en bonne place dans les bibliothèques des professionnels du droit. Il sera, enfin, l'allié de poids des acteurs de santé, soucieux de maîtriser des questions qui ne sont anxiogènes qu'à raison de l'absence de formation aboutie en la matière.

L'œuvre réalisée est passionnante, loin de l'hermétisme souvent reproché aux écrits juridiques, elle se révèle didactique, pédagogique et facile d'accès. C'est un véritable tour de force que réalise Mme Ponseille en rendant abordable une discipline qui ne l'est pas toujours. Pas à pas le lecteur apprend et les développements permettent l'élargissement du champ personnel de réflexion. Qu'on l'aborde de bout en bout ou de façon opportuniste, ce livre est source de richesse, il invite à la réflexion et à l'humilité. Somme de connaissance, il n'est pas pour autant circonscrit dans la description. Par ses analyses et ses propositions, l'auteure élève le lecteur au-delà de la simple perception, elle le guide vers la compréhension.

Mme Ponseille illustre avec talent la proposition de Boileau « Ce qui se conçoit bien s'énonce clairement - Et les mots pour le dire arrivent aisément ».

Cela n'étonnera nullement ceux qui ont le privilège de connaître l'auteure pour qui interdisciplinarité, transdisciplinarité sont bien davantage que des mots. Ses nombreux engagements la conduisent à animer et diriger des formations et des diplômes où interviennent, en complémentarité, des universitaires et des praticiens venant des champs du droit et de la santé. Son investissement auprès des étudiants, elle intervient, notamment, depuis de nombreuses années auprès des étudiants du Master droit et gouvernance des établissements de santé, ses écrits dans la *Revue Droit & Santé* en font un enseignant chercheur connu et reconnu.

Là ne s'arrêtent pas les talents de Mme Ponseille, qui œuvre aussi au sein de la société civile et, notamment au sein du CRIAVS Languedoc-Roussillon, démontrant, si besoin était, qu'il n'existe pas d'étanchéité entre droit savant et droit vivant.

Il convient, donc, de prescrire la lecture de *Professions, professionnels et établissements de santé face au droit pénal* et ce à doses non homéopathiques.

François VIALLA

Professeur à l'université de Montpellier
Directeur du Centre européen d'Études et de Recherche Droit & Santé
UMR 5815 – SFR ASMES en Santé

LISTE DES ABRÉVIATIONS

Act.	Actualité
AJDA	*Actualité Juridique de droit administratif*
AJ pénal	*Actualité juridique pénale*
Act. JuriSanté	*Actualité JuriSanté*
aff.	Affaire
AFSSAPS	Agence française de sécurité sanitaire des produits de santé
ARS	Agence régionale de santé
AME	Ajournement avec mise à l'épreuve
Al.	Alinéa
APC	Archives de politique criminelle
Art.	Article
AN	Assemblée nationale
ass. plén.	Assemblée plénière de la Cour de cassation
AP-HP	Assistance Publique-Hôpitaux de Paris
Bull. crim.	*Bulletin des arrêts de la chambre criminelle de la Cour de cassation*
BICC	*Bulletin d'information de la Cour de cassation*
Cass. civ.	Arrêt de chambres civiles de la Cour de cassation
Cass. com.	Arrêt de la chambre commerciale de la Cour de cassation
Cass. crim.	Arrêt de la chambre criminelle de la Cour de cassation
CPAM	Caisse primaire d'assurance maladie
CHU	Centre hospitalier universitaire
Chron.	Chronique
C. civ.	Code civil
C. com.	Code de commerce
CASF	Code de l'action sociale et des familles
C. route	Code de la route
CSP	Code de la santé publique
CSS	Code de la sécurité sociale

CPP	Code de procédure pénale
CGCT	Code général des collectivités territoriales
C. pén.	Code pénal
Comm.	Commentaire
CNCDH	Commission nationale consultative des droits de l'Homme
Cf.	*Confer*
CC	Conseil constitutionnel
CCNE	Conseil consultatif national d'éthique
CE	Conseil d'État
CNOM	Conseil national de l'Ordre des médecins
CPIP	Conseiller pénitentiaire d'insertion et de probation
c/	Contre
CGLPL	Contrôleur général des lieux de privation de liberté
Conv. EDH	Convention européenne de sauvegarde des droits de l'homme
CA	Cour d'appel
CEDH	Cour européenne des droits de l'Homme
CJUE	Cour de justice de l'Union européenne
CJCE	Cour de justice des communautés européennes
Chron. crim.	*Chronique criminelle*
D.	*Recueil Dalloz*
DH	*Dalloz hebdomadaire*
DP	*Dalloz périodique*
Déb. Ass. nat.	Débats devant l'Assemblée nationale (Compte-rendu des)
DDHC	Déclaration des droits de l'Homme et du citoyen
DRASS	Direction régionale des affaires sanitaires et sociales
DDS	*Droit, Déontologie et Soin*
Dr. fam.	*Revue de droit de la famille*
Dr. pén.	*Revue de droit pénal*
Ed.	Édition
Fasc.	Fascicule
Gaz. Pal.	*Gazette du Palais*

Ibid.	*Ibidem*
IPP	Incapacité permanente partielle
ITT	Incapacité totale de travail
IR	Informations rapides
Infra.	Voir ci-dessous
IVG	Interruption volontaire de grossesse
IGAS	Inspection générale des affaires sociales
IGSJ	Inspection générale des services judiciaires
JO	*Journal officiel*
JLD	Juge des libertés et de la détention
JCP G	JurisClasseur périodique-Édition générale
JurisData	*JurisData*
JP	Jurisprudence
LPA	*Les petites affiches*
LGDJ	Librairie générale de Droit et de jurisprudence
L.	Loi
Min. public	Ministère public
n°	Numéro
Obs.	Observations
Oniam	Office National d'Indemnisation des Accidents Médicaux
OPJ	Officier de police judiciaire
Op. cit.	*Opero citato*
Ord.	Ordonnance
p.	Page
précit.	Précité
PDG	Président directeur général
QPC	Question prioritaire de constitutionnalité
Réf.	Référé
R.	Règlement
Rép. pén.	Répertoire pénal
Rép. quest. écrite	Réponse à une question écrite
Req.	Requête
Rev.	*Revue*
RDSS	*Revue de droit sanitaire et social*
RSC	*Revue de science criminelle et de droit pénal comparé*
RDS	*Revue Droit & Santé*

RGDM	*Revue générale de droit médical*
RPDP	*Revue pénitentiaire et de droit pénal*
RTDH	*Revue trimestrielle des droits de l'Homme*
RU	Royaume-Uni
Sem. Jur.	*Semaine Juridique*
Sén.	Sénat
Samu	Service d'aide médicale urgente
S	Sirey
SA	Société anonyme
SARL	Société à responsabilité limitée
Somm.	Sommaire
Somm. comm.	Sommaires commentés
Spéc.	Spécialement
s.	Suivant(s)(es)
Supra.	Voir ci-dessus
SME	Sursis avec mise à l'épreuve
T. corr.	Tribunal correctionnel
TGI	Tribunal de grande instance
TAP	Tribunal de l'application des peines
UCSA	Unité de consultations et de soins ambulatoires
UHSI	Unité hospitalière sécurisée interrégionale
UHSA	Unité hospitalière spécialement aménagée
UMD	Unité pour malades difficiles
Vol.	Volume

INTRODUCTION

Depuis plusieurs décennies, la pratique des professionnels de santé intéresse le juge et fait ainsi l'objet d'une judiciarisation rampante[1]. Si celle-ci a pour avantages d'inciter à une meilleure gestion des risques médicaux en faisant des magistrats des « éclaireurs judiciaires », d'obliger à une modification des modes de fonctionnement, de la manière de soigner et de la façon d'envisager la relation soignant/patient, elle a aussi pour inconvénient de conduire à une augmentation du contentieux en ce domaine et, par là même, à une mise en cause plus importante des professionnels de santé[2]. Cette judiciarisation s'exprime principalement par la recherche, déjà depuis plusieurs années, de l'engagement de la responsabilité civile du médecin[3].

2 – Parallèlement, un mouvement de pénalisation, déjà ancien, semble parcourir le droit de la santé au point qu'émerge ces dernières années un véritable **droit pénal de la santé**, bien difficile à définir et à délimiter. Le phénomène n'est pas nouveau : un examen attentif des publications dans les revues juridiques ainsi que du Bulletin des arrêts de la chambre criminelle de la Cour de cassation du XIXe siècle fournit, à travers les décisions judiciaires retranscrites, des illustrations de condamnations pénales. Mais il est vrai qu'à cette époque et pendant la première partie du XXe siècle, les infractions pour lesquelles les praticiens faisaient l'objet d'une condamnation étaient principalement des délits d'homicide et de blessures involontaires commis dans l'exercice de leur art ou le délit de violation du secret

---

1 A. Garay, « Quelle judiciarisation de la pratique médicale ? », *Gaz. Pal.*, 27 novembre 2001, n° 331, p. 29 et s. ; A. Lande, J. Pariente, D. Tabuteau, *La judiciarisation de la santé*, Paris : Les Éditions de Santé, 2012, 367 P.

2 J.-H. Soutoul « Jurisprudence, pourquoi pas médicoprudence ? », *Médecine et Droit*, 1995, n° 13, Éditorial, p. 1 et s.

3 S. Welsch, *Responsabilité du médecin : risques et réalités judiciaires*, Paris : Litec, Coll. « Responsabilités », 2000, 272 P. ; B. Munoz-Perez, D. Thouvenin, « La responsabilité civile médicale : des procès très contentieux », *Act. JuriSanté*, 1994, n° 6, p. 4 et s.

professionnel. Une part importante du contentieux pénal concernait également des faits d'exercice illégal des professions médicales.

3 – Cette tendance à la pénalisation n'est donc pas nouvelle mais semble s'être renforcée ces dernières décennies par le développement de politiques législatives[4] et judiciaires allant dans ce sens. Sa manifestation la plus visible tient dans un engagement de la responsabilité pénale du professionnel de santé sans doute plus fréquent qu'auparavant. Si une partie de la doctrine émet quelques doutes quant à la réalité de la pénalisation de la pratique des soins[5], d'autres auteurs la constatent et en dénoncent ses conséquences négatives pour l'exercice de ces professions[6].

4 – Cependant, le privilège donné à la voie pénale s'explique aisément par une recherche des preuves qui est facilitée: la charge de la preuve est en effet supportée, d'une part, par le parquet, et, d'autre part, par le juge d'instruction qui instruit à charge et à décharge, alors qu'en matière civile ou administrative, elle incombe au demandeur, le patient. Une autre raison tient dans le moindre coût que représente un procès pénal pour le patient, au moins en ce qui concerne les frais d'expertise judiciaire qu'il n'aura pas à avancer et qui seront pris en charge par l'État[7]. Par ailleurs, il serait erroné de penser qu'à l'origine des procédures pénales engagées à l'égard des professionnels de santé se trouvent seulement des patients, car les organismes de sécurité sociale et les ordres sont aussi pourvoyeurs de tels procès. La démocratisation de la voie pénale due à une saisine facilitée par les victimes des juridictions répressives accentue la stigmatisation et l'infamie inhérentes au procès pénal. L'autre mode de répression, de nature disciplinaire, dont peut faire l'objet le professionnel de santé a sans doute les mêmes conséquences mais reste plus confidentiel.

5 – Certes, le **risque pénal** encouru par les professionnels de santé, c'est-à-dire le risque de faire l'objet de poursuites, ce qui est déjà très stigmatisant, et éventuellement d'être pénalement condamnés, ne doit pas être minimisé: les condamnations fréquentes de praticiens, auxquelles s'ajoutent parfois des sanctions disciplinaires, attestent sa réalité et peuvent inquié-

[4] Ainsi, par exemple, la loi n° 2002-303 du 4 mars 2002 relative aux droits des malades et à la qualité du système de santé a créé de nombreuses incriminations pénales: *JO* du 5 mars 2002, p. 4118 et s.

[5] P. Hennion-Jacquet, « La responsabilité pénale du praticien: pénalisation ou dépénalisation de la faute médicale », *RDSS*, 2015, p. 108 et s.

[6] F. Rousseau, « Le médecin face à la mort. De quelques aspects techniques de la responsabilité pénale », *AJ pénal*, 2012, p. 372 et s.

[7] J. Guigue, « Les inconvénients de la pénalisation du droit de la santé », *RDSS*, 2008, Hors-Série, p. 36 et s.

ter à juste titre la communauté des soignants. Une condamnation pénale peut en effet avoir une incidence immédiate et irréversible sur l'activité professionnelle du prévenu. Sans doute le risque pénal est-il objectivement aggravé par l'inflation pénale, la création de nouvelles incriminations, qui conduit à une multiplication des occasions d'être pénalement sanctionné. Cependant, il ne doit pas non plus être exagéré tant le recours à la voie pénale n'est pas systématique. De plus, la (sur)médiatisation de quelques affaires pénales concernant des praticiens a un « effet loupe » qui n'est pas le reflet de la réalité et conduit, pour cette raison, à relativiser ce phénomène pénal. Quoi qu'il en soit, la connaissance des infractions pouvant être reprochées aux professionnels de santé et de la jurisprudence qui découle de l'application des textes incriminateurs assure une **gestion efficace du risque pénal encouru** et permet de limiter les mises en cause et les condamnations pénales. Le présent ouvrage a vocation à aider à une meilleure maîtrise du risque pénal en proposant une présentation pédagogique des infractions relevant du droit pénal de la santé. Leur énumération ne peut être exhaustive et le choix des incriminations étudiées a été essentiellement dicté par l'importance quantitative ou qualitative du contentieux qui s'y rattache, c'est-à-dire des décisions judiciaires rendues.

6 – Il nous semble cependant que l'engagement de la responsabilité pénale du médecin n'est qu'un point de rencontre parmi d'autres entre le droit pénal et le droit de la santé. En effet, le droit pénal médical[8] ne représente qu'un des aspects du droit pénal de la santé. Ce dernier s'intéresse en effet à l'ensemble des professionnels de santé, les professions médicales certes mais aussi les professions de la pharmacie et les auxiliaires médicaux. Le droit pénal de la santé ne concerne pas non plus que les questions liées à la responsabilité : son champ est bien plus large.

7 – Les liens qui unissent le droit pénal et le droit de la santé sont en effet multiples et les développements qui suivent se proposent d'en présenter quelques-uns, sans pouvoir en faire une description complète ou détaillée. Malgré sa fonction essentiellement répressive, le droit pénal peut être également perçu comme protecteur : tel est le cas lorsque le recours à la sanction pénale tend à assurer la préservation du monopole des professions de santé (**Partie 1**). Même si le droit pénal de la santé s'intéresse aux comportements susceptibles de conduire à l'engagement de la responsabilité pénale des professionnels de santé, il n'ignore pas les autres liens qui unissent ces derniers à la justice pénale : en effet, ils peuvent être confrontés à l'institution judiciaire d'une manière différente dans la mesure où la justice pénale les sollicite de plus en plus souvent en raison de leurs compétences

[8] P. Mistretta, *Droit pénal médical*, Paris : Cujas, 2013, 1re éd., 454 p.

spécifiques (**Partie 2**). Enfin, depuis quelques années, les praticiens ne sont pas les seuls à subir le risque pénal puisque les établissements de santé sont eux-mêmes exposés au droit pénal (**Partie 3**).

8 - Ainsi, afin de mettre en évidence la richesse des liens évoqués entre droit de la santé et droit pénal, trois aspects du droit pénal de la santé seront présentés :

Partie 1 - LA PROTECTION DES PROFESSIONS DE SANTÉ PAR LE DROIT PÉNAL

Partie 2 - LA CONFRONTATION DES PROFESSIONNELS DE SANTÉ AU DROIT PÉNAL

Partie 3 - L'EXPOSITION DES ÉTABLISSEMENTS DE SANTÉ AU DROIT PÉNAL

PARTIE 1

LA PROTECTION DES PROFESSIONS DE SANTÉ PAR LE DROIT PÉNAL

Si le corpus des règles déontologiques assure une protection des professions de santé par la menace d'une sanction disciplinaire, le droit pénal a également vocation à les protéger : plusieurs dispositions du Code pénal et du Code de la santé publique permettent la répression, au moyen de peines, de nombreux comportements qui portent atteinte tant à l'exercice des professions de santé **(chapitre 1)** qu'aux modalités d'exercice de celles-ci **(chapitre 2)**.

CHAPITRE 1

LA PROTECTION PÉNALE DE L'EXERCICE DES PROFESSIONS DE SANTÉ

Le recours au droit pénal aux fins de protection de l'exercice des professions de santé a pour fondements à la fois la sécurité des usagers[9], des patients mais également la protection d'un monopole d'exercice (celui des pharmaciens notamment) ou plus largement du périmètre et la compétence des professionnels de santé. Cette protection pénale se fait par le recours à l'incrimination de nombreux comportements pénalement sanctionnés, qui permet à la fois une protection pénale directe (**section 1**) et une protection pénale indirecte (**section 2**).

SECTION 1 – UNE PROTECTION PÉNALE DIRECTE : L'INCRIMINATION DE L'EXERCICE ILLÉGAL D'UNE PROFESSION DE SANTÉ

11 – Cette protection de l'exercice de professions de la santé est assurée principalement par le biais du délit d'exercice illégal et elle est ancienne[10]. Le contentieux en ce domaine est important dans la mesure où les Ordres professionnels notamment se montrent vigilants et n'hésitent pas à se constituer partie civile devant les juridictions répressives ayant à juger les auteurs de tels comportements. Le Code de la santé publique propose une déclinaison du délit d'exercice illégal d'une profession de santé puisqu'il y a quasiment autant de textes incriminateurs que de professions de santé. Est ainsi pénalement sanctionné l'exercice illégal des professions

---

9 Les dispositions pénales étudiées ci-dessous sont justifiées « par la protection de santé publique, mesure impérieuse d'intérêt général dont ces textes poursuivent la réalisation de façon proportionnée » : Cass. crim., 2 décembre 2003, *Bull. crim.*, n° 227.

10 P. Vielfaure, « Quelques observations sur le droit pénal et l'« art de guérir » au XIXe siècle », *RDS*, 2013, Hors Série, n° 50, p. 54 et s.

médicales[11], de la pharmacie[12] ainsi que l'exercice illégal de la plupart des professions d'auxiliaires médicaux comme les préparateurs en pharmacie[13], les infirmiers[14], les masseurs-kinésithérapeutes, pédicures et podologues[15], les diététiciens[16]... Mais le contentieux le plus abondant concerne l'exercice de l'art médical, de l'art dentaire et de la pharmacie, contentieux qui sera ici présenté plus spécifiquement. La diversité des actes définissant l'exercice des professions de santé entraîne des variantes dans les éléments requis pour la constitution de telles infractions (**§1**) permettant à la répression de jouer (**§2**).

§I – Les conditions constitutives du délit d'exercice illégal d'une profession de santé

12 – Le délit d'exercice illégal d'une profession de santé possède une structure matérielle complexe (**A**) et suppose que soit constatée une faute intentionnelle de l'auteur (**B**).

A – Le comportement répréhensible : l'exercice non autorisé d'une profession de santé

13 – L'accomplissement d'un acte relevant du champ d'une profession de santé (**1**), avec parfois l'exigence d'une répétition (**3**), par une personne qui n'y est pas autorisée (**2**) tombe sous le coup de la loi pénale.

1) La réalisation de l'acte interdit

14 – Seront ici présentés plus particulièrement les comportements répréhensibles au titre de l'exercice illégal des professions de médecin, de pharmacien et de chirurgien-dentiste.

15 – Actes interdits au titre de l'exercice illégal de la médecine – Les actes relevant de la compétence des médecins sont énumérés aux termes de l'article L. 4161-1 CSP :

- l'établissement d'un diagnostic,

---

[11] Art. L. 4161-1 CSP pour les médecins, art.L. 4161-2 CSP pour les chirurgiens-dentistes, art.L. 4161-3 CSP pour les sages-femmes.

[12] Art. L. 4223-1 CSP.

[13] Art. L. 4243-1 CSP.

[14] Art. L. 4314-4 CSP.

[15] Art. L. 4323-3 CSP.

[16] Art. L. 4372-1 CSP.

- la prescription d'un traitement,
- la pratique d'un acte strictement réservé aux médecins et prévu dans la nomenclature fixée par voie réglementaire[17].

Ces trois actes n'ont pas nécessairement à être accomplis de manière cumulative pour que soit constitué le délit. Celui-ci trouve son origine dans une loi du 19 ventôse An XI qui en faisait, à l'époque, une contravention. L'exercice illégal de la médecine concerne autant la médecine préventive que la médecine curative[18].

16 – En ce qui concerne l'**interdiction d'établir un diagnostic**, sa notion étant largement envisagée, il a par exemple été jugé que commettait ce délit un guérisseur recevant et examinant des malades ou la personne qui, au vu de lettres expliquant les symptômes observés par les patients, leur adressait des brochures indiquant les traitements à suivre et les médicaments à prendre[19]. Pour que le délit soit retenu, il convient cependant que ce diagnostic soit établi à l'égard d'une personne déterminée, les indications et conseils d'ordre général et anonyme donnés dans des revues ne constituant pas ladite infraction. Dans cette limite, la consultation peut être orale ou écrite comme l'indique expressément le texte incriminateur. Peu importe la nature des maladies sur lesquelles porte le diagnostic : il peut concerner par exemple des maladies du cuir chevelu[20]. De même, le chiropracteur qui ne se contente pas d'accomplir les actes de manipulation qui lui sont autorisés mais qui pose des diagnostics, actes réservés aux seuls médecins, commet le délit d'exercice illégal de la médecine[21].

17 – En ce qui concerne l'**interdiction de dispenser ou de prescrire un traitement**, celle-ci concerne tout type de traitement. Les traitements pouvant conduire à l'application de l'article L. 4161-1 CSP peuvent prendre plusieurs formes[22], être de différentes natures[23] en raison de l'absence de précision de la loi, sauf si l'exercice d'une telle activité est autorisé à une autre profession : il en est ainsi des actes de chiropraxie. La chiropraxie ou

---

17 Arrêté du 6 janvier 1962 modifié par l'arrêté du 13 avril 2007.

18 Cass. crim., 9 octobre 1973, *Gaz. Pal.*, 1974, I, p. 9 et s.

19 Cass. crim., 24 novembre 1922, *DP*, 1923, I, p. 39.

20 Cass. crim., 7 février 1962, *Bull. crim.*, n° 85 : « les maladies du cuir chevelu et leur traitement peuvent constituer non de simples pratiques d'hygiène ou soins de beauté mais des actes médicaux ».

21 Cass. crim., 26 février 2013, *RDS*, 2013, n° 54, p. 480 et s., obs. A. Ponseille.

22 Traitements dispensés par correspondance, cf. Cass. crim., 24 novembre 1922, *précit.*

23 Par exemple pour la prescription de régimes alimentaires, cf. Cass. crim., 28 mai 1932, *Bull. crim.*, n° 213 ; pour la prescription de traitements psychothérapiques, cf. CA, Paris, 19 janvier 1965, *JCP*, 1965, IV, n° 64.

l'ostéopathie, qui consiste à procéder à un traitement par manipulation des vertèbres, relevait traditionnellement et exclusivement du champ de compétence des médecins puisqu'un décret du 11 février 1953 avait autorisé son enseignement en facultés de médecine. Des arrêtés ministériels des 21 décembre 1960 et du 6 janvier 1962 énuméraient les actes relevant de la discipline de la chiropraxie et réservés aux seuls médecins[24]. Ainsi, la Cour de cassation avait jugé qu'était auteur du délit d'exercice illégal de la médecine celui qui se livrait, sans être médecin, à des actes relevant de la chiropraxie[25], nonobstant un diplôme de chiropracteur obtenu à l'étranger[26]. Un contentieux important s'est développé en ce domaine devant les tribunaux et cours d'appel[27]. La loi n° 2002-303 du 4 mars 2002 relative aux droits des malades et à la qualité du système de santé[28] en a fait une activité paramédicale autorisant l'usage du titre d'ostéopathe ou de chiropracteur à ceux qui ont suivi une formation spécifique sanctionnée par un diplôme. Son organisation est réglementée par le décret n° 2011-32 du 7 janvier 2011 relatif aux actes et aux conditions d'exercice de la chiropraxie[29]. Si l'exercice de cette discipline n'est plus réservé aux seuls médecins, il est strictement encadré afin de ne pas empiéter sur celui de la médecine. Ainsi, l'établissement d'un bilan de santé par un chiropracteur est constitutif d'un acte médical[30]. Il en est de même de la prescription d'actes de radiologie[31].

Dans un autre domaine, la falsification de prescriptions médicales et la création de fausses prescriptions médicales par montage de photoco-

---

[24] Cf. *infra*. n° 18.

[25] Cass. crim., 20 mars 1978, *D.*, 1978, IR, p. 146, obs. G. Roujou de Boubée ; Cass. crim., 14 mars 2000, n° 99-86500 : kinésithérapeute pratiquant l'ostéopathie.

[26] Cass. crim., 8 mai 1963, *Bull. crim.*, n° 171.

[27] Cf. par exemple CA, Paris, 21 janvier 1994, *JurisData* n° 1994-020180 ; *Médecine et Droit*, 1994, n° 6, p. 80, obs. J.-H. Soutoul.

[28] *JO* du 5 mars 2002, p. 4118 et s.

[29] *JO* du 9 janvier 2011, p. 544 et s.

[30] Cass. crim., 27 janvier 2009, RDS, 2009, n° 30, p. 337 et s., obs. M. Guigue :
Qu'en invitant ses clients, de manière réitérée, à mettre fin à la consommation des médicaments prescrits par leurs médecins traitants ou à jeter leurs boîtes de médicaments dans un récipient placé à cette fin dans la salle d'attente de son cabinet, après avoir procédé à un « bilan de santé » du « patient », présenté à celui-ci, lors de son rendez-vous initial, comme la première étape d'une restauration de ses fonctions organiques, et en se livrant à l'interprétation de bilans sanguins, Franck X..., qui n'est pas titulaire d'un diplôme, certificat ou autre titre exigé pour l'exercice de la profession de médecin quoiqu'il utilise le titre de « docteur » dans des conditions de nature à créer une confusion dans l'esprit de sa clientèle, a pris part habituellement à l'établissement de diagnostics et au traitement de maladies réelles ou supposées, activités réservées aux médecins.

[31] CA, Poitiers, 23 février 2012, *JurisData* n° 2012-033222.

pies par un kinésithérapeute pour exécuter un nombre plus important de séances constituent un exercice illégal de la médecine, outre un délit d'escroquerie au préjudice de la CPAM[32].

Par ailleurs, la jurisprudence considère que l'infraction est constituée, que le traitement soit efficace ou non, scientifique ou non, curatif ou non, en application de la théorie de l'apparence qui favorise un domaine de protection pénale large de l'exercice de l'art médical.

Ainsi, ont été retenus dans les liens de la prévention les fabricants et vendeurs d'appareils de galvanothérapie censés traiter les rhumatismes, l'arthrose, l'arthrite, la goutte, la sciatique…, qui proposaient et mettaient en pratique un traitement médical à l'aide de ces appareils présentés sur une notice comme ayant des propriétés thérapeutiques contre des maladies humaines déterminées, sans être titulaires d'un diplôme de médecin[33]. De même, a été jugé coupable d'un tel délit celui qui pratiquait « des soins énergétiques, des soins subtils d'identification », proposait des « élixirs floraux » ou encore assurait la « guérison des blessures de la vie intérieure et des vies passées… »[34].

En revanche, a été considérée par la Cour de cassation comme justifiée la décision de relaxe d'un masseur-kinésithérapeute qui a pratiqué des drainages lymphatiques manuels ou électriques sans prescription médicale dès lors que les massages ont été effectués dans un but esthétique et de confort, sans visée thérapeutique[35].

18 – En ce qui concerne l'**interdiction de pratiquer un acte réservé**, elle a pour objet des actes prévus par une nomenclature déterminée par arrêté. La preuve de leur accomplissement est aisée à rapporter puisqu'il suffira de constater que l'acte litigieux figure dans un des nombreux arrêtés ou décrets qui établissent cette nomenclature. Dès lors, la défense qui consisterait pour le prévenu à démontrer que l'acte reproché ne participe ni à l'établissement d'un diagnostic, ni à l'établissement d'un traitement,

---

32 Cass. crim., 30 janvier 2013, n° 11-88.847 ; *RDS*, 2013, n° 53, p. 337 et s.

33 Cass. crim., 7 mars 1973, *Bull. crim.*, n° 117, n° 72-92488 :
S'il est vrai que des ouvrages médicaux donnant des conseils d'ordre didactique ne tombent pas sous le coup de la loi, il n'en va pas de même lorsque, comme en l'espèce, une thérapeutique précise, au moyen d'un appareil mis en vente, était conseillée au client, à l'occasion d'une ou plusieurs maladies déterminées et que la participation personnelle des demandeurs au traitement des maladies résultait à l'évidence tant de la fourniture de l'appareil litigieux que de la thérapeutique préconisée dont ils vantaient les bienfaits, et dont l'application était contrôlée au cours de visites au moyen du « carnet de visite » susvisé.

34 Cass. crim., 9 mars 2010, n° 09-81.778 ; *RDS*, 2010, n° 36, p. 367 et s., obs. A. Ponseille.

35 Cass. crim., 18 janvier 2000, n° 99-83.627.

aurait peu de chance de prospérer si celui-ci figure dans la réglementation précitée. Par exemple, en matière d'épilation, il a été jugé que l'épilation au laser à des fins esthétiques ne pouvait être réalisée par un kinésithérapeute, s'agissant d'un acte réservé au médecin[36]. A également été déclaré auteur du délit d'exercice illégal de la médecine un professeur de gymnastique ayant créé dans son club un institut d'épilation au laser, la Cour de cassation ayant rappelé à cette occasion que « selon l'article 2-5° de l'arrêté du 6 janvier 1962, pris en application de l'article L. 4161-1 CSP, une épilation, sauf à la pince ou à la cire, ne (pouvait) être pratiquée que par un docteur en médecine »[37]. Le principe d'interprétation stricte de la loi pénale impose de considérer que l'utilisation par une personne n'ayant pas la qualité de médecin de moyens d'épilation autres que la cire ou la pince tel que cela est précisé par l'arrêté, conduit nécessairement à retenir le délit. Pour cette raison ont été pénalement condamnées les gérantes d'instituts de beauté qui avaient pratiqué sur des clientes des épilations par lumière pulsée[38].

Concernant la conformité du texte incriminateur prévu à l'article L. 4161-1 CSP aux exigences de clarté et de précision liées au principe de légalité des délits et des peines consacré à l'article 8 DDHC et ayant valeur constitutionnelle, la Cour de cassation a été saisie d'une question prioritaire de constitutionnalité (QPC) posée à l'audience d'un tribunal correctionnel par un prévenu poursuivi pour exercice illégal de la médecine, afin d'échapper à la répression. Elle a considéré :

> *Qu'en renvoyant, pour partie, sous le contrôle du juge pénal, la définition des actes médicaux réservés aux médecins à une liste fixée par un texte réglementaire, la disposition légale critiquée incrimine en termes clairs et précis les différents modes d'exercice illégal de la médecine* [39].

Dès lors, la QPC n'a pas été transmise au Conseil constitutionnel. Ainsi, la technique du renvoi très souvent utilisée par le législateur en droit pénal de la santé, n'est pas considérée comme source d'imprécision de la loi pénale.

Mais à défaut de figurer dans la liste des actes réservés, la pratique d'un acte par une personne n'ayant pas la qualité de médecin peut être constitutive du délit d'exercice illégal de la médecine si cet acte a une visée théra-

---

36 CA, Paris, 13 décembre 2007, *RDS*, 2008, n° 25, p. 608, obs. M. Guigue.

37 Cass. crim., 8 janvier 2008, n° 07-81.193, *Bull. crim.* n° 2 ; *RDS*, 2008, n° 23, p. 367 et s.

38 T. corr., Orléans, 11 mars 2014, *RDS*, 2014, n° 60, p. 1411 et s., obs. J. Fontana.

39 Cass. crim., 4 décembre 2012, n° 12-90.059, *Bull. crim.*, n° 270 ; *RGDM*, 2013, p. 275 et s., obs. F. Archer.

peutique[40]. Il en est ainsi par exemple de l'acupuncture qu'un psychologue ne pourrait pratiquer sans commettre un tel délit, même si l'acte ne figure pas dans la nomenclature précitée[41]. Doit être déclarée coupable d'une telle infraction la personne qui appose des aiguilles d'acupuncture sur des patients sans être titulaire d'un diplôme de médecine[42], dans le droit fil d'une jurisprudence traditionnelle[43] sur laquelle la Cour de cassation n'est pas revenue depuis. En effet, la Haute Cour a encore rappelé il y a peu que « la pratique habituelle de l'acupuncture, tant à raison du diagnostic qu'elle implique que des moyens de traitement des maladies qu'elle utilise et des réactions organiques qu'elle est susceptible d'entraîner, constitue un acte médical dont l'exercice est réservé aux docteurs en médecine »[44]. Cette interdiction a pu être étendue à la technique du « laserpuncture », utilisée par un podologue sur des personnes atteintes de sclérose en plaques et constitutive d'un acte médical, quand bien même elle n'agirait pas sur les causes de la maladie, ne créerait pas de réactions organiques, et serait appliquée sur des points distincts de ceux formant le réseau d'acupuncture : ainsi, l'apparence d'un traitement d'acupuncture suffit dès lors qu'il est susceptible d'engendrer des réactions organiques et qu'il est appliqué sur des points assimilables à ceux de l'acupuncture[45].

La mesure de la pression intra-oculaire par tonomètre à air sans contact constitue un acte médical en ce qu'elle permet d'assurer le diagnostic du glaucome. C'est ce qu'a jugé la chambre criminelle de la Cour de cassation dans un arrêt du 11 janvier 2012[46] pour considérer le délit constitué après la publication par une société de communication œuvrant dans le domaine de la santé de résultats d'une campagne de prévention du glaucome réalisée entre 2005 et 2006 par des opticiens auprès de clients à l'aide d'un tonomètre à air sans contact. Peu importe que cet acte ne figure pas dans la nomenclature concernant les actes réservés aux médecins ou encore qu'il ne figurait pas, au moment des faits, sur une liste d'actes réservés à d'autres professionnels de santé : il n'en demeure pas moins un

40 Cf. *supra*. n° 17.

41 Cass. crim., 9 février 2010, n° 09-80.681 ; *RDS*, 2010, n° 36, p. 365 et s., obs. A. Ponseille : cas d'une personne pratiquant à plusieurs reprises l'acupuncture à l'occasion de formation d'autres praticiens, possédant un doctorat en psychologie obtenu en France, un diplôme d'acupuncture et de médecine chinoise obtenu en Angleterre et en Chine.

42 CA, Paris, 5 février 2009, *RDS*, 2009, n° 30, p. 332 et s. ; Cass. crim., 17 octobre 2000, *Médecine et Droit*, 2001, n° 47, obs. P.B.

43 Cass. crim., 30 novembre 1987, *D.*, 1987, *JP*, p. 423 et s.

44 Cass. crim., 16 décembre 2014, n° 14-80.088 ; *RDS*, 2015, n° 64, p. 259 et s., obs. A. Ponseille.

45 Cass. crim., 7 septembre 2010, *RDS*, 2011 n°39, p. 58 et s., obs. A. Thonnat.

46 *RDS*, 2012, n° 46, p. 251 et s., obs. A. Ponseille.

acte médical. Il convient de souligner que les faits litigieux ont été commis entre 2005 et 2006. Depuis, le décret n° 2007-1671 du 27 novembre 2007 fixant la liste des actes pouvant être accomplis par des orthoptistes a modifié l'article R. 4342-8 CSP pour autoriser ces professionnels à recourir à une telle mesure, sur prescription médicale.

Enfin, quel que soit le type d'acte médical considéré, le comportement illégal est répréhensible quand bien même son auteur n'aurait pas exigé de rémunération[47].

19 – Actes interdits au titre de l'exercice illégal de la pharmacie – L'article L. 4223-1 CSP prévoit que « Le fait de se livrer à des opérations réservées aux pharmaciens, sans réunir les conditions exigées par le présent livre, constitue l'exercice illégal de la profession de pharmacien. Cet exercice illégal est puni de deux ans d'emprisonnement et de 30 000 euros d'amende ». L'article L. 4221-1 du même Code énonce les conditions à réunir pour exercer la profession de pharmacien (présenter des garanties de moralité professionnelle, être titulaire d'un diplôme, certificat ou titre visé par la loi, remplir certaines conditions relatives à la nationalité, être inscrit à l'ordre des pharmaciens…). Enfin, l'article L. 4211-1 CSP énumère les actes réservés aux pharmaciens parmi lesquels figurent « la vente en gros, la vente au détail et toute dispensation de médicaments »[48] ainsi que « la vente des plantes médicinales inscrites à la pharmacopée sous réserve des dérogations établies par décret »[49] qui génèrent un important contentieux.

Dès lors la qualification en « médicament » de telle substance ou en « plante inscrite à la pharmacopée » peut être déterminante pour la qualification pénale : elle est le « nœud gordien »[50] du délit. En effet, si cette qualification est retenue, la vente de tels produits par une personne n'ayant pas la qualité de pharmacien est constitutive de l'infraction.

En ce qui concerne les médicaments, le Code de la santé publique ne donne pas de liste exhaustive de ce qui constitue un médicament mais l'article L. 5111-1 de ce même Code dispose qu' :

> *On entend par médicament toute substance ou composition présentée comme possédant des propriétés curatives ou préventives à l'égard des*

---

[47] Cass. crim., 25 février 1857, *D.*, 1857, I, p. 269.

[48] Art. L. 4211-1-4° CSP.

[49] Art. L. 4211-1-5° CSP.

[50] B. Laperou-Schneider, « Le délit d'exercice illégal de la pharmacie, une infraction aux contours incertains », *RGDM*, Panorama de Droit pharmaceutique, 2015, p. 351 et s.

maladies humaines ou animales, ainsi que toute substance ou composition pouvant être utilisée chez l'homme ou chez l'animal ou pouvant leur être administrée, en vue d'établir un diagnostic médical ou de restaurer, corriger ou modifier leurs fonctions physiologiques en exerçant une action pharmacologique, immunologique ou métabolique.

Sont notamment considérés comme des médicaments les produits diététiques qui renferment dans leur composition des substances chimiques ou biologiques ne constituant pas elles-mêmes des aliments, mais dont la présence confère à ces produits, soit des propriétés spéciales recherchées en thérapeutique diététique, soit des propriétés de repas d'épreuve.

[...].

Cette définition est le résultat de la transposition de la directive communautaire 2004/27/CE du 31 mars 2004 par la loi n° 2007-248 du 26 février 2007[51]. Le Droit français, comme le Droit européen, mais c'était déjà le cas avant 2007, retient une triple définition du médicament :

- Définition par présentation
- Définition par composition
- Définition par fonction

En l'absence de liste limitative répertoriant les produits qualifiés de médicaments, l'incrimination de l'exercice illégal de la pharmacie permettant d'appréhender la vente illicite de médicaments est-elle conforme au principe de légalité ?

La réponse semble être positive : la Cour européenne des droits de l'Homme a en effet eu l'occasion de préciser que le droit en la matière répondait aux exigences de clarté et de précision posées par l'article 7 de la Convention européenne consacrant le principe de légalité des délits et des peines, la jurisprudence venant apporter les précisions nécessaires[52].

Or, il apparaît parfois que cette qualification en « médicament » n'est pas évidente, spécialement en ce qui concerne les « produits dits frontières » : la jurisprudence en ce domaine est particulièrement abondante. Se pose la question de savoir si les produits litigieux emportent la qualification de médicaments ou de compléments alimentaires. Au plan pénal, la réponse apportée détermine la constitution de l'infraction dans la première hypothèse et la relaxe, dans la seconde hypothèse.

51 *JO* du 27 février 2007, p. 3503 et s.

52 Cf. par exemple, CEDH, 15 novembre 1996, Cantoni c/France, *RTDH*, 1997, p. 685 et s., note D. Spielmann.

L'appréciation se fait au cas par cas : en ce qui concerne certains produits alimentaires, la cour d'appel de Paris dans l'arrêt du 5 février 2009 a pu considérer qu'ils constituaient des médicaments par présentation puisque « les produits dispensés étaient bien présentés à la patiente comme un produit susceptible de la soulager et répondent dès lors à la définition du médicament »[53].

Or, l'article 2 du décret du 20 mars 2006[54], transposant la directive 2002/46/CE du 10 juin 2002 du parlement et du conseil relative au rapprochement des législations des États membres concernant les compléments alimentaires, définit ces derniers comme :

> *Les denrées alimentaires dont le but est de compléter le régime alimentaire normal et qui constituent une source concentrée de nutriments ou d'autres substances ayant un effet nutritionnel ou physiologique seuls ou combinés, commercialisés sous forme de doses, à savoir les formes de présentation telles que les gélules, les pastilles, les comprimés, les pilules et autres formes similaires, ainsi que les sachets de poudre, les ampoules de liquide, les flacons munis d'un compte-gouttes et les autres formes analogues de préparations liquides ou en poudre destinées à être prises en unités mesurées de faible quantité.*

Il s'agit d'une définition qui est très proche des médicaments par présentation.

La directive 2004/27/CE du 31 mars 2004 prévoyait qu'en cas de doute, lorsqu'un produit est susceptible de répondre à la fois à la définition d'un médicament et à la définition d'un autre produit régi par une autre législation communautaire, ses dispositions s'appliquent, c'est-à-dire la qualification de médicament l'emporte[55]. Cette préférence accordée à la qualification de médicament se retrouve en droit interne. En effet, depuis la loi du 26 février 2007, l'article L. 5111-1 CSP dispose que :

> *Lorsque, eu égard à l'ensemble de ses caractéristiques, un produit est susceptible de répondre à la fois à la définition du médicament prévue au premier alinéa et à celle d'autres catégories de produits régies par le droit communautaire ou national, il est, en cas de doute, considéré comme un médicament.*

Une abondante jurisprudence en a découlé.

---

53 *RDS*, 2009, n° 30, p. 332 et s., obs. A. Ponseille.

54 n° 2006-352, *JO* du 25 mars 2006, p. 4543 et s.

55 Cf. également CJUE, 9 juin 2005, aff. n°C-211/03.

Concernant la qualification de médicament, la chambre commerciale de la Cour de cassation a déjà affirmé dans plusieurs arrêts du 27 janvier 2009[56] qu'il :

> *Résulte de la jurisprudence de la Cour de justice des Communautés européennes (arrêts du 30 novembre 1983, A..., affaire 227/82, point 29 ; du 21 mars 1991, B..., C-369/88, points 26 et 35, et C..., C-60/89, point 29 ; du 16 avril 1991, D..., C-112/89, point 23 ; du 20 mai 1992, Commission/Allemagne, C-290/90, point 17 ; du 29 avril 2004, Commission/Allemagne, C-387/99, point 57, et Commission/Autriche, C-150/00, point 64 ; du 9 juin 2005, HLH Warenvertriebs et Orthica, affaires jointes C-211/03, C-299/03, C-316/03 et C-318/03, points 30, 31 et 51 ; du 15 novembre 2007, Commission/Allemagne, C-319/05, point 55), que, pour décider si un produit constitue un médicament par fonction, il convient de procéder à un examen global et au cas par cas, en tenant compte de l'ensemble des caractéristiques du produit, dont, notamment, sa composition, ses propriétés pharmacologiques, telles qu'elles peuvent être établies en l'état actuel de la connaissance scientifique, ses modalités d'emploi, l'ampleur de sa diffusion, la connaissance qu'en ont les consommateurs et les risques que peut entraîner son utilisation sur la santé.*
>
> Cette analyse au cas par cas a été confirmée dans un arrêt de la CJCE du 5 mars 2009[57]. La référence à cette appréciation au cas par cas par la chambre criminelle de Cour de cassation dans deux arrêts de la même année n'est donc pas surprenante. Dans un arrêt du 5 mai 2009[58] et dans celui du 19 mai 2009[59], la chambre criminelle reprend la même formulation que celle utilisée par la chambre commerciale, à l'occasion de la qualification de faits en exercice illégal de la pharmacie, à une exception près : elle ne fait plus référence à un examen global. Elle va au contraire censurer l'arrêt de la cour d'appel qui s'est contentée, par des motifs généraux, de retenir qu'aucun des quarante-quatre produits ne constituait des médicaments.

La chambre criminelle de la Cour de cassation a donc censuré des cours d'appel qui n'avaient pas justifié en quoi les produits litigieux ne constituaient pas des médicaments[60]. Elle oblige ainsi les juges du fond à confron-

56 N° 08-10.482 ; n° 08-10.892 ; n° 08-10.976 ; n° 08-11.068.

57 CJUE, 5 mars 2009, aff. n° C-88/07, point 72.

58 *Bull. crim.*, n° 84.

59 *Bull. crim.*, n° 99.

60 Cass. crim., 5 mai 2009, n° 08-84.480 ; Cass. crim., 5 mai 2009, n° 07-87.519 ; Cass. crim., 19 mai

ter chaque produit litigieux à la définition du médicament et, en cas de doute, à conclure à la qualification de médicament. Cette exigence de la Cour de cassation se retrouve dans des arrêts postérieurs. À propos d'une société commercialisant au rayon parapharmacie d'une grande surface de la vitamine C et du magnésium B1, B2 et B6, la Haute Cour donne raison à une cour d'appel d'avoir condamné la prévenue pour exercice illégal de la pharmacie en qualifiant les produits litigieux de médicaments, procédant à un examen global et au cas par cas[61]. Dans une autre affaire, la Cour de cassation a cassé et annulé pour contradiction de motifs une décision de cour d'appel dans la mesure où une relaxe était retenue alors que, dans le même temps, les juges du fond relevaient qu'un des produits normalisait mieux le cholestérol que d'autres médicaments et traitait le dysfonctionnement du foie et l'atrophie des muscles, un autre produit litigieux abaissait l'hypertension et intervenait positivement sur l'arrêt de certains cancers[62]. En revanche, par trois autres arrêts du 10 décembre 2013[63], la chambre criminelle a rejeté le pourvoi du Conseil national de l'Ordre des pharmaciens en considérant que le délit d'exercice illégal de la pharmacie ne pouvait être reproché à des supermarchés qui avaient commercialisé de l'alcool à 70°, de l'eau oxygénée et de l'éosine aqueuse à 2 %, dès lors que ces produits ne pouvaient être considérés, ni comme médicament par présentation, ni comme médicament par fonction, ni même comme médicament par composition. En dehors des sociétés commerciales précitées, la Scientologie a été condamnée notamment pour exercice illégal de la pharmacie pour avoir mis à disposition de ses adeptes des vitamines dosées par ses soins en vue de cure de « purification ». Devant la Cour de cassation, a été opposée la qualification de complément alimentaire, qualification écartée par cette juridiction[64] au motif que les produits litigieux pouvaient être qualifiés de médicaments par présentation (gélules, emballage…) et par fonction[65].

2009, n° 08-83.747, *Bull. crim.*, n° 99 ; *RDS*, 2009, n° 32, p. 500 et s., obs. M. Guigue : d'une part, des gélules de poudre de ballote, de boldo, de bourdaine, de gingko billoba, de gui, d'harpagophytum, de marron d'Inde et de millepertuis, constituant des médicaments par fonction et, d'autre part, des gélules « dépur. sang », « laxanat », « circul. veine » et « hypertenflux » constituant des médicaments par présentation.

61 Cass. crim., 22 février 2011, *RDS*, 2011, n° 41, p. 288 et s., obs. A. Ponseille.

62 Cass. crim., 10 décembre 2013, n° 12-86.801.

63 N° 12-86.079/80/81.

64 Cass. crim., 16 octobre 2013, n° 12-81.532 ; *AJ pénal*, 2013, p. 665 et s., note J. Lasserre Capdeville.

65 Les expertises ont mis en évidence que le dosage permettait de restaurer ou corriger des carences potentielles.

En revanche, lorsque les produits litigieux sont des compléments alimentaires, la qualification pénale d'exercice illégal de la pharmacie ne peut être retenue à l'égard d'une société qui les fabrique ou les commercialise. C'est ce qu'a rappelé la Cour de cassation dans un arrêt du 21 janvier 2014. Une société commerciale proposait à la vente par correspondance différents produits. Une information est ouverte. Dans le cadre de l'instruction, l'AFSSAPS est consultée et indique que seuls certains des produits litigieux peuvent recevoir la qualification de médicaments. Le juge d'instruction rend une ordonnance de non-lieu partielle contre laquelle un appel est interjeté par le Conseil national de l'Ordre des pharmaciens. La chambre de l'instruction de la cour d'appel d'Aix-en-Provence rend une décision dans le même sens et l'Ordre forme un pourvoi. Par l'arrêt précité, la Cour de cassation donne raison aux juges du fond en indiquant qu'il ne peut être reproché à un vendeur professionnel de les avoir commercialisés, ni exigé de lui d'avoir une vigilance réglementaire supérieure à celle d'une agence faisant et ayant précisément pour vocation à alerter les professionnels, d'autant qu'il n'y a pas eu fraude et que les produits n'ont pas été présentés comme possédant des propriétés curatives ou préventives à l'égard des maladies humaines[66].

Enfin, la jurisprudence de la CJUE semble s'orienter depuis quelques mois vers une interprétation plus restrictive de la notion de médicament[67], ce qui pourrait avoir indirectement et à plus ou moins long terme des répercussions sur la définition du délit d'exercice de la pharmacie.

20 – Actes interdits au titre de l'exercice illégal de l'art dentaire – Aux termes de l'article L. 4141-1 CSP :

> *La pratique de l'art dentaire comporte la prévention, le diagnostic et le traitement des maladies congénitales ou acquises, réelles ou supposées, de la bouche, des dents, des maxillaires et des tissus attenants dans le respect des modalités fixées par le Code de déontologie de la profession mentionnées à l'article L. 4127-1.*

Sur le modèle des dispositions incriminant l'exercice illégal de la médecine, l'article L. 4161-2 CSP énumère les hypothèses dans lesquelles le délit d'exercice illégal de l'art dentaire peut être retenu. Le texte vise les personnes qui exercent l'art dentaire sans être titulaire du diplôme adéquat ou sans remplir d'autres conditions légales supplémentaires, qui sortent des attributions que la loi leur confère alors même qu'elles sont munies

---

66 Cass. crim., 21 janvier 2014, n° 12-87.377.

67 E. Fouassier, « La notion juridique de médicament ou l'impossible définition », *RDS*, 2015, n° 64, p. 171 et s.

d'un titre régulier, les médecins ou chirurgiens-dentistes qui exercent l'art dentaire pendant la durée d'une peine d'interdiction temporaire.

Une telle incrimination protège la profession contre les éventuels empiétements de la pratique professionnelle de prothésiste dentaire[68]. La jurisprudence en ce domaine est abondante et ancienne[69]. Ainsi la prise d'empreintes et la pose d'appareils relèvent de la compétence des seuls dentistes[70], peu importe qu'il s'agisse d'une première pose ou du remplacement d'un appareil existant[71]. Il importe également peu que, pour la prise d'empreintes, les clients aient placé eux-mêmes dans leur bouche le moule pour ensuite le retirer, « la prise d'empreintes (s'insérant) dans un ensemble d'opérations indissociables qui étaient accomplies par le prévenu, lequel ne saurait dès lors prétendre qu'il était étranger à la prise de ces empreintes »[72].

Une telle qualification pénale peut encore être retenue pour la réparation d'un appareil exécutée par une personne qui n'aurait pas la qualité de chirurgien-dentiste[73]. Doit encore être qualifié d'exercice illégal de l'art dentaire le fait pour un prothésiste de proposer à des clients des « kits » de prothèse, de décoller des prothèses pour en faire un montage et de prendre des empreintes[74].

L'extraction de dents en dehors des conditions posées aux articles L. 4141-1 et L. 4141-2 CSP constitue l'infraction d'exercice illégal de l'art dentaire : telle est la qualification pénale retenue à l'encontre d'un individu, non diplômé, convaincu d'avoir arraché des dents à quatre patients[75].

Par ailleurs, n'est pas contraire au droit communautaire l'interdiction faite au prothésiste dentaire, poursuivi pour exercice illégal de l'art dentaire, de vendre directement des prothèses à des clients dans la mesure où le traité de Rome (art.30 à 34 et 36) admet des interdictions et restrictions posées

68 L. Dubouis, « La délimitation des professions de chirurgien-dentiste et de prothésiste dentaire », *RDSS*, 1987, p. 362 et s.

69 Cass. crim., 15 novembre 1906, *S.*, 1908, I, p. 377 et s., obs. E. H. Perreau.

70 Cass. crim., 10 mai 2000, *D.*, 2000, IR, p. 192 : hypothèse d'un technicien de laboratoire dentaire.

71 Cass. crim., 3 mars 1987, *Bull. crim.*, n° 107 ; Cass. crim., 24 février 2004, *Bull. crim.*, n° 51.

72 Cass. crim., 29 décembre 1970, *Bull. crim.*, n° 354.

73 Cass. crim., 14 mai 1997, *Bull. crim.*, n° 183 ; *RDSS*, 1998, p. 63, obs. L. Dubouis ; Cass. crim., 25 juin 1997, *Bull. crim.*, n° 256 ; Cass. crim., 7 février 2006, n° 05-82.892 : la personne intervenue pour redresser ou parfaire une prothèse « a nécessairement dû effectuer une adaptation de la prothèse en bouche et donc un diagnostic buccal de son client ».

74 Cass. crim., 18 décembre 2012, n° 11-81.265.

75 Cass. crim., 4 janvier 1907, *Bull. crim.*, n° 5 ; Cass. crim., 29 novembre 1929, *Bull. crim.*, n° 265 ; Cass. crim., 28 novembre 1974, *Bull. crim.*, n° 356.

en droit interne « justifiées par des raisons de protection de la santé et de la vie des personnes, à moins qu'elles ne constituent une restriction déguisée dans le commerce entre États membres, ce qui n'a pas été allégué en l'espèce »[76].

Sur la définition des actes incriminés, la Cour de cassation a jugé que le renvoi par l'article L. 4161-2 à l'article L. 4141-1 CSP énumérant les actes relevant de l'exercice de l'art dentaire était conforme aux dispositions des articles 6 et 7 Conv. EDH relatifs notamment au principe de légalité imposant que toute infraction soit définie en termes clairs et précis[77]. Une question identique a été de nouveau posée à la Cour de cassation mais par le biais de la procédure de QPC : un individu condamné pour exercice illégal de l'art dentaire à 8 000 € d'amende par la cour d'appel d'Orléans le 17 janvier 2011 adresse à la Cour de cassation une question prioritaire de constitutionnalité ainsi formulée : l'article L. 4161-2 CSP qui définit l'incrimination d'exercice illégal de l'art dentaire est-il conforme à l'article 34 de la Constitution et à l'article 8 DDHC qui consacre le principe de légalité des délits et des peines ? La Cour de cassation refuse de transmettre la question au Conseil constitutionnel *en l'absence de caractère sérieux* et considère que le texte litigieux qui opère un renvoi à l'article L. 4141-1, disposition énumérant les actes constitutifs de l'art dentaire, est conforme aux exigences de clarté et de précision de la loi pénale découlant de l'article 8 DDHC[78].

21 – Outre l'accomplissement d'actes réservés, il faut constater, pour retenir le délit d'exercice illégal, le défaut de qualité ou d'autorisation pour exercer une profession de santé.

2) L'absence de qualité ou d'autorisation d'exercer

22 – Cette absence de qualité ou d'autorisation permet d'imputer le délit à **quatre catégories** de personnes différentes.

23 – Il peut s'agir d'abord des **personnes qui ne possèdent pas le diplôme les autorisant à exercer la profession de la santé concernée**, ce qui constitue d'ailleurs l'hypothèse la plus fréquente. Tel est le cas du professeur de gymnastique qui propose dans sa salle de sport des séances d'épilation au laser[79] ou encore de celui qui participe à l'établissement de diagnostics et de traitements assortis de « massages

---

[76] Cass. crim., 17 juin 1992, *Bull. crim.*, n° 244.

[77] Cass. crim., 24 février 2004, *Bull. crim.*, n° 51 ; Cass. crim., 7 septembre 2004, n° 03-83.701.

[78] Cass. crim., 3 août 2011, QPC incidente, n° 11-81.265.

[79] Cass. crim., 8 janvier 2008, *précit.*

chinois » et d'acupuncture en étant titulaire d'un simple diplôme de secourisme obtenu en Allemagne[80]. Doit être déclarée coupable de l'exercice illégal de la profession de sage-femme l'épouse d'un gynécologue assurant pour les patientes de son époux, à l'étage du cabinet, la préparation aux accouchements alors même qu'elle ne possède pas de titre régulier pour ce faire[81].

Sont ici visés notamment les guérisseurs, les sorciers, les magnétiseurs et autres rebouteux qui posent des diagnostics sur des maux décrits par leurs clients et assurent des traitements par imposition des mains, conseils ou délivrance de produits censés soigner les maladies diagnostiquées. Pléthore de décisions les concerne[82]. Ainsi, par exemple, celui qui ne se livre à aucun diagnostic ou à aucune prescription et n'administre aucun médicament, exerce toutefois de manière illégale la médecine s'il effectue un contact des mains sur le corps du patient et, par son seul pouvoir magnétique, prétend conduire la maladie, ce qui est le propre d'un traitement[83].

Les professions d'auxiliaires médicaux font également l'objet d'une protection pénale par le biais de l'incrimination de l'exercice illégal. Ainsi, se voit reprocher le délit d'exercice illégal de la profession d'opticien-lunetier le fabricant de jouets qui met en vente un appareil dont les verres sont qualifiés de « correcteurs de la presbytie » sans démontrer la présence d'un opticien pour effectuer un contrôle effectif et personnel du rayon de vente[84].

24 – Il peut s'agir ensuite des **personnes possédant un diplôme mais auxquelles l'exercice de la profession n'est pas autorisé**. Ce cas peut se présenter lorsque la personne est titulaire d'un diplôme étranger et n'a pas respecté les conditions imposées par la loi pour le faire valoir en France en application d'un système d'équivalence. A ainsi été retenue dans les liens de la prévention d'exercice illégal de la médecine l'assistante et épouse d'un dentiste pour avoir accompli sur des patients des actes de détartrage sous anesthésie locale relevant de la compétence exclusive d'un médecin. La cour d'appel de Paris rappelle que l'obtention d'un diplôme de chirurgien-dentiste à l'étranger et la pratique en milieu hospitalier dans ce domaine ne suffisent pas pour autoriser la pratique de l'art dentaire[85]. Saisie d'un

---

80 CA, Rouen, 23 juin 1994, *JurisData* n° 1994-049031.

81 Cass. crim., 23 octobre 2001, n° 01-81.031.

82 Cf. notamment Cass. crim., 2 décembre 2003, n° 03-81.334, *Bull. crim.*, n° 227 ; Cass. crim., 28 janvier 2004, n° 03-80.930 ; Cass. crim., 2 juin 2004, n° 03-87.815 ; Cass. crim., 9 décembre 2009, n° 09-83.357.

83 Crim. cass., 3 décembre 1953, *Bull. crim.*, n° 320 ; *Gaz. Pal.*, 1954, I, p. 42.

84 Cass. crim., 16 décembre 1986, *D.*, 1986, Somm., p. 417, obs. J. Penneau.

85 CA, Paris, 13 décembre 2007, *JurisData* n° 2007-351217 ; *RDS*, 2008, n° 25, p. 596 et s., obs.

pourvoi dans cette affaire, la chambre criminelle de la Cour de cassation a confirmé la position des juges du fond[86].

Il en va de même pour la personne titulaire d'un diplôme de médecine obtenu en Belgique et accomplissant en France des actes médicaux sans avoir rempli les conditions permettant l'obtention d'un titre par équivalence en vue de son inscription à l'Ordre des médecins[87] ; pour la personne indiquant être titulaire d'un doctorat en médecine obtenu à l'étranger sans que la signature apposée sur le diplôme puisse être identifiable[88] ; pour celle indiquant être titulaire d'un diplôme de médecine chinoise obtenu à l'étranger qui ne justifie pas avoir été individuellement autorisée par le ministère de la Santé pour exercer en France[89]. Il peut s'agir également de l'hypothèse dans laquelle se trouve la personne qui, non titulaire d'un quelconque diplôme, produit un faux tendant à faire croire qu'elle est titulaire d'un tel diplôme afin d'être engagée comme infirmier par exemple[90].

En revanche, plus délicate semble être la question de savoir si la personne titulaire d'un diplôme en médecine mais qui exerce la chirurgie plastique, reconstructrice et esthétique sans être titulaire de la spécialité adéquate est auteur du délit d'exercice illégal de la médecine. Une réponse négative a été apportée par la Cour de cassation dans un arrêt du 8 mars 2011[91] en se fondant sur le principe d'omnivalence[92] dans l'exercice de la médecine, l'autre fondement non visé par la Cour étant le principe d'interprétation stricte de la loi pénale. En l'espèce, un médecin stomatologue qui s'était vu refuser la délivrance d'une autorisation d'exercice par l'Ordre des médecins en raison de l'insuffisance de formation en ce domaine pratiquait néanmoins la chirurgie plastique, reconstructrice et esthétique. En parallèle, le médecin fit un recours pour excès de pouvoir devant le juge administratif contre cette décision de refus. Au terme de la procédure, le Conseil d'État confirma le refus d'autorisation. L'Ordre des médecins déposa plainte. S'ensuivit une procédure pénale qui conduisit à l'arrêt précité. On notera que, certes, ce principe d'omnivalence conjugué au principe de légalité permet de telles pratiques, sans tomber sous le coup de

---

F. Meynadier.

86 Cass. crim., 16 décembre 2008, *RDS*, 2009, n° 29, p. 244 et s., obs. M. Guigue.

87 CA, Rennes, 11 octobre 2007, *JurisData* n° 348432 ; *RDS*, 2008, n° 25, p. 605 et s.

88 CA, Paris, 5 février 2009, *RDS*, 2009, n° 30, p. 332 et s., obs. A. Ponseille.

89 Cass. crim., 9 mars 2010, *précit.*

90 CA, Paris, 13 septembre 2007, *JurisData* n° 342285.

91 *RDS*, 2011, n° 42, p. 422 et s., obs. A. Ponseille.

92 Art. R. 4147-70 CSP : « Tout médecin est, en principe, habilité à pratiquer tous les actes de diagnostic, de prévention et de traitement ».

la loi pénale au titre de l'exercice illégal de l'art médical, mais il convient de rappeler que l'article R. 4127-70 CSP pose une limite d'exercice dans les domaines qui dépasseraient les connaissances, l'expérience et les moyens dont dispose le praticien. Le dépassement de cette limite peut constituer une faute disciplinaire. Elle peut également permettre de retenir une faute pénale en cas de survenance d'un dommage pour le patient[93].

25 – Ce peut être également l'hypothèse dans laquelle une personne se trouve lorsqu'elle commence à exercer la profession alors qu'**elle n'est pas encore inscrite au tableau ou qu'elle continue de l'exercer alors qu'un événement est survenu qui le lui interdit (art.L. L4161-1-4° CSP)**.

Alors même qu'il existe un délit spécifique permettant de réprimer le médecin qui a continué à exercer son art malgré une interdiction professionnelle[94], la jurisprudence relève plus simplement dans ce cas le délit d'exercice illégal de la médecine. Exerce son art de manière illégale le médecin qui reprend son activité alors qu'il est toujours sous le coup d'une condamnation à une interdiction d'exercer la profession de médecin prononcée comme peine complémentaire pour un délit non précisé[95]. Il en est de même du chirurgien-dentiste qui, sous le coup d'une suspension de l'exercice d'activité décidée à l'issue d'une procédure disciplinaire, a procédé à des contrôles visuels d'appareillages bucco-dentaires : l'infraction est constituée quand bien même ces contrôles se seraient inscrits dans la continuité des soins préalablement dispensés[96]. Le délit d'exercice illégal de la médecine doit être retenu à l'égard du médecin frappé d'une suspension d'exercice d'un an, nonobstant le recours du prévenu contre la décision ayant prononcé cette sanction disciplinaire dans la mesure où celui-ci n'est pas suspensif[97]. Il en va différemment si le médecin est seulement soumis dans le cadre du contentieux du contrôle technique à une interdiction temporaire ou permanente du droit de donner des soins aux assurés sociaux, telle que prévue à l'article L. 145-2 CSS[98]. L'exercice illégal de la pharmacie doit être reproché au pharmacien qui continue à exercer malgré une radiation, le recours formé contre la décision disciplinaire n'ayant pas pour effet de suspendre l'exécution de cette mesure[99].

---

[93] Cf. *infra*. n° 132.

[94] Cf. *infra*. n° 33.

[95] Cass. crim., 13 février 2007, *RDS*, 2007, n° 19, p. 650 et s., obs. M. Guigue.

[96] Cass. crim., 9 février 2010, n° 09-83.545 ; *RDS*, 2011, n° 39, p. 56 et s., obs. A. Ponseille.

[97] Cass. crim., 10 novembre 1987, n° 87-81.288, *Bull. crim.*, n° 398.

[98] L. Dubouis, obs. sous CA, Grenoble, 29 janvier 1997, *RDSS*, 1998, p. 64.

[99] Cass. crim., 22 mai 1996, *Bull. crim.*, n° 214.

Doit également recevoir la qualification d'exercice illégal de la médecine le fait pour un médecin qui n'est plus inscrit au tableau de l'Ordre pour cause de retraite de procéder à une expertise médicale qui lui a été confiée, en qualité de médecin et non de sachant, par une compagnie d'assurance[100]. Par ailleurs, la Cour de cassation considère que le défaut d'inscription d'un masseur-kinésithérapeute au tableau de l'Ordre, quand bien même il officierait dans une structure publique, est constitutif d'un exercice illégal de la profession de masseur-kinésithérapeute au sens de l'article L. 4321-10 CSP[101].

26 – Il peut s'agir enfin des **personnes, professionnels de santé, dépassant leurs attributions (Art. L. 4161-1-3° CSP)** dans le cadre de l'exercice de leur activité en accomplissant des actes qui relèvent de la compétence d'une autre profession de la santé. Ceci pose le problème du périmètre de chaque profession de santé: par exemple, l'aide-soignante réalisant un acte qui relève de la seule compétence d'un infirmier[102], un infirmier qui accomplit un acte relevant de la seule compétence d'un médecin, un chirurgien-dentiste qui prescrit des médicaments alors qu'il n'y est pas autorisé[103]. De même en est-il du technicien de laboratoire, non titulaire d'un diplôme de chirurgien-dentiste, qui procède à des prises d'empreintes, prépare la cavité buccale et procède à la pose de prothèses dentaires[104]. Ou encore du psychologue qui, comme le ferait un médecin, établit verbalement ou par écrit des diagnostics et prescrit à des fins curatives des produits ayant des propriétés thérapeutiques et qualifiés de médicaments par la DRASS[105].

27 – Enfin, une dernière composante peut être requise au titre de l'élément matériel du délit mais seulement dans certains cas.

3) La répétition de l'acte

28 – Cette exigence de répétition de l'acte pour la constitution de l'infraction ne concerne pas tous les délits d'exercice illégal de professions de santé. Elle est requise pour l'exercice illégal de la médecine depuis une loi du 30 novembre 1892, hors le cas où l'acte interdit est répertorié dans

---

[100] Cass. crim., 12 janvier 2010, *Dr. pén.*, 2010, comm. n° 47, obs. J.-H. ROBERT; *RDS*, 2010, n° 35, p. 260 et s., note A. VIVANCOS.

[101] Cass. crim., 18 novembre 2014, n° 13-88.246.

[102] Le 19 juin 2014, l'Ordre national des infirmiers a déposé six plaintes en raison de la réalisation par des aides-soignants notamment de sutures dans les blocs opératoires d'établissements de santé privés et publics.

[103] Cass. crim., 28 novembre 1974, *Bull. crim.*, n° 356.

[104] Cass. crim., 10 mai 2000, *Bull. crim.*, n° 184.

[105] CA, Douai, 7 décembre 2010, *JurisData* n° 2010-028947.

la nomenclature des actes réservés puisque le texte ne vise que « l'un des actes professionnels [...] »[106]. En dehors de cette hypothèse, la constitution du délit suppose la répétition de l'acte interdit ou, à défaut, la continuité de l'opération, une direction suivie[107]. C'est la raison pour laquelle le délit d'exercice illégal de la médecine est souvent présenté comme une **infraction d'habitude**. Il ne suffit pas que le prévenu ait accompli, sans la qualité requise, un acte interdit, encore faut-il qu'une répétition de cet acte soit constatée, sauf cas particulier de l'acte visé par la nomenclature et réservé aux seuls médecins. Ainsi l'accomplissement d'un acte médical unique et isolé n'est pas susceptible de sanction pénale. La répétition ne doit pas obligatoirement concerner un seul patient: elle peut encore être retenue alors même que le prévenu aurait accompli un seul acte interdit sur chacun de ses patients[108]. L'habitude doit aussi être caractérisée pour retenir l'exercice illégal de l'art dentaire[109]: il y a habitude si la personne prévenue, non diplômée en art dentaire, est intervenue sur un client à au moins deux reprises, même pour réaliser un seul type d'acte, la pose d'une prothèse dentaire par exemple[110]. Si l'habitude est encore requise pour retenir le délit d'exercice illégal de la profession de sage-femme[111], elle ne l'est pas pour qualifier le délit d'exercice illégal de la pharmacie qui est une infraction successive[112].

B – La faute requise: une intention

29 – Aux termes de l'article 121-3 alinéa 1er C. pén. qui présente la gradation des fautes pénales, tout délit est intentionnel sauf si la loi en dispose autrement, c'est-à-dire si celle-ci exige une faute non-intentionnelle. Cette règle vaut uniquement pour les délits figurant dans la partie spéciale du Code pénal. L'article 339 de la loi n° 92-1336 du 16 décembre 1992 relative à l'entrée en vigueur du nouveau Code pénal[113] dispose que les délits non-intentionnels prévus par des textes extérieurs au Code pénal et antérieurs

106 Cass. crim., 19 mars 1953, *D.*, 1953, p. 664.

107 Cass. crim., 7 août 1951, *Bull. crim.*, n° 249: « ne constitue pas l'exercice illégal de la médecine, le fait pour un individu non diplômé de pratiquer l'imposition des mains, alors qu'il n'établit aucun diagnostic et ne poursuit aucun traitement par une direction suivie ».

108 Cass. crim., 24 juillet 1967, *Bull. crim.*, n° 235: cas d'un individu ayant pratiqué des massages à trois reprises sans prescription médicale.

109 Art. L. 4161-2 CSP.

110 Cass. crim., 3 mars 1971, *Bull. crim.*, n° 73; *Gaz. Pal.*, 1971, I, p. 362 et s.

111 Art. L. 4161-3-1° CSP.

112 Cass. crim., 17 juillet 1987, n° 86-95.797.

113 *JO* du 23 décembre 1992, p. 17568 et s.

à son entrée en vigueur, demeurent constitués en cas d'imprudence. Il convient donc de se référer à la jurisprudence qui, pour les infractions prévues par des textes extérieurs au Code pénal, précise s'il s'agit d'infractions intentionnelles ou non-intentionnelles lorsque le texte est muet.

Pour la constitution des délits d'exercice illégal des professions de santé, l'exigence d'une intention coupable a été rappelée notamment par un arrêt de la Cour de cassation du 9 février 2010[114] en ce qui concerne le délit d'exercice illégal de la médecine, par la reprise de la formule prétorienne devenue désormais traditionnelle :

> *Il résulte que le prévenu a pris part habituellement au traitement par l'acupuncture de maladies réelles ou supposées sans être titulaire d'un diplôme exigé pour l'exercice de la profession de médecin, et dès lors que* ***la seule constatation de la violation, en connaissance de cause, d'une prescription légale ou réglementaire implique de la part de son auteur l'intention coupable exigée par l'article 121-3 du Code pénal****, la cour d'appel a justifié sa décision.*

Cette faute intentionnelle qualifie également les autres délits d'exercice illégal d'autres professions de santé : une telle faute est depuis fort longtemps requise pour la constitution du délit d'exercice illégal de la pharmacie par exemple[115].

§ 2 – Les conditions répressives du délit d'exercice illégal d'une profession de santé

30 – Auteur et complice peuvent participer au délit d'exercice illégal d'une profession de santé (**A**) et différents types de peines leur seront appliqués (**B**). Si la répression pénale peut sous certaines conditions être écartée (**C**), ce délit peut également être reproché avec d'autres à une même personne (**D**) par application de règles procédurales particulières (**E**).

A – Les modes de participation pénale : auteur ou complice

31 – Notions d'auteur et de complice – Si la participation à l'exercice illégal d'une profession de santé peut se faire en qualité d'**auteur** au sens de l'article 121-4 C. pén.[116], elle peut également se faire en qualité de **complice**

---

[114] *Bull. crim.*, n° 19, *précit.* ; cf. également et plus récemment, Cass. crim., 16 décembre 2014, n° 14-80.088.

[115] Cass. crim., 18 janvier 1983, inédit ; pour un rappel récent, cf. Cass. crim., 7 janvier 2014, n° 12-87.576.

[116] « Est auteur de l'infraction la personne qui : 1° Commet les faits incriminés ; 2° Tente de

selon les modalités définies à l'article 121-7 du même Code[117]. Outre l'existence d'un fait principal punissable, en l'espèce le délit d'exercice illégal d'une profession de santé commis par un auteur principal, doivent être constatés un des modes de complicité visés à l'article précité et la volonté de participer à l'infraction principale. Cette intention n'existe pas si le prévenu ne savait pas que la personne exerçant une activité de santé n'était pas autorisée à le faire : tel est le cas du podologue qui renvoie plusieurs patients vers une autre personne croyant qu'elle était médecin : aucune faute intentionnelle ne peut lui être reprochée[118].

En revanche, le fait pour un directeur médical du service d'obstétrique et de gynécologie d'une clinique privée d'avoir engagé une personne titulaire d'un diplôme de docteur en médecine de la faculté de Rabat au Maroc mais ne possédant aucun diplôme français, ni aucune équivalence lui permettant d'exercer en France est constitutif d'un acte de complicité du délit d'exercice illégal de la médecine dès lors que cette personne a exercé dans la clinique[119].

Est complice par ordre ou abus d'autorité du délit d'exercice illégal de la médecine le biologiste non-médecin qui fait procéder par sa femme au sein de son laboratoire à des prélèvements vaginaux sur des patientes aux fins d'analyse ; le même est également complice du délit d'exercice illégal de la profession d'infirmier dès lors qu'il fait réaliser par du personnel non-infirmier des prélèvements de sang en dehors du laboratoire[120]. Est tout aussi complice d'exercice illégal de la profession d'infirmier celui qui fait réaliser à des aides-soignants des actes relevant de la compétence des infirmiers[121].

Doit être reconnu coupable de complicité d'exercice illégal de la médecine par fourniture de moyens le médecin stomatologue qui demande à son épouse, contre rémunération, de pratiquer des détartrages sous anesthésie locale dans son cabinet en sachant, d'une part, que celle-ci accomplit un acte relevant du monopole des médecins et, d'autre part, qu'elle n'a pas les

commettre un crime ou, dans les cas prévus par la loi, un délit ».

117 « Est complice d'un crime ou d'un délit la personne qui sciemment, par aide ou assistance, en a facilité la préparation ou la consommation.

Est également complice la personne qui par don, promesse, menace, ordre, abus d'autorité ou de pouvoir aura provoqué à une infraction ou donné des instructions pour la commettre. »

118 CA, Paris, 5 février 2009, *précit.*

119 Cass. crim., 17 juillet 1987, n° 86-94.968.

120 Cass. crim., 7 février 2006, n° 05-82.490, *Bull. crim.*, n° 33.

121 Cass. crim., 29 octobre 1999, n° 98-80.657.

diplômes nécessaires pour le faire[122]. Il en est également ainsi du gérant d'une société qui a acquis le matériel d'épilation électrique et l'a confié à une esthéticienne, cette dernière l'ayant utilisé : il se rend par là même coupable d'exercice illégal de la médecine, l'épilation sauf à la cire et à la pince étant un acte réservé aux seuls médecins[123]. Le prévenu était en effet tenu de s'informer sur les conditions d'utilisation de l'appareil[124].

La complicité d'exercice illégal de la profession de sage-femme doit être retenue à l'égard du gynécologue qui propose à ses patientes des séances de préparation à l'accouchement assurées par son épouse, qu'il sait être non titulaire du diplôme de sage-femme, et qui établit à son nom les feuilles de soins, quand bien même il n'aurait pas été présent lors du déroulement des séances[125]. Enfin, a été déclaré coupable du délit d'exercice illégal de la médecine au titre de la complicité le médecin gérant d'un institut pratiquant l'épilation au laser, qui rencontrait une seule fois ses patientes puis chargeait ses employés de réaliser les séances d'épilation en fonction de ses prescriptions sans surveiller effectivement le travail accompli[126].

En revanche, par souci de répression, celui dont le comportement apparaissait comme étant celui d'un complice a pu être considéré comme **co-auteur**. Ce mode de participation n'est pas légalement défini mais la doctrine et la jurisprudence considèrent que la notion de co-action est utilisée pour viser les comportements respectifs de ceux qui participent dans le même trait de temps à la réalisation d'une infraction unique en accomplissant chacun l'ensemble des éléments constitutifs. Trois individus non dotés de diplômes en médecine donnaient des consultations et un acolyte, officier de santé diplômé, écrivait les prescriptions sous la dictée de l'un d'entre eux, signait les ordonnances et les remettait aux « patients » moyennant rémunération. Les trois premiers furent condamnés pour exercice illégal de l'art médical. Les poursuites contre le dernier avaient été envisagées sous la qualification de la complicité de cette infraction. À l'époque, l'exercice illégal de l'art médical était une contravention et la complicité de contravention n'était pas punissable à défaut de texte spécial. De manière sans doute discutable au plan du droit pénal, la Cour de cassation retint la co-action dans cette hypothèse à des fins exclusivement répressives[127].

122 Cass. crim., 16 décembre 2008, *RDS*, 2009, n° 29, p. 244 et s., obs. M. Guigue.

123 Cf. *supra*. n° 18.

124 CA, Paris, 15 décembre 2000, *RDSS*, 2001, p. 51, obs. L. Dubouis.

125 Cass. crim., 23 octobre 2001, n° 01-81.031.

126 CA, Paris, 9 septembre 2011, *JurisData* n° 2011-022230.

127 Cass. crim., 17 décembre 1859, *Bull. crim.*, n° 281 ; J.-B. Thierry, note sous cet arrêt, p. 352 et s.

Cette analyse judiciaire n'est pas très éloignée de la notion de « concours prêté » consacrée par le législateur.

32 – Notion de concours prêté – La notion de complicité est proche de celle de « **concours prêté** », par une personne disposant d'un titre régulier pour exercer, à une autre qui n'en dispose pas, comportement constituant une hypothèse d'exercice illégal de la médecine[128], de l'art dentaire[129] ou encore de la profession de sage-femme[130]. Le recours à cette notion permet de sanctionner d'une peine un comportement déjà disciplinairement proscrit[131]. Seule la personne titulaire d'un titre régulier ou diplôme adéquat pour exercer la profession considérée peut se voir reprocher le délit, ce qui peut paraître paradoxal. Si tel n'est pas le cas, seule une complicité d'exercice illégal peut être envisagée. Mais de manière générale, il convient de noter que les juges ont tendance à retenir le professionnel dans les liens de la prévention comme complice plutôt que comme auteur en application de ces dispositions spécifiques[132]. Pourtant, la jurisprudence nous donne quelques illustrations de cas de « concours prêté ».

Ainsi constitue un tel concours prêté le fait pour un chirurgien-dentiste, muni d'un titre régulier, de mettre à disposition d'une personne non diplômée avec laquelle il s'est associé les locaux d'un cabinet secondaire situé dans une autre ville pour y exercer l'activité de chirurgien-dentiste[133]. Doit être également déclaré coupable d'exercice illégal de l'art dentaire le chirurgien-dentiste qui prend en location un local dont le propriétaire devient son salarié et exerce illégalement l'art dentaire en l'absence de diplôme[134]. Le fait pour des professeurs et chefs de service, chirurgiens-dentistes dans une école dentaire, d'employer des personnes non étudiantes et non diplômées pour réaliser des actes relevant de l'art dentaire[135] est également constitutif d'un concours prêté à l'exercice illégal de la profession de chirurgien-dentiste.

in *Les grands arrêts du Droit médical*, Paris : LGDJ, 2014, 2e éd., 893 P.

128 Art. L. 4161-1-3° CSP.

129 Art. L. 4161-3-2° CSP.

130 Art. L. 4161-3-2° CSP.

131 Cf. par exemple pour le médecin l'article R. 4127-30 CSP disposant qu'« est interdite toute facilité accordée à quiconque se livre à l'exercice illégal de la pharmacie ».

132 Cf. par exemple, Cass. crim., 25 avril 1857, *Bull. crim.*, n° 172.

133 Cass. Crim., 23 décembre 1955, *Bull. Crim.*, n° 603 ; Cass. crim., 18 juillet 1968, *Bull. crim.*, n° 231.

134 Cass. crim., 13 février 1969, *Bull. crim.*, n° 75.

135 Cass. crim., 10 avril 1964, *Bull. crim.*, n° 105.

Le maintien d'une telle incrimination peut présenter un intérêt pour la répression lorsque la complicité ne peut être retenue pour trois raisons notamment :

- premièrement, en l'absence de constitution du délit d'exercice illégal dans le cas où l'auteur principal de l'exercice illégal serait relaxé sur le fondement de sa bonne foi en raison d'un défaut de faute intentionnelle,
- deuxièmement, dans l'hypothèse où le concours serait apporté par abstention, le professionnel de santé « fermant les yeux » sur la situation irrégulière de la personne non qualifiée, dans la mesure où la complicité par abstention n'est pas répréhensible[136],
- troisièmement et enfin, le recours à l'incrimination du « concours prêté » permet le plus souvent de réprimer une « complicité » par inadvertance, par négligence, consistant par exemple dans l'absence de vérification de la qualité de la personne employée[137].

Les qualifications pénales spéciales viennent ici combler cette lacune de la théorie générale de la complicité punissable.

En revanche, seule la complicité au sens de l'article 121-7 C. pén. pourra être retenue quand le « coopérant » n'a pas la qualité de professionnel de santé : tel est le cas de la directrice d'une maison de retraite condamnée pour complicité du délit d'exercice illégal de la profession d'infirmière pour avoir incité une aide-soignante à pratiquer des actes sans avoir la qualité requise, en la menaçant de licenciement en cas de refus[138].

B – Les moyens de répression : les peines

33 – Peines applicables aux personnes physiques – La personne physique ayant participé, comme auteur ou complice, à l'exercice illégal d'une profession de santé encourt des peines principales et des peines complémentaires[139].

---

136 Cass. crim., 8 mars 1951, *Bull. crim.*, n° 76 : « les actes antérieurs ou concomitants au crime constatés justifient un renvoi devant la juridiction de jugement à la condition qu'ils soient positifs ».

137 Cass. crim., 13 février 1969, *précit.*

138 CA, Bordeaux, 23 juin 2009, *JurisData*, n° 2009-012049.

139 L. Delprat, « Le nouveau régime disciplinaire et pénal de l'organisation des professions de santé », *Dr. pén.*, 2005, Étude n° 12.

En ce qui concerne les **peines principales encourues**[140], il convient de noter que leur *quantum* varie en fonction de la profession protégée. Ainsi l'exercice illégal des professions médicales[141], de la pharmacie et de certaines professions d'auxiliaires de santé (infirmier, masseur-kinésithérapeute, pédicure, podologue...) est puni de deux ans d'emprisonnement et de 30 000 € d'amende. L'exercice illégal d'activités d'autres auxiliaires médicaux est puni de peines moindres, un an d'emprisonnement et 15 000 €[142]. Cependant, les *quanta* des peines encourues étaient beaucoup plus disparates selon la profession de santé concernée avant l'ordonnance n° 2005-1040 du 26 août 2005 relative à l'organisation de certaines professions de santé[143] qui a procédé à une harmonisation.

En ce qui concerne les **peines complémentaires encourues**, certaines sont communes à tous les délits d'exercice illégal, d'autres spécifiques à certains d'entre eux. La peine complémentaire ne peut être prononcée qu'en complément de la peine privative de liberté et/ou de la peine d'amende, peines principales, et qu'à la condition qu'un texte spécial la prévoit pour tel délit considéré. Ainsi jusqu'à l'ordonnance du 26 août 2005, la confiscation ne pouvait être prononcée pour réprimer l'exercice illégal de la pharmacie à défaut de prévision par un texte[144]. De même en était-il du technicien de laboratoire dentaire déclaré coupable de délit d'exercice illégal de l'art dentaire qui ne pouvait être condamné à titre de peine complémentaire jusqu'à cette date à une interdiction professionnelle pendant cinq ans, à défaut de prévision par l'article L. 4161-5 CSP[145]. Cette peine ne pouvait être prononcée que comme peine alternative à l'emprisonnement en application de l'article 131-6-11° du Code pénal.

En matière d'exercice illégal des professions de santé, les peines complémentaires sont au nombre de quatre :

- L'**affichage** ou la **diffusion de la décision de condamnation**, par renvoi à l'article 131-35 C. pén. qui les définit, qui a un effet stigmatisant et infamant. Depuis la loi n° 2011-525 du 17 mai 2011

140 Sont des peines principales encourues les peines légalement prévues par le texte définissant l'infraction susceptible d'être prononcées par le juge en répression du comportement ainsi interdit.

141 Art. L. 4161-5 CSP.

142 Par exemple, pour les préparateurs en pharmacie, diététiciens, orthoptistes et orthophonistes : art.L. 4323-4 CSP.

143 *JO* du 27 août 2005, p. 13919 et s.

144 Cass. crim., 10 mars 1993, *Bull. crim.*, n° 108.

145 Cass. crim., 10 mai 2000, *D.*, 2000, p. 192.

de simplification et d'amélioration de la qualité du droit[146], ces peines peuvent être prononcées de manière cumulative.

- L'**interdiction d'exercer,** de manière définitive ou pour une durée de cinq ans au plus, une ou plusieurs des professions régies par le Code de la santé publique ou toute autre activité professionnelle ou sociale à l'occasion de laquelle l'infraction a été commise. Cette mesure est une **peine complémentaire** mais il s'agit aussi d'une **peine alternative** à l'emprisonnement qui peut être décidée en application de l'article 131-6-11 °C. pén. pour une durée de cinq ans maximum. Peine complémentaire ou alternative, elle ne doit pas être confondue avec une mesure ayant le même objet mais pouvant être décidée avant toute déclaration de culpabilité, à l'encontre d'une personne simplement mise en examen, soupçonnée d'avoir commis un crime ou un délit : il s'agit de l'**interdiction d'activité assortissant un contrôle judiciaire** en application de l'article 138 CPP, décidée par le juge d'instruction ou par le juge des libertés et de la détention. Elle consiste non pas en une peine mais en une mesure de sûreté. La loi ne prévoit pas de durée spécifique et l'interdiction peut être maintenue pendant toute la durée de l'instruction de l'affaire. Cette décision est communiquée à l'Ordre auquel appartient le praticien mis en examen et qui en fait l'objet. Pour la prononcer, le juge doit démontrer que l'infraction reprochée a été commise à l'occasion ou dans l'exercice de l'activité professionnelle et qu'il existe un risque de renouvellement de l'infraction. Cette seconde condition est très souvent contestée, d'une part, parce que l'interdiction d'exercer correspond à une « mort professionnelle » et, d'autre part, car en cas de non-lieu décidé ou de relaxe ultérieure, il n'existe pas de procédure d'indemnisation équivalente à celle prévue pour la réparation d'une détention provisoire injustifiée[147]. Lorsque la Cour de cassation approuve les juges qui ont prononcé ou maintenu une telle interdiction, elle précise que cette mesure est bien fondée « au regard des impératifs de la sûreté publique et des nécessités de l'instruction » [148]. Selon que l'interdiction d'exercer est décidée comme peine ou au titre d'un contrôle judiciaire, la sanction de son non-respect est *a priori* différente : lorsque l'interdiction violée a été prononcée à l'égard d'une personne condamnée pour exercice illégal d'une profession

146 *JO* du 25 mai 2011, p. 8993 et s.

147 A. MIHMAN, « L'interdiction d'exercice du médecin dans le cadre d'une information judiciaire », *Gaz. Pal.*, 2015, n° 56 et 57, p. 4 et s.

148 Cass. crim., 5 novembre 2013, n° 13-85.704 ; *RDS*, 2014, n° 58, p. 1079 et s., obs. A. PONSEILLE.

de santé, ce non-respect consiste en un délit spécifique[149], mais il convient de noter que les juges retiennent plutôt la qualification d'exercice illégal ; si ce choix est juridiquement critiquable car le principe de spécialité, qui s'impose au juge pour la qualification, implique de retenir le texte incriminateur le plus spécifique, cela n'a pas d'incidence sur la répression, les peines encourues étant identiques. Lorsque l'interdiction objet de la violation est rattachée à un contrôle judiciaire, la sanction consistera en premier lieu dans la perte du bénéfice du contrôle judiciaire et prendra la forme d'une incarcération au titre de la détention provisoire. Mais il n'est pas exclu que puissent être envisagées des poursuites sur le fondement du délit d'exercice illégal de la profession de santé concernée. Enfin, à une époque où les lois d'amnistie existaient, elles ne concernaient pas les peines d'interdiction d'exercer les professions de médecin et de pharmacien prononcées, s'agissant de « mesures de police et de sécurité » qui étaient maintenues dans leur exécution[150].

- Est également une peine complémentaire encourue pour les délits d'exercice illégal des professions de santé la **confiscation** de la chose qui a servi ou qui était destinée à commettre l'infraction ou de la chose qui en est le produit, conformément à l'article 131-21 du Code pénal. Cette peine est fréquemment prononcée pour ce type de délit : la confiscation doit porter sur le seul matériel ayant servi à la commission de l'infraction[151].
- Enfin, la **fermeture** définitive ou pour une durée de cinq ans au plus **de l'établissement** dans lequel une infraction a été commise est également une peine complémentaire. Cette mesure particulièrement dissuasive n'est pas applicable à toutes les infractions d'exercice illégal de professions de santé : si elle n'est pas encourue s'agissant du délit d'exercice illégal d'une profession médicale, elle l'est pour celui d'exercice illégal de la pharmacie[152]. Il convient de noter qu'une fermeture provisoire de l'établissement peut également être demandée par le préfet

149 Pour les professions médicales par exemple, il est défini à l'article L. 4161-5 al.3e CSP et puni des mêmes peines que le délit d'exercice illégal.

150 Cass. crim., 22 décembre 1966, *Bull. crim.*, n° 304.

151 Cass. crim., 24 février 2004, *Bull. crim.*, n° 51 : « la confiscation ordonnée porte nécessairement sur le matériel ayant permis l'exercice illégal de l'art dentaire, qui est distinct de celui servant à la fabrication des éléments de prothèse » ; Cass. crim., 7 septembre 2004, n° 03-83.701.

152 Art. L. 4223-1 al.2e d) CSP.

lorsqu'une juridiction pénale est saisie de poursuites pour exercice illégal de la pharmacie[153].

34 – Peines applicables aux personnes morales – Les personnes morales peuvent également engager leur responsabilité pénale en application de l'article 121-2 du Code pénal[154] pour des faits d'exercice illégal des professions de santé[155]. S'il était exigé avant la loi n° 2004-204 du 9 mars 2004 portant adaptation de la justice aux évolutions de la criminalité[156] qu'un texte particulier prévoit pour telle ou telle infraction la possibilité d'engager la responsabilité pénale d'une personne morale, tel n'est plus le cas depuis : les personnes morales peuvent par principe voir leur responsabilité pénale recherchée pour toute infraction pénale. Cependant, il reste qu'un texte doit prévoir les peines encourues. En matière d'exercice illégal des professions de santé, pour chacune des infractions définies par le législateur, il est prévu qu'outre la peine d'amende telle que définie à l'article 131-38 du Code pénal dont le montant maximal pouvant être décidé est égal au quintuple de celui de l'amende encourue par une personne physique pour la même infraction, les groupements ayant la personnalité juridique et convaincus d'avoir commis ce type d'infractions encourent les peines énumérées aux paragraphes 2e à 9e de l'article 131-9 du Code pénal[157]. Il convient de préciser que la peine d'interdiction d'exercer une activité, à titre définitif ou pendant une durée de cinq ans au plus, s'entend, en application des textes du Code de la santé publique précisant les peines encourues par les personnes morales en matière d'exercice illégal de professions de santé, comme portant sur l'exercice « d'une ou plusieurs professions régies par le Code de la santé publique et toute autre activité professionnelle ou sociale à l'occasion de laquelle l'infraction a été commise »[158].

C – Les limites de la répression

35 – Défaut d'incrimination – La première limite de la répression tient dans le principe de légalité des délits et des peines formulé à l'article 111-3 du Code pénal. Tout comportement qui n'est pas puni d'une peine n'est pas une infraction pénale.

---

153 Art. L. 4223-3 CSP.

154 Cf. *infra*. n° 435 et s. pour une présentation des conditions de la responsabilité pénale des personnes morales.

155 Cf. *infra*. n° 451.

156 *JO* du 10 mars 2004, p. 4567 et s.

157 Cf. *infra*. n° 460.

158 Cf. Art. L. 4161-6 CSP et le dernier alinéa des art.L. 4223-1, L. 4243-1, L. 4314-4, L. 4323-4... CSP en fonction de la profession de santé considérée.

Ainsi, le législateur n'a pas prévu de protection pénale de l'exercice de toutes les professions de santé : il en est ainsi de la profession d'aide-soignante malgré des propositions faites en ce sens[159].

Par ailleurs, si la répression peut intervenir lorsqu'une infraction est constituée, elle peut également jouer même si l'infraction n'a été que partiellement commise. Encore faut-il que les conditions de la tentative punissable soient réunies. Celles-ci sont posées à l'article 121-5 C. pén. qui dispose que « la tentative est constituée dès lors que, manifestée par un commencement d'exécution, elle n'a été suspendue ou n'a manqué son effet qu'en raison de circonstances indépendantes de la volonté de son auteur ». Toutefois, il convient de préciser que, si la tentative de crime est toujours punissable et celle de contravention ne l'est jamais, la tentative de délit est passible de sanction pénale qu'autant qu'un texte particulier en dispose ainsi[160]. Les infractions d'exercice illégal des professions de santé sont des délits dans la mesure où l'une des peines principales encourues est l'emprisonnement, peine définie par le Code pénal comme étant une peine applicable en matière délictuelle[161]. Or, aucun texte n'incrimine spécifiquement la tentative de ce délit. Le législateur a créé une série d'infractions permettant cependant d'appréhender des comportements qui peuvent annoncer la commission de tels délits d'exercice illégal d'une profession de santé[162].

36 - Causes d'irresponsabilité pénale - Le Code pénal prévoit en ses articles 122-1 et s. plusieurs causes d'irresponsabilité pénale dont certaines ont pu être invoquées dans le contentieux de l'exercice illégal d'une profession de santé.

La responsabilité pénale d'une personne exerçant certaines professions de santé sans disposer d'un titre régulier ou du diplôme correspondant peut ne pas être engagée si celle-ci justifie d'une **autorisation ou d'un ordre de la loi**, véritable fait justificatif[163]. Ainsi, par exemple, l'article L. 4161-1 CSP prévoit implicitement en son dernier alinéa une autorisation d'accomplir des actes médicaux, en précisant que l'infraction d'exercice illégal de l'art médical ne peut être retenue à l'encontre des étudiants en médecine, des sages-femmes, des pharmaciens-biologistes pour l'exercice des actes de biologie médicale, des infirmiers ou gardes-malades qui agissent comme

---

159 AN, n° 1559, Proposition de loi visant à créer un statut libéral d'aide-soignant du 1er avril 2009.

160 Art. 121-4-2 °C. pén.

161 Art.131-3 C. pén.

162 Cf. *infra*. n° 41 et s.

163 Art.122-4 C. pén.: « N'est pas pénalement responsable la personne qui accomplit un acte prescrit ou autorisé par la loi ».

aides d'un médecin ou que celui-ci place auprès de ses malades, aux autres personnes autorisées par décret. Le dernier alinéa de l'article L. 4161-2 CSP prévoit le même fait justificatif au profit des étudiants en art dentaire mais encore faut-il que les prévenus aient réellement la qualité d'étudiants : tel n'est pas le cas de personnes, l'une mécanicien-dentiste, les deux autres titulaires d'un diplôme de chirurgien-dentiste émanant d'une école dentaire libre qui ne leur permettait pas d'exercer à ce titre en France, qui sont en réalité salariés de l'école d'art dentaire de Marseille et participent à des actes relevant exclusivement de la compétence des chirurgiens-dentistes[164]. Le projet de loi de modernisation de notre système de santé, non encore définitivement adopté, prévoit dans sa mouture après le vote par le Sénat la modification de l'article L. 4321-1 CSP au dernier alinéa créant une autorisation de prescription médicale sous certaines conditions au bénéfice du masseur-kinésithérapeute :

> *Lorsqu'il agit dans un but thérapeutique, le masseur-kinésithérapeute pratique son art sur prescription médicale et peut adapter, sauf indication contraire du médecin, dans le cadre d'un renouvellement, les prescriptions médicales initiales d'actes de masso-kinésithérapie datant de moins d'un an, dans des conditions définies par décret. Il peut prescrire, sauf indication contraire du médecin, les dispositifs médicaux nécessaires à l'exercice de sa profession.*[165]

En revanche, par une jurisprudence ancienne et constante[166], la Cour de cassation ne considère pas que l'obligation de porter secours à autrui, acte prescrit par la loi en raison de l'incrimination de l'abstention de porter secours à personne en péril[167], puisse jouer comme fait justificatif : elle a ainsi écarté ce moyen de défense proposé par un demandeur au pourvoi, non titulaire d'un diplôme en médecine, condamné par les juridictions du fond pour exercice illégal de la médecine aux motifs qu'il tenait en réalité un cabinet médical et recevait habituellement des malades, prenait part à l'établissement de diagnostics, leur prescrivait des traitements et leur délivrait des médicaments[168]. Le même raisonnement vaut pour celui convaincu d'exercer illégalement la pharmacie[169].

---

[164] Cass. crim., 10 avril 1964, *Bull. crim.*, n° 105.

[165] Sénat, 15 avril 2015, n°406, article 30 quinquies.

[166] Cass. crim., 30 décembre 1953, *Bull. crim.*, n° 361.

[167] Art.223-6 C. pén.

[168] Cass. crim., 2 juillet 1975, *Bull. crim.*, n° 173.

[169] Cass. crim., 30 décembre 1953, *précit.*

N'exercent pas de manière illégale la médecine les sages-femmes qui prescrivent « les médicaments d'une classe thérapeutique figurant sur une liste fixée par arrêté du ministre chargé de la santé pris après avis de l'Agence française de sécurité sanitaire des produits de santé »[170] dans la mesure où elles sont expressément autorisées à le faire aux termes de l'article L. 4151-4 CSP.

En dehors de ces hypothèses et de manière plus générale, l'éventuelle présence d'un médecin ne saurait justifier le comportement d'exercice illégal[171] : c'est ce qu'a rappelé la Cour de cassation dans une affaire concernant un chirurgien-dentiste et un prothésiste, le premier ayant mis à disposition du second une pièce dans son cabinet dentaire dans laquelle ce dernier réalisait des prises d'empreintes, l'essayage et la pose d'appareils dentaires. Selon la Haute Juridiction, peu importe qu'aucun élément au dossier n'établisse que les travaux du prothésiste n'aient pas été l'objet d'une surveillance effective et constante de la part du chirurgien-dentiste dès lors que ces interventions « constituent des actes rentrant dans la pratique de l'art dentaire et, comme tels, réservés aux chirurgiens-dentistes »[172].

De même, la Cour de cassation a pu juger que :

> *La possession par les clients du prothésiste de certificats médicaux attestant du bon état sanitaire de leur cavité buccale n'autorisait pas (le technicien prothésiste) à pratiquer des actes dont l'exercice est réservé aux médecins et chirurgiens-dentistes (prises d'empreintes et poses d'appareils dentaires)*[173].

Pour échapper à la répression, le prévenu peut également invoquer une des causes subjectives d'irresponsabilité pénale définies dans le Code pénal. Ainsi, l'existence d'une intention coupable peut être écartée s'il est démontré notamment une **erreur sur le droit**, cause d'irresponsabilité pénale issue de la réforme du Code pénal de 1994 et définie à l'article 122-3 du Code pénal[174]. La tâche est cependant ardue tant les conditions requises sont strictes. N'a pu bénéficier d'une telle cause d'exonération le médecin pénalement condamné à une interdiction d'exercer l'activité médicale qui la poursuivait néanmoins. Prévenu d'un délit d'exercice illégal de l'art

170 Arrêté du 4 février 2013, *JO* du 13 février 2013, p. 2480 et s.

171 Art. L. 4161-1-1° CSP.

172 Cass. crim., 18 juillet 1968, *Bull. crim.*, n° 231.

173 Cass. crim., 4 novembre 1986, *Bull. crim.*, n° 318.

174 « N'est pas pénalement responsable la personne qui justifie avoir cru, par une erreur sur le droit qu'elle n'était pas en mesure d'éviter, pouvoir légitimement accomplir l'acte ».

médical, il invoque une erreur sur le droit car il pensait que cette peine ne devenait exécutoire qu'à partir de la notification par la CPAM, comme quand l'interdiction est prononcée dans le cadre d'une procédure disciplinaire. La Cour de cassation considère que les juges du fond ont écarté à bon droit l'erreur sur le droit en raison de la mauvaise foi du demandeur tirée de ce qu'il s'était adressé au procureur de la République afin d'obtenir un sursis à exécution de la mesure d'interdiction[175]. L'erreur portant sur le droit peut également consister en une erreur d'interprétation d'un texte qui ne peut être que légal ou réglementaire : dès lors ne peut être qualifiée comme telle l'erreur contenue dans un dictionnaire des médicaments vétérinaires. Une société commerciale est poursuivie pour exercice illégal de la pharmacie en raison de la commercialisation de produits à destination de canidés. À l'issue de l'information judiciaire, le juge d'instruction et la chambre de l'instruction rendent des décisions de non-lieu fondées sur une erreur sur le droit. Un pourvoi est formé par le Conseil national de l'Ordre des pharmaciens en qualité de partie civile. La Cour de cassation considère que le fait de s'en être remis à la qualification erronée de compléments alimentaires canins donnée par un dictionnaire des médicaments vétérinaires pour commercialiser les produits litigieux ne peut constituer une erreur sur le droit dans la mesure où ce dictionnaire n'est pas un texte juridique au sens de l'article 122-3 du Code pénal[176]. De même, la mauvaise foi doit conduire à écarter une erreur invincible au sens du texte : est reconnu coupable d'exercice illégal de la médecine le chirurgien-dentiste qui pose un diagnostic à partir d'une sémiologie lointaine et totalement étrangère à des anomalies et maladies des dents, de la bouche, des mâchoires et des tissus attenants, sans pouvoir invoquer une interprétation erronée d'une directive européenne dès lors qu'il a reçu de multiples injonctions orales et écrites d'interrompre ses pratiques[177].

Enfin, la **gratuité des soins** donnés aux patients ne saurait non plus être invoquée par le prévenu pour échapper à la répression[178] dans la mesure où ce délit, s'il protège le monopole des professionnels de santé, protège également la santé publique.

D – Le cumul de qualifications pénales

37 – Plusieurs délits d'exercice illégal d'une profession de santé peuvent être reprochés à une même personne : le médecin qui délivre contre rému-

---

175 Cass. crim., 13 février 2007, n° 06-84.624.

176 Cass. crim., 4 octobre 2011, n° 10-88.157 ; *AJ pénal*, 2012, p. 95, obs. J. Lasserre Capdeville ; *RDS*, 2012, n° 46, p. 245 et s., obs. A. Ponseille.

177 Cass. crim., 21 septembre 2004, n° 04-80.056.

178 CA, Douai, 22 février 1951, *Gaz. Pal.*, 1951, I, p. 268.

nération un produit pouvant être qualifié de médicament au cours d'une période d'interdiction d'activité commet à la fois le délit d'exercice illégal de l'art médical et celui d'exercice illégal de la pharmacie[179].

Mais les infractions reprochées à une même personne peuvent être de natures différentes : par exemple les délits d'exercice illégal de l'art dentaire et d'homicide involontaire à la suite d'une extraction de dents et de l'injection d'un produit ayant conduit au décès du patient[180], ou encore les délits d'exercice illégal de l'art médical et d'escroquerie[181].

E – Les modalités procédurales : l'action publique et l'action civile

38 - Action publique – Aux termes de l'article 1er CPP, l'action publique est mise en mouvement devant les juridictions pénales par les magistrats du parquet pour l'application de peines. Son exercice est enfermé dans des délais fixés par la loi. L'écoulement de ces délais entraîne la prescription de l'action publique et, par suite, l'impossibilité d'obtenir la condamnation des participants à l'infraction. S'agissant de délits, le délai de prescription de l'action publique en matière d'exercice illégal d'une profession de santé est de trois ans en application de l'article 8 al.1er CPP. Le point de départ est fixé par principe au jour où l'infraction est constituée. Cependant, les délits d'exercice illégal d'une profession de santé présentent pour certains la particularité d'exiger la répétition de l'acte prohibé pour leur constitution[182] et ils sont qualifiés pour cette raison de délits d'habitude : la question se pose alors de la fixation du point de départ du délit de prescription : il doit être fixé au dernier acte interdit accompli[183].

39 - Action civile - Pour la réparation des préjudices découlant des délits d'exercice illégal des professions de santé, l'action civile définie à l'article 2 CPP[184] appartient, sous certaines conditions, tant au Conseil de l'Ordre professionnel concerné, qu'aux syndicats professionnels ou encore associations de professionnels de santé. Ainsi, le fait de commettre le délit d'exercice illégal d'une profession de santé a pour résultat de causer

179 Cass. crim., 23 juillet 1987, *Bull. crim.*, n° 300.

180 Cass. crim., 28 novembre 1974, *précit.*

181 Cass. crim., 6 février 2001, n° 00-83.425 : commercialisation par le dirigeant d'une société d'un appareil censé diagnostiquer des cancers et autres états pathologiques.

182 Cf. *supra*. n° 28.

183 F. Desportes, L. Lazerges-Cousquer, *Traité de Procédure pénale*, Paris : Economica, Coll. Corpus Droit privé, 2013, 3e éd., n° 988.

184 Al.1er : « L'action civile en réparation du dommage causé par un crime, un délit ou une contravention appartient à tous ceux qui ont personnellement souffert du dommage directement causé par l'infraction ».

un préjudice direct à l'intérêt collectif de la profession considérée[185]. Plus spécifiquement, en ce qui concerne les délits d'exercice illégal d'une profession médicale, les syndicats peuvent saisir les tribunaux par voie de citation directe, sans préjudice de la faculté de se porter, s'il y a lieu, partie civile dans toute poursuite intentée par le ministère public[186] pour défendre les intérêts collectifs de la catégorie professionnelle qu'ils représentent : tel est le cas d'un syndicat qui regroupe des médecins pratiquant l'acupuncture agissant contre une association regroupant des acupuncteurs non-médecins[187]. Les Conseils de l'Ordre disposaient également de cette option avant la loi n° 2004-204 du 9 mars 2004[188]. La formulation de l'article L. 4122-1 CSP n'est pas précise et donne à penser qu'ils ne peuvent agir qu'en déposant une plainte assortie d'une constitution de partie civile entre les mains du doyen des juges d'instruction ou en se joignant au procès pénal par voie d'intervention lorsque l'action publique a déjà été déclenchée par le parquet.

Par ailleurs, ayant pour mission d'assurer la défense de l'honneur et de l'indépendance de la profession médicale, « (les ordres) peuvent exercer devant la juridiction pénale l'action civile en réparation du dommage causé par une infraction commise par l'un des membres de la profession et portant atteinte aux intérêts qu'ils ont la charge de défendre »[189].

Enfin, s'agissant d'une infraction ayant vocation à protéger le monopole de l'exercice de professions de santé, le patient n'est pas recevable à exercer l'action civile pour la réparation d'un préjudice qu'il estimerait découler de cette infraction, tout comme ne le sont ni les fabricants et distributeurs de compléments alimentaires, ni les professionnels de la parapharmacie en raison de la vente de produits classés comme médicaments quand bien même elle serait illicite en raison d'un défaut d'autorisation de mise sur le marché[190].

40 – L'exercice des professions de santé fait l'objet d'une protection pénale directe par l'incrimination de l'exercice illégal de ces professions mais il fait également l'objet d'une protection pénale indirecte.

185 En ce qui concerne la profession de médecin : Cass. crim., 7 février 1962, *Bull. crim.*, n° 85 ; Cass. crim., 10 mai 1988, *Bull. crim.*, n° 198 ; Cass. crim., 24 avril 1996, *Bull. crim.*, n° 162.

186 Art. L. 4161-4 CSP.

187 CA, Paris, 19 décembre 1989, *D.*, 1991, Somm., p. 176, obs. J. Penneau.

188 *JO* du 10 mars 2004, p. 4567 et s.

189 Cass. crim., 15 février 2000, *Bull. crim.*, n° 66.

190 Cass. crim., 12 février 2002, *Bull. crim.*, n° 27.

SECTION 2 – UNE PROTECTION PÉNALE INDIRECTE CONTRE L'EXERCICE ILLÉGAL D'UNE PROFESSION DE SANTÉ

41 – Plusieurs comportements peuvent être l'antichambre de l'exercice illégal de professions de santé et ceci justifie qu'ils fassent l'objet de sanctions pénales: sont ainsi incriminés les comportements favorisant l'exercice illégal de professions de santé (**§1**) et ceux consistant en une violation des dérogations admises au monopole d'exercice d'une profession de santé (**§2**). De telles incriminations participent ainsi indirectement à une protection pénale contre l'exercice illégal d'une profession de santé.

§ I – L'incrimination de comportements favorisant l'exercice illégal d'une profession de santé

42 – Le législateur a pris soin, afin de renforcer la protection de l'exercice des professions de santé, de prévoir la répression de comportements qui, sans constituer à proprement parler un exercice illégal d'une profession de santé, peuvent y conduire : tel est le cas de l'usage illicite d'un titre ou de la qualité de professionnel de santé (**A**), du délit de compérage (**B**) ou encore du délit d'embauche d'un personnel non qualifié (**C**).

A – L'usage illicite d'un titre ou de la qualité de professionnel de santé

43 – L'usage illicite d'un titre ou de la qualité de professionnel de santé constitue une sorte de délit-obstacle, une incrimination préventive assurant l'appréhension pénale d'un comportement susceptible de tromper le patient et de faciliter à terme l'exercice illégal de professions de santé. Cependant, il ne s'agit pas d'une incrimination permettant la protection pénale des seules professions de santé. En effet, l'article 433-17 C. pén. dispose plus largement que « L'usage, sans droit, d'un titre attaché à une profession réglementée par l'autorité publique ou d'un diplôme officiel ou d'une qualité dont les conditions d'attribution sont fixées par l'autorité publique est puni d'un an d'emprisonnement et de 15 000 euros d'amende ». Ce texte définit une infraction « générique », déclinée dans le Code de la santé publique pour la protection des professions de santé.

1) Les conditions constitutives du délit d'usurpation du titre ou de la qualité d'un professionnel de santé

44 – Incriminations spécifiques – Outre l'article 433-17 C.pén., le législateur a prévu des articles spécifiques aux professions de santé pour l'incrimination de mêmes faits, en recourant à une définition quasiment identique à celle proposée par la disposition du Code pénal. Aussi existe-t-il une incrimination spécifique de l'usurpation du titre, du diplôme ou de la qualité de médecin, de chirurgien-dentiste ou de sage-femme (Art. L. 4162-1 CSP), de pharmacien (Art. L. 4223-2 CSP), de préparateur en pharmacie (Art. L. 4243-2 CSP), d'infirmier ou d'infirmière (Art. L. 4314-5 CSP), de masseur-kinésithérapeute, masseur, gymnaste médical ou pédicure podologue (Art. L. 4323-5 CSP), d'ergothérapeute et psychomotricien (Art. L. 4334-2 CSP), d'orthophoniste et d'orthoptiste (Art. L. 4344-5 CSP), de manipulateur d'électroradiologie médicale (Art. L. 4353-2 CSP), d'audioprothésiste et d'opticien-lunetier (Art. L. 4363-3 CSP).

Cette incrimination particulière existe pour la protection de la qualité de pharmacien depuis la loi n° 2002-303 du 4 mars 2002 relative aux droits des malades et à la qualité du système de santé[191] et celle de la qualité d'aide-soignant depuis l'ordonnance n° 2009-1585 du 17 décembre 2009[192]. Par ailleurs, cette protection pénale a été étendue à la qualité de pédicure et de podologue par la loi n° 2007-127 du 30 janvier 2007 ratifiant l'ordonnance du 26 août 2005[193], à la qualité de préparateur en pharmacie hospitalière par la loi n° 2009-879 du 21 juillet 2009 portant réforme de l'hôpital et relative aux patients, à la santé et aux territoires[194], à la qualité de technicien de laboratoire médical[195] par l'ordonnance n° 2010-49 du 13 janvier 2010[196] ou encore à la qualité de prothésiste et d'orthésiste[197] par l'ordonnance n° 2005-1040 du 26 août 2005[198].

45 - Le comportement répréhensible: l'usage sans droit d'un titre, d'une qualité ou d'un diplôme - L'usage ne peut consister qu'en un acte positif[199]. Ainsi la prévenue qui n'a jamais elle-même utilisé le titre ou la qualité de Docteur, qui n'en fait mention ni sur le papier à lettre, ni sur une plaque professionnelle, mais qui a été présentée par un tiers comme ayant cette qualité, doit être relaxée[200].

191 *JO* du 5 mars 2002, p. 4118 et s.

192 *JO* du 19 décembre 2009, p. 21906 et s.

193 *JO* du 1er février 2007, p. 1937 et s.

194 *JO* du 22 juillet 2009, p. 12184 et s.

195 Art. L. 4353-2 CSP.

196 *JO* du 15 janvier 2009, p. 819 et s.

197 Art. L. 4363-3 CSP.

198 *JO* du 27 août 2005, p. 13923 et s.

199 Cass. crim., 31 mars 1993, n° 92-83.781, *Bull. crim.*, n° 142.

200 CA, Paris, 5 février 2009, *RDS*, 2009, n° 30, p. 332 et s., obs. A. Ponseille.

En revanche, il a été jugé que commettait ce délit celui qui, pourvu du seul diplôme d'université, d'ordre exclusivement scientifique et ne conférant aucun des droits et privilèges attachés au diplôme d'État, faisait usage d'un papier à lettres portant imprimée la mention « Docteur de la faculté de médecine de Paris »[201]. Il en va de même lorsque la même mention figure sur des cartes de visite ou fiches de rendez-vous remises aux clients[202]. Est aussi coupable d'un tel délit le technicien de laboratoire d'un établissement de santé qui utilise des ordonnances médicales portant son nom accompagné de l'indication « médecin homéopathe »[203].

En outre, dans une affaire dans laquelle une personne faisait précéder son nom du terme « médecin » dans un annuaire électronique et sur du papier à en-tête, une cour d'appel a indiqué que :

> *La circonstance que le terme « médecin » désigne une fonction et ne constitue pas à lui seul un titre réglementé n'est pas de nature à empêcher l'application des dispositions de l'article 433-17 du Code pénal dès lors que l'exercice régulier des fonctions de médecin suppose la délivrance d'un des titres réglementés prévus par (le code de la santé publique)*[204].

Par ailleurs, le seul fait d'être titulaire du diplôme correspondant au titre ou à la qualité n'est pas suffisant pour échapper à une condamnation pour délit d'usurpation de titre. En effet, est constitutif d'une telle infraction le fait pour une personne, alors même qu'elle n'est plus inscrite au tableau de l'Ordre des médecins après une demande de radiation pour cause de retraite, de laisser sa plaque professionnelle sur son immeuble[205]. Tel est encore le cas de celui qui, bien que titulaire du diplôme de pharmacien mais non inscrit au tableau et commercialisant par l'intermédiaire d'une société dont il était le dirigeant de fait un produit qualifié de médicament par destination, a signé les courriers de ladite société en se présentant comme « pharmacien responsable »[206].

201 Cass. crim., 22 décembre 1937, *Bull. crim.*, n° 240.

202 Cass. crim., 28 décembre 1959, *Bull. crim.*, n° 592 à propos d'un kinésithérapeute.

203 CA, Rennes, 29 mars 2001, *JurisData* n° 2001-169597.

204 CA, Paris, 4 novembre 1996, *JurisData* n° 1996-00848 ; pour une assimilation par les juges des termes « pharmacien » et « docteur en pharmacie », cf. Cass. com., 16 janvier 2011, n° 99-11045, *Bull. civ.* IV, n° 13.

205 Cass. crim., 12 janvier 2010, n° 09-82.380.

206 CA, Paris, 30 septembre 2011, *JurisData* n° 2011-025777.

Le fait pour une société commerciale de faire usage dans son enseigne du signe « pharmacien » ou de déposer la marque « comptoir du pharmacien » est constitutif d'une usurpation de titre[207].

Pour autant est indifférente pour la constitution du délit la publicité de cet usage sans droit[208]. Est également indifférente la nature de son support puisque l'usage illégal peut même consister en des affirmations orales[209].

La question s'est posée de savoir si un médecin chirurgien spécialisé en chirurgie thoracique et vasculaire, remettant à une patiente un devis avec indication sous son nom de la mention « chirurgie thoracique et vasculaire - chirurgie esthétique - chirurgie endocrinienne » commettait le délit d'usurpation de titre ou de qualité dans la mesure où il ne disposait pas de spécialité en chirurgie plastique. Pour retenir le prévenu dans les liens de la prévention, la cour d'appel de Bordeaux a considéré que « le choix de faire figurer dans le devis, sous le nom de chirurgien, la mention « chirurgie esthétique » était de nature à conforter l'idée d'une particulière compétence du docteur X... dans cette spécialité alors même que le titre « chirurgien esthétique » n'était pas explicitement employé »[210]. Sur le pourvoi formé par le médecin, la Cour de cassation a cassé la décision des juges bordelais en se fondant, sans même le citer, sur le principe d'interprétation stricte de la loi pénale, car il ne revendiquait pas le titre de « chirurgien esthétique »[211]. Sans doute cette décision pose-t-elle les limites du principe de l'omnivalence défini à l'article R. 4127-70 CSP selon lequel « tout médecin est, en principe, habilité à pratiquer tous les actes de diagnostic, de prévention et de traitement »[212]. Pour autant, ce comportement est susceptible d'être constitutif d'une faute disciplinaire dès lors que le même article interdit au médecin « sauf circonstances exceptionnelles, [d'] entreprendre ou [de] poursuivre des soins, [de] formuler des prescriptions dans des domaines qui dépassent ses connaissances, son expérience et les moyens dont il dispose ». Il s'expose en outre, en cas de dommage causé au patient, à des poursuites pénales. L'affaire a été rejugée par la cour d'appel de Toulouse qui a rendu un arrêt en date du 21 mars 2013[213], rejoignant ainsi la Cour de cassation dans son analyse. Dans pareille hypothèse, la répression pénale pourrait éventuellement intervenir par un

---

207 TGI, Paris, 8 avril 2009, *D.*, 2009, p. 2980 et s., note E. FOUASSIER et P. FALLET.

208 A. VITU, Usurpation de titre, *Juris-Cl. Pén. Code*, fasc.20.

209 Cass. crim., 29 janvier 1958, *Bull. crim.*, n° 107.

210 CA, Bordeaux, 15 octobre 2010, *JurisData* n° 2010-022603.

211 Cass. crim., 15 novembre 2011, *RDS*, 2012, n° 46, p. 245 et s., obs. A. PONSEILLE.

212 *Gaz. Pal.*, 2012, I, p. 302 note E. DREYER.

213 *RDS*, n° 55, p. 584 et s., obs. A. PONSEILLE.

autre biais, en cas d'exercice de l'activité de chirurgie esthétique sans autorisation passible de 150 000 € d'amende[214] ou sans respecter les obligations préalables à l'intervention chirurgicale[215], ce qui ne devait pas être le cas en l'espèce.

46 - La faute requise: une intention - Le délit est caractérisé par une faute intentionnelle définie par le fait que l'auteur a utilisé en connaissance de cause un titre dont il se savait ne pas être titulaire. Concernant l'usurpation de titre, la Cour de cassation rappelle que « la seule constatation de la violation, en connaissance de cause, d'une prescription légale ou réglementaire implique, de la part de son auteur, l'intention coupable exigée par l'article 121-3, alinéa 1er, du Code pénal »[216]. Il s'agit de ce que la doctrine nomme un « dol général ». Si « la mauvaise foi est un élément essentiel du délit »[217], aucune intention spéciale de tromper le public n'est requise pour la constitution de l'infraction[218].

De plus, le prévenu, poursuivi pour usurpation de titre pour avoir fait mention de la qualité de Docteur sur un courrier et laissé en place sa plaque professionnelle, ne peut pas arguer de sa bonne foi en invoquant une erreur matérielle sur la notification qu'il avait reçue alors même qu'il avait lui-même demandé sa radiation du tableau[219].

2) Les conditions répressives du délit d'usurpation du titre ou de la qualité d'un professionnel de santé

47 - La répression des infractions d'usurpation définies par le Code de la santé publique se fait par la technique du renvoi aux dispositions du Code pénal, ce qui peut parfois être source d'incertitudes et d'insécurité juridique.

48 - Peines principales applicables - Les textes incriminateurs du Code de la santé publique ne prévoient pas de peines spécifiques et renvoient pour la répression aux dispositions générales de l'article 433-17 du Code pénal. Ainsi à titre principal, les peines encourues pour un tel délit sont un an d'emprisonnement et 15 000 € d'amende.

---

214 Art. L.6324-2-I CSP.

215 Art. L.6324-2-II CSP.

216 Cass. crim., 8 juin 1995, *Bull. crim.*, n° 211.

217 Cass. crim., 28 décembre 1959, *précit.*

218 Cass. crim., 18 décembre 1979, *Bull. crim.*, n° 366 ; Cass. crim., 27 mars 1996, *Bull. crim.*, n° 141.

219 Cass. crim., 12 janvier 2010, *RDS*, 2010, n° 35, p. 260 et s., note A. Vivancos.

49 - Peines complémentaires encourues - Le Code pénal énumère en son article 433-22 les peines complémentaires mais le Code de la santé publique ne prévoit pas expressément de peines complémentaires encourues pour réprimer ce type de comportement, à l'exception de la peine de fermeture d'établissement définitive ou pour une période de cinq ans au plus, encourue par la personne physique qui userait frauduleusement de la qualité de pharmacien[220].

Initialement, les textes « suiveurs » disposaient qu'une telle usurpation était « punie des peines prévues à l'article 433-17 du Code pénal », ce qui excluait donc l'application de l'article 433-22. Ainsi aucune peine complémentaire n'était encourue dès lors qu'était usurpé un titre, une qualité ou le diplôme d'un professionnel de santé, sauf à ce que le mis en cause soit poursuivi également ou exclusivement sur le fondement de l'article 433-17. L'ordonnance n° 2005-1040 du 26 août 2005[221] a modifié la lettre des dispositions incriminant dans le Code de la santé publique l'usurpation de titre ou de qualité de professionnels de santé en prévoyant qu'un tel comportement serait désormais puni « comme le délit d'usurpation de titre prévu à l'article 433-17 du Code pénal », une telle formule permettant d'appliquer les peines principales prévues à l'article 433-17 mais également les peines complémentaires de l'article 433-22. Ces dernières sont au nombre de trois :

- l'interdiction des droits civiques, civils et de famille,
- l'interdiction, soit d'exercer une fonction publique ou d'exercer l'activité professionnelle ou sociale dans l'exercice ou à l'occasion de laquelle l'infraction a été commise, soit d'exercer une profession commerciale ou industrielle,
- l'affichage et/ou la diffusion de la décision pouvant être prononcées de manière cumulative depuis la loi n° 2011-525 du 17 mai 2011 de simplification et d'amélioration de la qualité du droit[222].

La modification textuelle opérée par l'ordonnance de 2005 entraîne donc l'applicabilité de nouvelles peines et caractérise ainsi une disposition nouvelle, plus sévère, qui n'a pas vocation à s'appliquer de manière rétroac-

---

220 Art. L. 4223-2 al.2e CSP ; en outre, l'article L. 4223-3 CSP dispose que, lorsque l'autorité judiciaire a été saisie d'une poursuite pour usurpation de la qualité de pharmacien, le préfet peut prononcer la fermeture provisoire de l'établissement.

221 *Précit.*

222 *Précit.*

tive[223], c'est-à-dire pour la répression de faits commis avant l'entrée en vigueur de l'ordonnance.

On notera que, si l'article L. 4223-2 CSP réprimant l'usurpation de la qualité de pharmacien a subi la même modification en 2005, la loi du 17 mai 2011 a de nouveau procédé à une réécriture entraînant un retour à la rédaction antérieure avec les mêmes conséquences : en effet, dans sa dernière version, le texte précise que ces comportements « sont passibles des sanctions prévues à l'article 433-17 ». Les peines complémentaires de l'article 433-22 semblent de nouveau être exclues dans leur application et la seule peine complémentaire encourue pour les personnes physiques est celle prévue au 2e alinéa de l'article L. 4223-2, à défaut de texte particulier en prévoyant d'autres. Cette modification porte atteinte à la cohérence de la protection pénale du titre ou de la qualité de professionnel de santé.

Dans de rares cas[224], la formulation initiale des textes permettait déjà l'application des peines complémentaires aux auteurs de tels délits[225], si bien que l'ordonnance de 2005 n'a pas entraîné de modification sur le fond mais une harmonisation dans la forme.

Enfin, la loi n° 2009-1437 du 24 novembre 2009 relative à l'orientation et à la formation professionnelle tout au long de la vie[226] a inséré un 2d alinéa dans l'article 433-17 qui crée une nouvelle peine complémentaire applicable aux personnes physiques et morales reconnues responsables de cette infraction : l'interdiction d'activité de prestataire de formation professionnelle continue.

50 – Responsabilité pénale des personnes morales et peines encourues – L'ordonnance de 2005 a permis l'engagement de la responsabilité pénale des personnes morales pour l'usurpation de titre ou de qualité de professionnels de santé en application de l'article 121-2 du Code pénal[227] en prévoyant pour chacun des textes incriminateurs un alinéa supplémentaire visant l'application de peines aux personnes morales qui se verraient reprocher un tel délit. La formulation était sans doute maladroite car

---

223 Art. 112-1 al.2e C. pén. : « Peuvent seules être prononcées les peines légalement applicables » à la date à laquelle les faits constitutifs de l'infraction pénale ont été commis.

224 Art. L. 4314-5 et L. 4323-5 CSP.

225 «…sont punis des peines encourues pour le délit d'usurpation de titre prévu par l'article 433-17 du Code pénal ».

226 *JO* du 25 novembre 2009, p. 20206 et s.

227 « Les personnes morales, à l'exclusion de l'État, sont responsables pénalement, selon les distinctions des articles 121-4 à 121-7, des infractions commises, pour leur compte, par leurs organes ou représentants. (…) ».

étaient visées par renvoi les peines de l'article 433-17 dont l'emprisonnement, difficilement applicable aux personnes morales ! La loi n° 2009-526 du 12 mai 2009 de simplification et de clarification du droit et d'allégement des procédures[228] a rectifié cette erreur[229], en précisant que la peine encourue était l'amende portée au quintuple de celle encourue et prévue par l'article 433-17, ainsi que les peines de l'article 433-25 qui renvoie pour partie à la liste de l'article 131-39 C. pén. énumérant les peines supplémentaires encourues par les personnes morales. Ces dernières, qui se rendraient coupables d'un tel délit, encourent, outre l'amende, notamment une interdiction professionnelle, un placement sous surveillance judiciaire, une fermeture d'établissement, une exclusion des marchés publics (pour ces différentes peines pour une durée de cinq ans au plus), une peine de confiscation, l'affichage et/ou la diffusion de la décision pénale.

Sans doute depuis la loi du 24 novembre 2009, faut-il ajouter la peine d'interdiction de prestation de formation continue car, même si elle n'est pas prévue par l'article 433-25, elle est mentionnée à l'article 433-17 du Code pénal auquel les textes incriminateurs du Code de la santé publique renvoient pour les peines applicables.

51 - Complicité - Doit être considéré comme complice du délit d'usurpation de titre ou de qualité le pharmacien qui emploie comme pharmacien-assistant une jeune femme en sachant qu'elle préparait alors sa thèse de doctorat en pharmacie et n'était dès lors pas titulaire du diplôme de pharmacien lui permettant de revendiquer cette qualité[230].

52 - Conflit et cumul de qualifications pénales - Le délit d'usurpation de titre ou de qualité ne doit pas être confondu avec le délit d'exercice illégal d'une profession de santé[231] : leurs éléments constitutifs étant distincts, une personne peut être poursuivie et condamnée de manière cumulative pour ces deux délits[232]. La Cour de cassation a précisé que l'usurpation du titre de docteur en médecine n'est pas un élément constitutif du délit d'exercice illégal de la médecine[233].

---

228 *JO* du 13 mai 2009, p. 7920 et s.

229 Le texte concernant les aides-soignants créé postérieurement contient cette ineptie non corrigée à ce jour : art. L. 4394-1 CSP.

230 Cass. crim., 8 mars 1988, n° 86-92.953.

231 Cf. *supra*. n° 13 et s.

232 Cass. crim., 8 février 1995, *Bull. crim.*, n° 61 : cas d'une femme qui utilisait un papier à lettre professionnel mentionnant la qualité usurpée de « Docteur en médecine » et se présentait sous cette qualité dans des émissions radiophoniques ou dans des publicités.

233 Cass. crim., 12 janvier 2010, *précit.* ; *Dr. pén.*, 2010, comm. n° 45, obs. M. Véron.

En revanche, le pharmacien qui poursuit l'exploitation de son officine en dépit de l'annulation de sa licence par le juge administratif n'est pas coupable du délit d'exercice illégal de la profession de pharmacien, dès lors que l'absence de détention d'une licence n'entre pas dans la constitution de cette infraction, mais il se rend coupable du délit d'usurpation de titre ou de la qualité de pharmacien[234].

La personne qui utiliserait par exemple la qualité usurpée de médecin pour percevoir des honoraires ne pourrait être condamnée que du chef d'escroquerie défini et réprimé à l'art.313-1 C. pén.[235], car l'usage d'une fausse qualité est une des composantes de l'élément matériel complexe de l'escroquerie, l'incrimination d'usurpation de titre étant en quelque sorte absorbée par celle de l'escroquerie[236].

53 - Répression par assimilation - Le 3e alinéa de l'article L. 4162-1 CSP prévoit que « le non-respect des dispositions de l'article L. 4111-5 est assimilé à une usurpation du titre de médecin, de chirurgien-dentiste ou de sage-femme ». L'article L. 4111-5 CSP précise que ces praticiens peuvent utiliser leurs titres de formation obtenus à l'étranger dans la langue de l'État qui les a délivrés, sous réserve d'y faire figurer le lieu et l'établissement d'obtention. En outre, si une confusion est possible avec un titre français exigeant une formation complémentaire, l'Ordre imposera qu'une indication particulière soit portée sur le titre. Le 4e alinéa de l'article L. 4223-3 CSP, issu de l'ordonnance du 26 août 2005, précise quant à lui pour ce qui concerne les pharmaciens que « le non-respect des dispositions de l'article L. 4221-14 est assimilé à une usurpation du titre de pharmacien », le texte cité imposant des obligations identiques à celles prescrites aux termes de l'article L. 4111-5 CSP. Ces deux infractions sont assimilées à l'usurpation de titre et de qualité par le Code de la santé publique et punies des peines encourues pour ce délit.

54 - Remarques procédurales - S'agissant d'un délit, l'action publique se prescrit par trois ans aux termes de l'article 8 CPP. La plainte déposée par le patient auprès du Conseil de l'Ordre des médecins n'a pas pour effet d'interrompre ce délai de prescription[237] : ainsi en a décidé la Cour de cassation par un arrêt du 4 septembre 2012[238], considérant qu'une telle plainte ne pouvait être assimilée à un acte de procédure, dans une affaire

[234] Cass. crim., 16 octobre 1984, *Bull. crim.*, n° 306.

[235] Pour une présentation, cf. *infra*. n° 201 et s.

[236] Cass. crim., 8 février 1995, *précit.*

[237] L'interruption a pour effet d'anéantir le délai déjà écoulé et d'en faire débuter un autre.

[238] N° 10-88.818.

où une information avait été ouverte contre un médecin pour plusieurs infractions dont le délit d'usurpation de titre. Par ailleurs, selon les modalités d'usurpation du titre, le délit pourrait être considéré comme continu : tel pourrait être le cas dans l'hypothèse d'une usurpation d'un titre ou d'une qualité liée à une profession de santé matérialisée par l'inscription de ce titre sur une plaque dont la date de retrait déterminerait seule le point de départ du délai de prescription de l'action publique de ce délit.

B – Le délit de compérage

55 – Il existe plusieurs textes dans le Code de la santé publique, en fonction de la qualité de l'auteur, qui incriminent le compérage ou la dichotomie consistant en un partage des honoraires de professionnels de santé. Il convient de noter que, sauf disposition contraire ou circonstances particulières, ce comportement constitue une infraction disciplinaire quelle que soit la profession de santé concernée : médecin (art. R. 4127-23 CSP), chirurgien-dentiste (art. R. 4127-221-30), sage-femme (art. R. 4127-321 CSP), masseurs-kinésithérapeutes (art. R. 4321-71 CSP)...

1) Les conditions constitutives du délit de compérage

56 – L'article L. 4163-3 CSP incrimine :

> *Le fait, pour toute personne ne remplissant pas les conditions requises pour l'exercice de la profession de médecin, de chirurgien-dentiste ou de sage-femme, de recevoir, en vertu d'une convention, la totalité ou une quote-part des honoraires ou des bénéfices provenant de l'activité professionnelle d'un membre de l'une des professions régies par le présent livre, médecin, chirurgien-dentiste ou sage-femme (...)* .

Il convient de remarquer immédiatement qu'est seule réprimée ici la personne non-professionnel de santé[239]. Le professionnel médical, expressément visé par le texte (médecin, chirurgien-dentiste ou sage-femme) qui partage ses honoraires, ne peut être retenu dans les liens de la prévention, ni sur le fondement de ce texte incriminateur, ni sur le fondement d'aucun autre texte puisqu'un tel comportement n'est pas incriminé ; ceci est d'autant plus étonnant que pareil comportement émanant de ces professionnels de santé constitue en revanche une infraction disciplinaire, que le partage d'honoraires se fasse avec une autre profession médicale, un auxiliaire médical ou toute autre personne[240]. Pour mettre fin à une

---

[239] Compte tenu de la formulation du texte, l'auteur de l'infraction peut également être un professionnel de santé non autorisé à exercer.

[240] Cf. *supra*. n° 55.

telle incohérence, la doctrine a proposé d'élargir l'application du texte incriminateur au médecin, chirurgien-dentiste et sage-femme qui se livrerait à des opérations de dichotomie, proposition qui est restée à ce jour lettre morte[241]. À défaut de modifier l'incrimination, cette lacune de la répression pourrait-elle éventuellement être comblée par le recours à la complicité punissable ? L'aide apportée pour la commission de l'infraction par le médecin au non-professionnel par le versement de sommes d'argent pourrait-elle constituer un acte de complicité punissable ? La réponse semble *a priori* négative : en effet, l'article 121-6 C. pén. dispose que « sera puni comme auteur le complice de l'infraction », c'est-à-dire le complice encourt les peines qu'il encourait s'il commettait lui-même l'infraction ; or, précisément, le médecin par exemple ne peut être auteur d'une telle infraction puisqu'elle ne peut lui être reprochée aux termes de l'article L. 4163-3 CSP.

57 – Le système de l'incrimination par renvoi entraîne de graves incertitudes dans l'application des textes. Ainsi par exemple, plusieurs dispositions du Code de la santé publique renvoient à l'article L. 4163-3 en indiquant que l'infraction qu'elle mentionne est « applicable » aux infirmiers (art. L. 4314-6 CSP), aux masseurs-kinésithérapeutes (art. L. 4323-6 CSP), aux orthophonistes (art. L. 4344-3 CSP)... Au-delà de la formulation peu heureuse qui n'a pas de signification au plan juridique, ces différents textes laissent à penser que le délit de compérage ne peut être reproché qu'aux auxiliaires de santé alors qu'il ne peut l'être aux professionnels médicaux autorisés à exercer, en vertu de l'article L. 4163-3 CSP. Une interprétation téléologique des textes conduirait à considérer que le législateur a souhaité en réalité retenir dans les liens de prévention, à l'instar de l'article L. 4163-3 CSP, la personne qui ne remplit pas les conditions pour exercer ces professions d'auxiliaire de santé mais qui partage avec eux des honoraires. Mais dans ce cas, pourquoi le législateur aurait-il prévu des peines bien plus élevées que celles encourues en application de l'article L. 4163-3 CSP[242] ? Cette différence de traitement répressif ne peut s'expliquer que par la qualité de professionnel de santé des infirmiers, masseurs-kinésithérapeutes, orthophonistes... auxquelles l'infraction peut être reprochée. Toute autre lecture reviendrait à faire de ce texte une interprétation par analogie qui est proscrite en droit pénal. Une intervention du législateur pour assurer une cohérence de la répression serait sans doute la bienvenue.

[241] P. Mistretta, *Droit pénal médical*, *op. cit.*, n° 17.

[242] Cf. *infra*. n° 58.

2) Les conditions répressives du délit de compérage

58 – La peine encourue pour l'infraction définie à l'article L. 4163-3 CSP est une amende délictuelle de 4 500 €, et en cas de récidive[243], cette peine est doublée et une peine d'emprisonnement de six mois est également encourue. Aucune peine complémentaire n'est en revanche prévue.

Lorsque cette même infraction pénale est reprochée à un auxiliaire médical, les peines sont nettement plus élevées puisque sont encourues les peines de deux ans d'emprisonnement et de 75 000 € d'amende, ainsi qu'une peine complémentaire d'interdiction temporaire d'exercice pour une durée de dix ans au plus. Cette différence de gravité des sanctions pénales encourues s'explique par la qualité de professionnel de santé[244].

C – Le délit d'embauche de personnel non qualifié

59 – Ce délit sera étudié au regard de ses conditions constitutives (**1**) et répressives (**2**).

1) Les conditions constitutives du délit d'embauche de personnel non qualifié

60 – L'embauche en toute connaissance de cause de personnel non qualifié, c'est-à-dire ne disposant ni du titre, ni du diplôme permettant l'exercice de telle activité est *a priori* constitutive d'une complicité de délit d'exercice illégal de cette profession. Ainsi, l'emploi, sciemment, par un pharmacien d'une personne qui n'est pas préparateur en pharmacie pour l'assister dans son officine[245] serait susceptible de poursuites sur le fondement des articles 121-7 C. pén. pour complicité et L. 4243-1 CSP pour exercice illégal de la profession de préparateur en pharmacie. Cependant, l'article L. 4243-3 CSP incrimine spécifiquement « le fait pour un pharmacien d'employer, même occasionnellement, aux opérations prévues par l'article L. 4241-1 CSP une personne ne satisfaisant pas aux conditions fixées par le présent titre ». Dès lors, cette qualification pénale doit être retenue en priorité. Le pharmacien est ainsi appréhendé en tant qu'auteur et non comme complice. Il s'agit d'une infraction de prévention

---

243 C'est-à-dire dans l'hypothèse où la personne déjà définitivement condamnée pour un délit commet, dans les cinq ans de l'expiration ou de la prescription de la précédente peine, la même infraction, ceci en application de l'article 132-10 du Code pénal.

244 Par exemple, art.L. 4314-6 CSP.

245 Art. L. 4241-1 CSP : « Les préparateurs en pharmacie sont seuls autorisés à seconder le titulaire de l'officine et les pharmaciens qui l'assistent dans la préparation et la délivrance au public des médicaments destinés à la médecine humaine et à la médecine vétérinaire ».

destinée à éviter la commission du délit d'exercice illégal de la profession de préparateur en pharmacie et de réprimer en amont des comportements qui conduisent inévitablement à ce genre de pratiques. L'avantage d'une telle incrimination *sui generis* est de pouvoir saisir pénalement le comportement du pharmacien dans l'hypothèse où sa responsabilité pénale ne pourrait être envisagée au titre de la complicité. Pour retenir une personne dans les liens de la prévention comme complice, il faut que l'infraction pénale (ici l'exercice illégal de la profession de préparateur en pharmacie) soit réalisée, c'est-à-dire consommée ou au moins tentée. Or, précisément, cette incrimination spéciale permet la répression du pharmacien quand bien même la personne employée n'aurait pas commencé à travailler dans l'officine, à partir du moment où un contrat de travail aurait été signé par exemple. Elle permet également au juge de ne pas avoir à caractériser un des actes de complicité.

Cette infraction est constituée même si le titulaire de l'officine ou la pharmacienne assistante étaient en permanence présents pour assurer tous les contrôles nécessaires à la délivrance régulière des produits pharmaceutiques et pour fournir aux clients les indications et conseils qui font partie de la délivrance des médicaments[246].

2) Les conditions répressives du délit d'embauche de personnel non qualifié

61 - Peines encourues - Les peines principales encourues ont été modifiées par l'ordonnance du 26 août 2005 et s'élèvent à un an d'emprisonnement et 15 000 € d'amende. Aucune peine complémentaire n'est prévue alors qu'une interdiction d'activité ou une fermeture d'établissement au moins temporaire, peine particulièrement dissuasive, serait justifiée, compte tenu des risques majeurs pour la santé publique que peut générer le comportement incriminé.

62 - Cumul de poursuites - Le pharmacien sur ce fondement[247] et la personne employée sur le fondement de l'exercice illégal de la profession de préparateur en pharmacie si elle a commencé à travailler, peuvent faire l'objet de poursuites pénales.

63 - Action civile - Le fait de « confier à d'autres personnes des tâches réservées par la loi aux préparateurs en pharmacie, est de nature à causer à cette profession envisagée dans son ensemble et représentée par le syndicat

[246] Cass. crim., 13 mars 1984, *Bull. crim.*, n° 109.

[247] Ou sur le fondement de la complicité punissable : peu importe au final car les peines encourues sont identiques.

demandeur, un préjudice matériel et moral dont ledit syndicat est en droit de demander réparation » devant les juridictions pénales sur le fondement de l'article 2 CPP[248]. Le syndicat des préparateurs en pharmacie est ainsi recevable en sa constitution de partie civile devant le tribunal correctionnel.

64 – D'autres incriminations permettent encore une protection pénale indirecte contre l'exercice illégal des professions de santé.

§ 2 – L'incrimination de comportements constitutifs de violation des dérogations admises au monopole d'exercice d'une profession de santé

65 – La protection pénale indirecte de l'exercice des professions de santé se fait également par le jeu de l'incrimination de comportements qui ne respecteraient pas des incursions autorisées dans l'exercice de certaines de ces professions. Il en est ainsi de l'incrimination de comportements de médecins (**A**) et d'herboristes (**B**) autorisés sous certaines conditions à exercer dans le domaine pharmaceutique.

A – L'encadrement pénal des actes autorisés au médecin dans le domaine réservé aux pharmaciens

66 – La loi prévoit des hypothèses dans lesquelles le médecin est autorisé à accomplir certains actes relevant par principe du monopole des pharmaciens (**1**) et le non-respect des modalités d'accomplissement de ces actes est pénalement sanctionné (**2**).

1) Les conditions constitutives

67 – Si les pharmaciens disposent d'un monopole dans l'exercice de leur activité faisant l'objet d'une protection pénale[249], la loi octroie à certaines personnes la possibilité d'empiéter sur ce monopole sous certaines conditions[250]. Il en est ainsi du médecin qui, dans certaines circonstances, par exemple l'absence d'officine dans l'agglomération dans laquelle il est installé, peut délivrer des médicaments. Dans le cas où il ne respecterait pas les hypothèses d'autorisations légales, il commettrait non pas le délit d'exercice illégal de la pharmacie mais celui de l'article L. 4212-1 CSP. Ce

---

248 Cass. crim., 20 novembre 1984, *Bull. crim.*, n° 353.

249 Cf. *supra*. n° 19.

250 Ce texte constitue une autorisation de la loi visée à l'article 122-4 C. pén. qui joue comme fait justificatif du délit d'exercice illégal de la pharmacie.

texte incrimine le fait pour un médecin de délivrer des médicaments sans l'autorisation prévue à l'article L. 4211-3, non inscrits sur la liste établie par le ministre chargé de la santé prévue à l'article L. 4211-3, autres que ceux prescrits par lui au cours de la consultation, à des personnes auxquelles il ne donne pas de soins ou au domicile d'un malade situé dans une localité non mentionnée dans l'autorisation prévue à l'article L. 4211-3 du Code de la santé publique.

2) Les conditions répressives

68 – Peines principales et récidive – La peine encourue consiste en une amende correctionnelle de 3 750 €. Cependant, en cas de récidive, le montant de l'amende est doublé et une peine de trois ans d'emprisonnement peut être prononcée[251]. Mais il convient de noter que les peines sont moins sévères que celles qu'il aurait pu encourir si le législateur avait fait le choix de considérer que le non-respect de la réglementation posée en matière de délivrance de médicaments par un médecin était constitutif du délit d'exercice illégal de la pharmacie.

69 – Peine complémentaire et mesure administrative: la peine complémentaire de fermeture temporaire ou définitive d'établissement (cabinet) peut être décidée à l'égard de ce médecin indélicat, ainsi qu'une mesure de fermeture administrative temporaire en cas de poursuites engagées[252].

B – L'encadrement pénal de l'activité des herboristes dans le domaine réservé aux pharmaciens

70 – Sous certaines conditions (**1**), les herboristes sont autorisés également à exercer dans un des domaines traditionnellement réservés aux pharmaciens, le non-respect de ces conditions étant pénalement sanctionné (**2**).

1) Les conditions constitutives

71 – L'article L. 4211-7 CSP autorise aux herboristes la détention pour les vendre de plantes ou parties de plantes médicinales, sauf celles classées stupéfiants, dont la liste visée à l'article D. 4211-1 CSP est fixée par le décret n° 2008-841 du 22 août 2008[253]. La vente doit se faire en l'état sauf autorisation ministérielle qui permettrait la vente de plantes mélangées.

---

[251] Art. L. 4212-8 CSP.

[252] Art. L. 4212-8 CSP.

[253] *JO* du 26 août 2008, p. 13385 et s.

L'article L. 4212-4 CSP incrimine le fait pour un herboriste diplômé, d'une part, de détenir pour la vente ou de vendre des plantes ou parties de plantes médicinales classées stupéfiants et, d'autre part, de délivrer au public, en l'absence d'autorisation ministérielle, des plantes ou parties de plantes médicinales sous forme de mélanges préparés par avance. En revanche, la détention et/ou vente d'une plante médicinale inscrite à la pharmacopée non visée par la liste de l'article D. 4211-1 CSP ne peut être réprimée au titre de ce délit.

Celui qui, sans avoir la qualité d'herboriste, se livre à la vente de plantes médicinales mélangées ou pas, dans tous les lieux publics, dans des maisons privées et dans des magasins commet le délit prévu à l'article L. 4212-5 CSP.

2) Les conditions répressives

72 - Peines principales encourues et récidive - Pour la commission de l'une ou de l'autre de ces infractions, la peine encourue est la même : il s'agit d'une peine de 3 750 € d'amende, dont le montant est porté à 7 000 € en cas de récidive, outre une peine de trois mois d'emprisonnement. Cette identité de peine, quelle que soit l'infraction considérée, peut étonner dans la mesure où elle ne tient pas compte de la qualité de professionnel de l'auteur visé dans la première incrimination qui traditionnellement a pour conséquence d'alourdir les peines encourues.

73 - Peine complémentaire et mesure administrative - La peine complémentaire de fermeture temporaire ou définitive d'établissement (herboristerie ou autre lieu) peut être décidée à l'égard de l'auteur de ces infractions, ainsi qu'une mesure de fermeture administrative temporaire en cas de poursuites engagées[254].

74 - Conflit de qualifications pénales - Dans l'hypothèse où un herboriste détiendrait et/ou vendrait une plante médicinale inscrite à la pharmacopée non visée par la liste de l'article D. 4211-1 CSP, la constitution de l'exercice illégal de la pharmacie pourrait être envisagée dans la mesure où, d'une part, l'article L. 4211-1-5e CSP indique que relève du monopole des pharmaciens « la vente de plantes médicinales inscrites à la pharmacopée sous réserves des dérogations établies par décret » et, d'autre part, l'article L. 4223-1 CSP réprime pénalement « le fait de se livrer à des opérations réservées aux pharmaciens, sans réunir les conditions exigées par la loi pour l'exercice d'une telle profession ». Cependant, le délit d'exercice illégal de la pharmacie ne pourra être retenu à l'égard de l'herboriste qu'autant

254 Art. L. 4212-8 CSP.

que la plante médicinale est inscrite à la pharmacopée et destinée à un usage exclusivement médical[255].

75 – Outre la protection pénale de l'exercice des professions de santé, le droit pénal protège également les modalités d'exercice de ces professions de santé.

[255] Cass. crim., 19 décembre 1989, *Bull. crim.*, n° 491 ; Cass. crim., 4 octobre 1995, n° 94-84.322 : dès lors que ces plantes ne sont pas présentées comme ayant des propriétés thérapeutiques et ne sont pas réservées à un usage médical.

CHAPITRE 2

LA PROTECTION PÉNALE DES MODALITÉS D'EXERCICE DES PROFESSIONS DE SANTÉ

La répression pénale intervient encore pour protéger les modalités d'exercice des professions de santé afin d'assurer principalement un exercice qui soit conforme à la probité (**Section 1**) et indépendant (**Section 2**).

SECTION 1 – LA PROTECTION PÉNALE D'UN EXERCICE DES PROFESSIONS DE SANTÉ CONFORME À LA PROBITÉ

77 – L'exigence de probité correspond à un devoir déontologique[256]. Le Code de la santé publique prévoit l'incrimination de comportements qui peuvent faire naître un doute sur les modalités d'exercice des activités de santé conformes au principe de probité. Deux exemples seront pris : l'interdiction d'exercer sous un pseudonyme (**§1**) et la « corruption passive » des professionnels de santé (**§2**).

§ I – L'interdiction d'exercer sous un pseudonyme

78 – Elle est ancienne car elle a été prévue par la loi du 30 novembre 1892 sur l'exercice de la médecine, dans le but de combattre le charlatanisme[257], et reprise par l'ordonnance n° 45-2184 du 24 septembre 1945 relative à l'exercice et à l'organisation des professions de médecin, chirurgien-

[256] Cf. par exemple pour le médecin, l'article R. 4127-3 CSP dispose que « le médecin doit, en toutes circonstances, respecter les principes de moralité, probité et de dévouement indispensables à l'exercice de la médecine ».

[257] B. Hoerni, « La loi du 30 novembre 1892 », *Histoire des sciences médicales*, 1998, n° 1, Tome XXXII, spéc. p. 65.

dentiste et sage-femme[258]. L'actuel article R. 4127-39 CSP pose comme interdiction déontologique le charlatanisme.

Aux termes de l'article L. 4163-5 CSP, « l'exercice de la médecine, l'art dentaire ou la profession de sage-femme sous un pseudonyme est puni de 4500 € d'amende ».

A – Les conditions constitutives du délit

79 – Il est ainsi pénalement interdit de pratiquer l'art médical ou dentaire ou encore la profession de sage-femme sous un pseudonyme, pour des raisons de sécurité des patients qui doivent savoir à qui ils confient leur santé[259]. Une telle interdiction est également fondée sur l'obligation qui s'impose au professionnel de santé d'un exercice personnel clairement individualisé: par exemple pour le médecin, l'article R. 4127-69 CSP précise que « l'exercice de la médecine est personnel ».

Le texte incriminateur ne donne pas de définition du terme « pseudonyme ». Cependant, la Cour de cassation considère qu'il s'agit du « nom de fantaisie librement choisi par une personne pour masquer au public sa personnalité véritable dans l'exercice d'une activité particulière »[260].

À défaut de précision par le texte, l'usage d'un pseudonyme peut être matérialisé par l'inscription de celui-ci sur n'importe quel support (plaque professionnelle, papier à lettre, cartes de visite, site internet...). Ainsi se rend coupable de ce délit celui qui, exerçant la médecine chinoise, distribue des cartes de visite mentionnant « Shaolin Khân »[261].

Le pseudonyme au sens du texte incriminateur doit s'entendre comme « tout nom tendant à dissimuler l'individualité du praticien, c'est-à-dire en principe de tout nom autre que le nom patronymique »: le fait d'exercer une de ces professions en utilisant son seul prénom entre dans les prévisions du texte[262].

Le chirurgien-dentiste « qui ne s'annonce que sous un pseudonyme, dissimulant son identité aussi bien que s'il avait pris un nom ne lui appartenant pas » commet le délit[263].

---

[258] *JO* du 28 septembre 1945, p. 6083 et s.

[259] CA, Toulouse, 17 février 2009, *JurisData* n° 2009-375969.

[260] Cass. civ. 1re, 23 février 1965, *Bull. civ.* I, n° 148.

[261] Cass. crim., 9 mars 2010, n° 09-81.178; *RDS*, 2010, n° 36, p. 367 et s., obs. A. Ponseille.

[262] Cass. crim., 27 juin 1899, *Bull. crim.*, n° 228; *DP*, 1900, I, p. 365 et s.

[263] Cass. crim., 18 juin 1958, Bull. crim., n° 470.

Le texte incrimine l'exercice d'une profession médicale sous un pseudonyme et non le fait pour un médecin, un chirurgien-dentiste ou une sage-femme d'user d'un pseudonyme. Il importe dès lors peu que la personne qui use d'un pseudonyme pour exercer une telle activité ne soit par ailleurs pas autorisée à l'exercer[264].

Il s'agit enfin d'un délit intentionnel et la faute requise s'analyse comme le fait d'avoir agi en connaissance de cause.

B - Les conditions répressives du délit

80 - Peines principales encourues - Le délit est puni uniquement d'une peine d'amende de 4 500 €. En revanche, en cas de récidive, la peine n'est pas simplement doublée comme le prévoit l'article 132-10 du Code pénal, mais est encourue une peine supplémentaire d'une nature différente, une peine d'emprisonnement de six mois.

À défaut de précision par le Code de la santé publique, aucune peine complémentaire n'est encourue.

81 - Domaines concernés - Cette incrimination ne vaut que pour la pratique de la médecine, de l'art dentaire et de la profession de sage-femme. Il n'y a pas d'incrimination équivalente concernant les autres activités de santé qui ne sont dès lors pas pénalement protégées contre leur exercice sous un pseudonyme.

82 - Faute disciplinaire - Médecin, dentiste ou sage-femme qui exercerait une telle activité sous un pseudonyme commettrait également une faute disciplinaire. Cette interdiction déontologique est rappelée de manière générale pour ces professions médicales à l'article L. 4113-3 CSP et déclinée pour chacune d'elles aux articles R. 4127-75 pour le médecin, R. 4127-225 pour le chirurgien-dentiste et R. 4127-308 pour la sage-femme. Pour les autres professions de santé, si leur exercice sous un pseudonyme ne constitue pas une infraction pénale, il constitue en revanche une faute disciplinaire : tel est le cas pour les masseurs-kinésithérapeutes[265], pour les infirmiers[266], le pédicure podologue[267]. Cependant, on notera que le pharmacien n'encourt ni peine, ni sanction disciplinaire pour exercice de son activité sous un pseudonyme à défaut de prévision par un texte.

---

264 Cass. crim., 9 mars 2010, *précit.*

265 Art. R. 4321-118 CSP depuis un décret n° 2008-1135 du 3 novembre 2008.

266 Art. L. 4311-28 CSP.

267 Art. R. 4322-47 CSP depuis un décret n° 2012-1267 du 16 novembre 2012.

De manière générale, il convient de conclure à un défaut d'harmonie, de cohérence dans la répression.

83 – Limites répressives – À l'occasion d'une réponse donnée à une question écrite, il avait été indiqué par le ministre de la Justice que l'usage d'un pseudonyme pour l'exercice d'une profession médicale était autorisé sous réserve d'une déclaration à l'Ordre intéressé[268]. Commentant cette réponse donnée, un auteur[269] a considéré qu'une confusion était faite entre l'usage d'un pseudonyme **dans l'exercice d'une profession médicale**, qui est strictement interdit tant au plan pénal que disciplinaire, et l'usage d'un pseudonyme **pour des activités se rattachant à la profession médicale**, qui est autorisé sous réserve d'une déclaration au Conseil de l'Ordre. Dans cette dernière hypothèse, l'usage d'un pseudonyme a même pour fonction d'éviter au praticien des poursuites disciplinaires pour s'être livré à des activités de publicité. Mais à défaut de déclaration préalable, il encourt également des sanctions disciplinaires. En revanche, en application du principe d'interprétation stricte de la loi pénale énoncé à l'article 111-4 du Code pénal, l'interdiction de l'article L. 4163-5 du Code de la santé publique ne s'étend pas à l'hypothèse de l'utilisation, sans déclaration préalable, d'un pseudonyme par un médecin, dentiste ou sage-femme dans le cadre d'activités se rattachant à leur profession.

§ 2 – *La corruption médicale passive de professionnels de santé*

84 – Le Code de la santé publique ne vise aucune infraction sous la dénomination de « corruption ». Pourtant, en application du Code pénal, du Code de la santé publique ou encore du Code de la sécurité sociale, plusieurs textes sanctionnent de véritables comportements de corruption dont certains peuvent être reprochés aux professionnels de santé. En effet, les termes utilisés pour leur description sont sensiblement les mêmes que ceux employés dans les dispositions du Code pénal pour incriminer des faits de corruption[270]. La corruption passive des professionnels de santé peut avoir pour origine des sollicitations émanant, d'une part, des entreprises du secteur médical et pharmaceutique et, d'autre part, des patients.

---

[268] Rép. quest. écrite n° 47105, *JO* Déb. Ass. nat., 9 juillet 1984, p. 3245.

[269] J. Penneau, « L'utilisation d'un pseudonyme par les membres des professions médicales. À propos d'une réponse ministérielle », *JCP G*, 1985, I, 3 185.

[270] Cf. par exemple art.432-11 C. pén.

A – La corruption passive des professionnels de santé initiée par les entreprises du secteur médical et pharmaceutique

85 – Afin de préserver la probité des professionnels de santé, le Code de la santé publique pose à leur encontre une interdiction générale de réception d'« avantages en nature ou en espèces, sous quelque forme que ce soit, d'une façon directe ou indirecte, procurés par des entreprises assurant des prestations, produisant ou commercialisant des produits pris en charge par les régimes obligatoires de sécurité sociale »[271]. La violation de cette interdiction constitue une faute disciplinaire mais le législateur en fait également une infraction pénale en incriminant (**1**) et réprimant (**2**) un tel comportement.

1) Les conditions constitutives du délit

86 – Cette incrimination de la corruption passive de professionnels de santé est ancienne puisqu'elle est issue de la loi n° 93-121 du 27 janvier 1993 portant diverses mesures d'ordre social[272] et, dès l'origine, elle concernait la plupart des professionnels de santé. La technique de l'incrimination par renvoi utilisée initialement a été conservée jusqu'à présent. Le législateur définit cette infraction pour les professions médicales et la décline pour les autres professions de santé.

87 – **Incrimination-référence** – L'article L. 4163-2 CSP dispose que :

> *Le fait, pour les membres des professions médicales mentionnées au présent livre et pour les étudiants se destinant aux professions relevant de la quatrième partie du présent code ainsi que pour les associations et groupements les représentant, de recevoir des avantages en nature ou en espèces, sous quelque forme que ce soit, d'une façon directe ou indirecte, procurés par des entreprises assurant des prestations, produisant ou commercialisant des produits pris en charge par les régimes obligatoires de sécurité sociale est puni de deux ans d'emprisonnement et de 75 000 euros d'amende.*

Plusieurs remarques peuvent être faites à la lecture du texte incriminateur :

- On note immédiatement le caractère étendu de l'incrimination en raison des expressions employées « avantages en nature ou en espèces », « sous quelque forme que ce soit », « d'une façon directe ou indirecte » qui, si elles ont l'avantage de saisir un

---

271 Art. L. 4113-6 al.1er CSP.

272 *JO* du 30 janvier 1993, p. 1576 et s. ; M. Harichaux, « Les avantages perçus par les professionnels de santé », *Médecine et Droit*, 1994, n° 5, p. 47 et s.

large panel de comportements, ont *a priori* pour inconvénient de faire « mauvais ménage » avec le principe de légalité qui suppose des incriminations formulées en termes clairs et précis. A ainsi pu être considérée comme constitutive de ce délit la réception par un médecin, directeur général d'une clinique, de matériel vidéo opératoire à titre de don car constituant un avantage prohibé de nature à inciter à choisir un matériel pour des raisons économiques et non médicales[273].

- Ce texte incriminateur a fait l'objet par ailleurs de très nombreuses modifications tendant notamment à élargir le nombre de personnes pouvant se voir reprocher cette infraction. Ainsi, la loi n° 2002-303 du 4 mars 2002 relative aux droits des malades et à la qualité du système de santé[274] a ajouté à la responsabilité pénale des personnes physiques celles des personnes morales[275] et la loi n° 2011-2012 du 29 décembre 2011 relative au renforcement de la sécurité sanitaire du médicament et des produits de santé[276] a étendu l'incrimination aux étudiants se destinant aux professions de santé ainsi qu'aux associations et groupements qui les représentent.
- Il s'agit d'un délit qui requiert pour sa constitution une faute intentionnelle comme a eu l'occasion de l'indiquer la chambre criminelle de la Cour de cassation[277], « la seule constatation, en connaissance de cause, des prescriptions légales implique, de la part de son auteur, l'intention coupable exigée par l'article 121-3, alinéa 1er, du Code pénal ».

88 - Déclinaisons de l'incrimination - L'incrimination de « corruption passive » ne concerne pas que les professions médicales. Ainsi, plusieurs textes incriminent, par renvoi au texte de référence qu'est l'article L. 4163-2 CSP, ce type de comportement que pourraient adopter les pharmaciens (art. L. 4223-4 CSP)[278], les infirmiers (art. L. 4314-6 CSP), masseurs-kinésithérapeutes, pédicures et podologues (art. L. 4323-6 CSP)...

89 - Les nombreuses modifications législatives subies par les textes portant incrimination de faits de corruption médicale passive concernent également leur répression.

---

273 CA, Angers, 25 mars 1999, *JurisData* n° 1999-043044 ; *Médecine et Droit*, 1999, n° 39, p. 16, obs. P.B.

274 *JO* du 5 mars 2002, p. 4118 et s.

275 Cf. *infra*. n° 435 et s.

276 *JO* du 30 décembre 2011, p. 22667 et s.

277 Cass. crim., 7 décembre 1999, n° 98-85.759 ; *Dr. pén.*, 2000, comm. n° 77, obs. J.-H. Robert.

278 Concernant les pharmaciens, cette incrimination a été créée par la loi du 4 mars 2002 précitée.

2) Les conditions répressives du délit

90 - Peines encourues - Quelle que soit la profession de santé considérée, le professionnel de santé (ou étudiant) qui commet une « corruption passive » encourt à titre principal deux ans d'emprisonnement et 75 000 € d'amende aux termes de l'art. L. 4163-2 al.1er CSP[279]. Il encourt également, comme peine complémentaire, une interdiction temporaire d'exercer la profession pendant une période de dix ans maximum[280]. Pour cette dernière peine, il convient de noter que seul est interdit l'exercice de la profession de santé de l'auteur du délit au moment des faits : celui-ci pourrait pendant cette période d'interdiction exercer une autre profession de santé. Par ailleurs, l'étudiant auteur de l'infraction n'est pas empêché de passer le concours ou l'examen sanctionnant ses études mais seulement d'exercer par la suite, si la peine est toujours en cours d'exécution au jour de l'obtention du diplôme : compte tenu du caractère peu adapté de cette peine à leur égard, il y a peu de risque qu'elle soit prononcée.

91 - Cause d'irresponsabilité pénale - L'alinéa 3e de l'article L. 4163-2 CSP prévoit que l'infraction n'est pas constituée si les avantages reçus sont ceux mentionnés aux alinéas 2e et 3e de l'article L. 4113-6 CSP. Il s'agit d'un fait justificatif défini à l'article 122-4 C. pén.[281], consistant en une autorisation de la loi. Dans le premier cas, sont visés les :

> *Avantages prévus par conventions passées entre les membres de ces professions médicales et des entreprises, dès lors que ces conventions ont pour objet explicite et but réel des activités de recherche ou d'évaluation scientifique, qu'elles sont, avant leur mise en application, soumises pour avis au conseil départemental de l'ordre compétent et notifiées, lorsque les activités de recherche ou d'évaluation sont effectuées, même partiellement, dans un établissement de santé au responsable de l'établissement, et que les rémunérations ne sont pas calculées de manière proportionnelle au nombre de prestations ou produits prescrits, commercialisés ou assurés.*

Dans le second cas, il s'agit de :

> *L'hospitalité offerte, de manière directe ou indirecte, lors de manifestations de promotion ou lors de manifestations à caractère exclusivement professionnel et scientifique lorsqu'elle est prévue par convention passée*

---

279 Les textes d'incrimination concernant les autres professionnels de santé prévoient les mêmes peines.

280 Art. L. 4163-2 al.2e CSP.

281 « N'est pas pénalement responsable la personne qui accomplit un acte [...] autorisé par des dispositions législatives ou réglementaires ».

entre l'entreprise et le professionnel de santé et soumise pour avis au conseil départemental de l'ordre compétent avant sa mise en application, et que cette hospitalité est d'un niveau raisonnable et limitée à l'objectif professionnel et scientifique principal de la manifestation et n'est pas étendue à des personnes autres que les professionnels directement concernés.

Ces deux faits justificatifs bénéficient également aux étudiants depuis la loi du 29 décembre 2011. Il convient de remarquer que certaines des expressions utilisées sont soumises à une appréciation pour le moins subjective telle que le « niveau raisonnable » de l'hospitalité, ce qui s'accommode bien mal avec le fait que les causes d'irresponsabilité pénale soient d'interprétation stricte. N'est pas raisonnable l'hospitalité qui s'étendrait « à des personnes autres que les professionnels directement concernés » comme le prévoit l'article L. 4113-6 al.3ᵉ CSP, tel que l'épouse d'un médecin par exemple qui bénéficie d'un voyage et d'un séjour à San Francisco pour accompagner son mari qui participe à une manifestation à caractère exclusivement professionnel[282]. L'imprécision des termes de ces dérogations portées à l'interdiction générale de « cadeaux » pouvant être faits aux professionnels de santé, assure sans doute une très large ineffectivité, et par suite inefficacité, du texte incriminateur.

92 - Prescription de l'action publique - Comme pour le délit de corruption passive défini à l'article 432-11 C. pén., le point de départ du délai de prescription de l'action publique est fixé au jour de la perception des avantages[283].

93 - Responsabilité pénale des personnes morales - Depuis la loi du 4 mars 2002, les sociétés d'exercice de professions de santé, par exemple, ainsi que les associations et groupements représentant les étudiants, qui accepteraient de tels avantages peuvent voir leur responsabilité pénale engagée aux termes du 5ᵉ alinéa de l'article L. 4163-2 CSP. Les peines encourues sont la peine d'amende correspondant au quintuple de celle encourue par une personne physique commettant la même infraction ainsi que les peines d'interdiction définitive ou pour une durée de cinq ans d'exercer une ou plusieurs activités professionnelles ou sociales, de placement sous surveillance judiciaire, de fermeture définitive ou pour une durée de cinq ans, d'exclusion des marchés publics, d'affichage et/ou publication de la décision de condamnation.

---

[282] Cass. crim., 7 décembre 1999, *précit.*

[283] Cass. crim., 12 décembre 1989, *Bull. crim.*, n° 474.

94 - Responsabilité pénale des entreprises corruptrices - La loi n° 2002-303 du 4 mars 2002 a ajouté à l'article L. 4163-2 CSP un nouvel alinéa 4e incriminant la « corruption active » des entreprises proposant ou procurant ces avantages aux membres des professions de santé. Sans doute auparavant pouvaient-elles engager leur responsabilité pénale sur le fondement de dispositions du Code pénal incriminant la corruption active: sur le fondement de l'article 433-1 C. pén. mais seulement dans l'hypothèse où le professionnel de santé était chargé d'une mission de service public (praticien hospitalier par exemple) ou sur celui de l'article 445-1 al. 1er du même Code lorsque le professionnel de santé n'exerçait pas dans le cadre d'une mission de service public. Ce nouvel alinéa 4e permet d'appréhender le comportement corrupteur de ces entreprises quel que soit le statut du professionnel de santé corrompu. Ainsi depuis cette loi, l'article L. 4163-2 CSP définit « l'endroit et l'envers » d'une même infraction, la corruption. On notera cependant une ineptie dans le renvoi par cet alinéa au premier alinéa de l'article relatif aux peines encourues: deux ans d'emprisonnement et 75 000 € d'amende. D'une part, il est difficilement envisageable d'appliquer à une entreprise une peine privative de liberté; d'autre part, le *quantum* de la peine d'amende encourue serait bien inférieur à celui encouru, pour le délit de « corruption passive » défini au 1er alinéa, par les personnes morales qui se verraient reprocher une telle infraction, à savoir le quintuple du montant de la peine encourue pour une personne physique, ce qui créerait une inégalité inexplicable. Sans doute faut-il alors considérer que le 5e alinéa de cet article s'applique aux entreprises corruptrices, personnes morales, comme aux groupements de professionnels de santé, auteurs d'une « corruption passive ».

B - La corruption passive des professionnels de santé initiée par les patients

95 - Les patients peuvent également être à l'origine de comportements de professionnels de santé peu conformes à l'exigence de probité. L'acceptation par un professionnel de santé d'avantages en nature ou en espèces sous quelque forme que ce soit, d'une façon directe ou indirecte pour une prescription ou un acte médical quelconque[284] constitue une faute disciplinaire. Un tel comportement est également constitutif d'une infraction pénale. Les textes incriminateurs (**1**) ainsi que les modalités répressives (**2**) ont sensiblement évolué au fil du temps.

---

284 Pour le médecin, cf. art. R. 4127-24 CSP.

1) Les conditions constitutives du délit

96 – Une des formes de la corruption passive du professionnel de santé était incriminée à l'article 441-8 du Code pénal qui disposait en son premier alinéa qu' :

> *Est puni de deux ans d'emprisonnement et de 30 000 euros d'amende le fait, par une personne agissant dans l'exercice de sa profession, de solliciter ou d'**agréer**, directement ou indirectement, des offres, promesses, dons, présents ou avantages quelconques pour établir une attestation ou un certificat faisant état de faits matériellement inexacts.*

Ce texte n'était applicable que si la finalité de la corruption était l'établissement d'une attestation ou d'un certificat faisant état de faits matériellement inexacts, comportement constituant lui-même le délit puni à l'article 441-7 du Code pénal[285] et pouvant être reproché au médecin corrompu. De plus, ce texte avait vocation à s'appliquer aux professionnels de santé qui, dans le cadre de leur activité professionnelle, rédigeaient ce type de document. Pour la constitution de ce délit, outre une faute intentionnelle, était requis le fait d'agréer des offres, promesses, dons, présents ou avantages quelconques en contrepartie de l'établissement d'un tel certificat. Il avait dès lors pu être jugé que le fait de ne pouvoir démontrer que le médecin ait sollicité ou reçu des offres, dons, promesses ou avantages autres que les honoraires qu'il pratiquait habituellement, empêchait de retenir à son encontre l'infraction de l'article 441-8 du Code pénal[286].

97 – Considérant que cette incrimination faisait double emploi avec une autre, le législateur l'a fait disparaître aux termes de la loi n° 2011-525 du 17 mai 2011 de simplification et d'amélioration de la qualité du droit[287] au profit de celle prévue par l'article 445-2 du Code pénal. Les dispositions de ce texte incriminent :

> *Le fait, par une personne qui, sans être dépositaire de l'autorité publique, ni chargée d'une mission de service public, ni investie d'un mandat électif public exerce, dans le cadre d'une activité professionnelle ou sociale, une fonction de direction ou un travail pour une personne physique ou morale ou pour un organisme quelconque, de solliciter ou d'**agréer**, sans droit, à tout moment, directement ou indirectement, des offres, des promesses, des dons, des présents ou des avantages quelconques, pour elle-même ou pour autrui, pour accomplir ou avoir accompli, pour s'abstenir ou s'être*

[285] Pour une présentation détaillée, cf. *infra*. n° 211 et s.

[286] CA, Paris, 21 janvier 2000, *JurisData* n° 2000-109405.

[287] *JO* du 18 mai 2011, p. 8537 et s.

abstenue d'accomplir un acte de son activité ou de sa fonction ou facilité par son activité ou sa fonction, en violation de ses obligations légales, contractuelles ou professionnelles.

Dans l'hypothèse où le professionnel de santé est sollicité alors qu'il exerce une mission de service public, il conviendra de préférer la qualification définie à l'article 432-11 C. pén. qui incrimine les mêmes faits reprochés à « une personne dépositaire de l'autorité publique, chargée d'une mission de service public, ou investie d'un mandat électif public »[288]. La proximité de ces deux délits permet parfois de procéder en cours de procès à une requalification. Ainsi, a pu être admise la requalification par les juges du fond des faits initialement poursuivis sur le fondement de l'article 441-8 du Code pénal en corruption passive telle qu'incriminée à l'article 432-11 du même Code, dès lors que la requalification avait été soumise au débat contradictoire[289].

Une loi abrogeant un texte définissant une incrimination a vocation à s'appliquer de manière rétroactive en application de l'article 112-1 alinéa 3e du Code pénal. C'est donc à juste titre que la Cour de cassation a cassé un arrêt de cour d'appel qui avait condamné un prévenu en septembre 2011 sur le fondement de l'article 441-8 alors abrogé[290].

PARTIE 1

98 – L'incrimination de l'article 445-2 C. pén. englobe celle de l'article 441-8 C. pén. à n'en pas douter[291] dans la mesure où la définition du comportement répréhensible proposée par le premier de ces textes est plus large. Il a donc désormais vocation à saisir le comportement de corruption passive qu'adopterait un professionnel de santé sollicité par un patient.

2) Les conditions répressives du délit

99 – Peines encourues – En application de l'article 441-8 C. pén., les peines encourues s'élevaient à deux ans d'emprisonnement et 30 000 € d'amende. Cependant, dès lors que l'infraction visait un professionnel médical ou de santé et que l'attestation faisant état de faits inexacts dissimulait ou certifiait faussement l'existence d'une maladie, d'une infirmité ou d'un état de grossesse, ou fournissait des indications mensongères sur l'origine d'une maladie ou d'une infirmité ou sur la cause d'un décès, les peines étaient portées à cinq ans d'emprisonnement et 75 000 € d'amende. Depuis

---

288 Art.434-11-1 °C. pén.; pour un recours à cette qualification à l'égard de médecin exerçant une mission de service public, cf. P. Mistretta, *Droit pénal médical*, *op. cit.*, n° 742.

289 Cass. crim., 22 janvier 2014, n° 12-86487.

290 Cass. crim., 12 septembre 2012, n° 11-87002.

291 M. Segonds, *RSC*, 2011, p. 879 et s.

l'abrogation de ce texte, les peines encourues sont de cinq ans d'emprisonnement et 500 000 € d'amende en application de l'article 445-2 du Code pénal. Mais elles s'élèvent à dix ans d'emprisonnement et à une amende de 1 000 000 €, en application de l'article 432-11 du même Code, si le professionnel de santé a agi dans le cadre d'une mission de service public.

100 – Incrimination de la corruption active des professionnels de santé – Si les professionnels de santé peuvent être sollicités contre rémunération pour exercer leur activité professionnelle d'une manière peu conforme à la probité, ils peuvent également se voir imputer des délits de corruption active dès lors que ce sont eux qui sont auteurs de la sollicitation. Cela était possible sur le fondement de l'article 441-8 du Code pénal et l'est à présent sur ceux des articles 433-1 ou 445-2 du Code pénal, selon que le professionnel est ou non chargé d'une mission de service public. Enfin, l'article L. 471-4 CSS incrimine une forme déclinée de corruption dans un domaine spécifique. Son premier alinéa dispose qu' :

> *Est puni d'une amende de 12 000 euros et d'un emprisonnement de trois mois quiconque, par menaces, don, promesse d'argent, ristourne sur les honoraires médicaux ou fournitures pharmaceutiques, aura attiré ou tenté d'attirer les victimes d'accidents du travail ou de maladies professionnelles dans une clinique ou cabinet médical ou officine de pharmacie et aura ainsi porté atteinte à la liberté de la victime de choisir son médecin et son pharmacien.*

Si ce délit peut être reproché à un intermédiaire agissant pour le compte de professionnels de santé, il pourrait l'être également et directement au médecin, au pharmacien ou au directeur d'établissement de santé. Il convient de noter que la tentative de ce délit est punissable et que le champ d'application de l'incrimination se limite à l'attraction de certaines catégories de patients, les victimes d'accidents du travail ou de maladies professionnelles.

101 – La corruption passive des professionnels de santé caractérise des comportements contraires à la probité mais conduit également en une perte d'indépendance dans l'exercice professionnel. Cette indépendance professionnelle est encore pénalement protégée par d'autres incriminations.

SECTION 2 – LA PROTECTION PÉNALE D'UN EXERCICE INDÉPENDANT DES PROFESSIONS DE SANTÉ

102 – S'agissant de professions libérales, les professions de santé doivent être exercées de manière indépendante. Ainsi, cet exercice ne doit pas dépendre d'une activité commerciale ou tendre vers une telle activité. Pour ces raisons, le Code de la santé publique prévoit le délit d'exercice d'une profession de santé dans des locaux commerciaux (**§1**) et le délit de « prise illégale d'intérêts » en matière médicale (**§2**).

§ I – Le délit d'exercice d'une profession de santé dans des locaux commerciaux

103 – L'article L. 4113-4 du Code de la santé publique pose comme interdiction professionnelle que « les médecins, les chirurgiens-dentistes et les sages-femmes ne peuvent donner des consultations dans les locaux ou les dépendances des locaux commerciaux où sont vendus les appareils qu'ils prescrivent ou qu'ils utilisent ». Ce texte a conduit à des condamnations disciplinaires[292].

104 – L'article L. 4163-6 du Code de la santé publique fait de la violation de cette interdiction une infraction pénale de type délictuel punie de 4 500 € avec, en cas de récidive, une aggravation des peines qui les porte à six mois d'emprisonnement et 9 000 € d'amende. Aucune peine complémentaire n'est prévue pour sanctionner ce type de comportement. Sans doute les sanctions disciplinaires sont-elles plus efficaces, ce qui pourrait expliquer l'absence apparente de contentieux pénal.

§ 2 – Le délit de « prise illégale d'intérêts » en matière médicale

105 – Professionnels de santé concernés – Le Code de la santé publique incrimine « le fait de recevoir, sous quelque forme que ce soit, d'une façon directe ou indirecte, des intérêts ou ristournes proportionnels ou non au nombre des unités prescrites ou vendues, qu'il s'agisse de médicaments, d'appareils orthopédiques ou autres, de quelque nature qu'ils soient » et le fait « de constituer ou de faire fonctionner des sociétés dont le but manifeste est la recherche des intérêts ou ristournes définis ci-dessus, et revenant aux individus eux-mêmes ou au groupe constitué à cet effet, ainsi que l'exercice pour le même objet de la profession de pharmacien et de celles de

[292] Cf. par exemple pour les médecins : CE, 22 décembre 1965, Caux, Rec. Lebon, 709 ; CE, 7 mai 1986, Suillard, *RDSS*, 1986, p. 588 et s., obs. L. Dubouis.

médecin, de chirurgien-dentiste ou de sage-femme »[293]. Il s'agit également d'interdictions professionnelles dont la violation est susceptible d'entraîner des sanctions disciplinaires[294]. Les termes de l'incrimination ne sont pas sans rappeler ceux du délit de « corruption passive » des professionnels de santé[295] tant l'incrimination semble être accueillante.

Si cette incrimination concerne les professions médicales, elle peut également être reprochée, par exemple, aux masseurs-kinésithérapeutes ainsi qu'aux pédicures et podologues (art. L. 4323-6 CSP), aux infirmiers (art. L. 4314-6 CSP) en raison d'un renvoi opéré à l'article L. 4163-4 du Code de la santé publique.

106 – Peines – Les comportements visés à l'article de référence et pouvant être reprochés aux professions médicales sont susceptibles d'être punis de 4 500 € d'amende et en récidive, d'une peine de six mois d'emprisonnement et d'une peine d'amende de 9 000 €. En outre, une peine d'interdiction de la profession pour une période d'un à dix ans peut être prononcée en complément des peines principales encourues.

Si une peine de dix ans d'interdiction professionnelle est également encourue par les auxiliaires médicaux auteurs d'un tel délit, il convient de s'étonner que les peines principales encourues par eux soient sans proportion et beaucoup plus élevées que celles prévues par le texte de référence. En effet, les auxiliaires médicaux encourent pour ce délit les peines plus élevées de deux ans d'emprisonnement et 75 000 €, aggravation dont on a du mal à percevoir la justification.

107 – Cause d'irresponsabilité pénale – L'infraction définie à l'article L. 4163-4 du Code de la santé publique ne pourra être reprochée ni au médecin autorisé à dispenser des médicaments dans les circonstances prévues à l'article L. 4211-3 du Code de la santé publique, ni aux médecins, vétérinaires, dentistes et sages-femmes remplissant les conditions posées à l'article L.5125-2 du Code de la santé publique. Il s'agit dans les deux cas d'une autorisation de la loi au sens de l'article 122-4 al.1er du Code pénal, qui neutralise l'élément légal du délit et rend l'acte licite.

• •
•

[293] Art. L. 4163-4-1° et -2° CSP.

[294] Art. L. 4113-8 CSP.

[295] Cf. *supra*. n° 84 et s.

108 – Les professions de santé font l'objet d'une protection pénale certaine assurée par l'incrimination de comportements susceptibles de porter atteinte à l'indépendance, la probité, l'honneur, le monopole de ces professions, que ces infractions soient commises par des professionnels de santé ou par des tiers. De telles infractions sont susceptibles de causer un préjudice direct ou indirect à l'intérêt collectif de ces professions de santé. Si tel est le cas et dès lors qu'ils bénéficient d'une habilitation légale, les **ordres des professions de santé** peuvent exercer l'**action civile** devant les juridictions pénales chargées de juger les participants à de telles infractions[296]. L'alinéa 1er de l'article 2 du Code de procédure pénale dispose en effet que « l'action civile en réparation du dommage causé par un crime, un délit ou une contravention appartient à tous ceux qui ont personnellement souffert du dommage directement causé par l'infraction ».

Le Conseil national de l'Ordre des pharmaciens bénéficie depuis longtemps d'une habilitation générale pour exercer l'action civile devant les juridictions pénales aux termes du 8e alinéa de l'art. L. 4231-2 CSP qui prévoit qu'« il peut, devant toutes les juridictions, exercer tous les droits réservés à la partie civile relativement aux faits portant un préjudice direct ou indirect à l'intérêt collectif de la profession pharmaceutique ». Ainsi, si le Conseil peut demander réparation du préjudice direct ou indirect à l'intérêt collectif de la profession découlant d'un exercice illégal de la profession de pharmacien[297], la demande est également recevable lorsque le préjudice découle d'autres infractions sans que cette action soit limitée à la demande de réparation découlant du seul délit d'exercice illégal de la profession de pharmacien. En outre, seul le Conseil national peut exercer cette action[298]. Il peut donner délégation permanente à son président pour exercer en son nom tous les droits réservés à la partie civile[299]. Pour lutter de manière plus efficace contre l'exercice illégal de la pharmacie, le Conseil national de l'Ordre des pharmaciens a signé le 30 décembre 2014 avec la Direction centrale de la police judiciaire une convention pour le signalement de tout contenu illicite détecté sur internet, en particulier en matière de criminalité pharmaceutique.

Il convient de constater une libéralisation certaine du droit pour les autres Ordres d'agir devant les instances pénales. En effet, pendant longtemps, le Conseil national des professions médicales ne pouvait agir qu'en matière

---

296 G. Devers, « Les relations entre les parquets et les ordres des professions », *DDS*, 2014, p. 14 et s. à propos de la circulaire JUSD1323940C du 24 septembre 2013..

297 Cass. crim., 22 février 2011, *Bull. crim.*, n° 34.

298 Cass. crim., 19 février 1958, *Bull. crim.*, n° 175.

299 Cass. crim., 19 décembre 1989, *Bull. crim.*, n° 487.

d'exercice illégal et les conseils départementaux de l'Ordre des médecins ne pouvaient exercer l'action civile en réparation du dommage causé que lorsque l'infraction consistait en un exercice illégal de la profession, sauf si les autres infractions ayant également causé un dommage étaient connexes, portaient atteinte aux intérêts communs qu'ils devaient défendre[300]. La loi n° 2004-204 du 9 mars 2004[301] a modifié la lettre des articles L. 4122-1 al.2^{d} CSP (pour le conseil national) et L. 4123-1 al.4e CSP (pour les conseils départementaux) prévoyant que ces conseils peuvent « devant toutes les juridictions, exercer tous les droits réservés à la partie civile relativement aux faits portant un préjudice direct ou indirect à l'intérêt collectif de la profession [...], y compris en cas de menaces ou de violences commises en raison de l'appartenance à (cette profession) ». Cette même formule a été reprise pour la détermination de l'étendue du droit d'agir en justice du Conseil national de l'Ordre des infirmiers par la loi n° 2006-1668 du 21 décembre 2006 portant création d'un Ordre national des infirmiers[302]. Auparavant, la jurisprudence considérait que les actes de violences commis sur la personne d'un médecin ne portaient atteinte qu'à un intérêt particulier, individuel[303]. Elle avait suggéré qu'il puisse en être autrement pour les faits commis en raison de l'appartenance de la victime à une profession de santé[304]. Nonobstant la modification apportée par la loi de 2004, il convient cependant de remarquer que la recevabilité de l'action civile suppose la démonstration de ce que la qualité de professionnel de santé a constitué le mobile des violences ainsi commises. Reste que le conseil départemental est irrecevable à se constituer partie civile pour une infraction de « home jacking » dont un médecin a été victime, l'intérêt collectif de la profession n'étant pas en cause[305].

On notera à titre complémentaire que la qualité de professionnel de santé constitue une circonstance aggravante de nombreuses infractions violentes depuis la loi n° 2010-201 du 2 mars 2010 renforçant la lutte contre

---

[300] Cass. crim., 6 juillet 1994, *Bull. crim.*, n° 267 ; Cass. crim., 11 mars 1998, *Dr. pén.*, 1998, comm. n° 7, obs. A. Maron : à propos de l'action civile d'un conseil départemental des chirurgiens-dentistes en raison d'une complicité de publicité de nature à induire en erreur connexe à un délit d'exercice illégal de l'art dentaire ; Cass. crim., 15 février 2000, *Bull. crim.*, n° 66.

[301] *JO* du 10 mars 2004, p. 4567 et s.

[302] *JO* du 27 décembre 2006, p. 19689 et s. ; art.L. 4312-7 CSP.

[303] Cass. crim., 5 juin 1996, *Bull. crim.*, n° 236 : le Conseil départemental de l'Ordre des médecins « n'a subi ni dommage matériel, ni atteinte morale, du fait de l'infraction reprochée aux prévenus et [...] aucune disposition légale ne l'habilitait à intervenir dans une cause qui lui était étrangère ».

[304] Cass. crim., 11 mars 2011, *précit.*

[305] Cass. crim., 15 mars 2011, n° 10-82.709.

les violences de groupe et la protection des personnes chargées d'une mission de service public[306].

109 – Les **syndicats des professions de santé** peuvent également exercer l'**action civile** devant les juridictions pénales lorsque ce droit est légalement prévu. Tel est le cas par exemple pour les syndicats des professions médicales en matière d'exercice illégal des professions médicales (art. L. 4161-4 CSP), des groupements professionnels d'infirmiers pour l'exercice illégal de la profession également (art. L. 4314-1 CSP). La recevabilité de l'action civile exercée par un syndicat professionnel suppose qu'une atteinte directe ou indirecte soit portée à l'**intérêt collectif de la profession** représentée par ce syndicat. Il a ainsi pu être jugé que portait atteinte à l'intérêt collectif de la profession de médecin l'exercice illégal de la médecine[307]. En revanche, il est traditionnellement considéré que les violences qui seraient commises contre un membre de la profession ne portent pas atteinte à l'intérêt collectif[308]. Mais la doctrine est d'avis que cette jurisprudence devrait évoluer dans la mesure où il a été reconnu par la loi aux ordres des professions de santé la possibilité de se constituer partie civile en matière de menaces et violences[309]. Doit être également déclarée irrecevable la constitution de partie civile d'un syndicat professionnel en raison de la mise en cause pour homicide involontaire d'un membre de la profession de santé qu'il représente[310]. De même, l'atteinte portée à l'intérêt général ne saurait fonder l'action civile d'un syndicat de profession de santé : ainsi, il a été jugé qu'était irrecevable l'action civile d'un syndicat de la médecine générale concernant une infraction à la législation sur la publicité des produits pharmaceutiques dans la mesure où le texte violé était édicté « dans l'intérêt de la santé publique, et non dans celui de la profession médicale »[311].

Les professions de santé bénéficient d'une protection pénale dans la mesure où les comportements pouvant porter une atteinte aux nombreux

---

306 *JO* du 3 mars 2010, p. 4305 et s. ; cf. *infra*. n° 321.

307 Cass. crim., 24 avril 1996, *Bull. crim.*, n° 162.

308 Cf. par exemple, à propos de l'assassinat d'un médecin et de l'irrecevabilité de la constitution de partie civile de la fédération française des médecins généralistes du Puy-de-Dôme : Cass. crim., 11 juillet 1995, pourvoi n° 94-83334.

309 F. Desportes, L. Lazerges-Cousquer, *Traité de procédure pénale*, Paris : Economica, 2013, 3e éd., n° 1392.

310 Cass. crim., 10 mai 2011, *Bull. crim.*, n° 95 ; *RPDP*, 2011, p. 383, note P. Maistre du Chambon : « les faits d'homicide involontaire, objet de la présente information, ne portent pas par eux-mêmes un préjudice direct ou indirect aux intérêts collectifs de la profession de pharmacien hospitalier représentée par le SNPHPU ».

311 Cass. crim., 2 juillet 1980, *Bull. crim.*, n° 208.

intérêts qu'elles protègent font l'objet d'incriminations. Ces comportements peuvent être ceux de personnes étrangères à ces professions tout comme ceux de professionnels de santé agissant dans le cadre de l'exercice de leur art. Si les sanctions disciplinaires ont un rôle de protection de l'intégrité des professions de santé, le droit pénal permet un renforcement de cette protection. Par ailleurs, les professionnels de santé peuvent être confrontés au droit pénal (**PARTIE 2**).

PARTIE 2

LA CONFRONTATION DES PROFESSIONNELS DE SANTÉ AU DROIT PÉNAL

Alors que le droit pénal vient protéger les professions de santé par le biais d'incriminations pénales et des peines qui leur sont associées, tout comme le permettent également les sanctions disciplinaires, les professionnels de santé sont confrontés au droit pénal de deux façons différentes. La première est répressive dans la mesure où les professionnels de santé peuvent voir leur responsabilité pénale engagée dès lors que peuvent leur être reprochées des infractions pénales[312] : leur activité est ainsi saisie par le droit pénal **(chapitre 1)**. Certes, la doctrine a pu évoquer une dépénalisation apparente du droit médical mais elle reste sans doute plus marginale que dans d'autres domaines, voire même illusoire[313]. La seconde est intéressée lorsque la justice pénale fait appel aux professionnels de santé dans le cadre du déroulement du procès pénal d'un délinquant **(chapitre 2)**.

---

312 En dehors de celles qui pourraient leur être reprochées et étudiées dans la première partie.

313 F. Alt-Maes, « Esquisse et poursuite d'une dépénalisation du droit médical », *JCP G*, 2004, I, 184 ; V. Wester-Ouisse, « Dépénalisation du droit médical », *RGDM*, hors-série, juillet 2008, p. 245.

CHAPITRE 1

L'ACTIVITÉ DES PROFESSIONNELS DE SANTÉ SAISIE PAR LE DROIT PÉNAL

L'activité des professionnels de santé regroupe un nombre important de comportements, directement ou indirectement liés à leur activité de soins. Certains de ces comportements peuvent être pénalement répréhensibles soit qu'ils sont commis dans l'exercice de la profession de santé, c'est-à-dire en lien direct avec l'activité de soins **(section 1)**, soit qu'ils sont commis à l'occasion seulement de l'exercice de la profession de santé, c'est-à-dire sans lien direct ou spécifique avec l'activité de soins mais dans ce cadre ou pendant l'exercice d'activités liées aux professions de santé **(section 2)**. Pour illustrer ces deux hypothèses, l'ensemble des infractions pouvant être reprochées aux professionnels de santé ne pourront être présentées, seules certaines d'entre elles le seront.

SECTION 1 – LES ACTES PÉNALEMENT RÉPRÉHENSIBLES COMMIS DANS L'EXERCICE DE LA PROFESSION DE SANTÉ

113 – Si le praticien est soumis à l'obligation générale de ne pas faire courir de risque injustifié à son patient aux termes de l'article R. 4127-40 CSP[314], l'activité médicale est par nature source de danger pour le patient. Autrement dit, le péril pour son intégrité physique ou sa vie est inhérent à sa prise en charge par le corps médical, en considération de son état de santé. Et cette intervention médicale est en même temps source de « risque pénal » pour le praticien, plus ou moins important selon sa spécialité, car il peut s'exposer à des poursuites pénales, voire à des condamnations pénales, dans le cadre de l'exercice de sa profession. Juge et législateur

314 « Le médecin doit s'interdire, dans les investigations et interventions qu'il pratique comme dans les thérapeutiques qu'il prescrit, de faire courir au patient un risque injustifié ».

s›intéressent tous deux de plus en plus à l'activité médicale[315], intérêt que côtoie une augmentation des poursuites pénales pour blessures et homicides involontaires dans une grande proportion à l'origine desquelles se trouve le « patient-victime » ou sa famille. Les raisons de cette pénalisation sont diverses : les progrès de la science font naître une sorte de « droit à la sécurité médicale »[316] qui exclut toute admission du risque. D'aucuns évoquent également un étiolement de la confiance dans les relations entre le sachant et le non-sachant. Plus généralement, la relation médecin/patient s'inscrirait dans un phénomène de consumérisme qui renforce les exigences de l'usager à l'égard du service public de la santé.

Le recours à la voie pénale trouve encore d'autres justifications : la volonté de voir prononcer une peine qui reste la sanction suprême, mais aussi la plus grande célérité de la procédure pénale, la charge de la preuve qui est supportée par le parquet et le coût, les frais d'expertises étant pris en charge par l'État.

Mais cette évolution a un prix : elle peut s'avérer contre-productive, privant les médecins d'exercer leur art en toute sérénité[317] et, à terme, il pourrait en découler un déficit de soignants dans certaines disciplines médicales particulièrement exposées aux actions en justice. C'est d'ailleurs pareil argument qui avait motivé la modification par des lois successives[318] des règles de responsabilité pénale pour les infractions involontaires afin d'éviter les poursuites pénales jugées trop systématiques à l'égard des dirigeants publics et privés, notamment les maires et les chefs d'entreprise.

Dans le cadre de la prise en charge des usagers du service de santé, les professionnels soignants peuvent se voir reprocher principalement des atteintes involontaires à la vie et à l'intégrité physique (**§1**) ou une mise en danger de la vie ou de l'intégrité physique de leurs patients (**§2**).

---

[315] F. Alt-Maes, « La grande illusion : la dépénalisation attachée à l'application de la loi du 10 juillet 2000 au médecin », p. 1 et s. in *Mélanges Bernard Bouloc*, Paris : Dalloz, 2006, 1195 P.

[316] Y. Lambert-Faivre, S. Porchy-Simon, *Droit du dommage corporel : systèmes d'indemnisation*, Paris : Dalloz, 2011, 7e éd., n° 367 et s.

[317] F. Rousseau, « Le médecin et la mort. De quelques aspects techniques de la responsabilité pénale médicale », *AJ pénal*, 2012, p. 372.

[318] Cf. Loi n° 96-393 du 13 mai 1996, *JO* du 14 mai 1996, p. 7211 et s. ; Loi n° 2000-647 du 10 juillet 2000, *JO* du 11 juillet 2000, p. 10484 et s.

§ I – Les atteintes involontaires à la vie ou à l'intégrité physique du patient

114 – Dans le cadre de la prise en charge médicale de patients et lorsque celle-ci est défaillante, peuvent survenir des accidents médicaux dont certains sont susceptibles de recevoir une qualification pénale par le biais des incriminations d'homicides et de blessures involontaires définies par le Code pénal. Depuis une vingtaine d'années, le contentieux pénal en ce domaine ne cesse de prendre de l'ampleur générant un risque pénal important pour les professionnels de santé, sous l'effet d'une évolution législative certaine (**A**) imposant une étude des conditions de l'engagement de leur responsabilité pénale (**B**) et des conséquences répressives (**C**). Si la volonté du législateur était d'en limiter la portée, la jurisprudence concernant les professionnels de santé semble favoriser au contraire une accentuation de la répression pénale à leur égard (**D**).

A – L'évolution de la responsabilité pénale pour faits non intentionnels

115 – Il convient de préciser que, depuis la réforme du Code pénal, les modalités légales d'engagement de la responsabilité pénale pour ce type d'infractions ont évolué dans le sens d'une volonté législative de limiter ce type de responsabilité.

116 – Pourtant, en 1994, lors de la **réforme du Code pénal**, la volonté du législateur était davantage d'affiner la répression en créant une nouvelle faute non-intentionnelle, la faute délibérée[319] pour réprimer plus sévèrement des comportements de prise de risques volontaire. À cette occasion, avait également été créé un article 121-3 dans le Code pénal présentant la gradation des fautes et situant la faute délibérée entre la faute intentionnelle et la faute ordinaire[320].

117 – Avec la **loi n° 96-393 du 13 mai 1996** relative à la responsabilité pénale pour des faits d'imprudence ou de négligence[321], le législateur maintient les fautes existantes mais envisage une répression moins systématique. Jusqu'alors, le juge recourait traditionnellement à une appréciation *in abstracto* du comportement fautif, c'est-à-dire en comparaison avec le comportement qu'aurait adopté une personne moyennement diligente et prudente. Le législateur en 1996 impose un mode d'appréciation *in*

---

[319] Cf. *infra.* n° 126 et s.

[320] Cf. Annexe n° 1.

[321] *JO* du 14 mai 1996, p. 7211 et s.

concreto du comportement fautif afin de rendre moins systématique la répression à l'égard des décideurs publics et privés, notamment les élus et les chefs d'entreprise. Est exigée en effet des juges une plus grande motivation puisqu'ils doivent démontrer, pour retenir la responsabilité pénale, que le prévenu n'a pas accompli les « diligences normales » au regard de ses compétences, moyens, autorité et pouvoirs, entraînant ainsi une élévation du seuil de l'engagement de la responsabilité pénale. Ainsi, le juge ne peut pas se contenter de constater l'intervention fautive d'une personne à l'origine du dommage pour en déduire sa responsabilité pénale. Ce mode d'appréciation de la faute était déjà celui retenu à l'égard des professionnels de santé, tenant compte du caractère particulier d'une activité dans laquelle les décisions susceptibles de générer un risque sont quotidiennes.

En pratique et d'une manière générale, la modification législative n'a pas eu l'effet escompté puisque les juges du fond démontraient aisément que si la faute à l'origine du dommage avait été commise, c'est que les diligences normales n'avaient pas été respectées.

118 – Devant l'échec de cette réforme, la **loi n° 2000-647 du 10 juillet 2000** tendant à préciser la définition des délits non-intentionnels[322] propose la création d'une faute nouvelle, la faute caractérisée[323], et une solution plus radicale consistant en une distinction entre auteur direct et auteur indirect à laquelle s'ajoute surtout une dépénalisation de la faute ordinaire ayant une conséquence dommageable dès lors qu'elle est imputable à un auteur indirect, personne physique. Pour que la responsabilité pénale de ce dernier soit retenue, il faut donc que puisse lui être reprochée soit une faute délibérée, soit une faute caractérisée[324].

Ce courant législatif visant à limiter la répression en ce domaine n'a semble-t-il pas trouvé d'écho favorable dans la jurisprudence. Le sort réservé aux professionnels de santé poursuivis pour délits d'homicide ou blessures involontaires n'est pas différent d'autres professionnels poursuivis pour des faits similaires.

---

322 *JO* du 11 juillet 2000, p. 10484 et s.

323 Cf. *infra*. n° 129 et s.

324 Art. 121-3 al.4e C. pén.:

(…) les personnes physiques qui n'ont pas causé directement le dommage, mais qui ont créé ou contribué à créer la situation qui a permis la réalisation du dommage ou qui n'ont pas pris les mesures permettant de l'éviter, sont responsables pénalement s'il est établi qu'elles ont, soit violé de façon manifestement délibérée une obligation particulière de prudence ou de sécurité prévue par la loi ou le règlement, soit commis une faute caractérisée et qui exposait autrui à un risque d'une particulière gravité qu'elles ne pouvaient ignorer.

cf. Annexe n° 2.

B – Les conditions requises pour l'engagement de la responsabilité pénale des professionnels de santé pour faits dommageables involontaires

119 – Nonobstant les particularités imposées par la loi de 2000, la responsabilité pénale pour faits dommageables involontaires suppose pour être retenue, comme en matière de responsabilité civile, une faute (**1**), un dommage (**2**) et un lien de causalité entre les deux (**3**).

1) Une faute non-intentionnelle des professionnels de santé : la trilogie des fautes

120 – Il existe trois sortes de faute non-intentionnelle pouvant être reprochées aux professionnels de santé : la faute simple, la faute délibérée et la faute caractérisée.

a – La faute simple

121 – Avant 1994, date de l'entrée en vigueur du nouveau Code pénal, il n'existait qu'un seul type de faute non-intentionnelle, la **faute** dite **simple ou ordinaire**, qui illustrait le comportement de celui qui avait agi par inadvertance.

122 – Ce type de faute a survécu à la réforme du Code pénal. Comme sous l'empire du Code pénal de 1810, cette faute peut prendre la forme d'une imprudence, d'une inattention, d'une négligence, d'un manquement à une obligation de sécurité ou de prudence imposée par la loi ou le règlement. Doit ainsi être déclaré coupable d'homicide involontaire pour négligences le chirurgien qui a suturé une plaie sur le pouce d'un enfant de dix-huit mois en laissant une infirmière non qualifiée procéder à l'anesthésie de l'enfant et en laissant le petit patient sans surveillance[325]. Est également constitutif d'une faute d'imprudence à l'origine d'une gangrène ayant nécessité une amputation, le fait de continuer à injecter des produits anesthésiques malgré le constat d'allergies développées par le patient[326]. A encore été qualifié de faute d'imprudence ou de négligence le fait d'oublier une pince dans l'abdomen d'un patient opéré[327] ou des compresses[328], l'insuffisance des informations données à l'anesthésiste par le médecin sur

[325] Cass. crim., 18 novembre 1976, *Bull. crim.*, n° 333.

[326] Cass. crim., 12 juillet 1961, *D.*, 1962, Somm., p. 23.

[327] CA, Aix-en-Provence, 12 janvier 1954, *D.*, 1954, p. 338 et s.

[328] CA, Paris, 5 mars 1957, *D.*, 1957, p. 299 ; pour d'autres exemples de cas de compresse oubliée dans l'abdomen de patients, cf. Cass. crim., 29 mai 1996 et 12 février 1997, *Médecine et Droit*, 1997, n° 27, p. 4 et s., obs. M. VÉRON.

les antécédents du patient[329], le fait pour un médecin anesthésiste d'avoir quitté trop rapidement le patient opéré sans demander à un confrère de le remplacer[330]. Des carences dans le suivi postopératoire[331] ainsi que le fait pour une aide soignante d'avoir omis de remettre en place une barrière de protection installée sur le lit d'un malade, causant la chute mortelle de celui-ci[332], ont pu être qualifiées de fautes dites simples.

123 – La question a pu se poser de savoir si l'**erreur de diagnostic** pouvait être qualifiée *ipso facto* de faute et, plus spécialement, de faute pénale[333]. La réponse est négative mais elle n'est pas étonnante dans la mesure où elle découle de l'article L.1 142-1 CSP qui prévoit, notamment en ce qui concerne la pose de diagnostic, une responsabilité des établissements et professionnels de santé qu'autant qu'une faute peut être reprochée[334]. Cette règle a ainsi été transposée en droit pénal de la santé. Les juridictions du fond ont eu l'occasion de la rappeler à de nombreuses reprises :

> *Toute erreur de diagnostic ne constitue pas en elle-même une faute pénalement punissable ; une telle erreur engage la responsabilité du médecin, notamment lorsqu'elle procède d'une ignorance grave et, dans les cas où elle résulte d'une négligence dans l'examen clinique, conduit de manière rapide, superficielle ou incomplète*[335].

Il en est de même de la tardiveté du diagnostic dès lors qu'elle s'explique par la complexité des symptômes et la difficulté de leur constatation et de leur interprétation[336]. Ainsi la Cour de cassation a décidé à propos d'une

[329] CA, Toulouse, 24 avril 1973, *D.*, 1973, Somm., p. 94.

[330] CA, Paris, 24 février 1983, *Gaz. Pal.*, 1983, I, p. 297 et s., obs., J.-P. Doucet.

[331] Cass. crim., 26 février 1997, *Dr. pén.*, 1997, comm. n° 109, obs. M. Véron.

[332] T. corr., Nanterre, 6 janvier 1989, *JurisData* n° 1989-041539.

[333] A. Garay, « Régime pénal de l'erreur de diagnostic en matière médicale », *Gaz. Pal.*, 2000, n° 354, p. 21 et s.

[334] Art. L.1142-1 CSP - I.:
Hors le cas où leur responsabilité est encourue en raison d'un défaut d'un produit de santé, les professionnels de santé mentionnés à la quatrième partie du présent code, ainsi que tout établissement, service ou organisme dans lesquels sont réalisés des actes individuels de prévention, de diagnostic ou de soins ne sont responsables des conséquences dommageables d'actes de prévention, de diagnostic ou de soins qu'en cas de faute.

[335] CA, Lyon, 1er décembre 1981, *D.*, 1982, IR, p. 276, obs. J. Penneau ; CA, Amiens, 30 janvier 1990, cité par G. Levasseur *in RSC*, 1992 p. 78 et s.

[336] Cass. crim., 17 janvier 1991, n° 90-82.009 : cas d'un patient de 18 ans pris de violentes douleurs abdominales et vomissements ; le praticien ne diagnostique pas assez tôt une occlusion intestinale ; dans le même sens, cf. Cass. crim., 17 janvier 1992, *RSC*, 1992, p. 78, obs. G. Levasseur ; plus récemment, cf. CA, Nancy, 6 mai 1999, *D.*, 2000, p. 889, note P. Mistretta.

tentative d'intubation avortée sur un patient auquel avait été administré un puissant relaxant musculaire, reprenant les propos de la cour d'appel :

> *Si les prévenus ont commis une erreur de diagnostic en attribuant l'impossibilité d'intubation à un spasme du pharynx alors qu'elle était liée à un relâchement musculaire, cette erreur ne revêt pas un caractère fautif puisqu'elle ne procède pas d'une ignorance ou d'une négligence dans les examens préopératoires*[337].

De même en est-il lorsque l'erreur de diagnostic s'explique par une évolution imprévisible de la pathologie et une dégradation très rapide de l'état du patient : ce fut le cas d'un adolescent se plaignant de maux à la trachée et à l'oreille ; le médecin diagnostique une gastro-entérite et une laryngite et prescrit un traitement ; à la seconde visite, et devant la dégradation de l'état du patient, il préconise une hospitalisation. Le jeune patient décède d'une défaillance multiviscérale consécutive à un choc septique dans le cadre d'une infection sévère[338]. Enfin, la difficulté ou l'impossibilité du diagnostic peut découler de l'absence d'information transmise au médecin sur l'évolution de l'état du patient opéré[339].

En revanche, doit être déclarée fautive la persistance pour des médecins dans le maintien d'un diagnostic psychiatrique aberrant à l'égard d'un patient eu égard à sa personnalité, sans tenir compte des doléances de celui-ci et de sa famille, alors qu'il était victime d'une complication du syndrome Guillain-Barre, en raison de laquelle il décédera d'un arrêt cardiaque[340].

Certes, l'erreur de diagnostic peut ne pas être grave au point d'être considérée comme une faute pénale. Cependant, cela n'empêche pas une indemnisation si l'erreur de diagnostic est constitutive d'une faute civile. Doit être cassé l'arrêt de la cour d'appel qui déboute les parties civiles de leur demande d'indemnisation au seul motif qu'une erreur de diagnostic a été retenue[341].

---

337 Cass. crim., 3 novembre 1988, *Bull. crim.*, n° 366.

338 Cass. crim., 21 janvier 2014, n° 13-81.222.

339 Cass. crim., 28 septembre 1999, *Bull. crim.*, n° 198 : décès d'un enfant d'un an, opéré d'une hernie inguinale, des suites d'une crise d'hypothermie maligne, syndrome rare et imprévisible, difficile à diagnostiquer, dont l'existence n'a pas été révélée au médecin mis pénalement en cause pour homicide involontaire.

340 Cass. crim., 25 septembre 1996, n° 95-86.076.

341 Cass. crim., 15 janvier 2013, n° 11-87.684 ; *RDS*, 2013, n° 53, p. 334 et s., obs. A. Ponseille.

Enfin, selon sa gravité, l'erreur de diagnostic pourra être qualifiée de faute simple ou de faute caractérisée[342].

124 – Comme précisé précédemment, la loi de 1996 a consacré une appréciation *in concreto* de la faute d'imprudence mais ce mode d'appréciation avait déjà cours auparavant à l'égard des professionnels de santé en raison d'une activité les confrontant quotidiennement aux risques.

En effet, la référence « aux données actuelles de la science » pour apprécier si le comportement reproché au praticien était une erreur de diagnostic ou une faute susceptible de qualification pénale n'est pas sans évoquer la notion de « diligences normales » applicable aux professionnels de santé. La Cour de cassation a par exemple considéré que le dentiste avait commis une négligence ou une imprudence « en ne prenant pas toutes les précautions qui s'imposaient à lui avant de prescrire un médicament injectable », l'allergie à ce médicament ayant entraîné le décès du patient[343]. Elle a également approuvé des juges du fond qui, pour écarter la qualification d'homicide involontaire, ont retenu qu':

> *En l'absence de symptômes permettant d'évoquer cette affection (embolie pulmonaire fatale pour la patiente, consécutive à une phlébite survenue après une intervention chirurgicale), les médecins n'avaient pas, au regard des données actuelles de la science, à prescrire d'examens spécifiques, au demeurant dangereux*[344].

Toutefois, après l'entrée en vigueur de la loi de 1996, le même constat que pour les décideurs privés et publics est fait à l'égard des professionnels de santé : la Cour de cassation se retranche très souvent derrière la formule légale pour indiquer que si le dommage est survenu, c'est que le praticien n'a pas respecté les diligences normales et les exemples sont nombreux.

- Ainsi, une patiente victime d'un accident de la circulation fait l'objet d'une intervention alors qu'elle aurait dû être transférée dans un autre hôpital mieux équipé. L'expertise judiciaire met également en évidence des divergences de diagnostic et une prise de décision par l'anesthésiste illogique concernant la réanimation, en désaccord avec l'éthique médicale et contraire aux règles consacrées par la pratique, qui ont conduit au décès de la patiente. Les juges relèvent que ce praticien n'a pas accompli les « diligences normales »[345].

---

342 Cf. *infra*. n° 126 et s.

343 Cass. crim., 28 juin 1974, n° 73-93518, *Bull. crim.*, n° 356.

344 Cass. crim., 15 novembre 1995, n° 94-83.533.

345 Cass. crim., 19 février 1997, *Bull. crim.*, n° 67.

- De même, l'hospitalisation immédiate d'un jeune homme pris de vomissements et se plaignant de douleurs à la nuque est décidée par le médecin traitant qui diagnostique une méningite supposant un traitement antibiotique urgent. Le patient sera pris en charge par plusieurs internes pendant plusieurs heures mais sans que le traitement ne lui soit administré. Il décède. Le chef de service des urgences est condamné pour homicide involontaire car « compte tenu de sa mission et des moyens dont il disposait, [il] n'a pas accompli les diligences normales qui lui incombaient quant à l'organisation de son service [...] »[346].
- La Cour de cassation considère encore comme justifiée la condamnation d'un chef de service de gynécologie obstétrique d'un hôpital qui, n'ayant pas procédé à un examen clinique approfondi de la patiente, négligence l'ayant empêché de diagnostiquer la lésion et ayant retardé l'intervention chirurgicale et conduit au décès de la patiente, n'a pas accompli les diligences normales qui lui incombaient, compte tenu de sa mission et des moyens dont il disposait[347].
- Doit être déclaré coupable d'homicide involontaire le chirurgien hospitalier en raison du décès de son patient des suites d'un grave processus de détresse neurologique survenu après une intervention chirurgicale, décès qui aurait pu être évité par le choix d'une table d'opération appropriée, le prévenu n'ayant pas accompli les diligences normales qui lui incombaient compte tenu de la nature de sa mission et de sa fonction, de sa compétence ainsi que du pouvoir et des moyens dont il disposait[348].
- Doit être encore déclaré coupable de blessures involontaires (paraplégie totale et définitive) pour ne pas avoir accompli les diligences normales le chirurgien orthopédiste qui est intervenu sur une patiente en raison d'une hernie discale dorsale avec compression médullaire, en prenant la décision de l'opérer seul un jour férié, en l'absence d'urgence, sans l'aviser des risques encourus, sans l'assistance nécessaire d'un chirurgien thoracique, sans procéder au repérage artériel et aux contrôles radiologiques ce qui l'a conduit à commettre une erreur de localisation de la hernie lors d'une première intervention. À la seconde intervention, il a provoqué une rupture de la dure-

PARTIE 2

346 Cass. crim., 26 mars 1997, *Bull. crim.*, n° 123.

347 Cass. crim., 29 juin 1999, *Bull. crim.*, n° 162.

348 Cass. crim., 23 octobre 2001, *Bull. crim.*, n° 218.

mère. Pour retenir sa responsabilité pénale, les juges du fond soulignent que « ces fautes, que n'aurait pas commises un praticien normalement prudent, diligent et avisé sont directement à l'origine de la paraplégie » dont est victime la patiente[349].

125 – La faute simple caractérisant les délits non-intentionnels contre la vie et l'intégrité des personnes n'est plus la seule faute non-intentionnelle. Depuis 1994, le Code pénal connaît la faute dite « délibérée » ou de « mise en danger délibérée ».

b – La faute délibérée

126 – La difficulté dénoncée à partir des années cinquante par la doctrine française était que la faute ordinaire, unique, couvrait en pratique des comportements qui, bien que non-intentionnels, étaient de gravité variable dans la mesure où certains se caractérisaient par une mise en danger délibérée d'autrui, une prise de risques inadmissible. À défaut de texte spécifique et parce qu'il ne s'agissait pas pour autant d'une faute intentionnelle, principe de légalité oblige, le juge n'avait d'autre choix, pour réprimer de tels comportements, que de retenir une faute simple qui ne correspondait pas à la réelle gravité des faits. Aussi des sanctions plus graves que celles prévues pour sanctionner la faute simple s'avéraient-elles nécessaires afin de distinguer deux états d'esprit différents.

127 – C'est ainsi que fut créée tardivement la « faute délibérée ». Elle a en effet pour origine le Code pénal de 1994 et elle est pour une partie de la doctrine la consécration du « dol éventuel »[350], à mi-chemin entre l'intention et la faute d'imprudence, mais toutefois classée par le législateur parmi les fautes non-intentionnelles[351]. Le caractère intermédiaire de cette faute est matérialisé par l'article 121-3 du Code pénal qui la cite dans un second alinéa, entre un premier consacré à la faute intentionnelle et un troisième définissant la faute simple. Elle y est présentée comme « la mise en danger délibérée d'autrui » et se traduit dans les textes incriminateurs de l'homicide et des blessures involontaires comme « la violation manifestement délibérée d'une obligation particulière de prudence ou de sécurité imposée par la loi ou le règlement ». Mais l'activité médicale n'offre pas

[349] Cass. crim., 21 sept 2004, *Bull. crim.*, n° 216.

[350] J. Cédras, « Le dol éventuel : aux limites de l'intention », *D.*, 1995, I, Chron., p. 18 et s.

[351] Les juges n'ont pas toujours été clairs sur ce point, qualifiant cette infraction tantôt d'intentionnelle (cf. par exemple, CA, Grenoble, 16 février 1999, *D.*, 1999, p. 480 et s., note Redon), tantôt de non-intentionnelle (cf. en ce sens, CA, Douai, 11 janvier 1995, *Gaz. Pal.*, II, p. 543), la difficulté venant assurément de la définition de l'intention et de sa proximité avec la notion de volonté.

souvent d'opportunité de retenir à l'encontre des praticiens une telle faute : En effet, pour que soit retenue une faute délibérée, il convient pour le juge de vérifier l'existence d'« **une violation manifestement délibérée d'une obligation particulière de prudence ou de sécurité imposée par la loi ou le règlement** » en application des principes de légalité des délits et des peines et d'interprétation stricte de la loi pénale. Ainsi, l'existence de plusieurs conditions cumulatives doit être constatée. Tout d'abord, il faut que préexiste une obligation posée par un texte, une loi ou un règlement (il ne peut s'agir d'un règlement intérieur). L'obligation imposée doit être particulière, c'est-à-dire précise, circonstanciée. L'obligation doit avoir pour objet d'inciter à la prudence et d'assurer la sécurité d'autrui. Sa violation doit être constatée. Mais cela ne suffit pas. Il faut que ce non-respect soit volontaire et, plus encore, évidemment, manifestement volontaire.

128 - La multiplicité des éléments définissant cette faute ainsi que la démonstration de leur existence par le juge expliquent en premier lieu le nombre infime d'hypothèses d'engagement de la responsabilité pénale de praticiens pour faute délibérée. Il est possible de citer à titre d'exemple le cas d'un médecin anesthésiste qui a procédé à l'inoculation par intraveineuse à des patients d'un produit infecté et avarié, afin de pratiquer des endoscopies dans son cabinet médical, avec utilisation du même flacon et de deux seringues communes à 6 patients, sans respecter des précautions d'utilisation propres au produit employé, et sans avoir procédé à une consultation pré-anesthésique, ceci en méconnaissance du décret du 5 décembre 1994. Pour ces raisons, le praticien a été condamné pour délits de blessures involontaires caractérisés par une faute délibérée[352]. La seconde raison au nombre minime de poursuites et de condamnations de praticiens sur le fondement de cette faute est que, jusqu'en 2000, une faute simple suffisait à engager la responsabilité pénale d'un praticien quelle que soit l'intensité du lien de causalité entre la faute et le dommage[353] et, après 2000, la faute caractérisée, créée à cette date et plus aisée pour le juge à retenir, a éclipsé sans doute la faute délibérée.

c - La faute caractérisée

129 - La loi du 10 juillet 2000 est ainsi venue compléter la liste des fautes non-intentionnelles en créant la **faute caractérisée**.

130 - La Cour de cassation avait déjà utilisé l'expression dans l'une de ses décisions avant que la loi de 2000 ne l'envisage comme faute grave. Une patiente victime d'une luxation du genou est prise en charge dans un

---

352 Cass. crim., 11 septembre 2001, *Bull. crim.*, n° 176 ; *Dr. pén.*, 2002, comm. n° 4, obs. M. VÉRON.

353 cf. *infra*. n° 151.

établissement de santé mais le médecin ne diagnostique que tardivement une lésion artérielle qui empêche l'irrigation du pied et une amputation devra être réalisée : la responsabilité pénale du praticien est retenue car « en omettant de procéder aux examens exigés par les données actuelles de la science médicale, François X a commis une faute caractérisée »[354]. Les juges du fond, sans pourtant la nommer ainsi, ont pu relever parfois « un manquement inexcusable à une obligation professionnelle et déontologique »[355] à l'origine du décès d'un patient.

131 – Ainsi depuis 2000, figure à côté de la très ancienne faute simple et de la plus récente faute délibérée, une troisième faute. Elle est visée à l'alinéa quatrième de l'art.121-3 C. pén. dans sa version modifiée :

> *Dans le cas prévu par l'alinéa qui précède, les personnes physiques qui n'ont pas directement causé le dommage, mais qui ont créé ou contribué à créer la situation qui a permis la réalisation du dommage ou qui n'ont pas pris les mesures permettant de l'éviter, sont responsables pénalement s'il est établi qu'elles ont, soit violé de manière manifestement délibérée une obligation particulière de prudence ou de sécurité prévue par la loi ou le règlement, soit commis une* ***faute caractérisée et qui exposait autrui à un risque d'une particulière gravité qu'elles ne pouvaient ignorer****.*

Si la connaissance ou conscience de mettre en danger autrui apparaît comme un élément de cette faute, sa définition reste floue à la lecture du texte. La doctrine y voit « une défaillance inadmissible (dans une) situation qui mérite une attention soutenue, en raison des dangers ou des risques qu'elle génère »[356]. Il faut en réalité se référer aux travaux parlementaires pour préciser les contours de cette faute comme l'a fait le tribunal correctionnel de La Rochelle qui a précisé dans un jugement du 7 septembre 2000[357] que :

> *La faute caractérisée désigne une faute dont tous les éléments sont bien marqués et d'une certaine gravité, ce qui indique que l'imprudence ou la négligence doit présenter une particulière évidence. Elle consiste à*

354 Cass. crim., 7 juillet 1993, n° 92-84.564.

355 CA, Limoges, 17 septembre 1997, *JurisData* n° 1997-046103 : cas d'un chirurgien qui pratique une néphrectomie droite à la place d'une néphrectomie gauche, sans relecture préalable du dossier du patient et sans interrompre l'intervention après s'être rendu compte de l'erreur commise alors qu'il aurait été encore possible d'y remédier.

356 Y. Mayaud, « Retour sur la culpabilité non intentionnelle en droit pénal », *D.*, 2000, Chron., p. 603.

357 *D.*, 2000, IR, p. 250.

exposer autrui, en toute connaissance de cause, que ce soit par un acte positif ou par une abstention grave, à un danger.

Cette faute est non-intentionnelle dans la mesure où le résultat dommageable est envisageable mais non recherché. Elle se distingue de la faute simple car elle témoigne d'un état d'esprit plus grave, révélé par la connaissance ou la conscience du risque. Elle se distingue également de la faute délibérée car, pour être retenue, le juge n'aura pas à démontrer qu'une obligation particulière préexistante de sécurité ou de prudence a été volontairement violée, ce qui allège le travail de motivation judiciaire. La Cour de cassation a eu l'occasion de rappeler qu'il s'agit de fautes distinctes dans une décision du 9 avril 2013[358] par laquelle elle a cassé pour contradiction de motifs un arrêt d'une cour d'appel qui avait démontré les éléments d'une faute caractérisée à l'origine du décès d'une patiente, à l'encontre d'un médecin pour l'avoir examinée de manière superficielle puis être demeuré ensuite injoignable, avant de conclure à l'existence d'une faute délibérée. En revanche, et à la différence de la faute délibérée, pour retenir la faute caractérisée, doit être démontrée la connaissance ou à toute moins la conscience d'avoir exposé le patient à un risque d'une particulière gravité.

En réalité, la création de la faute caractérisée semble, d'une part, présenter l'intérêt de faciliter la tâche du juge et, d'autre part, permettre la répression lorsqu'aucun texte ne prévoit d'obligation, ou que l'obligation imposée est générale ou encore seulement prévue dans un règlement intérieur…

Pour toutes ces raisons, la faute caractérisée est présentée par la doctrine comme une faute complémentaire[359], mais la contrepartie est qu'elle permet un élargissement de la répression au détriment des professionnels de santé notamment.

132 – Nombreuses sont les affaires dans lesquelles une faute caractérisée a été retenue à l'encontre d'un professionnel de la santé, ce qui a par ailleurs permis de préciser la définition de cette faute pénale nouvelle[360].

La faute caractérisée peut ainsi consister en une **abstention grave** telle que le fait pour un pédiatre de garde de ne pas se déplacer au chevet d'un jeune patient atteint d'une otite purulente alors qu'il était astreint à des visites obligatoires et qui se contente de prescrire par téléphone un traitement

---

358 Pourvoi n° 12-81263 ; *RDS*, 2013, n° 54, p. 476 et s., obs. A. Ponseille.

359 Y. Mayaud, *Violences involontaires et responsabilité pénale*, Paris : Dalloz, Coll. Référence, 2003, p. 145.

360 R. Clément, « La faute caractérisée, source d'un dommage corporel, engageant une responsabilité pénale », *Médecine et Droit*, 2008, n° 88, p. 10 et s.

inapproprié[361]. Cette faute peut également consister en un défaut de reprise chirurgicale par le chirurgien alors que, s'étant déplacé, « il avait conscience de la nécessité de pratiquer immédiatement une intervention chirurgicale » en raison de l'apparition, à la suite d'une intervention (thyroïdectomie), d'une hémorragie cervicale avec hématome compressif : une nouvelle intervention aurait permis de résorber l'hématome[362]. Est encore une faute caractérisée le défaut de transmission d'informations suffisantes d'un neurochirurgien à un anesthésiste pour la surveillance soutenue d'un enfant ayant présenté à la suite d'une craniosténose des saignements et suintements[363].

La faute caractérisée peut également consister en une **accumulation d'imprudences**. Tel est le cas d'un médecin qui, à la suite du transfert pour examens biologiques d'un détenu qui montrait les signes d'une hyperkaliémie majeure et était victime d'un arrêt cardiaque, n'a pas tenu compte des résultats alarmants des examens réalisés, n'a pas interrogé le responsable du laboratoire, a refusé de prendre en charge immédiatement le patient et de le transférer dans une unité de soins intensifs[364]. C'est encore le cas d'un réanimateur qui, après l'admission d'une jeune patiente présentant une fracture du bassin et souffrant d'importantes douleurs abdominales, procède à une interprétation radiologique insuffisante et ne fait appel que 28 heures après l'admission de la patiente au chirurgien pour pratiquer une intervention au cours de laquelle elle décédera : la Cour de cassation approuve la cour d'appel qui a indiqué que « la conjonction de ces fautes présente un degré certain de gravité qui est le signe d'une défaillance inadmissible » et permet de retenir une faute caractérisée[365].

Elle peut également consister en l'accomplissement d'une **faute unique professionnelle grave** : ainsi en est-il de la prise en charge d'une pathologie en dehors de sa spécialité[366] : le salarié d'une entreprise de pose de moquette intervient dans les locaux d'une polyclinique et y est victime de graves blessures à la suite de l'utilisation d'un décapeur thermique électrique. Il est pris en charge par un médecin spécialisé en chirurgie viscérale et par un chirurgien orthopédiste : ils assurent le suivi médical du patient mais son état s'aggrave. Quelques jours plus tard, une infirmière fait appel à un anesthésiste de la clinique qui, après réalisation d'analyses dont les résul-

---

361 Cass. crim., 18 mai 2005, n° 04-83.347.

362 Cass. crim., 3 mai 2006, *Bull. crim.*, n° 117.

363 Cass. crim., 29 octobre 2013, n° 12-86.233 ; *DDS*, 2014, p. 110 et s., obs. K. Badiane-Devers.

364 Cass. crim., 1er avril 2003, n° 02-81.872.

365 Cass. crim., 26 novembre 2013, n° 12-86.586 ; *RDS*, 2014, n° 58, p. 1074 et s., obs. A. Ponseille.

366 Cass. crim., 23 octobre 2012, n° 11-85.360 ; *RDS*, 2013, n° 51, p. 71 et s., obs. P.-L. Vidal.

tats attestent la gravité de l'état, décide d'un transfert à l'hôpital : le patient décède. Les deux praticiens sont condamnés.

133 – Comme la faute simple, la faute caractérisée s'apprécie *in concreto* par référence aux diligences normales. En matière médicale, cela a été rappelé par la Haute Cour par un arrêt du 29 novembre 2005[367] relatif au décès d'une enfant ayant subi une intervention chirurgicale qui n'a pas été visitée après son réveil par le médecin anesthésiste-réanimateur de garde malgré le signalement d'un état de somnolence persistante et de vomissements. Cette abstention l'a empêché de diagnostiquer une complication postopératoire qui a été fatale à la jeune patiente. De même, la Cour de cassation a donné raison à une cour d'appel qui avait retenu la responsabilité pénale d'un médecin du SMUR lui reprochant de ne pas avoir « accompli les diligences normales qui [lui] incombaient compte tenu de la nature de [ses] missions, de [ses] compétences et des conditions de [son] intervention, ainsi que des moyens dont [il disposait] » alors qu'il n'avait « pu ignorer le risque d'une particulière gravité auquel [il exposait] autrui ». Il n'était pas intervenu en urgence et n'avait demandé aucune vérification aux sapeurs-pompiers alors qu'il se trouvait face à une patiente présentant un œdème aigu du poumon dont l'origine était soit cardiaque, soit due à l'intoxication au monoxyde de carbone[368].

Cependant, cette appréciation peut parfois apparaître comme sévère. L'exemple est donné par un arrêt de la chambre criminelle de la Cour de cassation du 4 juin 2013[369] qui retient à l'encontre d'un radiologue une faute caractérisée pour défaut de vérification de la réception effective d'une information transmise à un confrère concernant l'état de santé du patient. Elle indique que la prévenue « a commis une faute caractérisée ayant exposé la patiente à un risque d'une particulière gravité qu'elle ne pouvait ignorer en ne s'assurant pas que le médecin anesthésiste, prescripteur de la radiographie, et qui avait placé le cathéter, avait été informé de son mauvais positionnement et de la présence d'un épanchement pleural dont l'importance témoignait d'une complication postopératoire » et précise, d'autre part, que « quelles que soient l'organisation administrative de l'établissement et l'indépendance des structures, les praticiens y exerçant se devaient assistance et devaient se tenir mutuellement informés ». Ainsi, le recours à la faute caractérisée permet en quelque sorte de pénaliser une faute disciplinaire, l'article R. 4127-64 al.1er CSP prescrivant l'obligation, pour les médecins qui collaborent à l'examen ou au traitement d'un malade, de

367 Pourvoi n° 05-80017.

368 Cass. crim., 29 avril 2014, n° 13-80.790.

369 Pourvoi n° 12-84543 ; *RDS*, 2013, n° 56, p. 754 et s., obs. A. Ponseille.

PARTIE 2

se tenir mutuellement informés : plus récemment, la Cour de cassation a reproché à une chambre de l'instruction de ne pas avoir renvoyé devant le tribunal correctionnel pour homicide involontaire un médecin du service orthopédie d'un hôpital qui avait pris la décision de renvoyer un patient chez lui six jours après un accident de la circulation ayant occasionné des plaies ouvertes « sans s'assurer qu'il avait été vacciné contre le tétanos », comportement susceptible de recevoir pourtant la qualification de faute caractérisée. Dans cette affaire, les médecins urgentistes ayant pris en charge la victime à son arrivée et n'ayant pas procédé à cette vérification ont quant à eux été condamnés sur ce même fondement. La question du renvoi se posait à l'égard du médecin précité qui avait pris la suite, étant précisé que la fiche de suivi médical qui lui avait été transmise n'indiquait pas si une telle vérification avait été faite[370].

134 – Enfin, la faute caractérisée ne peut être retenue qu'autant que le professionnel de santé a eu **connaissance ou au moins conscience du risque grave auquel il exposait le ou les patients victimes** eu égard le plus souvent à son expérience dans l'exercice de l'art de la médecine. Les juges ont semblé se montrer peu exigeants dans les premiers mois de l'entrée en vigueur de la loi du 10 juillet 2000 : une patiente décède d'une complication non immédiatement décelée en raison d'une surveillance postopératoire inadaptée réalisée par un personnel non réellement formé et n'ayant pas reçu d'instructions suffisamment précises. Tout en relevant des dysfonctionnements, les juges ont considéré que le chirurgien et l'anesthésiste devaient être relaxés pour défaut de faute caractérisée dans la mesure où « le danger n'était pas pour eux objectivement prévisible »[371]. Mais la Cour de cassation semble quant à elle plus stricte dans son analyse. Ainsi, en se référant à sa solide expérience de gardes à vue, l'erreur de diagnostic imputable à un médecin a été qualifiée de suffisamment grave pour être considérée comme une faute caractérisée : celui-ci avait procédé à un examen insuffisant de la personne détenue alors même qu'il était informé de son état asthmatique, n'avait pas donné de consignes particulières aux officiers de police judiciaire chargés de sa garde, si bien que le gardé à vue a succombé à une crise d'asthme[372]. Ainsi en est-il également d'un médecin régulateur du Samu au centre de réception et de régulation qui est appelé pour le malaise d'une personne. Il procède à une interrogation superficielle et rapide de l'épouse du patient et envoie sur place un médecin de quartier non équipé alors que des véhicules équipés étaient disponibles et

---

[370] Cass. crim., 9 septembre 2014, n° 13-85.057 ; *RDS*, 2015, n° 63, p. 69 et s., obs. A. Ponseille.

[371] CA, Aix-en-Provence, 26 mars 2001, *Médecine et Droit*, 2002, n° 55, p. 17, obs. L. Demont.

[372] Cass. crim., 4 février 2003, n° 02-81.720.

alors que le patient présentait les symptômes d'un infarctus du myocarde. Le patient décède. La culpabilité du médecin est retenue, compte tenu notamment de son expérience du praticien[373]. A également conscience de ce risque le chirurgien urologue qui retient, comme le médecin traitant, un tableau de coliques néphrétiques après examen sommaire de son patient sans identification de calculs. Il ne prévoit pas de surveillance particulière et le patient décède d'une hémorragie massive due à une fissure de l'aorte abdominale sous rénale. La Cour de cassation donne raison aux juges du fond qui ont retenu à son encontre une faute caractérisée considérant que sa prise en charge pour une pathologie prostatique aurait dû évoquer au médecin, informé des antécédents polyvasculaires, « un facteur de risque très important d'un anévrisme aortique »[374].

Ainsi, compte tenu de la faible exigence probatoire requise des juges pour démontrer l'existence d'une faute caractérisée qu'elle crée, la loi de 2000, loin de restreindre la répression, en étend au contraire le champ[375], notamment à l'égard des professionnels de santé, phénomène que la doctrine semble très tôt avoir perçu[376].

135 – Il convient d'ajouter pour être complet que la « faute caractérisée » est certes une faute pénale mais elle est également une faute strictement médicale visée dans une disposition de la loi n° 2002-303 du 4 mars 2002 relative aux droits des malades et à la qualité du système de santé[377]. En effet, elle est mentionnée, sans être définie, dans l'article premier de cette loi, depuis codifié à l'art. L.114-5 CASF par la loi n° 2005-102 du 11 février 2005 pour l'égalité des droits et des chances[378] :

> *Nul ne peut se prévaloir d'un préjudice du seul fait de sa naissance.*
>
> *La personne née avec un handicap dû à une faute médicale peut obtenir la réparation de son préjudice lorsque l'acte fautif a provoqué directement le handicap ou l'a aggravé, ou n'a pas permis de prendre les mesures susceptibles de l'atténuer.*

---

373 Cass. crim., 2 décembre 2003, *Bull. crim.*, n° 226.

374 Cass. crim., 1er octobre 2013, n° 12-84.762 ; *RDS*, 2014, n° 57, p. 901 et s., obs. A. PONSEILLE.

375 P. MORVAN, « L'irrésistible ascension de la faute caractérisée : l'assaut avorté du législateur contre l'échelle de la culpabilité », p. 443 et s. in Mélanges offerts à J. PRADEL, *Le Droit pénal à l'aube du 3e millénaire*, Paris : Cujas, 2006, 1159 et s.

376 P. MISTRETTA, « La responsabilité pénale médicale à l'aune de la loi du 10 juillet 2000. Évolution ou révolution ? », *JCP G*, 2002, I, 149 ; F. ALT-MAES, « La grande illusion : la dépénalisation attachée à l'application de la loi du 10 juillet 2000 au médecin », *op. cit.*, p. 1 et s.

377 *JO* du 5 mars 2002, p. 4118 et s.

378 *JO* du 12 février 2005, p. 2353 et s.

Lorsque la responsabilité d'un professionnel ou d'un établissement de santé est engagée vis-à-vis des parents d'un enfant né avec un handicap non décelé pendant la grossesse à la suite d'une ***faute caractérisée****, les parents peuvent demander une indemnité au titre de leur seul préjudice. Ce préjudice ne saurait inclure les charges particulières découlant, tout au long de la vie de l'enfant, de ce handicap. La compensation de ce dernier relève de la solidarité nationale.*

Les dispositions du présent I sont applicables aux instances en cours, à l'exception de celles où il a été irrévocablement statué sur le principe de l'indemnisation.

[…]

Depuis la loi de 2002, les parents d'un enfant né handicapé peuvent demander réparation du préjudice moral du seul fait de la naissance de cet enfant dont le handicap n'a pas été décelé pendant la grossesse, mais seulement à la condition qu'une faute caractérisée soit à l'origine de la non-découverte du handicap imputable au médecin ou à l'établissement de santé.

De nombreux arrêts des juridictions tant administratives que judiciaires sont venus peu à peu donner des exemples de fautes caractérisées en matière médicale et ont tenté d'en déterminer les contours.

Sans jamais que les commentateurs de ces décisions ne se réfèrent à la faute caractérisée de nature pénale, ils ont pourtant proposé une définition qui s'en rapproche, la présentant comme une faute professionnelle grave, révélant un comportement en totale contradiction avec les données actuelles de la science. Ainsi, par exemple, le Conseil d'État a jugé que le fait d'inverser les résultats d'analyse concernant des amniocentèses réalisées sur deux patientes enceintes constituait une faute caractérisée[379]. Les juridictions civiles ont également retenu cette faute. Ainsi, la responsabilité civile professionnelle d'un gynécologue obstétricien et celle d'un radiologue ont été engagées : le médecin a réalisé des échographies qui ont mis en évidence une anencéphalie sur un des jumeaux attendus par sa patiente, qui est décédé à sa naissance. Des examens complémentaires ont été effectués par le radiologue mais n'ont pas révélé d'anomalies. L'autre jumeau né vivant était atteint d'une malformation cérébrale complexe et majeure. L'expertise judiciaire a souligné que les examens réalisés étaient insuffisants et l'avis d'un radiologue plus confirmé aurait dû être requis. Les juges ont retenu une faute caractérisée ayant entraîné une perte de chance pour

379 CE, 19 février 2003, req. n° 247908 ; P. Niel, « La faute caractérisée dans le diagnostic prénatal après la loi du 4 mars 2002 », *Médecine et Droit*, 2004, n° 65, p. 42 et s.

les parents d'avoir recours à une interruption de grossesse[380]. A encore été qualifiée de faute caractérisée sur le fondement de la loi du 4 mars 2002 le fait pour un médecin échographe de préciser dans un compte-rendu la présence de deux mains chez le fœtus alors qu'il n'en était rien[381].

136 – Outre la démonstration d'une faute, l'engagement de la responsabilité pénale suppose de constater un dommage.

2) Un dommage causé au patient : une atteinte à l'intégrité corporelle ou à la vie du patient

137 – Pour que la responsabilité pénale soit engagée, un dommage doit être constaté consistant en une atteinte portée à la vie ou à l'intégrité du patient qui doit être une personne au sens juridique du terme.

a – La gravité du dommage

138 – La gravité du dommage a une incidence pénale puisqu'elle joue comme facteur aggravant de la peine encourue.

En ce qui concerne les *infractions d'atteintes involontaires à l'intégrité physique*, le législateur a fait le choix de déterminer la gravité du dommage consistant en une atteinte à l'intégrité physique par **référence à l'ITT**, c'est-à-dire l'**incapacité totale de travail**[382]. Il s'agit d'une notion strictement comprise en droit pénal. Deux conceptions sont possibles :

- soit on considère qu'il s'agit de l'impossibilité pour la victime d'exercer un métier et l'ITT est alors déterminée par rapport à l'exercice concret de la profession,
- soit on considère qu'il s'agit de l'inaptitude à exercer une activité quelconque, indépendamment de la situation professionnelle de la victime.

Le juge retient une conception de l'ITT à mi-chemin entre ces deux définitions. L'incapacité pendant la période précisée doit être totale, absolue mais cela ne signifie pas que la victime ne peut être douée d'une capacité personnelle, c'est-à-dire par exemple être capable d'accomplir certaines

380 Cass. civ.1re, 8 juillet 2008, n° 07-12.159, *Bull. civ.* I, n° 190 ; *Médecine et Droit*, 2009, n° 97, p. 107 et s.

381 Cass. civ.1re, 16 janvier 2013, n° 12-14.020, *Bull. civ.* I, n° 5 ; *JCP G*, 2013, n° 375, note P. MISTRETTA.

382 Pour une présentation détaillée, cf. C. MANAOUIL, T. PEREIRA, M. GIGNON, O. JARDÉ, « La notion d'incapacité totale de travail (ITT) dans le Code pénal », *Rev. de Médecine légale*, 2011, vol. 2, n° 2, p. 59 et s.

tâches ménagères. L'ITT ne se limite pas à l'incapacité d'accomplir son activité professionnelle car sinon aucune ITT ne pourrait être retenue lorsque la victime est une personne inactive ou bénéficiaire d'indemnités de chômage ou encore un enfant.

La détermination de l'ITT relève d'une appréciation souveraine des juges du fond. Sa caractérisation est indispensable pour la qualification, sous peine de nullité de l'acte de poursuites. En général, elle est fixée au regard d'un certificat médical ou d'une expertise judiciaire[383]. Elle peut être contestée par le prévenu.

Plusieurs remarques complémentaires peuvent être faites. L'ITT peut être soumise à variation dans le temps. Lorsque l'ITT diminue, le changement de qualification doit être réalisé sauf si le tribunal retient une peine justifiée, c'est-à-dire conserve la même qualification mais statue par référence à la peine encourue pour l'infraction nouvelle. Si par exemple, l'expertise révèle que l'ITT initialement retenue était supérieure à trois mois en permettant une qualification délictuelle de blessures involontaires et qu'elle est en réalité de deux mois, la qualification en délit peut être maintenue mais la peine encourue ne pourra être que l'amende prévue pour les contraventions de la 5e classe. Lorsque l'ITT augmente, la requalification pénale est obligatoire. Quant au calcul de l'ITT, lorsque le texte incriminateur exige pour son application une ITT supérieure ou égale à trois mois, cela doit s'entendre de trois mois consécutifs.

En ce qui concerne le délit d'homicide involontaire, le moment de détermination de la mort a une importance à plus d'un titre. Elle permet notamment de déterminer la faute qui est réellement à l'origine du décès lorsque plusieurs fautes ont été commises par différentes personnes ayant pris en charge le patient. Elle permet ensuite de déterminer à partir de quel moment est constituée l'infraction et, par conséquent et par exemple, à partir de quel moment le délai de prescription de l'action publique commence à courir.

Outre la gravité de la faute non-intentionnelle qui a une incidence sur le quantum de la peine encourue[384], la gravité du dommage est un critère d'aggravation de la peine[385]. Ainsi, à faute d'égale gravité, le *quantum* des sanctions pénales encourues varie en fonction de la gravité du dommage

---

383 Sur le poids prépondérant de l'ITT fixée par le médecin légiste par rapport au certificat du médecin traitant, cf. notamment F. Niort et al., « Attente de la justice en matière d'ITT : opinion sur cet outil médico-légal d'évaluation », *Médecine et Droit*, 2014, p. 74 et s.

384 Cf. *supra*. n° 126 en ce qui concerne seulement la faute délibérée.

385 Cf. Annexe n° 3.

dans le sens décroissant, de la mort à l'absence d'ITT constatée. La détermination du dommage est donc fondamentale et doit se faire de manière stricte.

b – La qualité de patient: une personne au sens juridique du terme

139 – L'embryon ou le fœtus est-il un patient[386]? L'obstétricien peut-il se voir reprocher un homicide involontaire dès lors qu'en raison d'une faute lui étant imputable, il a causé la mort *in utero* de l'enfant à naître? Le « fœticide » est-il une infraction pénale[387]? Cette question a été posée à plusieurs reprises et dans un autre domaine[388] aux juridictions du fond et à la Cour de cassation. Cette interrogation découle des termes de l'article 221-6 du Code pénal qui réprime « le fait de causer par maladresse, imprudence, inattention, négligence ou manquement à une obligation de sécurité ou de prudence imposée par la loi ou le règlement, la mort **d'autrui** ». En effet, comment doit être défini « autrui » au sens de ce texte? S'agit-il d'une personne au sens juridique du terme, c'est-à-dire un être humain né vivant, ou s'agit-il plus généralement d'un être humain vivant, ce qui permettrait d'englober l'enfant à naître.

PARTIE 2

140 – Les juridictions pénales du fond ont dans un premier temps apporté des réponses divergentes. Ainsi, par exemple, par un arrêt du 13 mars 1997, la cour d'appel de Lyon a considéré que devait être retenu dans les liens de la prévention le médecin gynécologue obstétricien d'un hôpital qui, en raison d'une inversion de dossiers médicaux pour cause d'homonymie, avait procédé sur une patiente venue pour un suivi de grossesse à l'extraction d'un stérilet inexistant, ce qui avait provoqué le décès *in utero* de son enfant[389]. Pour appliquer le texte incriminateur, la cour d'appel s'est appuyée sur l'article 16 du Code civil[390], l'article 6 §1 du Pacte International de Droits Civils et Politiques[391] ainsi que sur l'article 2 Conv. EDH consacrant le droit à la vie[392]. En revanche, se référant au principe

386 J. Bonneau, « L'embryon, un patient ? », *Act. JuriSanté, 2002*, n° 37, p. 28 et s.

387 A. Terrasson de Fougères, « Le fœticide », *RDSS*, 2001, p. 829 et s.

388 Mise en cause également du conducteur d'un véhicule terrestre à moteur responsable de la perte de l'enfant d'une mère impliquée dans l'accident.

389 *JurisData* n° 1997-040144; *Act. JuriSanté*, 1997, n° 18, p. 18 et s., obs. J. Bonneau.

390 « La loi assure la primauté de la personne, interdit toute atteinte à la dignité de celle-ci et garantit le respect de l'être humain dès le commencement de sa vie ».

391 « Le droit à la vie est inhérent à la personne humaine. Ce droit doit être protégé par la loi. Nul ne peut être arbitrairement privé de la vie ».

392 Pour une solution identique dans le cadre d'un accident de la circulation, cf. également, CA, Reims, 3 février 2000, *JurisData* n° 2000-107433.

d'interprétation stricte de la loi pénale posé à l'article 111-4 du Code pénal, la cour d'appel de Metz, dans un arrêt en date du 3 septembre 1998[393] a prononcé une relaxe pour des faits similaires dans le cadre d'un accident de la circulation.

141 – Conformément à son rôle d'unificateur pour l'application de la loi, la Cour de cassation est venue livrer l'interprétation qui était celle qui devait être faite du texte incriminateur. La chambre criminelle se prononce dans un arrêt du 30 juin 1999[394] au sujet d'un accident médical. Elle est saisie d'un pourvoi formé contre l'arrêt qui avait été rendu quelques années auparavant par la Cour d'Appel de Lyon, qu'elle casse et annule en fondant sa décision sur le principe d'interprétation stricte de la loi pénale et en précisant que « les faits reprochés au prévenu n'entrent pas dans les prévisions des articles 319 ancien et 221-6 du Code pénal, [si bien que] la cour d'appel a méconnu le texte susvisé »[395].

Afin de donner une plus grande solennité à sa décision, la Cour de cassation réunit l'ensemble de ses chambres et rend le 29 juin 2001 un arrêt en Assemblée plénière[396]. Les ayants droit de la victime reprochaient en l'espèce une interprétation restrictive de l'art 221-6 du Code pénal par la juridiction du fond qui considérait que le fœtus n'était pas « autrui » au sens du texte. La Cour de cassation maintient sa position en se référant aux principes de légalité et d'interprétation stricte de la loi pénale, sans référence au seuil de viabilité. Elle indique en effet que :

> *Le principe de la légalité des délits et des peines, qui impose une interprétation stricte de la loi pénale, s'oppose à ce que l'incrimination prévue par l'article 221-6 du Code pénal, réprimant l'homicide involontaire d'autrui, soit étendue au cas de l'enfant à naître dont le régime juridique relève de textes particuliers sur l'embryon ou le fœtus.*

La doctrine a vu dans la position de la Cour de cassation une invitation du législateur à s'engager dans la voie d'une réforme.

Sans surprise, la chambre criminelle de la Cour de cassation s'est conformée à cette jurisprudence naissante dans une affaire concernant un acci-

---

393 *JurisData* n° 1998-103506.

394 *Bull. crim.*, n° 174 ; *Dr. pén.*, 2000, Chron. n° 12, M.-L. Rassat ; obs. A. Ponseille, p. 639 et s. in *Les Grandes Décisions de Droit Médical*, sous la direction de F. Vialla, Paris : LGDJ, 2014, 2e éd., 893 P.

395 C'est-à-dire l'art.111-4 C. pén.

396 *Bull. crim.*, n° 8 ; A. Lamboley, « L'enfant à naître ne peut être victime d'un homicide involontaire. Regard critique sur la décision du 29 juin 2001 de l'Assemblée plénière de la Cour de cassation », *Médecine et Droit*, 2002, n° 52, p. 6 et s.

dent médical. La grossesse avait dépassé le terme et, pour cette raison, la mère avait été hospitalisée. Pour cause de défaut de surveillance du rythme cardiaque de l'enfant par le personnel médical, le fœtus décède d'une insuffisance cardiaque. Par un arrêt du 25 juin 2002[397], la Cour de cassation considère que l'homicide involontaire ne peut être retenu en reprenant les termes de l'Assemblée plénière. Par ailleurs, si une cour d'appel a pu relever à tort une erreur de diagnostic non constitutive d'une faute pénale à l'encontre d'une sage-femme qui n'a pas su interpréter le tracé du rythme cardiaque fœtal comme l'indice d'une hypoxie, la Cour de cassation a retenu à son encontre une faute pénale consistant dans la violation de l'obligation posée à l'article L. 4151-3 CSP qui lui imposait de faire appel à un médecin en cas d'accouchement dystocique; cependant, par son arrêt du 4 mai 2004[398], elle n'a pas censuré la décision rendue en appel dans la mesure où, en raison du décès *in utero* de l'enfant, aucune qualification pénale ne pouvait être retenue.

Reste que la Haute juridiction maintient sa position puisqu'elle a encore rappelé par la suite l'inapplicabilité de l'article 221-6 du Code pénal[399].

Pourtant, les divergences de position des juridictions du fond perdurent. Certaines « font de la résistance »: ainsi par exemple, le tribunal correctionnel de Tarbes a retenu les délits d'homicide et de blessures involontaires à l'encontre d'un conducteur de véhicule terrestre à moteur, le jugeant responsable du décès d'un enfant à naître et des blessures subies par la femme qui le portait. Les juges se fondent sur les constatations médicales, « la réalité de l'atteinte mortelle [...] conjuguée aux considérations humaines unanimement partagées, [...] apparaît conforme aux principes juridiques et ne saurait être contestée par des prises de positions purement doctrinales »[400]. D'autres appliquent la jurisprudence de la Cour de cassation[401].

En revanche, et dans le droit fil de cette jurisprudence, la chambre criminelle a considéré, dans un arrêt du 2 décembre 2003[402] que l'infraction d'homicide involontaire était caractérisée dès lors que, à la suite d'un accident de la circulation, un enfant était né vivant puis était décédé, quand

397 *Bull. crim.*, n° 144.

398 *Bull. crim.*, n° 108.

399 Cf. notamment Cass. crim., 27 juin 2006, n° 05-83.767.

400 T. corr., Tarbes, 4 février 2014, *JurisData* n° 2014-013013.

401 CA, Nîmes, 18 novembre 2011, *JurisData* n° 2011-030356: cas d'une femme poursuivie pour homicide involontaire pour avoir accouché de manière clandestine au bord d'un chemin forestier d'un enfant mort né, état constaté par les secours arrivés en cours d'accouchement.

402 *Bull. crim.*, n° 230.

bien même la faute imputable au conducteur avait été commise alors que l'enfant était encore dans le sein de sa mère. Une telle solution avait déjà été retenue par la Haute Cour dans une décision du 29 juin 1999[403] rendue dans le cadre d'une affaire dans laquelle un enfant était décédé « *ex utero* » en raison d'une faute commise par le personnel médical alors qu'il n'était pas encore né. Le médecin et les sages-femmes furent poursuivis puis relaxés car, même si des fautes pénales pouvaient être retenues à leur encontre, le lien de causalité avec le dommage demeurait incertain pour la raison qu'il n'est pas sûr qu'une césarienne pratiquée plus tôt aurait permis de sauver l'enfant. De même, à la suite d'un accident médical, un enfant naît mais souffre de blessures pouvant être considérées comme consécutives à une faute imputable à un médecin. L'enfant étant né vivant, l'infraction de blessures involontaires est bien constituée, peu importe que la faute ait été commise à une époque où l'enfant n'était pas encore né. Tel est le sens de la décision de la chambre criminelle du 4 mai 2004[404]. La même solution a été retenue dans une affaire dans laquelle le médecin obstétricien de garde avait quitté la salle de naissance sans prendre la peine de consulter le dossier de la parturiente alors même qu'il était informé que les conditions pour une naissance sans risque n'étaient pas réunies (prématurité, anormalité du rythme cardiaque…). Le retard dans la pratique de la césarienne entraîna de graves lésions puisque l'enfant naquit avec une IPP estimée à 90 % qualifiées de blessures involontaires[405].

142 – La Cour européenne des droits de l'Homme n'a pas condamné l'État français qui ne prévoit pas l'incrimination de l'homicide involontaire de l'enfant à naître. À l'occasion de sa saisine, était invoquée la violation par l'État français de l'art.2 Conv. EDH relatif au droit à la vie, aux termes duquel « le droit de toute personne à la vie est protégé par la loi. La mort ne peut être infligée à quiconque intentionnellement, sauf en exécution d'une sentence capitale prononcée par un tribunal au cas où le délit est puni de cette peine par la loi ». Le 8 juillet 2004, la Cour rendit un arrêt par lequel elle ne condamna pas la France, précisant que les États disposaient d'une marge d'appréciation pour fixer le point de départ de la vie. Elle présenta la position de la Cour de cassation[406] comme une invitation faite au législateur de se prononcer explicitement sur le statut du fœtus. Elle vérifia qu'une protection suffisante existait en Droit français, qui n'avait

---

403 N° 98-83.517.

404 N° 03-84.648 ; J.-P. Céré, « La mort du fœtus, le délit d'homicide involontaire et les hésitations de la Cour de cassation », note sous Cass. crim., 4 mai 2004, *D.*, 2004, Comm., p. 3097 et s.

405 Cass. crim., 2 octobre 2007, n° 07-81.259, *Bull. crim.*, n° 234.

406 Cf. *supra*. Cass. crim., 30 juin 1999, *précit*.

pas forcément à être pénale, puisqu'un recours en plein contentieux aurait été possible contre l'hôpital en raison de la faute commise par le médecin. Enfin, elle resta muette sur le point de savoir si le terme « personne » de l'article 2 s'appliquait à l'enfant à naître[407].

143 – Pour sa part et dans sa grande majorité, la doctrine s'est montrée critique à l'égard de la position de la Cour de cassation en condamnant sa résistance. Les arguments avancés pour retenir l'application de l'article 221-6 du Code pénal se sont avérés nombreux, à la fois juridiques et extra-juridiques, arguments que nous n'énumérerons pas ici[408].

144 – Malgré les critiques parfois virulentes de la doctrine, le législateur n'a pas infléchi cette jurisprudence qui reste dès lors toujours d'actualité. Sous l'influence du droit comparé, on aurait pu imaginer que le législateur français se décide à incriminer spécifiquement l'« homicide du fœtus ». En effet, l'Espagne, l'Italie ou encore la Turquie incriminent à titre autonome l'homicide involontaire du fœtus. Au Japon, l'enfant est considéré comme une personne dès sa conception. Le Droit belge prévoit une protection pénale du fœtus… L'article 4 de la Convention américaine des droits de l'homme consacre le droit à la vie protégé dès la conception. Mais le Droit français ne s'est pas encore engagé dans cette voie même si les occasions n'ont pas semblé manquer. Lors de la discussion du projet de loi renforçant la lutte contre la violence routière[409], un amendement avait été déposé afin que le conducteur automobile à l'origine du décès d'un fœtus puisse être poursuivi sur le fondement d'un texte spécial. Le législateur n'avait finalement pas retenu une telle proposition dans la mesure où elle entraînait une rupture d'égalité des citoyens devant la loi pénale. Par la suite, à l'occasion des débats parlementaires concernant le projet de loi qui deviendra la loi du 9 mars 2004 portant adaptation de la justice aux évolutions de la criminalité[410], la création d'un « délit d'interruption involontaire de grossesse »

PARTIE 2

407 CEDH, 8 juillet 2004, Vo c/France, req. n° 53924/00; E. SERVERIN, « Réparer ou punir? L'interruption accidentelle de grossesse devant la Cour européenne des droits de l'homme », *D.*, 2004, Chron., p. 2801 et s.

408 Cf. à titre d'exemples pour l'abondante littérature sur le sujet: F. LESAULNIER, « De la protection pénale de l'être humain en gestation », *Médecine et Droit*, 2000, n° 41, p. 10 et s.; D. REBUT, « La loi est d'interprétation stricte », *Dr. fam.*, 1999, Chron., n° 20; J. PRADEL, « La seconde mort de l'enfant conçu », *D.*, 2001, Chron., p. 2907 et s.; P. MURAT, « Réflexions sur la distinction être humain/personne juridique », *Dr. fam.*, 1997, Chron., n° 9, p. 4 et s.; J. BONNEAU « La protection pénale de l'enfant à naître », *Act. JuriSanté*, 2000, n° 29, p. 20; D. VIGNEAU, « Faut-il naître vivant et viable pour mourir en homme? », *Dr. fam.*, 2000, Chron., n° 21, p. 7 et s.; Y. MAYAUD, « Ultime complainte après l'arrêt de l'Assemblée plénière de la Cour de cassation du 29 juin 2001 », *D.*, 2001, II, p. 2917.

409 Devenu la loi n° 2003-495 du 12 juin 2003, *JO* du 13 juin 2003, p. 9943 et s.

410 *JO* du 10 mars 2004, p. 4567 et s.

sanctionné d'un an d'emprisonnement et 15000 euros d'amende pour faute simple et du double en cas de faute délibérée fut proposée. Le législateur ne retint pas non plus cette proposition, certains commentateurs s'étant d'ailleurs étonnés que les sanctions soient moins élevées que pour un homicide involontaire commis à l'encontre d'une personne née : « le fœtus serait-il une demi-personne ? » avaient-ils questionné.

Enfin, les lois bioéthiques n° 2004-800 du 6 août 2004[411], n° 2011-814 du 7 juillet 2011[412] et du 6 août 2013[413] auraient pu être l'occasion de définir un délit d'interruption involontaire de grossesse, mais ce choix n'a pas été fait, si bien que l'on peut constater un *statu quo* du Droit français concernant le statut pénal du fœtus.

145 – La dernière condition devant être vérifiée pour retenir la responsabilité pénale du professionnel de santé est l'existence d'un lien de causalité entre la faute qui lui est reprochée et le dommage constaté.

3) Le lien de causalité entre la faute et le dommage

146 – Le lien de causalité unissant la faute pénale et le dommage se définit par la certitude de son existence et par son intensité.

a – La certitude du lien de causalité

147 – Le lien de causalité doit exister et être certain : ceci demeure une condition invariable de la responsabilité pénale. Une jurisprudence constante et ancienne le rappelle. La certitude ou l'incertitude du lien de causalité sera mise en évidence par l'expert judiciaire et détermine l'engagement ou non de la responsabilité pénale du professionnel de santé[414].

Une femme accouche par césarienne dans de bonnes conditions apparentes mais décède dix jours plus tard d'une thrombophlébite cérébrale. Sont mis en évidence un défaut de surveillance clinique postopératoire, un défaut de surveillance biologique qui aurait permis de détecter une défaillance rénale et l'absence de contrôle de l'hématome. Mais en raison de l'absence d'autopsie, un doute subsiste sur le lien entre la détection tardive de l'insuffisance rénale et le décès, si bien que le médecin accoucheur fautif

---

411 *JO* du 7 août 2004, p. 14040 et s.

412 *JO* du 8 juillet 2011, p. 11826 et s.

413 *JO* du 7 août 2013, p. 13449 et s.

414 A. Bronkhorst, « Le lien de causalité, talon d'Achille de la responsabilité pénale », *DDS*, 2008, p. 176 et s.

est relaxé[415]. En revanche, la responsabilité pénale est retenue dès lors qu'il est démontré que l'absence de surveillance postopératoire et de décision d'intubation est en lien de causalité certain avec le décès d'un patient par asphyxie à la suite d'une opération de la carotide[416].

148 – Ainsi la seule démonstration d'une faute de la part d'un personnel soignant ne suffit pas à retenir une responsabilité pénale, encore faut-il qu'un lien de causalité entre cette faute et ce dommage soit établi. Il est pratiqué sur une parturiente une première péridurale puis une seconde en complément en salle de travail. Elle est ensuite transférée au bloc opératoire où elle décède d'un arrêt cardiorespiratoire brutal. Selon l'expertise, constitue une faute le fait d'avoir pratiqué une anesthésie en salle de travail. Cependant, la certitude du lien de causalité entre cette faute et le décès n'a pu être démontrée car le décès pouvait être également dû à une embolie amniotique[417]. Il en est de même quand les experts n'ont pu émettre que de simples hypothèses sur les causes du décès[418] : il s'agissait d'un patient souffrant d'un diabète important mais pour lequel une anesthésie générale pour une opération avait été jugée compatible avec son état. Cependant, le patient décéda. Les juges du fond écartèrent toute responsabilité pénale dans la mesure où « à supposer que des fautes aient été observées, le lien de causalité entre celles-ci et le décès fait défaut ».

A fortiori la relaxe doit-elle être retenue lorsque le comportement du praticien jugé non fautif ne peut être mis avec certitude en relation avec le décès du patient : tel est le cas du chirurgien-dentiste qui n'avait pas pris contact avec le médecin traitant de la patiente, démarche qui n'est pas imposée par la déontologie, et n'était donc pas informé de l'affection rarissime dont souffrait la patiente qui, après une intervention, a développé une poussée d'œdème fatal dont il n'a pu être établi avec certitude qu'elle était la cause de l'extraction de dent pratiquée[419].

149 – En matière de responsabilité pénale médicale, la notion de certitude du lien de causalité doit être strictement entendue. En effet, pour que sa responsabilité pénale soit retenue pour homicide involontaire, le professionnel de la santé fautif doit avoir causé la mort, c'est-à-dire avoir entraîné pour le patient la **perte de toute chance de survie** et non pas seulement la perte d'une simple chance de survie ou autrement dit, en l'absence de faute

415 Cass. crim., 10 janvier 1991, n° 90-80.149.

416 Cass. crim., 23 novembre 1994, n° 94-80.376.

417 Cass. crim., 21 janvier 2003, n° 02-83.835.

418 Cass. crim., 4 mars 2003, n° 02-83.059.

419 CA, Metz, 22 septembre 1989, *JurisData* n° 1989-047784.

de la part du praticien, le patient ne serait pas décédé. Cette distinction opérée par la jurisprudence depuis fort longtemps[420] et spécifiquement appliquée aux professionnels de santé, a vocation à limiter l'engagement de leur responsabilité pénale. La Cour de cassation a ainsi approuvé des juges du fond ayant retenu que :

> *Si ce médecin a commis l'imprudence de déclencher artificiellement le travail d'accouchement de la mère en l'absence de raison médicale impérieuse et a ainsi augmenté le risque de contamination infectieuse du nouveau-né, il n'est pas possible d'affirmer que, né à terme, l'enfant aurait survécu s'il avait contracté la même méningite fulgurante et que, par suite, il n'existe aucun lien de causalité démontré entre la faute et le décès*[421].

Autrement dit, « le lien de causalité certain entre la faute et le dommage [...] consiste, en ce qui concerne le délit d'homicide involontaire, non en une perte de chance de survie mais dans le décès »[422]. De même, la responsabilité pénale d'un médecin de garde a-t-elle été écartée alors qu'il avait refusé d'intervenir sur un éleveur blessé par un bovin malgré les examens qui confirmaient l'urgente nécessité d'une opération. Le patient est décédé des suites d'une rupture traumatique de la rate avec hémorragie interne. Mais l'expertise judiciaire a mis en évidence que le patient n'avait aucune chance de survie même si l'intervention avait eu lieu[423]. C'est encore la perte d'une simple chance de survie qui est retenue dans une affaire dans laquelle une patiente est opérée d'une tumeur du côlon, puis fait une occlusion intestinale. Elle meurt d'une septicémie. Malgré les désordres constatés dans les soins et le suivi médical, les juges ont constaté la perte d'une simple chance de survie, compte tenu de la faiblesse de la patiente et du taux élevé de mortalité dans ce domaine[424].

En revanche, la Cour de cassation a pu censurer pour contradiction de motifs l'arrêt de la chambre de l'instruction de la cour d'appel de Nîmes qui, outre des fautes, évoquait l'absence de lien de causalité certain car l'expertise indiquait qu'il n'était pas acquis qu'une radiographie ou un

---

420 Cass. crim., 9 janvier 1979, *JCP G*, II, 19272, note F. Chabas.

421 Cass. crim., 20 mars 1996, *Bull. crim.*, n° 119.

422 Cass. crim., 20 novembre 1996, n° 95-85.013, *Bull. crim.*, n° 417 ; *Act. JuriSanté*, 1997, n° 19, p. 23 et s., obs.. Bonneau : à propos de la réalisation tardive d'un lavage gastrique à la suite de l'absorption par la patiente d'une dose mortelle de médicaments, l'expertise judiciaire indiquant qu'il n'est pas certain qu'une intervention plus précoce aurait permis de sauver la patiente.

423 Cass. crim., 16 décembre 2003, n° 03-81.228.

424 Cass. crim., 22 mars 2005, n° 04-84.459 ; *Dr. pén.*, 2005, comm. n° 103, obs. M. Véron.

scanner aurait permis de déceler l'hématome, mais qui, dans le même temps, indiquait aussi que, si l'hématome avait été décelé, les chances de survie de la patiente auraient été de 80 %[425].

Parfois enfin, la Cour de cassation ne répond qu'implicitement à la question de la perte de toute chance de survie : en raison de l'intervention tardive d'une césarienne pratiquée sur une femme ayant été suivie pendant sa grossesse pour une hypertension artérielle et un diabète gestationnel, l'enfant décède peu après sa naissance. La responsabilité pénale de l'obstétricien est retenue. Le médecin forme un pourvoi à l'appui duquel il invoque l'absence de certitude du lien de causalité dans la mesure où il considère que les juges du fond n'ont pas démontré que le comportement reproché avait ôté toute chance de survie à l'enfant. La Cour de cassation retient implicitement la perte de toute chance de survie en affirmant que la faute caractérisée retenue à son encontre « entretient un lien de causalité certain avec le décès de la victime »[426].

150 – Si l'existence d'une simple chance de survie empêche de retenir la responsabilité pénale du praticien, sa responsabilité civile peut en revanche être envisagée car la perte de chance est indemnisable[427].

b – L'intensité du lien de causalité

151 – Pendant longtemps et jusqu'en 2000, l'intensité du lien de causalité était indifférente pour l'engagement de la responsabilité pénale pour faits dommageables involontaires : la causalité pouvait être directe ou indirecte. Ainsi la seule faute simple en relation directe ou indirecte avec le dommage, du moment que la causalité était certaine, suffisait pour retenir la responsabilité pénale de l'auteur. Par exemple, le seul fait pour un chirurgien ayant opéré un patient de ne pas s'être assuré que le patient était sous la surveillance constante d'un personnel médical qualifié suffisait à retenir sa responsabilité pénale lorsque le patient était décédé à la suite d'un arrêt cardiorespiratoire après le départ de l'infirmière chargée de le surveiller, alors même que le prévenu n'était pas directement à l'origine du décès et que seule une faute ordinaire lui était imputable[428]. La solution après 2000 aurait sans doute été différente.

---

[425] Cass. crim., 23 octobre 2012, n° 11-86.457 ; *RDS*, 2013, n° 51, p. 61 et s., obs. A. Ponseille : cas d'une patiente victime d'une chute sur la tête et présentant un hématome sous-dural lié au traumatisme crânien non décelé et à l'origine de son décès.

[426] Cass. crim., 24 juin 2014, n° 13-84.542 ; *RDS*, 2014, n° 62, p. 1669 et s., obs. A. Ponseille.

[427] Cass. crim., 20 mars 1996, *Bull. crim.*, n° 119 ; Cass. crim., 28 septembre 1999, *Bull. crim.*, n° 198.

[428] Cass. ass. plén., 30 mai 1986, *Bull. crim.*, n° 8.

152 – La loi du 10 juillet 2000 semble **assimiler la notion de lien de causalité et la qualité d'auteur** puisqu'elle ne fait référence qu'à l'auteur indirect et, implicitement, à l'auteur direct, pour opérer un traitement différencié d'un point de vue pénal en fonction également de la gravité de la faute reprochée. Aussi apparaît-il impératif de déterminer la qualité du professionnel de la santé.

L'article 121-3 du Code pénal prévoit en effet dans ses 3e et 4e alinéas qu' :

> *Il y a également délit, lorsque la loi le prévoit, en cas d'imprudence, de négligence ou de manquement à une obligation de prudence ou de sécurité prévue par la loi ou le règlement s'il est établi que l'auteur des faits n'a pas accompli les diligences normales compte tenu, le cas échéant, de la nature de ses missions ou de ses fonctions, de ses compétences ainsi que des pouvoirs et des moyens dont il disposait.*
>
> *Dans le cas prévu par l'alinéa qui précède, les personnes physiques qui n'ont pas directement causé le dommage, mais qui ont créé ou contribué à créer la situation qui a permis la réalisation du dommage ou qui n'ont pas pris les mesures permettant de l'éviter, sont responsables pénalement s'il est établi qu'elles ont, soit violé de manière manifestement délibérée une obligation particulière de prudence ou de sécurité prévue par la loi ou le règlement, soit commis une faute caractérisée et qui exposait autrui à un risque d'une particulière gravité qu'elles ne pouvaient ignorer.*

Il convient donc *a priori* de distinguer deux catégories d'auteurs : les **auteurs directs** d'une infraction involontaire sont ceux qui ont matériellement et personnellement accompli l'acte qui a conduit immédiatement à la réalisation du dommage alors que les **auteurs indirects**, seuls expressément visés par la loi, sont ceux qui ont créé ou contribué à créer la situation qui a permis la réalisation du dommage ou qui n'ont pas pris les mesures permettant de l'éviter. À la différence des premiers, ils ne sont pas directement à l'origine du dommage causé.

Cette distinction étant posée, la loi de 2 000 prévoit que leur sort sera différent au regard de leur responsabilité pénale. Pour voir celle-ci engagée, les auteurs indirects doivent avoir commis une faute qualifiée, c'est-à-dire soit une faute délibérée, soit une faute caractérisée. Si seule une faute simple peut leur être reprochée, ils ne pourront être déclarés pénalement responsables[429]. Seule leur responsabilité civile pourra être retenue aux termes de l'article 4-1 du Code de procédure pénale :

[429] Cf. Annexe n° 2.

L'absence de faute pénale non intentionnelle au sens de l'article 121-3 du Code pénal ne peut faire obstacle à l'exercice de l'action devant les juridictions civiles afin d'obtenir réparation d'un dommage sur le fondement de l'article 1383 du Code civil si l'existence de la faute civile prévue par cet article est établie ou en application de l'article L. 452-1 du Code de la sécurité sociale si l'existence de la faute inexcusable prévue par cet article est établie.

L'alinéa 4e de l'article 121-3 C. pén. dans sa version issue de la loi de 2000, parce qu'il a vocation à dépénaliser la situation dans laquelle se trouve l'auteur indirect d'une faute simple ayant entraîné un dommage, est une disposition plus douce. Dès lors, ce texte s'applique de manière rétroactive en vertu de l'article 112-1 al.3e du Code pénal. La Cour de cassation a eu l'occasion de l'indiquer par un arrêt du 25 septembre 2001[430] en censurant la décision d'une cour d'appel qui avait retenu « qu'en retardant, sous des motifs fallacieux, l'intervention chirurgicale qui s'imposait en urgence, le chirurgien a commis une imprudence grave en relation de cause à effet avec le décès », pour des faits commis antérieurement à l'entrée en vigueur de la loi de 2000. Il convenait selon la Haute Juridiction, pour retenir une responsabilité pénale, de démontrer l'existence d'une faute délibérée ou d'une faute caractérisée dès lors que l'auteur pouvait être qualifié d'indirect.

PARTIE 2

Avec la loi de 2000, on pouvait légitimement s'attendre à une dépénalisation qui aurait dû profiter aux professionnels de santé dans la mesure où ils se retrouvent le plus souvent dans la situation de l'auteur indirect au sens de l'article 121-3 du Code pénal. En cela, le texte nouveau qui semblait privilégier la voie civile avait pu rassurer la communauté médicale[431]. Mais la loi n'a sans doute pas eu l'effet escompté tant il apparaît aisé pour les juges du fond de démontrer l'existence d'une faute caractérisée. Si cette faute n'avait pas été créée, il aurait fallu rapporter la preuve d'une faute délibérée. Or, il est difficile pour les juges de caractériser une telle faute en matière médicale eu égard à sa définition et l'impunité des professionnels de santé auteurs indirects aurait été facilitée. Il semble également que les juges identifient d'abord la qualité d'auteur direct ou indirect pour en faire découler la nature de la faute.

Une étude attentive de la jurisprudence permet de déterminer lesquels parmi les professionnels de santé peuvent être qualifiés d'auteurs directs et ceux qui peuvent être considérés comme auteurs indirects. Dans tous

---

430 N° 00-84.748.

431 Cl. Esper, « Les conséquences de la loi du 10 juillet 2000 sur la responsabilité médicale des acteurs de santé », *Médecine et Droit*, 2002, n° 53, p. 6 et s.

les cas, les juges semblent assimiler, comme le législateur, les notions auteur direct/lien de causalité directe et auteur indirect/lien de causalité indirecte.

153 – Dès lors que la responsabilité pénale du praticien est retenue en présence d'une faute simple, il est possible d'en déduire sa qualité d'**auteur direct**. Il en est ainsi :

- du médecin qui prescrit à un toxicomane des psychotropes aux fins d'une cure de sommeil en confiant le suivi du traitement à la compagne du patient non qualifiée. La chambre criminelle a considéré que le praticien était directement à l'origine du décès du patient et retient à son encontre une faute d'imprudence[432] ;
- du chirurgien auquel il est reproché d'avoir procédé à une intervention sur une patiente mal positionnée, la compression de l'abdomen ayant causé un choc péri-opératoire à l'origine directe de son décès[433] ;
- du médecin accoucheur qui a agi précipitamment en choisissant une technique d'extraction par forceps, les a mal positionnés et a procédé à des efforts de traction fœtale violents et répétés à l'origine directe de lésions cérébrales irréversibles ayant entraîné la mort du nouveau-né[434] ;
- d'une pédiatre condamnée pour homicide involontaire d'un nouveau-né qui présentait à la suite d'un accouchement difficile par utilisation de forceps des lésions graves de la face. Il lui est reproché des négligences dans la prise en charge du petit patient constitutives d'une faute simple en lien de causalité directe avec le décès[435] ;
- du médecin en chirurgie esthétique auquel est reproché un homicide involontaire à la suite du décès d'une patiente par embolie pulmonaire dont il a été établi que l'origine se trouvait dans l'opération de chirurgie plastique réalisée. La cour d'appel retient une faute essentielle et déterminante ayant directement causé la mort consistant dans le défaut d'accomplissement des diligences normales[436] ;
- du chirurgien orthopédiste qui opère, sans urgence, une patiente

PARTIE 2

[432] Cass. crim., 5 septembre 2000, n° 99-84.859.

[433] Cass. crim., 23 octobre 2001, *Bull. crim.*, n° 218.

[434] Cass. crim., 23 octobre 2001, *Bull. crim.*, n° 217.

[435] Cass. crim., 13 novembre 2002, *Bull. crim.*, n° 203.

[436] Cass. crim., 29 octobre 2002, *Bull. crim.*, n° 196.

sans l'assistance d'un chirurgien thoracique, en commettant, en l'absence de contrôle, une erreur de localisation de la hernie, puis en procédant à une seconde intervention par une voie inappropriée qui provoque une rupture de la dure-mère : ces fautes, que n'aurait pas commises un praticien normalement prudent, diligent et avisé, sont directement à l'origine de la paraplégie totale et définitive dont est atteinte la patiente[437] ;

- de l'infirmier hyperbariste auquel est reproché un défaut de surveillance constante de deux patients intoxiqués au monoxyde de carbone et placés dans un caisson hyperbare ainsi que l'absence d'arrêt de la décompression qui sont qualifiés de « fautes en relation directe avec le décès » des patients[438].

154 – Peut à l'inverse être qualifié d'**auteur indirect** le professionnel de santé qui n'a pas personnellement et matériellement accompli l'acte préjudiciable et dont la responsabilité pénale est retenue en raison d'une faute qualifiée.

Il peut s'agir de l'hypothèse où l'acte préjudiciable a été commis par une autre personne. Tel est le cas :

- de l'infirmière responsable d'un service pour défaut de surveillance qui a laissé à une élève infirmière le soin d'administrer, hors sa présence et en dehors de tout caractère d'urgence, une substance dangereuse à un patient qui en est décédé[439] ;
- de la directrice d'une clinique pour ne pas avoir mis à disposition le personnel, les locaux et le matériel pour accueillir une parturiente et son enfant, pris en charge tardivement ; la prévenue est finalement relaxée en raison de l'incertitude du lien de causalité[440] ;
- de l'anesthésiste, poursuivi avec une infirmière, pour homicide involontaire d'un enfant de 4 ans, qui prescrit une perfusion de glucose. L'infirmière se trompe dans la lecture de la prescription illisible et administre un taux de glucose trop important à une vitesse excessive. Le médecin prescripteur est d'abord relaxé étant rappelé qu'en sa qualité d'auteur indirect, sa responsabilité pénale ne pouvait être engagée qu'en cas de faute qualifiée, ce que le tribunal n'a sans doute pas retenu. Quant à l'infirmière, la faute simple a seulement été retenue car elle avait la qualité d'auteur

437 Cass. crim., 21 septembre 2004, *Bull. crim.*, n° 216.

438 Cass. crim., 16 janvier 2007, *Bull. crim.*, n° 8.

439 Cass. crim., 26 juin 2001, n° 00-87.816.

440 Cass. crim., 22 janvier 2008, n° 07-81.702.

direct et cela suffisait pour engager sa responsabilité pénale[441]. La cour d'appel condamne le médecin pour faute délibérée, ce qui était critiquable en l'absence d'obligation particulière lui étant imposée[442]. La Cour de cassation, dans son arrêt du 1er avril 2008[443] y substitue une faute caractérisée.

Mais peut également être qualifié d'« auteur indirect » un professionnel de santé qui serait intervenu seul dans la prise en charge de patient dès lors qu'il n'a pas pris les mesures permettant d'éviter le dommage. Tel est le cas du médecin régulateur du Samu poursuivi pour homicide involontaire à cause de négligences graves. La Cour note qu'il est poursuivi en sa qualité d'auteur indirect au sens de l'alinéa 4e de 121-3 C. pén. puisqu'elle précise qu'il « a contribué à créer la situation ayant permis la réalisation du dommage ». Il est dès lors nécessaire de retenir à son encontre une faute qualifiée pour que sa responsabilité pénale soit engagée. Son comportement sera en l'espèce qualifié de faute caractérisée[444].

C – Les conséquences répressives et civiles des faits dommageables involontaires commis par les professionnels de santé

155 – Conséquences répressives – Premièrement, l'engagement de la responsabilité pénale des professionnels de santé pour faits dommageables causés involontairement aux patients se fait sur le fondement des textes d'incrimination dont le choix pour la qualification pénale est fonction de la gravité du dommage constaté et de la gravité de la faute imputable, critères dont la combinaison a une incidence sur les **peines principales encourues**[445]. Il convient cependant de noter que seule la faute délibérée a pour conséquence une aggravation de la peine encourue[446]. Tel n'est pas le cas de la faute caractérisée, alors même qu'il s'agit d'une faute qualifiée, pour la raison que le législateur n'a pas envisagé une telle aggravation. Ainsi en raison du principe de légalité et par le jeu du raisonnement par analogie *in favorem*, la faute caractérisée est punie comme une faute simple ou ordinaire[447], malgré la différence d'intensité de ces deux fautes.

441 T. corr., Versailles, 31 janvier 2006, *Revue Soins*, mars 2006, n° 703.

442 L'art. R. 4127-34 CSP qui dispose que le médecin doit formuler ses prescriptions avec toute la clarté indispensable, veiller à leur compréhension par le patient et son entourage et s'efforcer d'en obtenir la bonne exécution, constitue plutôt une obligation générale.

443 Pourvoi n° 07-81509.

444 Cass. crim., 2 décembre 2003, *Bull. crim.*, n° 226.

445 Cf. Annexe n° 3.

446 Cf. art.221-6 et 222-19 et 222-20 C. pén.

447 A. Ponseille, « La faute caractérisée en droit pénal », *RSC*, 2003, p. 79 et s.

Deuxièmement, aucune aggravation de la répression tenant compte de la seule qualité de professionnel de santé de l'auteur n'est prévue à la différence du conducteur de véhicule terrestre à moteur (Art.221-6-1 C.pén.) ou du propriétaire ou détenteur du chien à l'origine des dommages (Art.221-6-2 C.pén.) auxquels peuvent également être reprochées les infractions d'homicides ou de blessures involontaires.

Troisièmement enfin, outre les **peines alternatives** à l'emprisonnement prévues à l'article 131-6 du Code pénal, des **peines complémentaires** sont encourues en matière d'homicide et de blessures involontaires. Elles peuvent consister par exemple en l'affichage et/ou la diffusion de la décision de condamnation[448] et en l'interdiction d'exercer l'activité professionnelle dans le cadre ou à l'occasion de laquelle l'infraction a été commise[449]. Cette dernière peut également être décidée comme **mesure de sûreté** en cours d'instruction dans le cadre d'un contrôle judiciaire[450] : la Cour de cassation a ainsi approuvé des juges du fond d'avoir maintenu cette interdiction à l'encontre d'un médecin urologue mis en examen pour homicide involontaire commis sur une patiente, « compte tenu des impératifs de la sûreté publique, des nécessités de l'instruction et du risque de réitération », peu importe que les faits reprochés ne soient pas intentionnels[451].

156 – Conséquences civiles – La reconnaissance d'une faute, d'un dommage et d'un lien de causalité entre les deux conduit également à l'engagement de la responsabilité civile. Si la détermination de la responsabilité pénale dans le contentieux des infractions d'homicide et de blessures involontaires est complexe, celle de la responsabilité civile en ce domaine l'est tout autant.

Le **professionnel de santé** déclaré pénalement responsable pour homicide ou blessures involontaires engage également par principe, comme toute autre personne, sa responsabilité civile à l'égard de la victime ou des victimes. La loi du 10 juillet 2000 a cependant prévu qu'en cas de faute simple pouvant être reprochée à un auteur indirect, personne physique, aucune responsabilité pénale ne peut être retenue : seule sa responsabilité civile peut être envisagée sur le fondement de deux articles distincts. Si la juridiction pénale de jugement a été saisie et qu'elle prononce une relaxe en raison de l'hypothèse de dépénalisation prévue par la loi de 2000, cette juridiction demeure compétente pour statuer sur la demande de répa-

[448] Art. 221-10 et 222-46 C. pén.

[449] Art. 221-8 et 222-44 C. pén.

[450] Pour une présentation des conditions, cf. *supra*. n° 33.

[451] Cass. crim., 10 juin 2008, n° 08-82.121.

ration présentée par la partie civile[452]. Dans le cas où une telle demande n'aurait pas été présentée dans le cadre du procès pénal ou que la voie civile aurait été privilégiée par la victime, l'article 4-1 du Code de procédure pénale issu de la loi de 2000 dispose que :

> *L'absence de faute pénale non intentionnelle au sens de l'article 121-3 du Code pénal ne fait pas obstacle à l'exercice d'une action devant les juridictions civiles afin d'obtenir la réparation d'un dommage sur le fondement de l'article 1383 du Code civil si l'existence de la faute civile prévue par cet article est établie [...]*[453].

Il convient de considérer le cas particulier du médecin mis pénalement en cause et exerçant au sein d'un **établissement**. Il est ainsi nécessaire de distinguer selon que la faute qui lui est reprochée lui est exclusivement imputable pour déterminer qui de lui ou de l'établissement sera tenu à indemnisation et de distinguer selon que l'établissement « employeur » est un établissement de droit privé ou de droit public, afin de déterminer la juridiction compétente pour traiter du contentieux en responsabilité.

De manière générale, l'article L.1 142-1 CSP pose un principe de responsabilité des établissements de santé en cas de faute commise à l'occasion d'acte de prévention, de diagnostic ou de soins.

L'établissement de santé privé peut voir sa responsabilité pénale engagée sur le fondement de l'article 1384 alinéa 5e du Code civil devant les juridictions civiles en raison d'une faute commise notamment par leur personnel de santé et ce, même s'ils possèdent une indépendance dans l'exercice de leur art. L'Assemblée plénière de la Cour de cassation est venue rappeler solennellement que le préposé qui a agi sans excéder les limites de sa mission n'engage pas sa responsabilité civile à l'égard des tiers[454]. Cependant, cette règle comportait une exception concernant les médecins. La Haute Juridiction considérait en effet que, même si l'établissement de santé pouvait être déclaré responsable de fautes commises par un praticien salarié, ce principe ne faisait pas obstacle à l'action récursoire de l'établissement de santé en raison de l'indépendance du médecin, même salarié[455].

---

452 Art. 470-1 CPP.

453 Ch. Desnoyer, « L'article 4-1 du Code de procédure pénale, la loi du 10 juillet 2000 et les ambitions du législateur : l'esprit contrarié par la lettre », *D.*, 2002, Chron., p. 979 et s.

454 Cass. ass. plén., 25 février 2000, *Bull. ass. plén.*, n° 2, aff. *Costedoat.*

455 Cass. civ. 1re, 26 mai 1999, *Bull. civ.* I, n° 175 ; Cass. civ. 1er, 13 novembre 2002, n° 00-22.432, *Bull. civ.* I, n° 263 : décès d'une parturiente à la suite d'une anesthésie ; un tribunal correctionnel condamne les professionnels de santé pour homicide involontaire mais déclare irrecevable l'action civile.

Mais en ce domaine, la position de la Cour a évolué[456] puisqu'elle est revenue sur sa position pour déclarer que le médecin salarié qui agit sans excéder les limites de la mission qui lui est impartie par l'établissement de santé privé qui l'emploie n'engage pas sa responsabilité à l'égard du patient : il bénéficie ainsi de l'immunité civile reconnue à tout préposé[457].

L'établissement de santé public peut voir sa responsabilité recherchée devant les juridictions administratives dans le cadre d'une procédure de plein contentieux[458]. Ce sera tout particulièrement le cas quand le comportement du professionnel de santé sera considéré comme étant une faute de service, la conséquence en quelque sorte d'une défaillance de « l'organisation et du fonctionnement du service public hospitalier ». L'hôpital répond ainsi des fautes commises par ses agents en application de la loi des 16-24 août 1790 sur l'organisation judiciaire. Dans pareille hypothèse, le juge pénal devra se déclarer incompétent pour prononcer sur la réparation. Cependant, le principe énoncé connaît une exception : il s'agit de la faute personnelle du professionnel de santé détachable du service qui écarte toute responsabilité de l'établissement[459]. C'est une faute extrêmement grave ou intentionnelle. En matière de délit de non-assistance à un patient en danger reproché à un professionnel de santé, la Cour de cassation a jugé en 1992 que c'est « celle qui révèle un manquement inexcusable à ses obligations d'ordre professionnel et déontologique »[460]. A ainsi été considéré comme une faute détachable du service le fait pour un chirurgien de pratiquer une néphrectomie droite au lieu d'une néphrectomie gauche en raison de l'absence de relecture préalable du dossier médical du patient[461]. Mais, plus récemment, et dans une affaire dont les faits étaient pourtant très proches de ceux qui avaient conduit à l'arrêt précité de 1992, la Cour de cassation a désapprouvé une cour d'appel qui avait écarté l'exception d'incompétence soulevée par un gynécologue-obstéricien poursuivi pour

PARTIE 2

456 Cass. civ. 1re, 9 novembre 2004, *Bull. civ.* I, n° 262 ; Cass. civ. 1re, 12 juillet 2007, *Bull. civ.* I, n° 270 ; *D.*, 2007, p. 2908 et s., note S. Porchy-Simon ; sur l'évolution de la jurisprudence, cf. notamment A. Hontebeyrie, « La responsabilité des cliniques du fait des médecins », *D.*, 2004, chron., p. 81 et s.

457 C. Riot, « L'exercice subordonné de l'art médical », *D.*, 2006, chron., p. 111 et s.

458 D. Truchet, « La faute et la loi du 4 mars 2002 en matière de responsabilité des établissements publics de santé », *RDSS*, 2015, p. 15 et s.

459 CE, 28 juillet 1951, *Laruelle et Delville*, req. n° 04032 :

Si les fonctionnaires et agents des collectivités territoriales publiques ne sont pas pécuniairement responsables envers lesdites collectivités des conséquences dommageables de leurs fautes de service, il ne saurait en être ainsi quand le préjudice qu'ils ont causé à ces collectivités est imputable à des fautes personnelles détachables de l'exercice du service.

460 Cass. crim., 2 avril 1992, n° 90-87.579, *Bull. crim.*, n° 140.

461 CA, Limoges, 17 septembre 1997, *JurisData* n° 1997-046103.

homicide involontaire d'un nouveau-né décédé des suites d'une septicémie : en refusant de se déplacer immédiatement de nuit à l'hôpital et en prescrivant des médicaments inefficaces alors que la sage-femme lui avait signalé la situation alarmante de la parturiente et l'enfant à naître, la cour d'appel a jugé que le médecin « [avait] commis un manquement inexcusable à ses obligations d'ordre professionnel et déontologique », faute à ce point grave qu'elle ne pouvait être assimilée à une faute de service. La Cour de cassation n'est pas de cet avis, affirmant que « les fautes dont le prévenu, agent du service public hospitalier, a été déclaré responsable ne peuvent être considérées comme détachables de ses fonctions »[462]. Cette conception très restrictive de la faute détachable a été confirmée pour des faits similaires dans un arrêt postérieur[463].

La question peut dès lors légitimement se poser de savoir si la qualification en faute caractérisée dont la définition se rapproche fortement de celle de la faute personnelle détachable du service aura systématiquement pour conséquence d'entraîner la seule responsabilité civile du professionnel de santé. La réponse semble négative en raison de l'acception assez large de la faute de service que semble retenir actuellement la Cour de cassation. Celle-ci a ainsi qualifié de non détachable une faute caractérisée reprochée à un médecin : celui-ci a été déclaré pénalement responsable du décès d'un patient car, malgré le diagnostic de péritonite posé par le médecin urgentiste et pour laquelle une intervention chirurgicale était envisageable, il s'est abstenu de tout examen nécessaire de toucher pelvien, d'échographie et scanner abdominal, en connaissance d'un traitement médicamenteux masquant tout signe de douleur ou de contracture et s'est fondé sur les constatations médicales d'un jeune interne inexpérimenté pour formuler le diagnostic de constipation[464]. À l'inverse, une faute détachable du service peut-elle être retenue lorsqu'une faute délibérée ou une faute d'imprudence est reprochée au professionnel de santé ? La réponse semble être négative.

Il convient de noter en revanche que le comportement intentionnel préjudiciable du professionnel de santé est systématiquement considéré comme une faute détachable du service : ainsi, par exemple, les faits de maltraitance à l'égard d'un patient, de détournement de biens et valeurs d'une patiente, le fait pour un chirurgien de participer à une opération en état d'ébriété… En revanche, si la survenance du décès ou de blessures est imputable à un défaut de surveillance, la responsabilité de l'hôpital sera exclusivement

[462] Cass. crim., 13 février 2007, n° 06-82.264, *Bull. crim.*, n° 45.

[463] Cf. par exemple, Cass. crim., 14 mai 2008, n° 07-84696 ; *DDS*, 2008, p. 490 et s., obs. G. Devers.

[464] Cass. crim., 8 février 2011, n° 10-84.161, inédit.

retenue dans la mesure où il incombe à l'établissement une obligation générale de surveillance au moins toute la durée de l'hospitalisation[465].

Enfin, en marge des développements qui précèdent, doit être signalée la procédure d'indemnisation devant l'Oniam directement compétente pour la réparation d'un accident médical non fautif en cas de défaut d'engagement de la responsabilité d'un professionnel ou établissement de santé[466].

D – L'extension de l'engagement de la responsabilité pénale des professionnels de santé pour faits dommageables involontaires

157 – Une étude plus globale de la jurisprudence rendue en application de la loi du 10 juillet 2000 montre que, tout comme la loi de 1996, cette loi de 2000 n'a pas vraiment pour conséquence en pratique de limiter la répression pénale des actes accomplis par des auteurs indirects. Ceci est tout particulièrement vrai pour le contentieux concernant les professionnels de santé. Alors que ceux-ci attendaient beaucoup de cette loi, la doctrine doutait qu'elle puisse limiter l'engagement de leur responsabilité pénale[467]. La pratique judiciaire n'a pas contredit ce mauvais présage. Le fait que le juge pénal retienne plus systématiquement une faute caractérisée plus aisée à qualifier que la faute délibérée[468] en témoigne. D'autres illustrations confirment cette tendance: la requalification par le juge de la faute simple en faute caractérisée (**1**), l'extension de la notion de « causalité directe » par le recours à la notion de « paramètre déterminant » (**2**), la dissociation des notions d'auteur indirect et de lien de causalité indirecte (**3**) et la recherche de la responsabilité pénale du professionnel de santé « auteur indirect » à défaut de responsabilité pénale de l'auteur direct (**4**).

1) La requalification de la faute ordinaire en faute caractérisée

158 – La première illustration tient dans une requalification judiciaire de la faute ordinaire initialement reprochée en faute caractérisée, qui démontre

465 Cf. par exemple, T. corr., Evreux, 3 août 1989, *RDSS*, 1990, p. 688, obs. E. Alfandari : à la suite du décès d'un jeune patient opéré des amygdales, il est établi que l'anesthésiste n'avait exercé aucune surveillance après son intervention, ni donné de consignes; seule la clinique est civilement condamnée en raison d'une faute d'organisation dans la mesure où il a été démontré que la pratique consistait à remonter les jeunes opérés dans leur chambre par des brancardiers et en dehors de toute présence du personnel de santé, le dossier médical était déposé au pied du lit et les infirmières n'étaient pas averties de l'arrivée des patients.

466 Art. L.1142-1-II CSP.

467 P. Mistretta, « La responsabilité médicale à l'aune de la loi du 10 juillet 2000. Évolution ou révolution ? », *JCP G*, 2012, I, n° 149.

468 Pour des exemples, cf. *supra*. n° 132 et s.

la porosité de la frontière qui sépare ces deux fautes. Pour des faits commis antérieurement à 2000, date de réforme du régime de responsabilité pénale pour faits dommageables involontaires, un médecin spécialisé en endocrinologie et gynécologie est poursuivi pour homicide involontaire pour avoir prescrit des examens à une patiente en présence d'une suspicion d'hypoglycémie (elle buvait quatre litres d'eau par jour), sans en indiquer l'urgence. La patiente décédera par la suite. La cour d'appel de Rennes la condamne en 2005 en faisant valoir notamment que la faute pouvant lui être reprochée était une faute simple en lien de causalité directe avec le décès de la patiente. Le médecin forme un pourvoi en cassation en arguant de l'application rétroactive de la loi du 10 juillet 2000 en raison de son caractère plus doux. Elle espère échapper à une condamnation pénale dans la mesure où, en cas de causalité indirecte, la loi de 2000 écarte toute répression si la faute retenue est seulement une faute ordinaire[469]. Or, si la chambre criminelle accueille le pourvoi en faisant effectivement application de la loi nouvelle et en indiquant que le médecin ne peut avoir que la qualité d'auteur indirect, elle requalifie cependant la faute simple en faute caractérisée, si bien que l'application de la loi nouvelle n'a pas en réalité bénéficié au médecin[470]. La Cour de cassation a récidivé par un arrêt du 24 juin 2014[471] : un nouveau-né décède à l'issue d'une césarienne pratiquée trop tardivement et des suites d'une souffrance fœtale aiguë, avec atteinte cérébrale majeure irréversible, liée à une privation d'oxygène survenue lors de l'accouchement. La cour d'appel reproche au médecin obstétricien le défaut de lecture minutieuse du tracé du rythme cardiaque du fœtus et la tardiveté de la prise de décision de procéder à une césarienne caractérisant une faute simple en relation causale avec le dommage. Parmi les arguments opposés par le médecin dans le cadre de son pourvoi figure le caractère indirect du lien de causalité entre la faute et le décès, ce qui aurait dû conduire les juges du fond à écarter sa responsabilité pénale en présence d'une faute simple. La Haute Cour répond que :

> *Si c'est à tort que la cour d'appel retient que la prévenue a commis une faute simple ayant causé directement le décès de l'enfant, l'arrêt n'encourt pas la censure dès lors qu'il résulte de ses constatations que, dans le cadre d'une grossesse à risque en raison des éléments spécifiques de la parturiente associés à une suspicion de macrosomie fœtale, Mme X..., en ne procédant pas à une lecture minutieuse du tracé du rythme cardiaque fœtal mis en place depuis 2 h 45 et qui révélait l'association d'une tachy-*

---

[469] Cf. *supra*. n° 118.

[470] Cass. crim., 12 septembre 2006, *Bull. crim.*, n° 219 ; *RSC*, 2006, p. 82, obs. Y. Mayaud.

[471] Pourvoi n° 13-84542 ; *RDS*, 2014, n° 62, p. 1669 et s., obs. A. Ponseille.

cardie fœtale à un microvoltage, puis plusieurs bradycardies et épisodes de rythme plat, enfin des épisodes plus alarmants jusqu'à l'importante bradycardie survenue à 12h50, et en prenant tardivement la décision de procéder à une césarienne, a commis une faute caractérisée exposant autrui à un risque d'une particulière gravité qu'elle ne pouvait ignorer et qui entretient un lien de causalité certain avec le décès de la victime.

2) L'extension de la notion de « causalité directe » par le recours à la notion de « paramètre déterminant »

159 – Par ailleurs, la chambre criminelle de la Cour de cassation a parfois tendance à étendre la notion de « causalité directe » en s'appuyant sur celle de « paramètre déterminant », ce qui lui permet de ne retenir qu'une faute simple pour engager la responsabilité pénale alors même qu'en réalité, le lien de causalité est en toute vraisemblance de nature indirecte[472]. Cette notion vient au secours de la répression notamment en cas de prise en charge multiple, c'est-à-dire faisant intervenir plusieurs professionnels de santé auprès d'un même patient[473]. Quelques exemples jurisprudentiels peuvent être donnés.

- Sans forcément avoir recours expressément à la notion de « paramètre déterminant », la Cour de cassation a pu donner raison à des juges du fond qui avaient retenu la responsabilité pénale du médecin, considérant que la faute reprochée était « la seule et unique cause du décès ». À l'occasion d'un accouchement, un médecin accoucheur fait usage de forceps qu'il positionne de manière asymétrique si bien que cela provoque un enfoncement de la voûte crânienne à l'origine de la fracture hémorragique du crâne. Le décès de l'enfant intervient treize jours plus tard à la suite de la décision prise par les époux et les médecins, compte tenu des séquelles neuro-psychomotrices, de mettre un terme au processus de réanimation[474].
- Une opération de chirurgie esthétique consistant en un lifting et une liposuccion est pratiquée sur une patiente âgée de 64 ans, dotée d'une prothèse de hanches et alors qu'elle avait récemment subi un stripping veineux des jambes. La patiente décède d'une embolie pulmonaire à la suite de l'opération. Il est reproché au chirurgien le caractère superficiel de la décision d'opération et de

[472] F. Alt-Maes, « La grande illusion: la dépénalisation attachée à l'application de la loi du 10 juillet 2000 », p. 1 et s. in *Mélanges dédiés à Bernard Bouloc*, Paris: Dalloz, 2007, 1195 P.

[473] Cf. *infra*. n° 416 et s.

[474] Cass. crim., 23 octobre 2001, *Bull. crim.*, n° 217.

l'examen préopératoire compte tenu de l'âge et des antécédents de la patiente, comportement qualifié de « faute essentielle et déterminante » par les juges[475].

- Un patient est admis en raison d'une hémorragie digestive aiguë. Plusieurs praticiens ayant suivi le patient tardent dans la prise de décision d'opérer, ne tiennent pas compte du rapport du médecin réanimateur qui avait pris en charge le patient pendant la nuit : la Cour de cassation donne raison à la cour d'appel d'avoir conclu à « l'existence de fautes essentielles et déterminantes qui ont directement causé le décès »[476].

3) La dissociation des notions d'auteur indirect et de lien de causalité indirecte

160 – Alors que la loi de 2000 semble assimiler les notions « auteur indirect/lien de causalité indirecte » et « auteur direct/lien de causalité directe », la Cour de cassation considère que les notions d'auteur indirect et de lien de causalité directe ne sont pas incompatibles, si bien que la faute simple suffit à l'engagement de la responsabilité pénale de l'auteur pouvant manifestement être qualifié d'« indirect » au regard de l'article 121-3 du Code pénal, dès lors que le lien de causalité est direct.

- Une cœlioscopie est pratiquée sur une patiente pour rechercher l'origine de douleurs pelviennes. L'intervention est pratiquée par un médecin gynécologue assisté d'un interne. La patiente décède du fait d'une plaie chirurgicale due à une incision sous-ombilicale pratiquée par l'interne et ayant atteint l'aorte. Une ordonnance de non-lieu est rendue mais la chambre de l'instruction renvoie les prévenus devant un tribunal correctionnel pour homicide involontaire reprochant à l'interne, en présence d'un lien de causalité direct, une faute simple, et au médecin une faute caractérisée commise en sa qualité ici d'auteur indirect. Le tribunal correctionnel relaxe l'interne et condamne le médecin. Saisie d'un appel, la cour de Versailles relaxe le médecin pour la raison qu'il ne peut lui être reprochée qu'une faute simple. Les parties civiles forment un pourvoi en cassation et la chambre criminelle reproche à la cour d'appel pour « ne pas avoir recherché si le prévenu, auquel il incombait de contrôler l'acte pratiqué par l'interne, n'avait pas

[475] Cass. crim., 29 octobre 2002, *Bull. crim.*, n° 196.

[476] Cass. crim., 5 avril 2005, *Dr. pén.*, 2005, comm. n° 103, obs. M. VÉRON (2de espèce).

commis une faute entretenant un lien direct de causalité avec la mort de la patiente »[477].

- Une patiente subit une hystérectomie totale par laparoscopie. Dans la nuit suivante, une aggravation des saignements et une hypothermie sont constatées avec chute brutale de la tension. Le chirurgien, averti de l'aggravation de l'état de sa patiente, ne se déplace pas à son chevet rapidement alors qu'il aurait pu le faire. La reprise chirurgicale est tardive si bien que la patiente décède. Les juges du fond condamnent le chirurgien. La Cour de cassation confirme cette solution en indiquant que celui-ci « n'a pas accompli les diligences normales compte tenu de la nature de ses fonctions ainsi que des pouvoirs et moyens dont il disposait [...] d'où il résulte que la faute commise par lui a directement causé le dommage », ce alors même que le prévenu semblait correspondre à l'auteur indirect au sens de l'article 121-3 alinéa 4e du Code pénal[478].

4) La recherche de la responsabilité pénale du professionnel de santé « auteur indirect » à défaut de responsabilité pénale de l'auteur direct

161 – Enfin, la qualité d'auteur indirect a été utilisée pour rechercher une « responsabilité pénale de substitution » dès lors que l'auteur d'un homicide volontaire ne pouvait engager sa responsabilité pénale pour cause d'abolition de son discernement au moment des faits.

Le premier exemple concerne des personnels du secteur médico-social. Le 25 septembre 1996, un individu tire à la carabine sur l'adjoint au maire de sa commune qui décède des suites de ses blessures. Une procédure pénale est engagée contre l'auteur pour homicide volontaire mais il est déclaré irresponsable pénalement pour cause de trouble mental[479]. Une seconde procédure est alors diligentée contre deux fonctionnaires de la direction des affaires sanitaires et sociales du chef d'homicide involontaire, en qualité d'auteurs indirects, pour ne pas avoir pris les mesures nécessaires à une hospitalisation d'office alors qu'ils étaient informés que cet individu détenait une carabine et avait déjà menacé deux personnes. Ils sont relaxés en raison du caractère incertain du lien de causalité entre l'absence d'intervention et le décès, car il n'est pas certain que le psychiatre saisi

---

477 Cass. crim., 10 février 2009, *Bull. crim.*, n° 3 ; *RDS*, 2009, n° 30, p. 241 et s., obs. M.-Ch. Sordino ; *JCP G*, 2009, II, 10069, note F. Desprez.

478 Cass. crim., 11 septembre 2012, n° 11-88.269 ; *RDS*, 2013, n° 51, p. 64 et s., obs. A. Ponseille.

479 Art. 122-1 al.1er C. pén.

d'une telle demande aurait sollicité une hospitalisation d'office et il n'est pas certain que le préfet l'aurait décidée[480].

Mais il semblerait que les psychiatres soient tout particulièrement visés par ce risque pénal[481]. Le deuxième exemple concerne la mise en cause d'un psychiatre en charge du suivi médical de patients placés en établissement psychiatrique. Un patient schizophrène s'échappe de l'hôpital psychiatrique et tue à coups de hache le compagnon de sa grand-mère. Il bénéficie d'un non-lieu sur le fondement de l'article 122-1 al.1er du Code pénal. La psychiatre qui le suivait en établissement est poursuivie et condamnée par le tribunal correctionnel de Marseille pour fautes caractérisées successives et multiples ayant contribué au passage à l'acte (absence de mise en place d'un traitement, absence de vérification de l'efficacité des soins, sorties d'essai de longues durées accordées sans précaution, défaut de prise en compte des alertes)[482]. En appel, la prévenue est relaxée par arrêt de la cour d'appel d'Aix-en-Provence du 31 mars 2014 sur réquisition du parquet pour prescription de l'action publique.

Plus récemment, la chambre de l'instruction de la cour d'appel de Grenoble a renvoyé devant le tribunal correctionnel, pour homicide involontaire, un médecin psychiatre et un hôpital pour avoir laissé échapper un patient qui avait, pendant sa fugue, poignardé un jeune homme et reconnu irresponsable pénalement pour cause de trouble mental au moment des faits[483].

Alors que la responsabilité du psychiatre et de l'établissement était jusque-là plutôt recherchée au plan civil ou administratif[484], il semble que, de manière inattendue, la loi de 2000 permette l'utilisation de la voie pénale. Ce glissement a conduit la doctrine à s'interroger sur le point de savoir si l'on ne s'acheminait pas progressivement vers une obligation de résultat à la charge du psychiatre dont la violation serait constitutive d'une faute pénale[485].

Ainsi, le risque pénal encouru par les professionnels de santé en matière

---

480 Cass. crim., 4 mars 2008, *Bull. crim.*, n° 55.

481 D. Viriot-Barrial, « La responsabilité du psychiatre dans sa mission d'évaluation de la dangerosité », *RGDM*, 2013, p. 109 et s.

482 T. corr., Marseille, 18 décembre 2012, *RDS*, 2013, n° 53, p. 327 et s., obs. A. Ponseille ; *RDSS*, 2013, p. 283 et s.

483 CA, 19 novembre 2014, inédit.

484 C. Jonas, « Responsabilité du psychiatre et des établissements d'accueil du fait des actes des malades mentaux », *Médecine et Droit*, 1997, n° 23, p. 12 et s.

485 M. Quillèvere, « Vers une obligation de résultat du psychiatre dans l'évaluation de la dangerosité de son patient ? », *Act. JuriSanté*, 2012, n° 79, p. 18 et s.

d'homicides et blessures involontaires s'est objectivement aggravé ces dernières années, ce dont témoigne l'important contentieux et les quelques exemples qui ont ici été donnés. Les moyens de défense pouvant être opposés sont dès lors limités : il peut s'agir de l'erreur de diagnostic non constitutive d'une faute pénale, de l'incertitude du lien de causalité ou de la seule faute simple qui serait imputable à un professionnel de santé susceptible d'être qualifié d'« auteur indirect » au sens du 4e alinéa de l'article 121-3 du Code pénal.

162 – En dehors des cas d'atteintes involontaires portées à la vie ou à l'intégrité physique de leurs patients, les praticiens peuvent se voir reprocher une mise en danger.

§ 2 – *La mise en danger de la vie ou de l'intégrité physique du patient*

163 – La mise en danger des patients à l'origine de laquelle peut se trouver le professionnel de santé prend deux formes : sont pénalement saisies tout à la fois l'action du praticien mettant en péril le patient, caractérisée par une faute non-intentionnelle (**A**) et l'abstention volontaire de porter secours à un patient en péril (**B**).

A – Le délit non-intentionnel de risque causé au patient

164 – À l'occasion de la réforme du Code pénal de 1994, a été créée une nouvelle infraction, le délit de risque causé à autrui défini à l'article 223-1 C. pén. :

> *Le fait d'exposer directement autrui à un risque immédiat de mort ou de blessures de nature à entraîner une mutilation ou une infirmité permanente par la violation manifestement délibérée d'une obligation particulière de prudence ou de sécurité imposée par la loi ou le règlement est puni d'un an d'emprisonnement et de 15 000 € d'amende.*

Envisagé initialement par le législateur comme un outil de lutte contre les accidents de la circulation et du travail, ce délit a par la suite été retenu dans de très nombreuses autres situations. Il n'est donc pas étonnant qu'il ait pu être reproché à certains professionnels de santé peu rigoureux dans la protection de la sécurité des patients. La doctrine percevant le risque pénal encouru par les professionnels de santé et créé par cette incrimination a cependant très tôt appelé de ses vœux une application avec circonspection du texte par les juges[486]. La tâche est d'autant plus ardue que la définition des éléments constitutifs du délit est complexe (**1**) pour une répression qui n'est pas accessoire (**2**).

1) Les conditions constitutives du délit de risque causé au patient

165 – La définition du comportement incriminé au titre de ce délit est particulièrement complexe tant en ce qui concerne son élément matériel qu'en ce qui concerne la faute exigée.

a – L'exposition directe du patient à un risque immédiat de mort ou de blessures graves

166 – L'article 223-1 du Code pénal incrimine « le fait d'exposer directement autrui à un risque immédiat de mort ou de blessures » graves.

167 – Le délit défini à l'article 223-1 du Code pénal suppose, pour sa constitution, l'existence d'une **mise en danger réelle**. Un risque effectif[487] doit donc être d'abord démontré. Un des éléments de l'effectivité du danger est la présence de victimes potentielles, circonstance qui ne pose généralement pas de difficultés dans la matière étudiée. Ainsi, l'ouverture sans autorisation d'un établissement de santé dépourvu de pharmacien, sans respect des règles de matériovigilance outre l'intervention d'« assistants médicaux » sans qualification en ce domaine a pu être considérée comme présentant un danger réel pour les usagers[488].

Plus clairement encore, la Cour de cassation, dans un arrêt du 29 juin 2010[489], a indiqué à propos d'un médecin gynécologue que « la prise en charge et le suivi médical des patientes (ayant subi des traitements aux fins de stimulation ovarienne) n'avaient pas été réalisés conformément aux règles de l'art et que les soins pratiqués avaient constitué un **danger certain** »[490].

---

486 A. Dosner-Dolivet, « La mise en danger d'autrui et le corps médical », *Médecine et Droit*, 1995, n° 10, p. 21 et s.

487 Ch. Russo, « Le risque dans le délit de mise en danger délibérée d'autrui », *LPA*, 2006, n° du 18 août, p. 6 et s.; J. Chacornac, « Le risque comme résultat dans les infractions de mise en danger », *RSC*, 2008, p. 849 et s.

488 Cass. crim., 5 janvier 2005, n° 04-82.738, inédit; *Médecine et Droit*, 2005, n° 73, p. 120, obs. J.-D. Azincourt et M. Develay.

489 Pourvoi n° 09-81661; *Bull. crim.*, n° 120.

490 Traduisant l'idée d'effectivité, la Cour de cassation utilise d'autres expressions comme par exemple « risque maximum »: Cass. crim., 9 mars 1999, *op. cit.*

La réalité du danger pour le patient n'apparaît pas toujours de manière convaincante : ainsi, la cour d'appel d'Amiens avait condamné un infirmier libéral qui, chargé de faire à domicile des injections de Cymevan à un patient, lui avait notamment injecté des doses bien supérieures à celles prescrites par le médecin traitant, sans respecter en outre les règles élémentaires d'hygiène. Se fondant sur l'expertise judiciaire réalisée, la cour d'appel retint que l'infraction de l'article 223-1 du Code pénal était constituée notamment parce que le produit administré en surdosage pouvait exposer le patient à des complications de type hématologique, hépatique, gastrique ou rénal, irréversibles **si des traitements appropriés n'étaient pas mis en œuvre**. Le danger était présenté par les juges du fond comme étant seulement hypothétique, non vérifié en l'espèce, et le vocabulaire utilisé par eux trahissait cet état de fait[491]. La Cour de cassation cassa l'arrêt des juges picards en relevant non pas l'absence de risque réel, mais le défaut de démonstration du lien direct et immédiat entre la violation de l'obligation de sécurité et de prudence imposée à l'infirmier et le risque de mort ou d'infirmité permanente[492]. La Cour de cassation fonda finalement sa décision sur l'absence d'autres caractères associés au risque tel que visé à l'article 223-1 du Code pénal et dont la démonstration est exigée par elle : son caractère direct et immédiat.

168 – Enfin, le risque doit être d'une certaine gravité : un **risque de mort ou de blessures de nature à entraîner une mutilation ou une infirmité permanente**. Or, comme dans d'autres domaines, la Cour de cassation ne semble pas très exigeante quant à la démonstration de cette caractéristique. La gravité du risque est très souvent présumée et fondée sur l'expérience commune. D'autres fois, sa démonstration est facilitée car, en cas de pluralité de victimes, les dommages corporels subis par certaines d'entre elles attestent sa gravité en même temps que sa réalité.

Notons que le juge n'a pas à vérifier, pour retenir la qualification pénale, que le prévenu n'a pas pris toutes les précautions pour éviter le risque. La circonstance que le praticien ait pris certaines précautions ne saurait l'exonérer de sa responsabilité pénale. C'est pourtant l'argument que faisait valoir la demanderesse au pourvoi, infirmière de son état, dans une affaire ayant conduit à une décision du 6 septembre 2005 de la chambre criminelle de la Cour de cassation[493]. Selon les prescriptions du médecin, une patiente devait recevoir trois injections quotidiennes d'insuline après

PARTIE 2

491 CA, Amiens, 7 janvier 2009, *JurisData*, n° 2009-001132 ; *RDS*, 2009, n° 30, spéc. p. 326.

492 Cass. crim., 6 octobre 2009, n° 09-81.037 ; *Dr. pén.*, 2010, comm. n° 15, obs. M. VÉRON ; *RDS*, 2010, n° 34, p. 157 et s., obs. M. GUIGUE.

493 N° 04-86.347.

contrôle du taux de glucose mais la prévenue ne lui avait administré qu'une dose quotidienne pendant deux ans. La Cour de cassation, rejetant le pourvoi, semble considérer que le fait pour la prévenue d'avoir expliqué à la patiente comment doser et s'injecter l'insuline ne saurait écarter l'application de l'article 223-1 du Code pénal.

b – Une faute délibérée ou la violation manifestement délibérée d'une obligation particulière de sécurité ou de prudence imposée par la loi ou le règlement

169 – L'élément moral du délit de risque causé à autrui consiste en une **faute délibérée**. Il s'agit d'un élément distinctif de cette infraction puisque les infractions comprenant une telle faute sont relativement rares en droit pénal français[494]. L'article 223-1 du Code pénal exige la démonstration par l'accusation d'une « violation **manifestement délibérée** d'une obligation particulière de sécurité ou de prudence imposée par la loi ou le règlement » que la doctrine traduit par souci de simplification par « faute délibérée »[495].

Pour qu'une telle faute puisse être retenue, doit être d'abord relevée la préexistence d'une **obligation particulière de sécurité ou de prudence imposée par la loi ou le règlement**.

C'est sans aucun doute sur ce point que se penchent en premier lieu les juges interrogés sur la possible qualification pénale des faits reprochés en délit de risque causé à autrui. Tous les termes de cette locution ont ici leur importance. Le défaut d'une seule de ces composantes de la faute délibérée empêche les juridictions répressives de retenir la qualification pénale prévue à l'article 223-1 du Code pénal et l'absence de leur démonstration est censurée par la Cour de cassation. La complexité de la définition de cette faute limite les possibilités de cette application tant dans le secteur médical que dans d'autres domaines. Pour s'en convaincre, il suffit de prendre connaissance des quelques arrêts rendus et publiés en la matière. En effet, les éléments de définition de la faute délibérée sont nombreux et le Code pénal invite à une interprétation stricte de cette définition en application de l'article 111-4 du Code pénal[496].

170 – L'objet de la violation doit d'abord être une **obligation**, un devoir imposé au professionnel de santé. Les dispositions déontologiques

---

[494] Il s'agit des infractions d'homicide et de blessures involontaires dont les dispositions ont déjà été citées ainsi que des atteintes aux biens dangereuses pour les personnes dont l'incrimination est prévue à l'article 322-5 al.2e du Code pénal.

[495] Cf. *supra*. n° 126 et s.

[496] Art. 111-4 C. pén. : « La loi pénale est d'interprétation stricte ».

applicables aux professionnels de santé comprennent naturellement de nombreuses obligations. Ainsi par exemple, l'article R. 4127-32 du Code de la santé publique qui prévoit que « dès lors qu'il a accepté de répondre à une demande, le médecin s'engage à assurer personnellement au patient des soins consciencieux, dévoués et fondés sur les données acquises de la science (…) », pose une obligation incombant au praticien. La Cour de cassation vérifie l'existence d'un devoir imposé dont la violation peut être invoquée. On remarquera cependant que la chambre criminelle de la Haute Juridiction semble s'être affranchie de cette exigence dans un arrêt du 18 mai 2010, rendu à l'occasion d'une affaire qui mettait en cause une personne pratiquant la chirurgie esthétique, laquelle se voyait reprocher la mise en danger de plusieurs patientes à l'occasion d'interventions réalisées sans respecter les règles basiques d'hygiène et de sécurité et sans avoir recours à un personnel qualifié[497]. Les juges du fond[498], comme la Cour de cassation, se fondent sur la violation de l'article 12 du décret n° 2002-194 du 11 février 2002 relatif aux actes professionnels et à l'exercice de la profession d'infirmier, codifié depuis lors à l'article R. 4311-11 du Code de la santé publique. Or, à la lecture de ce texte, on a bien du mal à voir en quoi il impose une obligation professionnelle à un médecin dans la mesure où il énonce seulement les actes relevant en priorité de la compétence des infirmiers titulaires du diplôme d'État de bloc opératoire et de ceux en formation pour l'obtention de ce diplôme[499]. Mais cette application, critiquable au regard du principe de la légalité pénale, est exceptionnelle : sans doute le retentissement médiatique de cette affaire, la dangerosité du prévenu qui continuait d'exercer malgré une précédente interdiction et la fuite du prévenu à l'étranger sont-ils des événements susceptibles d'expliquer une telle décision.

171 – Ensuite, l'obligation considérée doit être « **particulière** », c'est-à-dire circonstanciée[500], définissant avec précision un comportement à adopter en vue d'assurer la sécurité du patient[501]. Cette exigence textuelle permet de verrouiller une application par trop étendue de l'article 223-1 C. pén., qui a rapidement questionné les juges quant à sa signification. La jurisprudence éclaire sur ce point dans le domaine médical. Par un arrêt du 6 septembre 2005[502], la Cour de cassation confirme implicitement l'analyse des juges de la

497 Cass. crim., 18 mai 2010, n° 09-83.012 ; *RDS*, 2011, n° 39, p. 63 et s., obs. A. Ponseille.

498 CA, Aix-en-Provence, 1er avril 2009, *JurisData* n° 2009-007155.

499 Pour un avis similaire cf. obs. M. Véron sur cet arrêt, *Dr. pén.*, 2000, comm. n° 105.

500 CA, Aix-en-Provence, 22 novembre 1995, *D.*, 1996, I, p. 405 et s.

501 Comme le rappelle de manière constante la jurisprudence : Cass. crim., 25 juin 1996, *Dr. pén.*, 1996, comm. n° 365, M. Véron ; CA, Grenoble, 19 février 1999, *D.*, 2000, Somm., p. 33, obs. Y. Mayaud ; Cass. crim., 19 avril 2000, *Bull. crim.*, n° 161.

502 Pourvoi n° 04-86347.

PARTIE 2

cour d'appel d'Aix-en-Provence[503] qui avaient considéré que prescrivait une obligation particulière l'article R. 4312-29 du Code de la santé publique[504].

Dans une affaire précédemment évoquée, la cour d'appel d'Amiens avait condamné un infirmier sur le fondement de l'article 223-1 du Code pénal en faisant notamment valoir qu'il avait violé l'obligation de l'article R. 4311-7 du Code de la santé publique disposant que les infirmiers sont habilités à pratiquer certains actes « soit en application d'une prescription médicale, qui, sauf urgence, est écrite, qualitative et quantitative, datée et signée, soit en application d'un protocole écrit, qualitatif et quantitatif, préalablement établi, daté et signé par un médecin ». Cependant, la Cour de cassation a cassé la décision des juges du fond mais en se plaçant sur un autre terrain[505]. Elle ne se prononce pas sur le caractère particulier de l'obligation visée alors même que le demandeur au pourvoi reprochait à la cour d'appel d'avoir évoqué le manquement à un devoir général de sécurité et de prudence. Sans doute, une référence à l'article R. 4312-29 du même Code précité aurait-elle été plus explicite.

Par un arrêt du 28 février 2007[506], la cour d'appel de Grenoble avait considéré que les articles R. 4127-32 et R. 4127-33 du Code de la santé publique prescrivaient des obligations particulières. Saisie d'un pourvoi, la Cour de cassation contredit cette affirmation en indiquant que la cour d'appel a méconnu le sens et la portée de l'article 223-1 dès lors que « les articles 32 et 33 du Code de déontologie médicale, devenus R. 4127-32 et R. 4127-33 du code de la santé publique, n'édictent pas d'obligation particulière de sécurité ou de prudence au sens de l'article 223-1 du Code pénal »[507]. On ne peut que souscrire à cette analyse. En effet, le premier de ce texte dispose en effet que « dès lors qu'il a accepté de répondre à une demande, le médecin s'engage à assurer personnellement au patient des soins consciencieux, dévoués et fondés sur les données acquises de la science, en faisant appel, s'il y a lieu, à l'aide de tiers compétents » ; la seconde disposition prévoit que « le médecin doit toujours élaborer son diagnostic avec le plus grand soin, en y consacrant le temps nécessaire, en s'aidant dans toute la mesure du possible des méthodes scientifiques les mieux adaptées et, s'il

503 CA, Aix-en-Provence, 20 septembre 2004, *JurisData* n° 2004-258399.

504 Notamment celle contenue dans l'alinéa 1er : « L'infirmier ou l'infirmière applique et respecte la prescription médicale écrite, datée et signée par le médecin prescripteur, ainsi que les protocoles thérapeutiques et de soins d'urgence que celui-ci a déterminés ».

505 Cf. *supra*. n° 167.

506 *Précit.*

507 Cass. crim., 18 mars 2008, obs. A. Ponseille, p. 341 et s. in *Les Grands arrêts du Droit Médical*, Paris : LGDJ, 2009, 664 P.

y a lieu, de concours appropriés ». Il s'agit d'obligations déontologiques définies de manière générale.

Un exemple supplémentaire peut être donné : à l'occasion de visites médicales, un médecin avait pratiqué sur quatre employés d'une crèche une injection intradermique de tuberculine sans procéder à un changement d'aiguille entre les injections. Après un appel interjeté, la cour de Nîmes conclut à une relaxe[508] se fondant sur le caractère général et non pas « particulier » des obligations dont la violation était reprochée. En effet, l'acte de poursuites invoquait la violation de l'article L.1110-1 du Code de la santé publique énonçant notamment que « le droit fondamental à la protection de la santé doit être mis en œuvre par tous moyens disponibles au bénéfice de toute personne ». Était également visé l'article L.1110-5 édictant entre autres choses que « toute personne a, compte tenu de son état de santé et de l'urgence des interventions que celui-ci requiert, le droit de recevoir les soins les plus appropriés et de bénéficier des thérapeutiques dont l'efficacité est reconnue et qui garantissent la meilleure sécurité sanitaire au regard des connaissances médicales avérées ». Ces textes énoncent des droits dont sont créanciers les patients et, en négatif seulement, des obligations qu'il convient effectivement de considérer comme ayant une portée générale. La dernière disposition mentionnée dans l'acte de poursuites était l'article R. 4127-40 du même Code disposant que le médecin doit s'interdire de faire courir au patient un risque injustifié, ce qui constitue certes une obligation explicitement énoncée mais ayant un caractère général.

Un des derniers arrêts rendus par la chambre criminelle de la Cour de cassation[509] portant application de l'article 223-1 du Code pénal concerne un médecin gynécologue qui avait suivi pendant de nombreuses années des patientes pour une stimulation ovarienne. L'assistance médicale à la procréation est strictement réglementée notamment par un arrêté du 12 janvier 1999 prescrivant en amont de la prise en charge une évaluation préalable par une équipe pluridisciplinaire, des bilans cliniques complets, des bilans sanitaires et diagnostiques. Or, ces obligations n'avaient pas été respectées et, de surcroît, un surdosage dans le traitement mis en œuvre avait été décelé lors de l'expertise judiciaire. En rejetant le pourvoi formé par le praticien, la Cour de cassation reconnaît implicitement le caractère particulier des obligations inscrites dans l'arrêté. Mais elle semble également entériner le raisonnement des conseillers de la cour d'appel de Lyon qui considéraient, à la différence des premiers juges, que les disposi-

508 CA, Nîmes, 13 septembre 2007, *JurisData* n° 2007-365816 ; *RDS*, 2007, n° 23, p. 358 et s., obs. A. Gascon.

509 Cass. crim., 29 juin 2010, n° 09-81.661, *Bull. crim.*, n° 120.

tions des articles R. 4127-33, R. 4127-37 et R. 4127-40 du Code de la santé publique n'étaient pas en revanche le siège d'obligations particulières au sens de l'article 223-1 du Code pénal. La Haute Cour en avait déjà décidé ainsi auparavant pour la première de ces dispositions[510]. Quant à l'article R. 4127-37 qui dispose qu'« en toutes circonstances, le médecin doit s'efforcer de soulager les souffrances du malade par des moyens appropriés à son état et l'assister moralement » et qu'« il doit s'abstenir de toute obstination déraisonnable dans les investigations ou la thérapeutique [...] », force est de constater qu'il ne contient aucune obligation d'adopter un comportement précisément défini. Il en est de même du comportement visé à l'article R. 4127-40 du Code de la santé publique[511].

172 – En outre, cette obligation particulière doit avoir pour source **la loi ou le règlement**. Le Code de la santé publique contient des dispositions à la fois légales et réglementaires dont certaines posent des obligations. Si l'origine légale de l'obligation ne pose pas de difficulté, son caractère « réglementaire » a pu prêter à discussion. L'utilisation du singulier a une signification singulière[512] : « le règlement, au sens de l'article 223-1 du Code pénal, s'entend des actes des autorités administratives à caractère général et impersonnel »[513]. Aussi le règlement intérieur d'un établissement de santé ne saurait-il être source d'obligations au sens de l'article 223-1. En revanche, une obligation de nature déontologique violée par un professionnel de santé pourrait justifier des poursuites pour risque causé à autrui dès lors que celle-ci serait particulière. En effet, ces obligations déontologiques sont insérées dans la partie réglementaire du Code de la santé publique, issues de divers décrets[514]. Dans d'autres hypothèses, la qualification est plus délicate : tel fut le cas dans une affaire dans laquelle un médecin était poursuivi pour risque causé à autrui pour avoir prescrit à un patient du Skenan, comme produit de substitution, à des toxicomanes en violation d'une note du ministre du Travail et des affaires sociales en date

---

510 Cf. Cass. crim., 18 mars 2008, *précit.*

511 « Le médecin doit s'interdire, dans les investigations et interventions qu'il pratique comme dans les thérapeutiques qu'il prescrit, de faire courir au patient un risque injustifié ».

512 On notera que seul l'article 223-1 du Code pénal visait initialement « le règlement » et, pour la faute simple, les dispositions faisaient référence aux « règlements » ; la loi de 2000 a procédé à une harmonisation et, depuis, les articles 121-3, 221-6 ou encore 222-19 du Code vise le règlement au singulier.

513 Cf. en ce sens CA, Aix-en-Provence, 22 novembre 1995, *D.*, 1996, p. 405 et s., J. Borricand ; Cass. crim., 10 mai 2000, *Bull. crim.*, n° 183.

514 Par exemples, cf. art. R. 4127-1 et s. CSP pour les médecins ; art. R. 4127-201 et s. pour les chirurgiens-dentistes ; art. R. 4127-301 et s. pour les sages-femmes ; art. R. 4312-33 et s. pour les infirmiers...

du 27 juin 1996. La cour d'appel de Paris le relaxa en se fondant notamment sur le fait que ce document n'avait pas le caractère d'un règlement au sens de l'article 223-1 du Code pénal en ce qu'il ne fixait que les lignes générales que les autorités administratives déconcentrées se devaient de faire appliquer, mais ne s'adressait pas aux médecins et ne comportait pas une interdiction du produit litigieux, ni dans son principe, ni dans sa posologie[515]. Dans une affaire précédemment évoquée mettant en cause un médecin qui n'avait pas procédé au changement d'aiguille d'une seringue pour des injections concernant successivement plusieurs patients, la cour d'appel de Nîmes rejeta la qualification pénale envisagée par le parquet au motif notamment que les « recommandations d'hygiène de base des découvertes anciennes », qui prescrivent l'absence de réutilisation d'une même aiguille, « ne sont pas un règlement au sens constitutionnel visé par l'article 223-1 du Code pénal et constitué des règles édictées par la seule autorité publique »[516].

173 – Enfin, la violation de l'obligation ainsi posée doit être « **manifestement délibérée** ». La preuve du caractère « manifestement délibéré » de la violation peut présenter quelques difficultés. Mais les exemples jurisprudentiels étudiés en matière médicale montrent que les juges ne s'attardent pas vraiment sur la démonstration de cet élément de définition de la faute délibérée, qui semble être déduit le plus souvent des circonstances de faits, dès lors que les autres conditions d'application du texte incriminateur existent. Sans doute la pluralité, la conjugaison de manquements à plusieurs règles de sécurité ou de prudence révèle-t-elle ce caractère « manifestement délibéré » de la violation. Une illustration peut être donnée par l'affaire ayant conduit à un arrêt de la Cour de cassation du 5 janvier 2005, affaire dans laquelle la violation de différentes obligations était reprochée aux prévenus praticiens[517]. De même, un comportement professionnel grave pourrait évoquer le caractère « manifestement délibéré » de la violation, « une insuffisance doublée de désinvolture » du praticien par exemple : c'est ce qu'a retenu la cour d›appel de Grenoble dans une décision du 28 février 2007[518]. Par extension, il semble même que la seule référence à la qualité de professionnel de santé suffise à considérer que la violation de l'obligation qui lui est imposée l'est de manière « manifestement délibérée »[519]. Finalement, la seule présomption de connaissance

515 CA, Paris, 10 novembre 2004, *JurisData* n° 2004-272674.

516 CA, Nîmes, 13 septembre 2007, *précit.*

517 Cass. crim., 5 janvier 2005, *précit.*

518 Précit.

519 Cf. par exemple l'arrêt de la cour d'appel d'Amiens du 7 janvier 2007 faisant référence à « sa

de loi ou du règlement, renforcée à l'égard du professionnel, permet de retenir que, s'il y a eu violation d'une ou plusieurs obligations, elle est évidemment volontaire, « manifestement délibérée ».

2) Les conditions répressives du délit de risque causé au patient

174 – Les peines principales encourues – Elles s'élèvent à un an d'emprisonnement et 15 000 € d'amende.

175 – Application dans le temps du texte incriminateur - S'agissant de la création d'une nouvelle incrimination et en application de l'article 112-1 alinéa 1er du Code pénal posant le principe de non-rétroactivité des lois pénales nouvelles plus sévères, les faits commis antérieurement à l'entrée en vigueur du nouveau Code pénal n'ont pas vocation à être pénalement appréhendés sur le fondement de ce texte incriminateur. C'est ce que la cour d'appel de Paris a eu l'occasion de rappeler à propos de poursuites diligentées à l'encontre d'un cardiologue qui avait prescrit des médicaments pour soigner une pathologie cardiaque et mis en réalité la vie de son patient en danger, en raison de l'absence d'une telle pathologie. Une partie des faits s'étant déroulés sous l'empire de l'ancien Code pénal, la qualification pénale envisagée ne pouvait être retenue pour cette période[520].

176 – Concours de qualifications pénales - La démonstration d'un risque tangible, défini tel que précédemment évoqué, est nécessaire et suffisante pour considérer que l'élément matériel de l'infraction de l'article 223-1 est caractérisé. La réalisation du dommage, c'est-à-dire la survenance du décès du patient ou de blessures qui lui seraient causées, n'est pas simplement indifférente pour la constitution de l'infraction, elle est strictement exclue[521]. Dans pareille hypothèse, d'autres incriminations seront alors retenues: celles d'homicide involontaire (art.221-6 C. pén.) ou de blessures involontaires (art.222-19, 222-20, R. 625-2 C. pén.). L'infraction de l'article 223-1 du Code pénal est comme « absorbée » par l'infraction matérielle qui a suivi[522]. La faute délibérée joue alors comme circonstance aggravante pour ces infractions de résultat, et élève le quantum des peines encourues (art.221-6 al.2d, 222-19 al.2d, 222-20, R. 625-3 C.pén.)[523].

---

qualité d'infirmier diplômé d'État », précit.

520 CA, Paris, 17 décembre 2004, *JurisData* n° 2004-271977.

521 À la différence d'autres infractions formelles comme par exemple le crime d'empoisonnement défini à l'article 221-5 du Code pénal pour la constitution duquel la survenance de la mort de la victime est indifférente.

522 E. Dreyer, *Droit pénal général*, Paris : Litec, 2012, 2e éd., n° 686.

523 Cf. Annexe n° 3.

Ces deux catégories de qualifications, l'infraction de prévention de l'article 223-1, d'une part, et les infractions d'homicide et de blessures involontaires, d'autre part, sont donc exclusives l'une de l'autre[524]. Cependant, l'impossibilité de poursuivre pénalement le prévenu sous une double qualification ne vaut que si le patient-victime est unique; en revanche, dans le cas où un praticien est mis en cause pour des faits commis à l'encontre de plusieurs patients, il peut être poursuivi sur le fondement de l'article 223-1 du Code pénal mais également sur le fondement, par exemple, des articles 221-6 ou encore 222-20 du même Code en considération de la survenance ou non de dommages causés à différents patients et, en cas de dommages, en considération de la gravité de ceux-ci[525].

177 – Préjudice de la victime – La partie civile, victime du délit de risque causé à autrui, pourra demander réparation d'un préjudice comme pourrait le faire le patient victime de dommages corporels, mais sa nature sera différente. Dans la première hypothèse, le préjudice dont il pourra être réclamé réparation sera un préjudice essentiellement d'ordre moral.

178 - Condamnations pénales et disciplinaires cumulatives ou alternatives - L'existence du risque tel que visé à l'article 223-1 du Code pénal est essentielle car, en l'absence d'un tel danger, seules une contravention et/ou une faute disciplinaire pour les professionnels soumis à des règles déontologiques peuvent éventuellement être retenues. Dans le domaine médical, le défaut de respect d'une obligation de sécurité ou de prudence[526] peut être constitutif d'une infraction pénale autonome[527]. Cependant, la violation des obligations imposées aux professionnels de santé est plus généralement susceptible d'entraîner des sanctions disciplinaires notamment sur le fondement de l'article R. 4127-40 CSP qui interdit au médecin de faire courir à son patient un risque injustifié. On notera cependant que l'absence de poursuites disciplinaires ou la relaxe obtenue sur ce terrain-là ne s'oppose ni à des poursuites pénales, ni à une condamnation de même nature. C'est ce qui a été rappelé à un médecin généraliste qui avait pratiqué un examen sommaire de sa patiente pour diagnostiquer une gastro-entérite et conclure qu'il n'était pas nécessaire de l'hospitali-

524 Cass. crim., 11 septembre 2001, *Bull. crim.*, n° 176; *RSC*, 2002, p. 106, obs. Y. Mayaud: le délit de mise en danger délibérée d'autrui « ne peut pas se cumuler avec le délit de blessures involontaires commis à l'égard des mêmes personnes ».

525 Pour exemple, cf. Cass. crim., 18 mai 2010, n° 09-83.032, inédit.

526 Cf. *supra*. n° 170 et s.: il s'agit d'un élément de définition de la faute délibérée, élément moral du délit étudié.

527 Plusieurs délits sont prévus par exemple pour réprimer le non-respect des règles d'hygiène dans le domaine de la matériovigilance: cf. art.L. 5461-1 et s. CSP.

ser alors qu'elle avait subi peu de temps auparavant une intervention de chirurgie cardiaque, dont il avait connaissance, et qu'elle était en réalité victime d'une « tamponnade », complication liée à l'intervention réalisée. Le médecin était poursuivi pour délit de risque causé à autrui et, afin d'échapper à la répression, soutenait notamment que, relaxé en appel par le Conseil national de l'Ordre des médecins, il ne pouvait faire l'objet de poursuites pénales, la Haute Instance ordinale ayant exclu « tout manquement du médecin à ses obligations ». Dans le cadre de cette affaire, la cour d'appel de Grenoble a indiqué que « cette décision ordinale ne saurait lier les juridictions de l'ordre judiciaire » [528].

179 – Insuffisance de la faute simple et de la faute caractérisée – La seule **faute simple ou inconsciente**, se traduisant par une imprudence, une négligence, un défaut de précaution, une inattention ou le manquement à une obligation de prudence ou de sécurité... et qui pourrait être reprochée à un praticien, ne permet pas l'application de l'article 223-1 du Code pénal.

Aussi, comme l'absence de danger effectif, le fait de ne pouvoir retenir à l'encontre du praticien qu'une faute simple en l'absence de dommage constaté ne pourrait-il conduire éventuellement qu'à des poursuites disciplinaires ou contraventionnelles.

De même, malgré sa proximité notionnelle avec la faute délibérée et le fait que la doctrine les désigne toutes deux comme relevant de la catégorie des « fautes qualifiées »[529], la **faute caractérisée** ne peut constituer l'élément moral du délit de risque causé à autrui. La connaissance ou conscience du risque, élément de définition de la faute caractérisée, n'a pas à être démontrée pour retenir une faute délibérée[530]. Il n'est pourtant pas rare de constater que les juges s'attardent sur cet aspect pour conforter l'application de l'article 223-1 du Code pénal. Sans doute la formulation de l'alinéa 2e de l'article 121-3 du Code pénal visant la faute délibérée et qui dispose que « lorsque la loi le prévoit, il y a délit en cas de mise en danger délibérée de la personne d'autrui », prête-t-elle à confusion. Cette disposition générale semble présenter la mise en danger comme devant être volontaire, c'est-

---

[528] CA, Grenoble, 28 février 2007, *JurisData* n° 2007-332833.

[529] Il convient de préciser que la faute caractérisée n'est pas qu'une faute pénale : lorsqu'elle peut être imputable à un professionnel ou à un établissement de santé, elle permet aux parents d'un enfant né handicapé lorsque ce handicap n'a pas été décelé pendant la grossesse d'être indemnisés de leur propre préjudice. Ce dispositif est issu de la loi n° 2002-303 du 4 mars 2002 relative aux droits des malades et à la qualité du système de santé (*JO* du 5 mars 2002, p. 4118 et s.) et a été codifié par la loi n° 2005-102 du 11 février 2005 à l'article L.114-5 du Code de l'action sociale et des familles.

[530] Cf. *supra*. n° 173.

à-dire consciente, alors que les dispositions de la partie spéciale du Code pénal qui visent la faute délibérée dans les textes incriminateurs rattachent le qualificatif « délibéré » à la violation de l'obligation particulière de sécurité ou de prudence. L'exigence d'une démonstration de la conscience de mettre en danger autrui s'envole dès lors pour la qualification pénale de faits. Pourtant, les juges du fond semblent en faire une exigence légale, ce qui n'est d'ailleurs pas un constat propre au domaine médical. Dans une affaire précitée, la Cour de cassation rejeta le pourvoi en reprenant la justification de la cour d'appel qui avait retenu l'infraction de l'article 223-1 du Code pénal à l'égard d'un chirurgien esthétique au motif notamment qu'« il ne pouvait ignorer les risques » encourus par les patientes[531]. Dans une autre affaire, la cour d'appel de Paris relaxa un médecin notamment en raison de l'absence de volonté de sa part de mettre en danger ses patients[532].

En tout état de cause, la preuve de la connaissance ou de la conscience de mettre en danger autrui peut être délicate à rapporter et une telle exigence de la part de la Cour de cassation consisterait en une interprétation restrictive de l'article 223-1 du Code pénal, ce que n'autorise pas l'article 111-4 du même Code. Quelques arrêts rappellent ainsi le caractère superfétatoire de la démonstration de la volonté de mettre en danger autrui pour la constitution du délit de risque causé à autrui[533].

Enfin, en l'absence de prévision textuelle supplémentaire, seule la faute délibérée définit l'élément moral du délit de risque causé à autrui, constitué nonobstant tout dommage. Cette exigence légale relative à la gravité de la faute requise peut étonner car la survenance d'un dommage est indépendante du type de faute. Une proposition de loi n° 223 relative à la délinquance d'imprudence enregistrée au Sénat en janvier 2011 avait envisagé une modification de l'article 223-1 du Code pénal. Outre la faute délibérée, l'infraction aurait été constituée alternativement « par la commission d'une faute d'imprudence grave et qui expose autrui à un risque d'une particulière gravité que l'auteur ne pouvait ignorer ». Les sénateurs à l'origine de cette proposition faisaient valoir très justement dans l'exposé des motifs que l'application de l'article 223-1 du Code pénal

---

[531] Cass. crim., 18 mai 2010, *précit.*

[532] CA, Paris, 10 novembre 2004, *précit.*

[533] Cf. en ce sens Cass. crim., 16 février 1999, *Bull. crim.*, n° 24 :

Mais attendu qu'en prononçant ainsi, alors que, si elle n'était pas tenue de constater que l'auteur du délit avait eu connaissance de la nature du risque particulier effectivement causé par son manquement, il lui appartenait de caractériser un lien immédiat entre la violation des prescriptions réglementaires et le risque auquel avaient été exposés les salariés, la cour d'appel a méconnu le sens et la portée du texte susvisé.

était tributaire de l'existence préalable d'une obligation particulière de prudence ou de sécurité imposée par la loi et le règlement, et qu'il n'y avait pas de concordance nécessaire entre l'édiction d'une norme législative ou réglementaire et la création d'un risque. Et de préciser qu'une telle modification était de nature à élargir l'application du texte et à saisir les risques aussi divers que les risques industriels ou le risque de contamination par le VIH. Le rapport a été examiné en commission des lois le 11 janvier 2012 : la proposition de modification est alors essentiellement apparue comme contradictoire avec les lois de 1996 et 2000 qui avaient vocation à limiter l'engagement de la responsabilité pénale en matière de faits non-intentionnels. En marge, d'autres remarques peuvent être faites tendant à considérer que la réflexion n'était pas suffisamment aboutie. L'ajout proposé semblait se rapprocher de la notion de « faute caractérisée », alors même que le rapporteur rejetait cette assimilation sans pour autant expliquer les points de distinction. Cela signifiait l'intégration d'une nouvelle faute pénale aux côtés des fautes déjà existantes dites simple, délibérée et caractérisée, et sans être visée à l'article 121-3 du Code pénal qui pourtant répertorie les fautes en matière pénale, puisque cette précision ne figurait pas dans la proposition de loi. Concernant les peines encourues pour le délit de risque causé à autrui dans la nouvelle formulation proposée, il n'avait pas été envisagé de distinction selon la faute reprochée, alors que lorsqu'il s'agit de délit d'homicide involontaire par exemple, la faute délibérée entraîne une aggravation des peines, ce qui n'est pas le cas de la faute caractérisée qui, nous l'avons dit, est très proche dans sa définition de celle dont la création était proposée. Dans sa grande sagesse, la Commission des lois a finalement décidé à l'unanimité de ne pas établir de texte et elle a proposé d'adopter une motion pour un renvoi en commission[534]. La proposition est ainsi devenue caduque.

Si cette proposition de loi devait néanmoins être renouvelée et aboutir à un changement du droit positif, les incidences juridiques, en termes de mise en jeu de la responsabilité pénale, notamment des professionnels de santé, seraient importantes. Nous avons vu que la démonstration d'une faute délibérée imputable à un professionnel de santé était une gageure eu égard aux nombreux éléments qui la définissent. Nous avons également précisé que la faute caractérisée était plus aisée à rechercher et les nombreuses condamnations de praticiens sur ce fondement l'attestent[535]. Dès lors, une extension de la définition du délit de risque causé à autrui par l'introduction d'une faute dont la définition s'inspire de la faute caractérisée, partici-

[534] Rapport du Sénat, n° 246.

[535] Cf. *supra*. n° 132 et s.

perait encore davantage au renforcement de la pénalisation déjà largement amorcée de l'activité médicale. Il s'agit là de véritables choix de politique pénale ou de société, qui doivent être faits dans le contexte d'accidents médicaux aux conséquences gravissimes et largement médiatisés. Il est souhaitable que soit trouvé un équilibre favorisant la répression pénale des comportements les plus graves dans la pratique médicale et l'assurance de la pérennité des prises en charge médicale des patients[536].

B – Le délit intentionnel de non-assistance à patient en péril

180 – « Tout médecin qui se trouve en présence d'un malade ou d'un blessé en péril ou, informé qu'un malade ou un blessé est en péril, doit lui porter assistance ou s'assurer qu'il reçoit les soins nécessaires ». Telle est la règle déontologique énoncée à l'article R. 4127-9 CSP. La violation d'une telle obligation est également constitutive d'une infraction pénale. Aux termes de l'alinéa 2[d] de l'article 223-6 C. pén., est puni de cinq ans d'emprisonnement et de 75 000 € d'amende « quiconque s'abstient volontairement de porter à une personne en péril l'assistance que, sans risque pour lui ou pour les tiers, il pouvait lui prêter soit par son action personnelle, soit en provoquant un secours ». La réunion des éléments constitutifs de ce délit (**1**) conduit à la prévision de peines (**2**).

1) Les conditions constitutives du délit de non-assistance à patient en péril

181 – La constitution du délit suppose la réunion de multiples conditions. Certaines sont des **conditions préliminaires**. Le péril doit menacer une « personne ». Ainsi, le **créancier des soins**, qui a la qualité de victime de l'infraction, doit être une personne au sens juridique du terme. Il peut s'agit d'un enfant non viable ou né avant terme[537]. Le délit est constitué en cas de défaut d'intervention à l'occasion d'un accouchement pour porter secours à un enfant à naître[538]. En revanche, tel n'est pas le cas dès lors que la victime était déjà décédée au moment où le prévenu aurait pu intervenir[539]. Ainsi, l'absence de secours après la mort ne peut faire l'objet d'une

---

536 A. Ponseille, « Pénalisation du risque causé à son patient par le praticien. *Réflexions sur l'application de l'article 223-1 du Code pénal dans le domaine médical* », *RDS*, Hors-série, n° 50, p. 39 et s.

537 Cass. crim., 23 juin 1955, *Bull. crim.*, n° 320 : cas d'un médecin arrivant au chevet d'une femme ayant fait l'objet d'une tentative d'avortement. L'enfant étant né viable, il doit lui être apporté assistance.

538 Cass. crim., 2 avril 1992, *Bull. crim.*, n° 140.

539 Cass. crim., 1er février 1955, *Bull. crim.*, n° 74.

condamnation pénale et ce, même si le débiteur de soins pensait que la personne était encore vivante. Doit ensuite exister un péril menaçant une personne. Ce péril doit être réel[540], peu importe sa cause[541]. Il doit s'agir d'un **péril grave et imminent**, au point qu'il suppose une **intervention immédiate**. N'est pas imminent le péril résultant de la contamination du VIH par polytransfusion, les délais médicalement constatés entre la contamination et le décès des personnes contaminées étant de plusieurs années[542]. De même, la seule connaissance par le praticien d'une affection psychologique à la suite d'une opération intervenue au demeurant avec succès ne permet pas de caractériser un péril imminent[543]. Est en revanche imminent le péril constitué par des viols répétés sur un mineur atteint de mucoviscidose par un autre mineur placé dans la même famille, le personnel médico-social s'étant abstenu d'intervenir[544]. Par ailleurs, le **débiteur de soins** doit pouvoir porter secours, sans danger pour lui-même ou un tiers, en intervenant lui-même ou en provoquant les secours. De manière générale, est auteur du délit le médecin qui refuse de se déplacer malgré la conscience qu'il a du péril pour son patient : a ainsi été déclaré coupable le médecin qui reçoit une personne victime d'un malaise, diagnostique une crise d'angoisse puis la renvoie chez elle, refuse de se déplacer malgré de nombreux appels la nuit de la famille et des infirmiers en raison de l'aggravation de l'état de santé du patient et se contente de prescrire par téléphone des anxiolytiques. Le patient décède d'un infarctus du myocarde[545]. De même, doit être condamné pour non-assistance à personne en péril le médecin qui renvoie le patient vers un confrère qu'il sait indisponible[546]. En revanche, doit être relaxé le médecin qui a prescrit une thérapeutique adéquate à une patiente n'ayant pu être appliquée en raison d'un refus obstiné et même agressif de sa part[547]. De même en est-il du médecin qui, appelé en urgence auprès d'un jeune homme atteint du Sida en phase terminale, décide de recourir immédiatement à une intervention du Samu : le médecin ne disposait pas du sédatif approprié à l'état du patient et a pu estimer qu'une prise en charge en milieu hospitalier

540 CA, Poitiers, 3 février 1977, *D.*, 1978, p. 34, note P. Couvrat : il ne doit pas être présumé mais constaté.

541 Cass. crim., 31 mai 1949, *Bull. crim.*, n° 202.

542 Cass. crim., 4 novembre 1999, *Bull. crim.*, n° 248.

543 Cass. crim., 4 septembre 2012, n° 10-88.818.

544 Cass. crim., 8 octobre 1997, *Bull. crim.*, n° 329.

545 CA, Nouméa, 22 juillet 1997, *JurisData*, n° 1997-046537.

546 Cass. crim., 20 février 1958, *Bull. crim.*, n° 186.

547 Cass. crim., 3 janvier 1973, *Bull. crim.*, n° 2.

était plus adaptée[548]. Doit encore être relaxé le médecin qui, ne pouvant se déplacer, contacte, pour la prise en charge d'un nourrisson victime d'une régurgitation gastrique, le médecin régulateur du Samu qui traite la prise en charge avec désinvolture, ce qui s'avérera fatal pour l'enfant[549].

182 – Outre ces conditions préalables, le délit de non-assistance à patient en péril se définit par des **conditions relatives au comportement réprouvé du débiteur des soins**. Doivent ainsi être constatées, d'une part, une abstention et, d'autre part, la conscience du péril et la volonté de s'abstenir néanmoins.

L'élément matériel du délit consiste en une **abstention**, ce qui permet de le classer au sein de la catégorie résiduelle en droit pénal français des infractions d'omission s'opposant à celle des infractions de commission. Face à un péril connu, une obligation d'assistance s'impose, assistance qui doit se manifester sous la forme d'un engagement personnel suffisant et adapté à la situation[550]. Si l'état du patient apparaît grave, le médecin doit se déplacer lui-même[551]. Ainsi, est coupable du délit de non-assistance à personne en péril le médecin de garde qui ne se déplace pas au chevet alors que sa qualité le lui imposait[552] ou celui qui ne provoque pas les secours et se contente de proposer à la mère d'un nourrisson atteint d'une gastro-entérite sévère d'attendre l'arrivée de SOS Médecins alors que l'état de l'enfant justifiait une prise en charge urgente[553]. Équivaut à une abstention le fait de provoquer un secours inefficace[554], le fait d'intervenir de façon inappropriée par rapport à la gravité de l'état du patient[555]. Constitue une abstention répréhensible le fait de remettre à la mère d'un enfant victime de violences une simple lettre de liaison à destination d'un confrère pédo-psychiatre sans avoir pris le temps d'examiner l'enfant de 5 ans dont il savait qu'il s'automutilait et présentait des troubles sévères de la mobilité et qui sera tué un mois plus tard par son beau-père et sa mère[556]. De même

548 CA, Aix-en-Provence, 16 juin 1995, *JurisData* n° 1995-045725.

549 Cass. crim., 26 mars 1997, n° 94-80.239.

550 Cass. crim., 27 mars 1991, n° 90-84.054.

551 Cass. crim., 15 mars 1961, *Bull. crim.*, n° 162.

552 Cass. crim., 4 mars 2009, n° 08-86.465.

553 Cass. crim., 30 novembre 2010, n° 10-80.447.

554 Cass. crim, 20 février 1958, *Bull. crim.*, n° 186 : fait de renvoyer vers un confrère que l'on sait indisponible.

555 Cass. crim., 24 mars 2009, n° 08-84.160 : cas d'un chirurgien de garde qui se contente de réduire manuellement une hernie inguinale en reportant sans raison légitime l'intervention chirurgicale et en avertissant tardivement ses confrères chirurgiens de la nécessité d'une intervention.

556 Cass. crim., 27 mars 2008, n° 08-80.250.

en est-il du fait pour un médecin de subordonner son intervention à l'appel préalable du médecin traitant[557]. En revanche, ne constitue pas une abstention punissable le fait pour des médecins de ne pas avoir transféré vers un service de soins intensifs un patient qui avait arrêté un anticoagulant dès lors que cette interruption est la cause directe et exclusive de son accident vasculaire fatal[558].

Par ailleurs, l'infraction n'est constituée qu'autant que le prévenu a eu connaissance ou à tout le moins **conscience du péril**. La Cour de cassation considérait que le médecin appréciait l'urgence de son intervention « sous le seul contrôle de sa conscience et des règles de sa profession »[559], ce qui mettait à l'abri les professionnels de santé des condamnations pénales. Par la suite, la jurisprudence s'est montrée plus exigeante. La Chambre criminelle a posé une obligation pour le médecin de s'informer et, dans le doute, de systématiquement se déplacer[560]. Les juges du fond ont rappelé que le médecin avait l'obligation de demander des précisions sur l'état du malade à celui qui le requiert ; à défaut, il se met lui-même dans l'impossibilité de juger la gravité de l'état du malade et du danger par lui encouru[561]. Ils ont également créé une présomption de péril quand un appel téléphonique est adressé au médecin dans la mesure où il est seul en capacité, à raison de ses compétences professionnelles d'apprécier l'éventuel danger encouru, de s'informer sur l'état de la personne pour le compte de laquelle l'appel est passé : ainsi, doit être condamné le médecin qui ne s'est pas déplacé après les sollicitations téléphoniques pressantes et formulées à deux reprises d'un débitant de boissons, l'informant qu'un client avait perdu connaissance et ne parvenait pas à se réveiller, quand bien même le médecin n'aurait pas été informé que le client s'était heurté la tête en tombant[562]. Cependant, il ne pourra lui être reproché de ne pas avoir eu conscience d'un péril imminent si les informations qui lui ont été transmises étaient insuffisantes pour évaluer la gravité du péril[563] : a ainsi été relaxé un médecin urgentiste du Samu qui avait reçu un appel d'une

---

557 Cass. crim., 20 février 1958, *Bull. crim.*, n° 186.

558 Cass. crim., 19 avril 2005, n° 04-86.149.

559 Cass. crim., 31 mai 1949, *D.*, 1949, p. 347 et s. ; M. Guigue, note sous cet arrêt, p. 477 et s. in *Les grands arrêts de Droit médical*, sous la direction de F. Vialla, Paris : LGDJ, 2014, 2e éd., 893 P.

560 Cass. crim., 21 janvier 1954, *Bull. crim.*, n° 25.

561 T. corr., Béthune, 22 mars 1963, *JCP*, 1963, II, 13386, note Y. Patureau.

562 CA, Riom, 22 mars 1963, *BICC*, 2000, n° 1352.

563 CA, Limoges, 7 mai 1987, *RSC*, 1997, p. 838, obs. Y. Mayaud : cas d'un médecin informé téléphoniquement qu'un patient souffre de palpitations et tremblements ; il lui prescrit la prise d'un traitement et demande à être informé dans un court délai en cas d'absence d'amélioration de l'état du patient.

personne souffrant de diarrhées et de vomissements puis un second appel d'impatience dix minutes plus tard et dont le diagnostic d'absence de péril imminent s'expliquait par le défaut d'information sur des antécédents pathologiques et d'indication qu'un médecin s'était déjà présenté et avait trouvé porte close[564]. Tel est également le sort qui doit être réservé à un praticien hospitalier assurant une permanence au Samu : la standardiste-permanencière lui signale l'appel d'un voisin de la victime indiquant que celle-ci a fait une crise d'épilepsie. Le médecin considère qu'il n'y a pas de péril imminent nécessitant une intervention en urgence des services du Samu et demande au médecin de garde, qui est le médecin traitant de la victime, de se rendre auprès du patient. À son arrivée, celui-ci constate une hémorragie intestinale qui sera fatale au patient. Dans la mesure où le voisin n'a pas signalé les signes extérieurs d'hémorragie, le prévenu n'a pu avoir conscience du péril et de sa gravité[565].

De même, l'erreur d'appréciation ou de diagnostic écarte la conscience du péril imminent et par suite le **caractère volontaire de l'abstention**, mais à la condition qu'elle ne soit pas fautive. C'est ce qui a été retenu au bénéfice d'un interne accueillant un jeune garçon accidenté de la route ; il le fait placer en observation alors que le traumatisme crânien aurait nécessité un transfert vers une structure plus adaptée pour envisager une opération, mais en raison de la difficulté d'évaluation des symptômes du traumatisme qui peuvent apparaître tardivement, « l'attitude du prévenu ne pouvait constituer qu'une simple erreur et non une abstention volontaire de porter secours »[566]. Doit aussi être relaxée la sage-femme qui s'est abstenue de porter secours à un nouveau-né pour la raison qu'elle pensait qu'il était décédé[567] ou du médecin qui ne procède pas à la réanimation d'une personne pour les mêmes raisons[568]. En revanche, est retenu dans les liens de la prévention le médecin de garde qui fait une appréciation erronée de la gravité du danger en diagnostiquant une gastro-entérite malgré les informations précises fournies par l'épouse du patient pouvant faire penser à un infarctus du myocarde[569]. De même en est-il du médecin qui ne pose pas les questions adéquates à une mère très inquiète sur l'état de

PARTIE 2

564 CA, Nancy, 17 juin 2004, *JCP G*, 2005, IV, 1956.

565 CA, Rennes, 27 décembre 2005, *JurisData*, n° 2005-292159 ; *Médecine et Droit*, 2006, n° 81, p. 173 et s., obs. J.-D. AZINCOURT.

566 Cass. crim., 26 novembre 1969, *Bull. crim.*, n° 317.

567 CA, Pau, 11 avril 1956, *D.*, 1957, p. 153, note P.-A. PAGEAUD.

568 Cass. crim., 3 février 1993, *Bull. crim.*, n° 58 : la Chambre criminelle casse et annule l'arrêt de condamnation d'une cour d'appel car « l'éventuelle erreur de diagnostic sur l'utilité d'une réanimation ne pouvait caractériser l'abstention volontaire ».

569 Cass. crim., 4 mars 2009, n° 08-86.465.

son nourrisson, pour évaluer la gravité d'un péril lié à une gastro-entérite sévère[570] ou de celui qui a conscience de l'inefficacité de son intervention[571]. Est encore déclaré coupable le médecin qui refuse de diagnostiquer selon les règles de l'art et qui met en place des mesures dilatoires alors qu'il « ne pouvait se méprendre sur la gravité du péril que courait le malade »[572] ou qui ne met pas en œuvre les manœuvres habituelles de réanimation alors que la possibilité d'une réanimation ne pouvait être exclue[573]. En revanche, doit être approuvée la décision de non-lieu de la chambre d'instruction de la cour d'appel de Bordeaux dès lors que le fait pour des médecins d'avoir réalisé des soins, examens et diagnostics incomplets ou erronés ne suffit pas à démontrer leur refus volontaire de porter assistance au patient[574].

Il reste que la qualité de professionnel de santé rend plus aisé pour le juge la démonstration de la conscience du péril : ainsi, dans une affaire concernant une personne qui faisait une cure d'amaigrissement au point de tomber dans le coma et de décéder quelques jours après, alors qu'elle s'était administrée les services d'une infirmière qui avait tardé à alerter un médecin, la Cour de cassation a approuvé la cour d'appel qui avait retenu la responsabilité pénale de l'infirmière considérant qu' :

> *Il était impensable qu'une personne ne puisse se rendre compte du danger dans lequel elle se trouvait, à plus forte raison la prévenue, qualifiée d'infirmière ; aucun doute ne pouvait subsister dans l'esprit de la demanderesse, femme avertie, quant à la nécessité absolue d'agir en vue de tenter de conjurer, par ses soins et un secours appropriés, les conséquences d'un état de santé alarmant*[575].

2) Les conditions répressives du délit de non-assistance à patient en péril

183 – Peines encourues – Le délit de non-assistance à patient en péril est puni à titre principal de cinq ans d'emprisonnement et de 75 000 € d'amende. Au titre des peines complémentaires, seule la peine d'interdic-

---

[570] Cass. crim., 30 novembre 2010, n° 10-80.447.

[571] Cass. crim., 27 mars 1991, n° 90-84.054.

[572] Cass. crim., 26 mars 1997, *Bull. crim.*, n° 123 ; *RDSS*, 1998, p. 63, obs. L. Dubouis : médecin appelé de nuit par la mère d'un jeune homme de dix-neuf ans qui vomit et se plaint de maux de nuque ; il prescrit par téléphone un anti-vomitif léger sans se déplacer au chevet du patient, alors que les symptômes décrits par la mère du malade devaient lui faire penser à une affection grave.

[573] Cass. crim., 3 février 1993, *Bull. crim.*, n° 58.

[574] Cass. crim., 26 novembre 2002, n° 02-80.487.

[575] Cass. crim., 11 avril 1964, *Bull. crim.*, n° 113.

tion des droits civiques, civils et de famille est encourue dans la mesure où l'article 223-16 C. pén. qui la prévoit vise le texte d'incrimination. En effet, les articles suivants prévoyant d'autres peines complémentaires dont notamment l'interdiction d'exercice d'une profession ne mentionnent pas l'article 223-6 C.pén.. Ainsi, l'interdiction d'exercice comme peine encourue par un professionnel de santé condamné pour délit de non-assistance à personne en péril ne peut être prononcée que de manière alternative à l'emprisonnement en application de l'article 131-6-1 C. pén. qui énumère les peines alternatives à cette peine privative de liberté. En effet, l'article 223-16 C.pén. prévoit une seule peine complémentaire encourue pour ce délit qui n'est pas celle de l'interdiction professionnelle[576]. En revanche, l'interdiction professionnelle peut être décidée dans le cadre d'un contrôle judiciaire[577] et dans une affaire où une telle mesure avait été décidée à l'encontre d'un praticien mis en examen pour non-assistance à personne en danger, la Cour de cassation est venue préciser que la loi n'exige pas de limiter l'interdiction temporaire qu'elle prévoit à certains actes que la personne placée sous contrôle judiciaire est susceptible d'accomplir dans l'exercice de sa profession[578].

La Cour de cassation a admis la décision de juges du fond d'avoir retenu une peine d'emprisonnement à l'égard d'un médecin, décision qui précisait que :

> *S'agissant d'un médecin, le délit de non-assistance à personne en danger revêt un caractère particulièrement grave ; [...] le docteur A..., non seulement a failli à son obligation de secours, mais a en outre fait preuve de total désintérêt pour cet enfant malade puisqu'à aucun moment il ne s'est manifesté pour savoir ce qu'il en était advenu, s'il avait été hospitalisé, si son état s'était amélioré ou s'il pouvait encore intervenir après avoir soigné l'épileptique dont il a fait état*[579].

184 - Tentative - S'agissant d'une infraction d'omission, la tentative telle que définie à l'article 121-5 C. pén. n'est pas punissable.

185 - Coaction - Est justifiée la condamnation pour délit de non-assistance à personne en péril d'un médecin de garde et de son épouse dès lors que cette dernière, qui a été contactée par une femme ayant accouché dans

576 Cass. crim., 13 avril 2005, *Bull. crim.*, n° 133 : doit être cassé pour cette raison l'arrêt de cour d'appel qui a condamné une personne à un emprisonnement avec sursis et une interdiction d'exercer une activité professionnelle dans le domaine médical.

577 Pour les conditions de son prononcé, cf. *supra*. n° 33.

578 Cass. crim., 6 mai 1997, n° 97-81.013.

579 Cass. crim., 4 février 1998, n° 96-81.425.

un logement précaire de jumelles manifestant des signes d'hypothermie, l'informe que son époux ne se déplace pas pour des accouchements, lui-même se trouvant à ses côtés lors de l'appel téléphonique[580].

186 – Concours de qualifications pénales – Certes, les structures matérielle et morale des délits de non-assistance à personne en péril et d'homicide involontaire sont distinctes : alors que le premier délit est une infraction formelle constituée indépendamment de la survenance du décès de la victime, le second suppose que celui-ci soit constaté. De plus, le délit de non-assistance est une infraction intentionnelle à la différence de l'homicide involontaire. Mais une hésitation peut être permise en cas de décès du patient entre la qualification du délit de non-assistance à personne en péril et celle du délit d'homicide involontaire dans la mesure où la faute en relation avec le décès peut consister en une abstention qualifiée de faute simple ou de faute caractérisée. La doctrine a ainsi pu considérer que, s'il était peut-être délicat de retenir le délit de non-assistance à personne en péril à l'encontre de praticiens auxquels avait été confiée une patiente qui, échappant à leur vigilance, s'était suicidée, la qualification d'homicide involontaire était envisageable par le recours à la faute caractérisée[581] en raison d'une définition accueillante[582]. À la suite du décès d'un patient accidenté de la route en raison du défaut de vérification de la vaccination anti-tétanos par le personnel médical, des poursuites ont été engagées sur le double fondement du délit d'omission de porter secours à personne en péril et du délit d'homicide involontaire. Cependant, la Cour de cassation donne raison aux juges du fond de n'avoir retenu que la seconde de ces qualifications en raison d'un concours idéal d'infractions[583]. En revanche, en cas de pluralité de victimes, un chirurgien a pu être déclaré coupable de non-assistance à personne en péril à l'égard d'un patient et d'homicide involontaire à l'égard d'un autre[584].

187 – Irresponsabilité pénale – Un mal de gorge et de mauvaises conditions météorologiques ne sauraient exonérer de sa responsabilité pénale pour cause d'**état de nécessité** le médecin de garde qui, appelé par les parents d'un enfant de onze mois en raison d'une fièvre importante et de convulsions, conseille de coucher l'enfant et d'appeler le médecin traitant le lendemain[585]. Ainsi, ne peut ainsi être retenue en pareil cas l'application

580 Cass. crim., 17 février 1972, *Bull. crim.*, n° 68.

581 P. Hennion-Jacquet, obs. sur Cass. crim., 20 juin 2006, *RDSS*, 2006, p. 931.

582 Pour la définition de la faute caractérisée visée à l'article 121-3 du Code pénal, cf. *supra*. n° 131.

583 Cass. crim., 9 septembre 2014, n° 13-85.057 ; *RDS*, 2015, n° 63, p. 69 et s., obs. A. Ponseille.

584 Cass. crim., 24 mars 2009, n° 08-84.160 ; *RGDM*, 2010, p. 234 et s., obs. F. Archer.

585 Cass. crim., 4 février 1998, n° 96-81.425.

de l'article 122-7 C. pén. qui dispose que « n'est pas pénalement responsable la personne qui, face à un danger actuel et imminent qui menace elle-même, autrui ou un bien, accomplit un acte nécessaire à la sauvegarde de la personne ou du bien, sauf s'il y a disproportion manifeste entre les moyens employés et la gravité de la menace ».

188 – En revanche, le **refus du patient** de recevoir des thérapeutiques semble être incompatible par suite avec des poursuites pour non-assistance à personne en danger. En effet, aux termes de l'article L.1111-4 CSP, « aucun acte médical, ni aucun traitement ne peut être pratiqué sans le consentement libre et éclairé de la personne et le consentement peut être retiré à tout moment ». Victime d'une très grave hémorragie, un témoin de Jéhovah est transfusé sur décision d'un médecin hospitalier malgré son refus clairement exprimé en pleine connaissance de cause. Il engage une action devant le tribunal administratif contre le médecin pour avoir porté atteinte à son intégrité physique, à sa liberté de manifester sa religion en lui infligeant un traitement inhumain et dégradant. La cour administrative d'appel de Paris considérera le comportement du médecin comme non fautif eu égard à la soudaineté et à l'importance de l'hémorragie et au risque vital qui en résultait, et du fait qu'aucune thérapeutique de remplacement ne pouvait être envisagée ou n'était disponible[586]. Le Conseil d'État a quant à lui considéré que, quelle que soit leur obligation de respecter la volonté du patient fondée sur ses convictions religieuses, les médecins n'avaient pas commis de faute de nature à engager la responsabilité de l'AP-HP dans la mesure où la transfusion sanguine qu'ils avaient réalisée était un « acte indispensable à la survie du [patient] et proportionné à son état »[587]. Par la suite, la Haute Juridiction est venue préciser que, même si le patient est en état d'exprimer sa volonté, le recours à une transfusion sanguine contre le souhait de celui-ci ne saurait constituer une faute dès lors que, d'une part, les médecins du centre hospitalier ont au préalable tout mis en œuvre pour convaincre le patient d'accepter les soins indispensables et que, d'autre part, ils se sont assurés que le recours à une transfusion était un acte indispensable à la survie de l'intéressé et proportionné à son état[588]. Cette jurisprudence administrative a une influence sur le contentieux pénal relatif au délit de non-assistance à personne en péril : en effet, le médecin ne semble pouvoir se retrancher derrière le refus de soins du patient pour échapper à sa responsabilité pénale en cas de poursuites

586 CAA, Paris, 9 juin 1998, *RDSS*, 1999, p. 36 et s., obs. J.-S. Cayla.

587 CE, 26 octobre 2001, req. n° 198546 ; *Gaz. Pal.*, 2002, II, p. 1451 et s., note J.-J. Frion ; *Act. JuriSanté*, 2001, n° 34, p. 71 et s., note S. Ségui.

588 CE, réf., 16 août 2002, *JCP G*, 2002, II, 10184, note P. Mistretta.

à l'initiative du ministère Public. La seule hypothèse est celle où ce refus de soins s'exprime sous forme d'une agressivité telle de la part du patient qu'elle pourrait présenter un risque au sens de l'article 223-6 al.2 C.pén. pour le médecin lui-même et justifierait sa non-intervention.

189 – Prescription – L'infraction de non-assistance à personne en péril étant un délit, le délai de prescription de l'action publique est de trois ans[589]. Par ailleurs, il s'agit d'une infraction instantanée et dès lors, le point de départ de ce délai est fixé au jour de la connaissance par le médecin du péril[590].

190 – Certes, certains actes pouvant être reprochés aux professionnels de santé sont directement liés à l'activité de soins comme nous venons de l'évoquer. D'autres comportements, susceptibles de recevoir une qualification pénale, sont accessoires à l'exercice de leur art car ils sont commis à l'occasion de celui-ci.

SECTION 2 – LES ACTES PÉNALEMENT RÉPRÉHENSIBLES COMMIS À L'OCCASION DE L'EXERCICE DE LA PROFESSION DE SANTÉ

191 – Certains comportements adoptés par les professionnels de santé, en marge de l'activité de soins, mais dans le cadre de l'exercice de leur art, sont susceptibles de qualification pénale. Le législateur a ainsi permis par exemple la pénalisation du mensonge des professionnels de santé (**§1**), de la violation du secret professionnel (**§2**), du comportement des professionnels de santé face au consentement du patient (**§3**) et, enfin, de leur défaut de collaboration à l'action de la justice (**§4**).

§ 1 – La pénalisation du mensonge des professionnels de santé

192 – Le mensonge des professionnels de santé est susceptible d'être disciplinairement sanctionné sur le fondement notamment de l'article R. 4127-29 CSP qui dispose que « Toute fraude, abus de cotation, indication inexacte des honoraires perçus et des actes effectués sont interdits ». Mais il peut être également pénalement réprimé dès lors qu'il prend diverses formes ou qu'il est entouré de certaines circonstances quand il s'exprime. Certaines des incriminations qui saisissent le mensonge des

589 Art. 8 CPP.

590 Cass. crim., 17 septembre 1997, *Bull. crim.*, n° 300.

professionnels de santé relèvent du droit commun (**A**), d'autres sont des infractions plus spécifiques (**B**).

A – Les infractions de droit commun

193 – Seront présentées ici les infractions de faux et d'usage de faux, d'une part (**1**), et d'escroquerie, d'autre part (**2**), pouvant être reprochées aux professionnels de santé.

1) Le faux et l'usage de faux

194 – Selon l'article 441-1 C. pén. :

> *Constitue un faux toute altération frauduleuse de la vérité, de nature à causer un préjudice et accomplie par quelque moyen que ce soit, dans un écrit ou tout autre support d'expression de la pensée qui a pour objet ou qui peut avoir pour effet d'établir la preuve d'un droit ou d'un fait ayant des conséquences juridiques.*

a – Les conditions constitutives

195 – L'inscription par le médecin sur des feuilles de soins d'une date ne correspondant pas à celles des consultations dispensées pendant une période d'interdiction professionnelle, pour permettre le remboursement des sommes versées par les patients, constitue un faux[591]. De même en est-il d'une fausse attestation d'un médecin exerçant à Alger et d'un faux diplôme d'infirmier fournis par un prétendu infirmier ayant reçu une promesse d'embauche d'un établissement de santé[592].

S'il est acquis que de fausses déclarations unilatérales soumises à vérifications ne constituent pas des faux au sens de l'article 441-1 C pén., il en va différent des feuilles de soins volontairement altérées qui ont été transmises par le médecin prévenu par télétransmission selon un protocole entre les médecins et la caisse et qui constituent dès lors un titre de paiement[593]. La signature de feuilles de soins par un praticien en lieu et place de ses patients est également constitutive d'un faux[594].

La délivrance par un médecin salarié d'une société gérant un régime obligatoire de sécurité sociale à laquelle les patients étaient affiliés, d'ordonnances à l'en-tête d'un autre médecin qui exerçait à titre libéral dans la

591 CA, Grenoble, 29 janvier 1997, *JCP G*, IV, n° 2055.

592 CA, Paris, 13 septembre 2007, *JurisData* n° 2007-342285.

593 Cass. crim., 19 juin 2013, n° 12-85.493.

594 Cass. crim., 8 janvier 2014, n° 13-80.047.

même condition et qui signait à l'avance ces ordonnances, peut être qualifiée de faux[595].

Constitue encore un faux l'acte fabriqué par une ou plusieurs personnes à seule fin d'éluder la loi et de créer l'apparence d'une situation juridique de nature à porter préjudice : ainsi est justifiée la condamnation par une cour d'appel d'un vétérinaire qui a, sur demande d'un pharmacien qui le rémunérait, rédigé de manière habituelle des ordonnances prescrivant des médicaments contenant des substances vénéneuses à des animaux d'élevage dont il n'assurait pas les soins, ni la surveillance sanitaire, à seule fin de régulariser la vente de médicaments déjà effectuée par le pharmacien, en méconnaissance de la réglementation pharmaceutique[596].

196 – La faute requise est **intentionnelle** au sens de l'article 121-3 C. pén. et caractérisée par la conscience qu'a l'agent de l'altération de la vérité dans un document susceptible d'établir la preuve d'un droit ou d'un fait ayant des conséquences juridiques[597].

b – Les conditions répressives

197 – Peines principales encourues – Il s'agit d'une peine de trois ans d'emprisonnement et d'une amende de 45 000 €.

198 – Qualifications distinctes – Les qualifications de faux et usage de faux sont distinctes, c'est-à-dire que celui qui a fait usage du faux est punissable quand bien même il ne serait pas l'auteur du faux[598]. En outre, des poursuites sous ces deux qualifications peuvent concerner une même personne s'agissant de la répression de comportements distincts[599].

199 – Conflit et cumul de qualifications – L'inobservation par un médecin, lors de la fixation de ses honoraires, de la nomenclature générale des actes professionnels et de la tarification interministérielle correspondante, dans un document soumis à vérification et à discussion de la part de l'organisme social destinataire, ne constitue ni un faux, ni une escroquerie mais seulement la contravention prévue par les articles L.162-38 CSS et 1er du décret du 25 septembre 1988 pris pour son application[600].

[595] Cass. crim., 18 mai 2005, *Bull. crim.*, n° 148 ; *AJ pénal*, 2005, p. 370 et s., obs. Cl. Saas.

[596] Cass. crim., 6 février 2001, *Bull. crim.*, n° 35.

[597] Cass. crim., 3 mai 1995, n° 94-83.785.

[598] Cass. crim., 5 mars 1990, n° 88-87.590.

[599] Cass. crim., 20 février 1931, *Bull. crim.*, n° 50.

[600] Cass. crim., 25 septembre 1997, *Bull. crim.*, n° 313.

L'altération du document par le praticien peut conduire à retenir une qualification autre que le faux en considération du but poursuivi. En effet, aux termes de l'article 434-4 C. pén. :

> *Est puni de trois ans d'emprisonnement et de 45 000 € d'amende le fait, en vue de faire obstacle à la manifestation de la vérité [...] de détruire, soustraire, receler ou altérer un document public ou privé ou un objet de nature à faciliter la découverte d'un crime ou d'un délit, la recherche de preuves ou la condamnation d'un coupable.*

Cette infraction a ainsi été reprochée à un gynécologue obstétricien qui, à la suite d'un accouchement à l'issue duquel était né un enfant présentant un handicap cérébral et moteur profond, avait modifié le compte rendu initial rédigé espérant ainsi masquer d'éventuelles fautes pouvant lui être reprochées dans le cadre d'une instance pénale engagée à son encontre par les parents pour blessures involontaires[601].

200 - Complicité de faux et usage de faux – Est complice de faux et d'usage de faux le médecin qui laisse à disposition de son père, pharmacien, dans la cave de l'officine du papier à en-tête vierge à son nom utilisé par ce dernier pour confectionner des ordonnances délivrées aux patients suivis par son fils, aux fins de renouvellement de médicaments[602].

2) L'escroquerie

201 – L'escroquerie est une infraction contre les biens dont peuvent être victimes les organismes de sécurité sociale quand elle est commise par un professionnel de santé. Dans le domaine médical, elle peut aussi être le fait d'un patient assuré qui demande le remboursement indu d'actes médicaux dont l'examen ne sera pas réalisé dans le cadre de cette étude.

Ce délit est défini à l'article 313-1 C. pén. :

> *Le fait, soit par l'usage d'un faux nom ou d'une fausse qualité, soit par l'abus d'une qualité vraie, soit par l'emploi de manœuvres frauduleuses, de tromper une personne physique ou morale et de la déterminer ainsi, à son préjudice ou au préjudice d'un tiers, à remettre des fonds, des valeurs ou un bien quelconque, à fournir un service ou à consentir un acte opérant obligation ou décharge.*

---

601 Cass. crim., 16 mai 2002, n° 11-83.834, Bull. crim., n° 123 ; *DDS*, 2012, p. 466 et s., obs. H. Chems-Eddine.

602 Cass. crim., 5 octobre 2011, n° 11-80.324.

a – Les conditions constitutives

202 – Le délit d'escroquerie est classé par la doctrine parmi les infractions dites « complexes » eu égard à son élément matériel qui ne s'accomplit pas en un trait de temps et en un seul acte. En effet, la remise effective opérée par la victime, à son préjudice, de fonds, valeurs ou bien quelconque, suppose antérieurement l'accomplissement d'actes par l'auteur ayant déterminé ladite remise.

203 – La **remise** doit être effective et porter sur des fonds, des valeurs, un bien quelconque, la fourniture d'un service ou enfin le consentement à un acte opérant obligation ou décharge et doit causer un préjudice à celui qui procède à la remise ou à un tiers, la victime pouvant être une personne physique ou une personne morale, dans ce dernier cas, un organisme de sécurité sociale par exemple. Ainsi, les commissions facturées à la sécurité sociale et perçues par des chirurgiens pour avoir choisi les prothèses de tel fournisseur constituent l'objet de la remise au sens de l'article 313-1 du Code pénal[603].

Les actes accomplis par l'auteur définis à l'article 313-1 C. pén. doivent tromper la victime et la déterminer à la remise d'un bien, la fourniture de service ou à consentir à un acte. Il est ainsi par exemple du paiement à un pharmacien de médicaments collectés au bénéfice de l'association Cyclamed qu'il remettait dans le circuit commercial[604].

Une attention toute particulière est portée par les juges à ces actes qui doivent être des **moyens de tromperie déterminant la remise**. Ces procédés de tromperie sont au nombre de trois :

- Il peut s'agir de l'**usage d'un faux nom ou d'une fausse qualité** : ainsi, celui qui usurperait une fausse qualité de professionnel de santé ou le professionnel de santé qui userait de cette qualité alors que cela lui a été interdit, pourrait se voir reprocher le délit d'escroquerie dans le cas où l'usurpation aurait été déterminante de la remise. Dans le cas contraire, seul le délit d'usurpation de titre ou de qualité pourrait être reproché au professionnel de santé[605].

---

603 CA, Angers, 25 février 1999, *JurisData* n° 1999-040709 ; *Médecine et Droit*, 2000, n° 42, p. 21, obs. L. Demout : ont été déclarés coupables d'escroquerie le fournisseur de prothèses orthopédiques et les chirurgiens qui avaient choisi ces prothèses en percevant des commissions qui étaient facturées à l'organisme de sécurité sociale ; pour des faits similaires, cf. également : Cass. crim., 30 janvier 2002, *JurisData* n° 2002-013986.

604 Cass. crim., 7 septembre 2011, n° 10-83.153.

605 Cf. *supra*. n° 52, Cass. crim., 8 février 1995, *Bull. crim.*, n° 61.

- Ce peut être encore l'**abus de qualité vraie**: l'auteur utilise une qualité qu'il possède réellement pour donner plus de poids à ses mensonges grâce à la confiance qu'il inspire du fait de cette qualité: ainsi en est-il de l'infirmier qui escroque une caisse de Mutualité sociale en faisant état d'actes professionnels non effectués[606], du dentiste qui se fait remettre des plaques d'or et des bijoux en vue d'un traitement chimérique[607], du médecin qui majore ses notes d'honoraires[608], de l'infirmier conventionné[609], du directeur d'une maison de soins qui mentionne la présence dans son établissement de malades absents en réalité[610].
- Enfin, il peut s'agir de l'**emploi de manœuvres frauduleuses**: le texte n'en définit pas le contenu mais la jurisprudence est venue préciser qu'elles devaient être révélées par un acte positif et être antérieures à la remise. Cependant, selon une jurisprudence ancienne et constante[611], le simple mensonge, écrit ou verbal, ne suffit pas à constituer une manœuvre frauduleuse au sens de l'article 313-1 du Code pénal, fut-il déterminant de la remise. Ainsi, l'inscription sur une feuille de soins par un médecin de renseignements inexacts relatifs à des actes chirurgicaux ne constitue pas des manœuvres frauduleuses en l'absence d'éléments extérieurs de nature à leur donner force et crédit[612]. De même en est-il

606 Cass. crim., 10 janvier 1990, n° 89-83.491.

607 Cass. crim., 10 janvier 1936, *DH*, 1936, p. 151.

608 Cass. crim., 7 février 1935, *Bull. crim.*, n° 21; Cass. crim., 26 mars 1936, *Bull. crim.*, n° 36: présentation, aux compagnies d'assurances, de notes d'honoraires erronées ou contenant des déclarations fausses.

609 Cass. crim., 10 janvier 1990, n° 89-83.491; *Dr. pén.*, 1990, comm. n° 187: cas d'un infirmier qui, en abusant de sa qualité de professionnel de santé, se fait remettre par plusieurs patients des sommes d'argent correspondant à des majorations de nuit qui n'étaient pas dues ou au paiement de soins pourtant intégralement pris en charge par l'organisme de sécurité sociale du patient.

610 Cass. crim., 21 mars 1996, *Bull. crim.*, n° 129: cas d'un directeur d'une maison de soins qui a établi des factures de frais de séjour indus au nom de pensionnaires absents de l'établissement aux dates indiquées; la présentation de ces factures à l'organisme social et l'abus de sa qualité vraie de directeur d'une maison de soins constituent des manœuvres frauduleuses déterminantes du versement de sommes indues.

611 « Un simple mensonge, même produit par écrit, ne peut constituer une manœuvre caractéristique de délit d'escroquerie, s'il ne s'y joint aucun fait extérieur ou acte matériel, aucune mise en scène ou intervention d'un tiers, destinés à lui donner force ou crédit »: Cass. crim., 14 mai 1887, *DP*, 1898, I, p. 61.

612 Cass. crim., 2 décembre 1991, *Bull. crim.*, n° 450.

de tarifications inexactes introduites dans des feuilles de soins[613], de l'application par un kinésithérapeute d'un coefficient supérieur à celui correspondant aux actes prescrits[614], du non-respect par un kinésithérapeute des temps prévus à la nomenclature générale des actes professionnels et de l'application d'une cotation supérieure à celle prévue par la nomenclature, dès lors que n'a pas été relevée par les juges l'existence d'éléments extérieurs de nature à donner aux fausses indications portées sur les feuilles de soins force et crédit[615]. Mais doit être cassée la décision de relaxe d'une cour d'appel rendue à l'égard d'un médecin qui n'a pas recherché si ses fausses déclarations (cotation d'actes qu'il n'avait pas personnellement accomplis) n'étaient pas corroborées par des faits extérieurs leur donnant force et crédit relevés par l'ordonnance de renvoi du juge d'instruction, et n'avaient pas ainsi trompé les caisses d'assurance maladie[616]. Dans le même sens, le fait pour un opticien d'envoyer aux organismes de sécurité sociale des feuilles de soins et ordonnances comprenant des mentions inexactes pour obtenir des remboursements indus, accompagnées de documents fournis par les médecins ou clients, constitue des manœuvres frauduleuses[617]. Le fait pour un cardiologue de se faire payer par les patients des actes et d'utiliser leurs cartes vitales pour obtenir un paiement de la sécurité sociale constitue une mise en scène[618]. Le fait pour un kinésithérapeute d'avoir adressé à l'organisme de sécurité sociale des ententes préalables accompagnées des ordonnances des médecins modifiées par un montage par photocopie permettant d'ajouter des prescriptions d'actes à réaliser et d'avoir obtenu le versement de sommes indûment perçues pour un montant de 70 000 € est constitutif d'une escroquerie[619]. A également été déclaré coupable le médecin psychiatre, qui suivait des déficients mentaux, notamment pour avoir imité leurs signatures pour déclencher la prise en charge des soins, peu importe que ce soit dans le cadre de l'aide médicale gratuite ou du tiers payant, et pour avoir fabriqué par photocopie des vignettes d'aide médicale gratuite[620].

PARTIE 2

613 Cass. crim., 25 septembre 1997, *Bull. crim.*, n° 31.

614 Cass. crim., 15 janvier 1990, n° 89-81.810.

615 Cass. crim., 24 septembre 1998, *Bull. crim.*, n° 236.

616 Cass. crim., 30 mai 2001, *RSC*, 2002, p. 332, obs. R. Ottenhof.

617 Cass. crim., 23 septembre 2009, *RDS*, 2010, n° 34, p. 152 et s., obs. M. Guigue.

618 Cass. crim., 4 novembre 2009, *RDS*, 2010, n° 34, p. 152 et s., obs. M. Guigue.

619 Cass. crim., 30 janvier 2013, n° 11-88.847 ; *RDS*, n° 53, p. 337 et s., obs. A. Ponseille.

620 CA, Nîmes, 25 juin 2002, *JurisData* n° 2002-195568 ; *Médecine et Droit*, 2003, n° 62-63, p. 145,

De même, l'intervention d'un tiers, consciente ou inconsciente, par écrit ou oralement, ou un fait extérieur peut donner force ou crédit au mensonge et en faire une manœuvre frauduleuse. Constitue ainsi une manœuvre frauduleuse l'utilisation de la carte vitale des patients, tiers de bonne foi, qui seule valide la feuille de soins et l'authentifie et permet la télétransmission à la CPAM, cette carte donnant force et crédit aux feuilles de soins mensongères. Constitue encore une manœuvre frauduleuse le fait d'apposer la mention « ne sait pas signer » sur lesdites feuilles de soins[621]. Tel est aussi le cas de la signature apposée par des patients de bonne foi sur des documents attestant la réalisation d'actes fictifs et présentés à la CPAM par un infirmier, donnant crédit à de simples faux[622] ou encore par un professionnel de santé lui-même imitant la signature de ses patients[623]. Reçoit la qualification pénale d'escroquerie le fait pour un médecin de délivrer, ou de faire délivrer sur ses ordres par ses secrétaires, des arrêts de travail et prolongations d'arrêts de travail à des personnes ne souffrant d'aucune pathologie, sans examen préalable, sans même parfois connaître les « patients », moyennant des gratifications pécuniaires ou des honoraires pour leur production aux organismes sociaux, les actes médicaux en cause constituant le préalable indispensable à la fraude, la certification littérale que l'examen a été accompli par le médecin et que l'état de santé exige un arrêt de travail[624]. Doit encore être considéré comme étant constitutif de manœuvres frauduleuses le fait pour une infirmière de faire exécuter des actes par des employés non qualifiés en leur demandant de dissimuler

PARTIE 2

obs. L. Demont.

621 Cass. crim., 19 juin 2013, n° 12-85.493.

622 Cass. crim., 20 mai 2009, *Dr. pén.*, 2009, comm. n° 124, obs. M. Véron ; *RDS*, n° 34, p. 159 et s., obs. A. Ponseille.

623 Cass. crim., 19 mars 2014, n° 13-82.416 ; *RDS*, n° 60, p. 1413 et s., obs. A. Ponseille : cas d'un kinésithérapeute ayant procédé à la déclaration d'actes fictifs (jusqu'au triple parfois du nombre d'actes effectivement accomplis), majorés pour certains car prétendument accomplis en fin de semaine et jours fériés et à des doubles facturations et surcotation, qui remplissait et signait les feuilles de soins en lieu et place des patients, la signature de feuilles de soins par le patient ayant pour but d'avaliser auprès de la caisse les actes facturés et l'envoi par le prévenu à la caisse de feuilles de soins signées à la place du patient caractérisant une manœuvre frauduleuse constitutive d'escroquerie.

624 Cass. crim., 10 avril 2013, n° 12-81.418.

leur identité et de déclarer par suite que les actes ont été exécutés par elle-même, afin d'en obtenir le paiement[625].

Mais la Cour de cassation se montre parfois peu exigeante. Elle a ainsi pu retenir que la remise, par une infirmière libérale, à une caisse de sécurité sociale, de feuilles de remboursement de frais afférents à des soins fictifs constituait une manœuvre frauduleuse[626]. Plus récemment et dans le même sens, elle a pu se contenter de ce que la cour d'appel avait retenu la fourniture à la CPAM de feuilles de soins portant des indications fausses et dans le but de se faire régler des actes médicaux purement fictifs, pour considérer que la condamnation était justifiée[627]. De même la présentation de fausses factures pour obtenir un remboursement indu est-elle constitutive de manœuvres frauduleuses[628]. Cette acception libérale de la notion de manœuvres frauduleuses ne serait-elle pas de nature à encourager les plaintes pour escroquerie ?

205 – Enfin, l'escroquerie est une infraction intentionnelle. La **faute intentionnelle** requise découle le plus souvent de la constatation des moyens mis en œuvre pour induire la victime en erreur, pour la conduire à une remise de fonds par exemple. Plus les manœuvres sont élaborées, plus l'intention est manifeste. Il a ainsi été considéré que, dans le cadre d'une escroquerie reprochée à quatre médecins psychiatres d'une même clinique, l'élément intentionnel de l'infraction résultait de la signature à l'avance, par les praticiens, de feuilles vierges destinées à être utilisées lors de leurs absences par le « remplaçant » et à la tenue d'une comptabilité occulte[629]. Il a pu être également considéré que, professionnel expérimenté exerçant son activité depuis 1972, parfaitement rompu à l'établissement de feuilles de soins, le prévenu ne pouvait s'abriter derrière de prétendues erreurs et négligences pour justifier les multiples anomalies relevées dans la facturation de ses actes[630].

b – Les conditions répressives

206 – Infraction consommée et tentée – L'escroquerie est punissable qu'elle soit réalisée ou seulement tentée. S'agissant d'un délit, un texte spécial prévoit la possibilité de retenir une tentative punissable d'escroque-

---

[625] Cass. crim., 24 février 2010, *RDS*, 2010, n° 36, p. 272 et s., obs. M. Guigue.

[626] Cass. crim., 6 septembre 2005, n° 04-86.347.

[627] Cass. crim., 8 janvier 2014, n° 13-80.047.

[628] Position de la Cour de cassation dans deux arrêts du même jour : Cass. crim., 17 décembre 2014, pourvois n° 14-80855 et n° 13-88520, *Gaz. Pal.*, 2015, n° 53 à 55, p. 38 et s., obs. E. Dreyer.

[629] Cass. crim., 12 décembre 2007, pourvoi n° 06-87404.

[630] Selon la CA Aix-en-Provence *in* Crim., 19 mars 2014, *précit.*

rie[631]. Doit être considéré comme constitutif d'une tentative d'escroquerie le fait pour un dentiste d'établir un devis de 126000 F persuadant la patiente de la nécessité d'intervenir d'urgence sur l'ensemble de sa dentition et l'incitant au versement d'un acompte de 10000 F, alors même que les travaux étaient inutiles selon l'expert judiciaire. L'escroquerie n'a pas été réalisée en raison de la vigilance de la victime après une difficulté avec le médecin-conseil de la sécurité sociale[632].

207 – Peines encourues – Les **peines principales encourues** sont cinq ans d'emprisonnement et 375000 € d'amende.

La loi n° 2013-1203 du 23 décembre 2013 de financement de la sécurité sociale pour 2014[633] a créé une nouvelle circonstance aggravante permettant le prononcé des peines de sept ans d'emprisonnement et de 750000 € d'amende aux termes du 5e de l'article 313-2 C. pén. dès lors que l'escroquerie est commise « au préjudice d'une personne publique, d'un organisme de protection sociale ou d'un organisme chargé d'une mission de service public, pour l'obtention d'une allocation, d'une prestation d'un paiement ou d'un avantage indu ». En application de l'article 112-1 C.pén., et s'agissant d'une disposition nouvelle plus sévère, ce texte ne peut s'appliquer qu'aux faits commis postérieurement à l'entrée en vigueur de la loi qui le crée.

La peine peut être aggravée notamment en cas de réalisation de l'escroquerie en bande organisée[634] définie comme le groupement formé ou entente établie en vue de la préparation caractérisée par un ou plusieurs faits matériels, d'une ou plusieurs infractions[635] : c'est ce qui a été retenu à l'encontre d'un médecin généraliste qui fournissait des arrêts de travail et prolongations d'arrêts de travail à des individus, sans les ausculter, sans même parfois les connaître, envoyés vers lui et contre rémunération par un « recruteur »[636].

L'article 313-7 C. pén. énumère les **peines complémentaires applicables** aux personnes physiques et aux personnes morales. Concernant la peine d'interdiction d'activité professionnelle prévue au 2e de cette disposition, qui est très souvent prononcée par les juridictions pénales à l'encontre des

631 Art. 313-3 C. pén.

632 CA, Paris, 12 novembre 2002, *JurisData* n° 2002-204113 ; *Médecine et Droit*, 2003, n° 62-63, p. 145, obs. L. Demont.

633 *JO* du 24 décembre 2013, p. 21034 et s.

634 Art. 313-3 C. pén.

635 Art. 132-71 C. pén.

636 Cass. crim., 10 avril 2013, n° 12-81.418.

professionnels de santé condamnés pour un tel délit, la loi n° 2008-776 du 4 août 2008 de modernisation de l'économie a fait disparaître la limitation de durée d'une telle interdiction qui peut dès lors être prononcée à titre définitif. Cependant, s'agissant d'une disposition plus sévère, elle n'a pas vocation à s'appliquer de manière rétroactive pour des faits commis avant l'entrée en vigueur de la loi qui la prévoit[637]. C'est ce qu'a indiqué la Cour de cassation concernant une escroquerie pour le remboursement de médicaments[638].

208 - Complicité d'escroquerie - Doit être déclaré complice par aide le médecin qui a sciemment délivré un certificat mensonger à un ouvrier à l'occasion d'un accident du travail[639].

209 - Conflit et cumul de qualifications pénales - L'usage de fausse qualité, s'agissant d'un procédé de tromperie de l'escroquerie, ne peut pas constituer le délit d'usurpation de qualité ou de titre, lorsque l'escroquerie est retenue[640].

En revanche, les poursuites pour escroquerie peuvent se cumuler avec celles de faux et usage de faux[641], celles de surcotations éventuellement[642] ou encore avec celles d'exercice illégal d'une profession de santé[643].

B - Les infractions spécifiques

210 - Parmi les incriminations spécifiques permettant d'appréhender le mensonge du professionnel de santé se trouvent le délit de faux certificat ou de fausse attestation (**1**), celui de fausse déclaration en vue de l'inscription au tableau (**2**) et les infractions de fraudes aux organismes de sécurité sociale (**3**) et relatives à la délivrance d'ordonnances de complaisance (**4**).

1) Le délit de faux certificat ou de fausse attestation

211 - Si le délit de l'article 441-7 C. pén. ne concerne pas spécifiquement les certificats et attestations émanant de médecins, l'incrimination prévue

---

637 Art. 112-1 C. pén.

638 Cass. crim., 7 septembre 2011, n° 10-83.153.

639 Cass. crim., 30 avril 1909, *DP*, 1911, I, p. 369; Cass. crim., 31 mars 1931, *Bull. crim.*, n° 103.

640 Cass. crim, 8 février 1995, *Bull. crim.*, n° 61.

641 Cass. crim., 19 juin 2013, *précit.*

642 Cf. par exemple: Cass. crim., 25 septembre 1997, *précit.*

643 Cass. crim., 30 janvier 2013, *précit.*: la modification opérée par un kinésithérapeute par montage et photocopie de prescriptions médicales est aussi constitutive du délit d'exercice illégal de l'art médical.

présente un risque pénal pour ceux-ci, s'ils n'utilisent pas des formules générales et superficielles, dans la mesure où ils sont sollicités fréquemment dans le cadre de leur activité pour en rédiger[644].

Le texte dispose qu' :

> *Indépendamment des cas prévus au présent chapitre, est puni d'un an d'emprisonnement et de 15 000 € d'amende le fait: d'établir une attestation ou un certificat faisant état de faits matériellement inexacts; de falsifier une attestation ou un certificat originairement sincère en droit pénal; de faire usage d'une attestation ou d'un certificat inexact ou falsifié […].*

a – Les conditions constitutives

212 – Comportements incriminés – L'article 441-7 C. pén. incrimine trois comportements distincts.

Le premier comportement consiste dans l'**établissement d'une attestation ou d'un certificat faisant état de faits matériellement inexacts**. La jurisprudence ne donne pas à notre connaissance de définition de ce qu'il convient d'entendre par certificat ou par attestation. Ainsi, les supports sont très divers : il peut s'agir de feuilles de soins destinées à la sécurité sociale[645], d'arrêt de travail[646], de carnet de santé[647], de compte rendu radiographique[648]…

L'incrimination de l'article 441-7 C. pén. est complémentaire de celle de l'article 441-1 et, dès lors, le support n'a pas à présenter de caractère probatoire, ni même le certificat ou l'attestation d'être susceptible de causer un préjudice.

En revanche, les faits dont il est fait état doivent être matériellement inexacts. Il peut s'agir par exemple :

- de soins fictifs que le médecin atteste avoir accomplis alors qu'ils l'ont été par un confrère[649],

---

644 P. Mistretta, *Droit pénal médical*, Paris : Cujas, 2013, p. 399.

645 Cass. crim., 13 février 1969, *Bull. crim.*, n° 75.

646 CA, Paris, 21 janvier 2000, *JurisData* n° 2000-109405.

647 CA, Grenoble, 7 juillet 1999, *Médecine et Droit*, 2000, n° 41, p. 32, obs. P.B. ; Cass. crim., 20 juin 2000, pourvoi n° 99-85177 : indication de mentions vaccinales faussement portées sur le carnet de santé d'un enfant, révélée par l'hospitalisation de l'enfant ayant contracté le tétanos, par un médecin proche de la fondatrice d'une communauté à laquelle appartient l'enfant et peu favorable aux vaccinations.

648 Cass. crim., 26 février 2003, n° 02-82.145.

649 Cass. crim., 13 février 1969, *précit.*

- de l'indication de la réaction négative à une maladie[650],
- de la mention sur les feuilles de soins des honoraires conventionnels alors que les patients réglaient des honoraires plus importants[651],
- de la remise par un médecin à la police d'un certificat attestant faussement qu'un patient, avec lequel il avait un différend, était atteint d'une crise de *delirium*, afin de le faire transférer dans un service psychiatrique[652],
- de la rédaction par un médecin d'un certificat d'arrêt de travail mentionnant l'existence d'une maladie dont n'est pas atteint le patient[653],
- de l'établissement par un médecin d'une trentaine de certificats médicaux de personnes qu'il n'a pas personnellement examinées par lesquels il atteste l'impossibilité pour ces personnes de se déplacer pour aller voter[654].

L'absence de consultation préalable à l'établissement de l'attestation ou du certificat peut être un indice de la fausseté des faits prétendument constatés[655]. En effet, le délit est constitué dès lors que le signataire du certificat ou de l'attestation n'a pas eu personnellement connaissance des faits qu'il atteste avoir constatés : ainsi en est-il du médecin qui établit des certificats au bénéfice d'une patiente soignée par un autre praticien appartenant au même cabinet[656], de celui qui retranscrit les dires de son patient en les présentant comme des constatations objectives résultant d'un examen réalisé par lui-même[657]. En revanche, ne peut se voir reprocher un tel délit le médecin qui, suivant depuis plusieurs mois une patiente pour des troubles psychiques réactionnels, indique dans un certificat que les troubles sont en lien avec un harcèlement moral subi dans le travail, qu'il n'a certes pas constaté mais révélé par les propos tenus par sa patiente[658] ou encore le médecin qui établit un certificat attestant d'un danger imminent pour la sécurité des personnes en vue d'une hospitalisation psychiatrique,

---

650 Cass. crim., 21 novembre 1963, *Bull. crim.*, n° 329 : vétérinaire sanitaire attestant faussement qu'il a procédé à la visite de contrôle de bétails après des opérations de tuberculination au cours desquelles une réaction négative avait été constatée.

651 CA, Paris, 21 février 2000, *JurisData* n° 2000-109405.

652 Cass. crim., 3 juin 1957, *Bull. crim.*, n° 471.

653 CA, Paris, 21 février 2000, *précit.*

654 CA, Fort-de-France, 7 mars 1996, *JurisData* n° 1996-046016.

655 Cass. crim., 3 juin 1957, *ibid.*; Cass. crim., 2 avril 2014, n° 13-80.563.

656 Cass. crim., 22 mars 1989, *Bull. crim.*, n° 147 ; *RDSS*, 1990, p. 47, obs. L. Dubouis.

657 T. corr., Saint-Étienne, 14 février 1948, *S.*, 1948, II, Somm., p. 75.

658 Cass. crim., 8 avril 2008, n° 07-84.037.

sans préciser qu'il avait ausculté le patient à la date du certificat, connaissant parfaitement son état de santé en raison de nombreuses consultations et visites domiciliaires sollicitées en urgence[659]. Par ailleurs, l'établissement d'un certificat médical à une date différente de l'auscultation mais sans indication de cette date n'est pas constitutif du délit si les constations faites ne sont pas inexactes[660].

En revanche, est coupable de ce délit le médecin homéopathe, qui n'est le médecin traitant que de l'épouse, et qui affirme dans un certificat, sans auscultation préalable et sans avoir constaté une crise récente, que le mari de cette patiente est sujet à des crises d'épilepsie, ne suit pas régulièrement son traitement médical et nécessite une hospitalisation en milieu psychiatrique et la mise en place d'une mesure de sauvegarde de justice[661].

En deuxième lieu, le comportement incriminé peut consister en une **falsification d'une attestation ou d'un certificat originairement sincère**. Il s'agit ici rarement d'un fait imputable à un médecin. A ainsi été jugé coupable de ce délit celui qui a modifié les résultats d'une analyse de sang faisant apparaître une recherche positive d'anticorps au virus du Sida, pour en mentionner une recherche négative, et ainsi tromper ses partenaires et avoir avec eux des relations sexuelles non protégées, fait constituant au demeurant le délit d'administration de substances nuisibles[662].

Enfin, le dernier comportement incriminé au titre de l'article 441-7 C. pén. consiste dans **l'usage d'une attestation ou d'un certificat inexact ou falsifié**. Est auteur d'un tel délit celui qui obtient d'un ami médecin une fausse attestation médicale assurant l'insanité d'esprit de son père et qui la produit dans une instance civile relative à la contestation de la validité du testament laissé par son père[663]. On notera que, dans une affaire similaire dans laquelle une épouse avait obtenu d'un médecin un certificat médical comprenant des mentions inexactes sur l'état de santé de son mari, produit en justice pour l'obtention du placement de son époux sous sauvegarde de justice, la qualification retenue à l'encontre de la femme fut très étonnamment celle d'usage de faux sur le fondement de l'article 441-1 et non sur celui de l'article 441-7-3ᵉ du Code pénal[664].

213 – Faute requise – Le délit d'établissement de faux certificat suppose au plan moral la connaissance par son auteur de l'inexactitude matérielle des

659 Cass. crim., 25 avril 2006, n° 05-86.859.

660 Cass. crim., 3 décembre 2008, n° 08-82.704.

661 Cass. crim., 2 avril 2014, *RDS*, 2014, n° 60, p. 1415 et s., obs. A. PONSEILLE.

662 CA, Rouen, 22 septembre 1999, *JCP G*, 2000, IV, n° 2736.

663 Cass. crim., 24 février 1999, n° 98-81.494.

664 Cass. crim., 2 avril 2014, *précit.*

faits par lui certifiés, sans qu'il soit nécessaire qu'il ait en outre exactement prévu l'usage frauduleux qui serait fait du certificat ou de l'attestation[665]. Le caractère involontaire d'erreurs faites quant à des dates mentionnées dans le certificat médical, dès lors qu'elles n'altèrent pas le fond du contenu de l'attestation, empêche de considérer comme constitué le délit d'établissement de faux certificat[666].

En ce qui concerne la constitution du délit d'usage, la connaissance du caractère inexact des mentions figurant dans le certificat ou l'attestation est requise. Cependant, ne peut se déduire de l'établissement d'un certificat inexact par un médecin le caractère volontaire de l'usage d'un tel document par le patient dans le cadre d'une instance judiciaire. Doit ainsi être relaxée la personne, victime de violences volontaires, qui produit dans le cadre d'un procès pénal l'opposant à son agresseur un certificat pour l'établissement duquel le médecin est par ailleurs condamné dès lors qu'il se contente d'y consigner les constatations matérielles faites par un interne, ce alors que le patient pouvait penser qu'il ne s'agissait pas d'un faux certificat dans la mesure où le médecin signataire l'avait ausculté avant de l'établir[667].

b – Les conditions répressives

214 – Peines applicables – Les peines principales encourues sont un an d'emprisonnement et 15 000 € d'amende, à la différence du faux de l'article 441-1 pour lequel les peines s'élèvent à trois ans d'emprisonnement et 45 000 € d'amende. Cependant, les peines encourues par les auteurs des délits prévus à l'article 441-7 C. pén. sont portées à ces *quanta* « lorsque l'infraction est commise en vue de porter préjudice au Trésor public ou au patrimoine d'autrui ». Cette aggravation ne s'applique pas lorsqu'un faux certificat médical est destiné à être produit devant une juridiction d'appel en vue d'obtenir une indemnité plus élevée que celle allouée par les juridictions de premières instances dans la mesure où une telle pièce ne constitue pas un titre générateur d'obligation capable de causer un dommage au Trésor public ou à un particulier[668].

215 – Faute disciplinaire – Outre les poursuites pénales, le médecin qui délivrerait des certificats de complaisance s'expose à une condamnation disciplinaire dans la mesure où l'article R. 4127-28 CSP dispose que « le médecin ne doit pas s'immiscer sans raison professionnelle dans les

[665] Cass. crim., 14 mars 1972, *Bull. crim.*, n° 98.

[666] Cass. crim., 29 juin 1999, n° 98-82.040.

[667] Cass. crim., 15 mars 2000, n° 98-81.052.

[668] Cass. crim., 20 octobre 1955, *D.*, 1956, p. 138.

affaires de famille et dans la vie privée de ses patients ». C'est encore à titre préventif afin d'éviter un tel comportement que le Code de déontologie prévoit, aux termes de l'article R. 4127-51, que « la délivrance d'un rapport tendancieux ou d'un certificat de complaisance est interdite ».

216 - Complicité et coaction - En application d'une jurisprudence traditionnelle « commet le délit de faux, au même titre que celui qui a personnellement fabriqué l'écrit, celui qui coopère sciemment à la fabrication d'une attestation falsifiée »[669], solution empruntée à ce qui vaut pour le faux incriminé à l'article 441-1 du Code pénal[670]. Cependant, à d'autres occasions, la Cour de cassation a pu retenir une participation par complicité plutôt que par coaction : ainsi en a-t-il été décidé pour la remise d'une somme d'argent en contrepartie de l'établissement d'un faux certificat[671]. Le critère pour le choix du mode de participation n'est pas clair dans la mesure où la Cour de cassation a pu admettre la coaction de l'épouse qui avait sollicité un faux certificat médical pour obtenir une décision de placement de son mari sous un régime de protection judiciaire alors même que la cour d'appel précisait que le certificat avait été rédigé « à l'initiative et sur les indications de Mme X », ce qui n'est pas sans rappeler la fourniture d'instructions qui est une modalité de complicité aux termes de l'article 121-7 du Code pénal[672]. Cette qualification évoque la notion d'« auteur intellectuel », utilisée lorsque le rédacteur est de bonne foi. Mais en l'espèce, tel n'était pas le cas puisque le médecin ayant établi le certificat a été condamné pour certificat inexact. L'enjeu n'est pas majeur puisqu'au regard des peines, la qualité de complice ou de co-auteur ne crée pas de différence dès lors que le complice est puni comme auteur de l'infraction par application de l'article 121-6 Code pénal.

217 - Cumul de qualifications - Une personne peut à la fois être condamnée du chef de délit d'établissement d'un **faux** certificat médical et du chef d'**usage** dudit certificat[673] en application d'une jurisprudence ancienne concernant le faux et l'usage de faux vus comme deux infractions distinctes[674].

669 Cass. crim., 4 janvier 1966, *Bull. crim.*, n° 2.

670 Cass. crim., 21 mai 1963, *Bull. crim.*, n° 180.

671 Cass. crim., 30 janvier 1962, *Bull. crim.*, n° 70.

672 Cass. crim., 2 avril 2014, *précit.*

673 Cass. crim., 2 avril 2014, *précit.* : cas de l'épouse du patient qui coopère à la fabrication d'un faux certificat et qui le produit ensuite en justice.

674 Cass. crim., 5 mars 1990, n° 88-87.590.

L'établissement d'un **faux** certificat médical et l'**usage** de ce certificat constituent des délits distincts qui peuvent se cumuler avec le délit d'**escroquerie** dès lors que le certificat a été produit en justice et a permis l'obtention d'une décision de placement de la victime sous un régime de protection judiciaire, l'intention dans l'escroquerie découlant nécessairement de la commission des deux autres délits[675].

Enfin, l'article L. 471-4 CSS par son 2e alinéa réprime de trois mois d'emprisonnement et de 12 000 € d'amende « tout médecin ayant, dans les certificats délivrés pour l'application du présent livre, sciemment dénaturé les conséquences de l'accident ou de la maladie » survenu dans le cadre du travail du patient. Si l'incrimination est sans doute plus spécifique que celle du faux, un cumul de qualifications est envisagé par le législateur qui précise dans cette disposition que les peines citées sont encourues « sans préjudice de celles prévues à l'article 441-7 du Code pénal ». Il s'agit ainsi d'une sorte de déclinaison du délit de faux qui n'est pas non plus sans rappeler l'incrimination qui était prévue à l'article L.114-13 CSS, disposition abrogée par la loi n° 2013-1203 du 23 décembre 2013[676] dont le champ d'application était cependant plus large puisque non exclusivement limité aux certificats délivrés dans le cadre de la législation des accidents du travail[677].

218 – Conflit de qualifications – Le fait pour une personne de falsifier les résultats d'une analyse de sang ne constitue pas un faux en écriture mais une falsification de certificat au sens de l'article 441-7 du Code pénal[678]. Toutefois, n'encourt pas la censure l'arrêt par lequel la cour d'appel a condamné pour faux et usage de faux sur le fondement de l'article 441-1 C. pén. l'ex-employée d'un médecin qui avait produit un faux certificat médical dans le cadre d'une instance prud'homale l'opposant à son ancien employeur, dès lors que « les débats n'ont porté que sur la qualification d'usage d'un certificat faisant état de faits matériellement inexacts, de sorte que les mentions erronées dans la prévention du texte de loi appliqué ont

675 Cass. crim., 2 avril 2014, *précit.*

676 Loi de financement de la sécurité sociale pour 2014, *JO* du 24 décembre 2013, p. 21034 et s.

677 « Est passible d'une amende de 5 000 € quiconque se rend coupable de fraude ou de fausse déclaration pour obtenir, ou faire obtenir ou tenter d'obtenir des prestations ou des allocations de toute nature, liquidées ou versées par les organismes de protection sociale, qui ne sont pas dues, sans préjudice des peines résultant d'autres lois, le cas échéant ».

678 CA, Rouen, 22 septembre 1999, *JCP G*, 2000, IV, n° 2736 ; de la même façon mais dans un domaine différent, cf. Cass. crim., 29 octobre 1996, *Bull. crim.*, n° 378.

été sans conséquence sur la suite de la procédure et qu'aucune requalification n'est intervenue »[679].

Le fait pour un médecin de ne pas respecter la nomenclature générale des actes professionnels sur des feuilles de soins et de déclarer avoir opéré des deux yeux plusieurs patients à des dates distinctes alors que l'opération avait eu lieu le même jour de manière à ne pas appliquer une diminution de 50 % pour le second acte est constitutif des délits de faux et usage de faux certificat et non de la contravention de l'article L.162-38 CSS[680].

2) Le délit de fausse déclaration pour inscription au tableau

219 – Aux termes de l'article L. 4163-8 du Code de la santé publique, « le fait pour un médecin, chirurgien-dentiste ou une sage-femme de faire une fausse déclaration en vue de son inscription au tableau de l'ordre est puni de trois mois d'emprisonnement et de 3 750 € d'amende ». Il s'agit d'un délit qui ne peut être reproché qu'à ces professions médicales, les autres professions de santé organisées en ordre échappant à la répression pénale sur ce fondement en l'absence de texte incriminateur. En effet, si certaines dispositions pénales du Code de la santé publique concernant les auxiliaires médicaux renvoient à des textes incriminateurs regroupés au sein des dispositions pénales concernant les professions médicales, il n'en va pas ainsi de l'article L. 4163-8 CSP qui n'est pas visé comme texte de renvoi.

Il convient de noter qu'un tel comportement reproché par exemple à un médecin consiste en la violation d'une obligation déontologique dans la mesure où l'article R. 4127-110 CSP dispose que « toute déclaration volontairement mensongère ou incomplète faite au Conseil de l'Ordre par un médecin peut donner lieu à des poursuites disciplinaires ». On soulignera cependant que le droit pénal réprime la seule déclaration fausse et non celle incomplète.

3) Les infractions de fraudes aux organismes de sécurité sociale

220 – Enfin, les dernières infractions pouvant être reprochées aux professionnels de santé incriminant un mensonge consistent dans le non-respect de la nomenclature générale des actes professionnels et dans des déclarations fausses ou incomplètes aux organismes de sécurité sociale.

679 Cass. crim., 27 mars 2013, n° 12-81960.

680 Cass. crim., 8 janvier 2003, n° 02-83100.

a – Le non-respect de la nomenclature de facturation

221 – L'article L.162-38 CSS dispose que le tarif des actes et consultations est fixé par arrêtés ministériels. L'article 1er du décret n° 88-854 du 28 juillet 1988 fixant les sanctions applicables aux infractions aux arrêtés prévus par l'article L.162-38 CSS, prévoit que « les infractions aux dispositions des arrêtés pris en l'application de l'article L.162-38 du Code de la sécurité sociale sont punies des peines d'amende prévues pour les contraventions de la 5e classe »[681]. Le texte poursuit en précisant « qu'en cas de récidive, les peines d'amende prévues pour la récidive des contraventions de la 5e classe sont applicables »[682].

S'agissant d'une contravention, aucune faute n'est requise pour retenir l'infraction. En effet que la surcotation ait été commise volontairement ou par inadvertance, l'infraction n'en reste pas moins constituée. Cette particularité attachée par principe aux contraventions assure une répression facilitée.

Ainsi, le fait pour un médecin, lors de la fixation de ses honoraires, de ne pas observer la nomenclature générale des actes professionnels et de la tarification interministérielle correspondante, dans un document soumis à vérification de la part de l'organisme social destinataire, ne constitue, ni un faux, ni *a fortiori* une manœuvre frauduleuse constitutive d'une escroquerie, mais seulement la contravention de cinquième classe prévue par les articles L.162-38 du Code de la sécurité sociale et 1er du décret du 28 juillet 1988 pris pour son application[683].

En revanche, la Cour de cassation a cassé un arrêt de cour d'appel qui avait retenu cette seule contravention en présence de facturation par un chirurgien-dentiste d'actes dont l'exécution ou la cotation n'était pas conforme à la nomenclature générale des actes professionnels, d'actes multiples et d'actes fictifs, en précisant qu'elle ne saurait constituer un faux, ni une manœuvre frauduleuse, sans relever cependant en quoi les faits poursuivis ne constituaient pas une fraude ou une fausse déclaration au sens de l'article L.377-1 CSS[684]. De même, la Haute Juridiction a considéré que c'était à tort que la cour d'appel avait requalifié les faits poursuivis du chef d'infraction à l'article L.377-1 (fraude) en contravention prévue par les articles L.162-38 dudit code et 1er du décret du 28 juillet 1988 au bénéfice de cardiologues et chirurgiens alors que ceux-ci avaient coté des actes qu'ils n'avaient pas

---

681 L'amende encourue s'élève à 1 500 € en application de l'article 131-13 C. pén.

682 L'amende encourue dans ce cas s'élève à 3 000 € aux termes de l'article 131-13 C. pén. *in fine*.

683 Cass. crim., 25 septembre 1997, *Bull. crim.*, n° 313 ; *Dr. pén.*, 1998, comm. n° 3, obs. M. Véron.

684 Cass. crim., 25 septembre 2001, *Bull. crim.*, n° 189.

effectués, se trouvant aux jours et heures indiqués en train d'en réaliser d'autres, ceci dans le but d'obtenir des sommes auxquelles ils ne pouvaient prétendre[685]. Ces décisions permettent de mettre en évidence la contiguïté des définitions de plusieurs infractions susceptibles d'être reprochées au praticien faisant preuve de peu de probité : le faux[686], l'escroquerie[687], la fraude à la sécurité sociale et le non-respect de la nomenclature générale des actes professionnels. Il s'agit de qualifications complémentaires dont certaines peuvent se cumuler[688].

b – Les déclarations fausses ou incomplètes aux organismes de sécurité sociale

222 – Conditions constitutives – L'incrimination de la fraude à la sécurité sociale sous la forme de déclarations fausses ou incomplètes a évolué au fil du temps dans le sens d'un élargissement de sa définition.

À l'origine, cette infraction ne pouvait être confondue avec l'escroquerie. Ainsi :

> *Les fausses attestations [...] qui peuvent être en elles-mêmes constitutives du délit prévu et réprimé par l'article L. 409 du code de la sécurité sociale, ne sont que de simples mensonges écrits émanant du prévenu et qui ne sauraient à eux seuls caractériser le délit d'escroquerie s'il ne s'y joint aucun fait extérieur, aucun acte matériel, aucune mise en scène ou intervention de tiers destinés à leur donner force et crédit*[689].

Cependant, l'évolution de l'incrimination au fil des réformes en a fait une déclinaison de l'escroquerie dans certaines hypothèses.

Ce comportement était en effet initialement incriminé aux termes de l'article L. 409 CSS qui a été abrogé par un décret n° 85-1353 du 17 décembre 1985 et remplacé par l'article L.377-1 CSS prévoyant qu'« est passible d'une amende de 3 750 €, quiconque se rend coupable de fraude ou de fausse déclaration pour obtenir ou faire obtenir ou tenter de faire obtenir des prestations qui ne sont pas dues, sans préjudice des peines résultant de l'application d'autres lois, s'il y échet ». Le montant de l'amende encourue s'élevant à 3 750 €, il s'agit d'un délit[690]. Il convient de noter que peu

---

685 Cass. crim., 19 décembre 2001, n° 01-81.534.

686 Cf. *supra*. n° 194 et s.

687 Cf. *supra*. n° 201 et s.

688 J.-P. Claveranne, M.-F. Callu, « Pratiques médicales et nomenclatures des actes médicaux : du mal usage à l'escroquerie », *RDSS*, 2008, Hors-Série, p. 108 et s.

689 Cass. crim., 6 décembre 1972, *Bull. crim.*, n° 381 ; *JCP G*, 1974, II, 17674, B. Bouloc.

690 Art. 381 al.2d C. pén. : « Sont des délits les infractions que la loi punit d'une peine d'emprison-

importe que le résultat, c'est-à-dire l'obtention de la prestation convoitée, ait ou non été atteint, l'infraction est constituée par le seul fait de la fraude ou fausse déclaration. La Cour de cassation a eu l'occasion de le rappeler en précisant que « la fraude [...] était consommée par la seule production des documents fallacieux adressés à la sécurité sociale »[691].

Doit être déclaré coupable du délit de fraude ou de fausse déclaration pour obtenir ou faire obtenir des prestations indues le chirurgien qui a pratiqué sur treize patientes des stérilisations volontaires sans indication thérapeutique et obtenu leur prise en charge effective au titre de l'assurance maladie, dès lors qu'il a agi en connaissance de cause et que le prétendu usage invoqué contraire aux dispositions réglementaires en vigueur n'est pas de nature à retirer aux faits leur caractère délictueux[692].

L'indication d'une cotation erronée par un médecin pour obtenir le remboursement de biopsies mammaires, pour la réalisation desquelles devait être normalement demandée une entente préalable, ne constitue ni le délit de faux, ni celui d'escroquerie mais l'infraction de l'article L.377-1 CSS[693].

Le rapprochement entre le nombre de feuilles de soins établies par le praticien et adressées à la caisse en vue de la prise en charge de ses honoraires et la durée des séances préconisée par la nomenclature générale des actes professionnels permet d'établir le caractère fictif de plusieurs de ses déclarations de soins[694].

La loi n° 2005-1579 du 19 décembre 2005 de financement de la sécurité sociale pour 2006[695], en remplaçant le précédent article par l'article L.114-13 CSS, formule quelques modifications : s'agissant de l'incrimination, elle précise que les sommes dont l'obtention est sollicitée peuvent correspondre non pas seulement à des prestations mais également à des allocations. Concernant la peine d'amende, elle en élève le quantum : la nouvelle disposition précise en effet qu' :

> *Est passible d'une amende de 5 000 €, quiconque se rend coupable de fraude ou de fausse déclaration pour obtenir ou faire obtenir ou tenter de faire obtenir des prestations ou des allocations de toute nature, liquidées*

---

nement ou d'une peine d'amende supérieure ou égale à 3 750 € ».

691 Cass. crim., 23 octobre 1989, *Bull. crim.*, n° 371.

692 Cass. crim., 22 janvier 1998, *Bull. crim.*, n° 32.

693 CA, Toulouse, 20 février 2001, n° de RG 2 000/00057.

694 Cass. crim., 7 janvier 2003, *Bull. crim.*, n° 2 ; *Dr. pén.*, 2003, comm. n° 50, obs. J.-H. Robert.

695 *JO* du 20 décembre 2005, p. 19531 et s.

et versées par les organismes de protection sociale, qui ne sont pas dues, sans préjudice des peines résultant de l'application d'autres lois, le cas échéant.

Plus récemment, l'article L.114-13 CSS a été abrogé par l'article 86 de la loi n° 2013-1203 du 23 décembre 2013 sur le financement de la sécurité sociale pour 2014. Cependant, cette loi a ajouté dans le même temps des alinéas supplémentaires à deux dispositions préexistantes dans le Code pénal. La fraude à la sécurité sociale peut désormais être pénalement appréhendée sous deux incriminations distinctes, ce qui a pour conséquence une harmonisation et simplification du travail de qualification judiciaire.

Si le fraudeur remplit les conditions constitutives de l'escroquerie[696], le délit d'escroquerie sera retenu et l'auteur encourra les peines aggravées de sept ans d'emprisonnement et de 750 000 € d'amende aux termes du 5ᵉ de l'article 313-2 du Code pénal, lorsque l'escroquerie sera commise « au préjudice d'une personne publique, d'un organisme de protection sociale ou d'un organisme chargé d'une mission de service public, pour l'obtention d'une allocation, d'une prestation d'un paiement ou d'un avantage indu ».

Si les éléments constitutifs de l'escroquerie ne sont pas réunis, il est fait application de l'alinéa 2ᵈ nouveau de l'article 441-6 C. pén. qui prévoit qu' :

> *Est puni des mêmes peines*[697] *le fait de fournir sciemment une fausse déclaration ou une déclaration incomplète en vue d'obtenir ou de tenter d'obtenir, de faire obtenir ou de tenter de faire obtenir d'une personne publique, d'un organisme de protection sociale ou d'un organisme chargé d'une mission de service public une allocation, une prestation ou un avantage indu.*

Cette incrimination issue de la loi de décembre 2013 est très proche de l'incrimination de l'article L.114-13 abrogé CSS. Il convient de noter une « déspécialisation » de l'incrimination qui n'a plus vocation seulement à protéger les organismes de protection sociale. Le champ de l'infraction se trouve élargi au-delà de la fausse déclaration par l'incrimination de l'hypothèse d'« une déclaration incomplète ». Comme auparavant, il n'est pas nécessaire, pour que l'infraction soit constituée, que l'obtention des sommes et avantages indus soit effective. Enfin, le texte précise le type de faute exigée qui est une faute intentionnelle par l'ajout de l'adverbe

696 Cf. *supra*. n° 201 et s.

697 Deux ans d'emprisonnement et 30 000 € d'amende.

« sciemment », même si auparavant l'incrimination d'une telle fraude impliquait déjà une intention frauduleuse[698].

S'agissant d'un texte qui étend le champ de l'incrimination, il n'a pas vocation à s'appliquer de manière rétroactive à des faits commis antérieurement à son entrée en vigueur en vertu du principe de non-rétroactivité des lois nouvelles de fond plus sévères rappelé à l'article 112-1 du Code pénal. À cet égard, il convient de mentionner un arrêt de la chambre criminelle de la Cour de cassation du 28 janvier 2015[699]. Cette décision n'évoque pas directement un conflit d'application de la loi pénale dans le temps qui s'est peut-être posé en amont de la procédure et dont nous n'avons pas connaissance. L'affaire qui a conduit à cet arrêt concerne une infirmière libérale qui a transmis entre le 1er janvier 2010 et le 31 décembre 2011 à la caisse primaire d'assurance maladie des demandes de remboursement de soins avec application d'une cotation erronée. La caisse concernée se constitue partie civile. L'infirmière est pénalement poursuivie. La cour d'appel de Metz rend en novembre 2013 un arrêt de relaxe en écartant l'intention de frauder. La caisse se pourvoit en cassation pour la raison qu'il ne pouvait être reproché à la prévenue une simple négligence dans la mesure où les demandes de paiement reçues correspondaient, par application de la nomenclature générale des actes professionnels, à une activité de 24 heures par jour pendant 730 jours pour la période considérée. De ce constat devait se déduire selon la demanderesse au pourvoi la volonté délibérée de la prévenue d'obtenir des honoraires indus. La Cour de cassation casse l'arrêt de la cour d'appel pour ne pas avoir répondu à cet argument. La décision de la Cour de cassation évoque la mise en cause pénale sur le fondement des articles 441-6 et suivants du Code pénal, sans plus de précision. Les poursuites sur le fondement des articles L.162-38 CSS et 1er du décret du 28 juillet 1988[700] ne semblaient pas adaptées en raison d'un soupçon de fraude et l'application de l'alinéa 2d de l'article 441-6 C. pén. était inenvisageable en raison de la date des faits fixée entre le 1er janvier 2010 et le 31 décembre 2011. Il semble donc que l'infirmière ait été poursuivie en application du premier alinéa de l'article 441-6 C. pén. de portée générale. Il prévoit que :

698 Cass. crim., 2 mai 1967, *Bull. crim.*, n° 140 : intention de commettre le délit par un médecin retenue, quels que soient les mobiles, dans le cas d'hospitalisation de personnes ne faisant qu'accompagner des patients et d'une demande de prise en charge des frais générés par ces hospitalisations à l'organisme de sécurité sociale.

699 N° 14-80.040.

700 Cf. *supra*. n° 221.

> *Le fait de se faire délivrer indûment par une administration publique ou par un organisme chargé d'une mission de service public, par quelque moyen frauduleux que ce soit, un document destiné à constater un droit, une identité ou une qualité ou à accorder une autorisation est puni de deux ans d'emprisonnement et de 30 000 € d'amende.*

Cette affaire illustre ainsi la porosité des incriminations en ce domaine.

223 - Conditions répressives – La proximité de cette incrimination avec celle relative à la surcotation d'actes accomplis ou avec celle de l'escroquerie n'est pas sans poser des difficultés. Ceci a une répercussion sur les peines applicables. Cette problématique a été soulevée devant le Conseil constitutionnel à la faveur d'une QPC en ce qui concerne l'incrimination prévue à l'article L.135-1 CASF prévoyant que « le fait de percevoir frauduleusement ou de tenter de percevoir frauduleusement des prestations au titre de l'aide sociale est puni des peines prévues par les articles 313-1, 313-7 et 313-8 du Code pénal ». La requérante faisait valoir la violation du principe de légalité des délits et des peines, des principes de nécessité et de proportionnalité des peines ainsi que du principe d'égalité dans la mesure où d'autres fraudes concernant d'autres types de prestations étaient punies par renvoi aux peines prévues par l'article L.114-13 CSS, moins sévères que celles prévues par les articles du Code pénal précités. Le Conseil constitutionnel a déclaré contraire à la Constitution l'article litigieux[701]. La loi du 23 décembre 2013 est intervenue pour harmoniser, en l'aggravant, la répression en ce domaine.

Au fil des réformes, l'incrimination de fraude et fausse déclaration à la sécurité sociale a été élargie et les peines ont été aggravées. En ce qui concerne l'article 441-6 al.2^{d} du Code pénal définissant l'incrimination, il n'a vocation à s'appliquer qu'aux faits commis postérieurement à l'entrée en vigueur de la loi qui le crée puisque, le champ de l'incrimination étant élargi, le texte peut être qualifié de plus sévère. En effet, aux termes de l'article 112-1 al.1er C.pén., « Sont seuls punissables les faits constitutifs d'une infraction à la date à laquelle ils ont été commis ». C'est la même solution qui découle de la lecture de l'alinéa 2e de ce même texte[702] en ce qui concerne les peines prévues par la loi de 2013 : d'une part, elle crée une nouvelle circonstance aggravante pour la répression de l'escroquerie[703], ce qui constitue une disposition plus sévère ; d'autre part, les peines encourues pour l'incrimination de fausse déclaration ou de déclaration incom-

PARTIE 2

---

701 CC, Décision n° 2013-328 QPC du 28 juin 2013, *JO* du 30 juin 2013, p. 10963 et s.

702 « Peuvent seules être prononcées les peines également applicables à la même date ».

703 Art. 313-2-5 °C. pén.

plète ont été aggravées passant de 5 000 € à deux ans d'emprisonnement et 30 000 € d'amende, ce qui constitue également une disposition plus sévère et empêche son application rétroactive.

4) Le délit de délivrance d'ordonnances de complaisance

224 – Le Code pénal incrimine le fait de délivrer des ordonnances fictives ou de complaisance pour faciliter l'usage de produits classés stupéfiants et range ce délit parmi les infractions relatives au trafic de stupéfiants, autrefois défini à l'article L.627 du Code de la santé publique. L'article 222-37 alinéa 2e C. pén. dispose que constitue un délit le fait « de faciliter, par quelque moyen que ce soit, l'usage illicite de stupéfiants », notamment en délivrant des ordonnances de complaisance s'agissant de médecins.

a – Les conditions constitutives

225 – Comportement répréhensible – La Cour de cassation a considéré qu'il convenait de retenir la responsabilité pénale d'un médecin pour une telle infraction, qui avait assuré pendant trois ans à une patiente un approvisionnement en Palfium, en quantité importante, excédant largement ses besoins, sans respecter la réglementation en vigueur concernant sa délivrance et sans s'assurer qu'elle les utilisait elle-même[704].

Est également coupable de la facilitation d'usage illicite de stupéfiants le médecin qui fait preuve de complaisance en prescrivant à des patients aptes à la pratique du sport, sans examen préalable ou en ayant conscience des fins de dopage, des amphétamines classées au tableau B des substances vénéneuses[705].

226 – Faute requise – Une **faute intentionnelle** est requise pour la constitution de ce délit mais n'est pas caractérisée dès lors que différents médecins pensaient soigner des patients alors qu'en réalité le produit délivré (ampoules de Dolosal) était remis à un tiers toxicomane[706]. Par ailleurs, la simple violation de l'obligation faite au médecin d'examiner le malade avant la prescription d'une substance stupéfiante ne suffit pas à caractériser le délit. Sa constitution est subordonnée à la conscience que doit avoir le médecin, au moment de la prescription du médicament, de l'usage illicite auquel ce produit est destiné, et seul l'examen des circonstances ayant entouré la délivrance du produit permet de déceler l'existence de cette

[704] Cass. crim., 6 décembre 1983, inédit.

[705] CA, Amiens, 2 février 1989, *JurisData* n° 1989-042714.

[706] Cass. crim., 27 mars 1968, *Bull. crim.*, n° 110.

conscience[707]. Toutefois, la chambre criminelle de la Cour de cassation retient par la suite que se rendent coupables de cette infraction les praticiens qui acceptent de délivrer un tel produit analgésique en faveur d'une patiente qui, traitée à la suite de plusieurs interventions chirurgicales avec ce médicament auquel elle s'était accoutumée, cherchait à s'en procurer, alors qu'ils ne pouvaient ignorer l'usage illicite qui en était fait en dehors de toute nécessité thérapeutique, d'autant que le nombre des ordonnances établies était élevé et qu'elles étaient délivrées sans examen préalable[708].

b - Les conditions répressives

227 - Peines encourues - Le médecin auteur d'un tel délit encourt les peines de dix ans d'emprisonnement et de 7 500 000 € d'amende. Il encourt également à titre de peine complémentaire l'interdiction d'exercer son activité professionnelle de manière définitive ou pour une durée de cinq ans[709].

228 - Interdiction d'exercice professionnel - Est bien fondée au regard des impératifs de sûreté publique et des nécessités de l'instruction l'interdiction professionnelle d'exercer décidée sur le fondement de l'article 138 du Code de procédure pénale dans le cadre d'un contrôle judiciaire à l'encontre d'un médecin mis en examen pour avoir notamment délivré des ordonnances de complaisance de Subutex et de Skenan pendant plus de deux ans dans un but non thérapeutique[710].

229 - Conflit de qualifications - Dans le cas où les ordonnances de complaisance n'ont pas pour finalité de permettre la remise aux patients de produits stupéfiants en vue d'un usage illicite, la délivrance d'ordonnances de complaisance peut être constitutive d'un acte d'aide à la commission d'une infraction au titre de la complicité. A ainsi été condamné pour complicité d'escroquerie le médecin qui délivrait des ordonnances de complaisance prescrivant des médicaments en grande quantité, qui étaient utilisées pour obtenir des assurances sociales des remboursements indus sollicités par une employée de pharmacie, auteur de l'escroquerie, le médecin bénéficiant en contrepartie du paiement de consultations multiples inexistantes[711].

PARTIE 2

---

707 CA, Toulouse, 2 décembre 1982, *Gaz. Pal.*, 1983, I, Somm., p. 47.

708 Cass. crim., 10 janvier 1984, *D.*, 1995, IR, p. 464, note J. Penneau.

709 Art. 222-44 C. pén.

710 Cass. crim., 5 novembre 2013, *RDS*, 2014, n° 58, p. 1069 et s., obs. A. Ponseille.

711 CA, Paris, 9 octobre 2009, *JurisData* n° 2009-012292.

§ 2 – La pénalisation de la violation du secret imposé aux professionnels de santé

230 – Le **respect du secret médical** apparaît en tout premier lieu comme une règle déontologique[712], une obligation que se doit de respecter le professionnel de santé et déclinée dans le Code de la santé publique pour les diverses professions de santé[713]. Si les professionnels de santé doivent respecter le secret professionnel, ils sont tenus également de le faire respecter par les personnes avec lesquelles ils travaillent[714]. Ce devoir qui pèse sur le praticien est à la fois « une obligation de se taire et un droit au silence »[715].

231 – La **protection du secret médical** est en effet un droit qui bénéficie par ailleurs au patient. En effet, la loi n° 2002-303 du 4 mars 2002 relative aux droits des malades et à la qualité du système de santé[716] consacre ce droit à l'article L.1110-4 CSP qui prévoit dans son premier alinéa que « toute personne prise en charge par un professionnel, un établissement, un réseau de santé ou tout autre organisme participant à la prévention et aux soins a droit au respect de sa vie privée et du secret des informations la concernant ». Dans un arrêt du 27 août 1997, la Cour européenne des droits de l'Homme a rattaché ce droit au droit au respect de la vie privée visé à l'article 8 Conv. EDH : une femme est victime d'un accident du travail et souffre de blessures au dos. À l'époque des faits, elle est enceinte et se fait donc examiner par le service de gynécologie de l'hôpital qui la suit pour sa grossesse. La caisse d'assurance maladie demande à ce service communication du dossier gynécologique pour accorder une prestation en raison de l'accident de travail. Le dossier est transmis et va passer dans différents services administratifs de l'organisme de sécurité sociale. Cependant, la Cour européenne considère qu'il n'y a pas violation de l'article 8 car le service de gynécologie avait des raisons pertinentes et suffisantes de communiquer à la caisse le dossier médical de la patiente et que la mesure n'était pas disproportionnée au but légitime poursuivi[717].

---

[712] B. Feuillet-Le Mintier, « Les fondements du secret médical », *Responsabilité*, septembre 2001, n° 3, p. 25 et s.

[713] Art. R. 4127-4 CSP pour les médecins ; art. R. 4127-206 CSP pour les chirurgiens-dentistes ; art. R. 4235-5 CSP pour les pharmaciens ; art.L. 4314-3 CSP pour les infirmiers et infirmières…

[714] Art. R. 4127-72 CSP ; notons qu'ils n'engageront pas leur responsabilité pénale pour un fait commis par autrui en raison du principe de responsabilité pénale personnelle prescrit à l'article 121-1 du Code pénal, mais seulement leur responsabilité disciplinaire.

[715] J.-L. Baudouin, *Secret professionnel et droit au secret dans le droit de la preuve*, Paris : LGDJ, 1965, 251 P.

[716] *JO* du 5 mars 2002, p. 4118 et s.

[717] Req. n° 20837/92, aff. MS c/Suède.

La reconnaissance d'un tel droit au profit du patient fonde l'inopposabilité du secret médical à son égard; le contraire serait antinomique avec la reconnaissance d'un droit au profit du patient. L'inopposabilité du secret médical à l'égard du patient est également fondée sur le droit du patient d'être informé de son état de santé. Par ailleurs, cette inopposabilité du secret médical implique le droit à la communication du dossier médical. Jusqu'à la loi du 4 mars 2002, cet accès au dossier médical ne s'effectuait que par l'intermédiaire du médecin désigné à cet effet par le patient. Avec l'article L.1111-7 CSP issu de la loi de 2002 et modifié pour partie par la loi n° 2007-131 du 31 janvier 2007 relative à l'accès au crédit des personnes présentant un risque aggravé de santé[718], le patient peut accéder à l'ensemble des informations concernant son état de santé détenues par des professionnels et établissements de santé et cette disposition en fixe les modalités.

232 – Au-delà de ces précisions d'ordre général, il convient de s'intéresser plus particulièrement à la protection pénale du secret professionnel et plus précisément médical[719], qui est au centre de la relation de confiance unissant le patient et le médecin et qui constitue d'ailleurs la *ratio legis* de l'incrimination[720]. La relation médecin/patient est fondée sur un véritable « pacte de confidentialité ». Commentant l'article 378 de l'ancien Code pénal qui incriminait la violation du secret professionnel[721], Émile Garçon écrivait :

> *Le bon fonctionnement de la société veut que le malade trouve un médecin, le plaideur un défenseur, le catholique un confesseur, mais ni le médecin, ni l'avocat, ni le prêtre ne pourraient accomplir leur mission si les confidences qui leur sont faites n'étaient pas assurées d'un secret inviolable. Il importe donc à l'ordre social que ces confidences nécessaires soient astreintes à la discrétion et que le silence leur soit imposé sans condition, ni réserve, car personne n'oserait plus s'adresser à eux si l'on pouvait craindre la divulgation du secret confié. Ce secret est donc d'ordre absolu et d'ordre public.*

Lors de la réforme du Code pénal en 1994, l'article incriminateur précité a été réécrit et remplacé par l'art.226-13 C.pén., qui vise un nombre

---

718 *JO* du 1er février 2007, p. 1945 et s.

719 Pour une présentation complète, cf. A. Thibault, « Le secret professionnel et l'exercice de la médecine », *Act. JuriSanté*, 2009, n° 65, p. 31 et s.

720 Cass. crim., 15 décembre 1885, *DP*, 1886, I, p. 347 et s.: « en imposant à certaines personnes, sous une sanction pénale, l'obligation du secret comme un devoir de leur état, le législateur a entendu assurer la confiance qui s'impose dans l'exercice de certaines professions ».

721 Cf. *infra*. n° 233.

plus important de personnes soumises au secret sous peine de sanctions pénales puisqu'il prévoit que peut être auteur de l'infraction la « personne qui en est dépositaire soit par état ou par profession, soit en raison d'une fonction ou d'une mission temporaire ». Ainsi la révélation d'informations à caractère secret concernant son patient par le professionnel de santé est par principe pénalement sanctionnée (**A**) et, par exception, peut ne pas l'être (**B**).

A – La révélation pénalement sanctionnée d'informations à caractère secret

233 – L'incrimination de la violation du secret professionnel a évolué entre le Code pénal de 1810 et le nouveau Code pénal vers une présentation autre.

En effet, l'article 378 de l'ancien Code pénal disposait que :

> *Les médecins, chirurgiens et autres officiers de santé, ainsi que les pharmaciens, les sages-femmes, et toutes les autres personnes dépositaires, par état ou profession, ou fonctions temporaires ou permanentes, des secrets qu'on leur confie, qui, hors les cas où la loi les oblige ou les autorise à se porter dénonciateurs, auront révélé ces secrets seront punis d'un emprisonnement d'un mois à six mois et d'une amende de 500 à 3 000 F.*

Ce texte réunissait à la fois l'incrimination et la justification du délit. Avec le Code pénal réformé, l'article ancien est modifié et scindé pour donner lieu à deux articles distincts : les articles 226-13 et 226-14 du Code pénal.

234 – Le premier de ces textes, l'art.226-13 du Code pénal dispose que « La révélation d'une information à caractère secret par une personne qui en est dépositaire soit par état ou par profession, soit en raison d'une fonction ou d'une mission temporaire, est punie d'un an d'emprisonnement et de 15 000 euros d'amende ». Ce texte évoque les éléments constitutifs (**1**) et les peines encourues pour ce délit (**2**).

1) Les conditions constitutives du délit de violation du secret imposé aux professionnels de santé

235 – Cette disposition énonce les éléments matériel et moral de l'infraction pénale sans pour autant en définir précisément les termes.

Ainsi la **révélation doit être le fait de professionnels de santé et doit avoir pour objet des informations à caractère secret**.

236 – La **révélation** incriminée consiste en un acte positif[722]. Cependant, elle ne suppose pas forcément une divulgation. Ceci signifie que la révélation n'a pas à être publique, elle peut être faite à une seule personne[723] quand bien même d'autres personnes auraient connaissance de cette information[724]. La circulaire du 16 décembre 1994 commentant le nouveau Code pénal était venue préciser que « divulgation » doit s'entendre de la « transmission hors du monde clos des professionnels qui participent à la même mission ». Ainsi la révélation peut être faite à une personne unique[725] : se rend coupable du délit de violation du secret professionnel le médecin qui remet à une femme un certificat médical concernant son époux utilisé dans le cadre d'une procédure de divorce[726], le pharmacien biologiste ami du couple qui délivre au mari les résultats positifs de test de séropositivité de sa femme[727], le médecin qui adresse au mari de sa patiente une lettre par laquelle il lui dévoile que son épouse a fait une fausse couche avant mariage, cette missive étant destinée à être produite dans le cadre d'une instance en divorce[728], le médecin-conseil d'une compagnie d'assurances qui, agissant comme tel et non comme expert judiciaire, a révélé à sa mandante des renseignements secrets, puisés dans le dossier médical d'un malade dont il n'a obtenu la communication d'un service hospitalier qu'en faisant valoir sa qualité de médecin[729].

PARTIE 2

Les modalités de la révélation importent peu en raison de l'absence de précision par le texte : elle peut être orale ou écrite.

237 – Par ailleurs, cette révélation doit être faite **par la personne tenue au secret** : en effet, il n'y a pas violation du secret professionnel lorsque les

---

722 Cass. crim., 30 octobre 2001, n° 99-82.136 : le fait pour des membres du personnel administratif d'avoir eu accès à des données médicales traitées par le système informatique ne permet pas de considérer que le délit de violation du secret professionnel est imputable à des médecins en dehors du constat de tout acte positif de révélation.

723 Cass. crim., 16 mai 2000, *Bull. crim.*, n° 192 : « la révélation d'une information à caractère secret [...] n'en suppose pas la divulgation ; [...] elle peut exister légalement lors même qu'elle en est donnée à une personne unique et lors même que cette personne est elle-même tenue au secret ».

724 Ibid. : « la connaissance par d'autres personnes, de faits couverts par le secret professionnel, n'est pas de nature à enlever à ces faits leur caractère confidentiel et secret ».

725 Cass. crim., 16 mai 2000, *précit.*

726 CA, Aix-en-Provence, 22 mars 1999, *JurisData* n° 1999-040547.

727 CA, Nîmes, 23 avril 1996, *JurisData* n° 1996-030395 : la cour considère que la qualité de médecin du mari est indifférente et qu'il n'est pas rapporté la preuve que le praticien ait été délié du secret par la patiente.

728 T. corr., Seine, 4 janvier 1928, *Sem. Jur.*, 1928, p. 401, note A. Perraud-Charmentier.

729 Cass. crim., 17 mai 1973, *Bull. crim.*, n° 228.

attestations ou certificats médicaux sont remis en justice par le patient[730]. C'est cette jurisprudence que la cour d'appel de Rennes a reprise dans un arrêt du 13 février 2008[731] : une lettre est remise par un médecin à un de ses patients concernant l'état mental de l'épouse de ce dernier qui est également sa patiente ; cette missive devait être transmise à un autre médecin pour une prise en charge adaptée de l'épouse mais contrairement à ce qui était prévu, l'époux la remet à ses filles qui la produisent dans le cadre d'une instance les opposant à leur mère qui souhaitait obtenir un droit de visite sur ses petits-enfants. Le médecin rédacteur de la missive est poursuivi pour violation du secret professionnel mais relaxé par la cour d'appel, les juges considérant que le prévenu n'était pas à l'origine de la violation reprochée.

238 – La révélation doit avoir pour objet une « **information à caractère secret** » sans que la loi ne définisse cette expression. Pour autant, il doit véritablement s'agir d'informations revêtant ce caractère, sans quoi l'infraction ne peut être constituée : ainsi, il a pu être jugé que le fait pour un médecin, ami de la femme d'un couple en instance de divorce, qui indique à l'enquêteur social mandaté par le juge aux affaires familiales que le mari « est un grand enfant », un « père-copain », qui n'apporte à son enfant « aucune structure nécessaire à son équilibre », ne constitue pas la violation du secret professionnel au sens de l'article 226-13 C. pén.[732]. L'obligation au secret ne concerne que les informations reçues dans le cadre de la relation professionnel/patient ou client[733]. Ainsi, n'est pas constitutif d'une violation du secret médical ni de tout autre type de secret professionnel le fait pour le directeur général d'une clinique « de faire connaître à un tiers étranger à la clinique les réserves émises sur la pratique médicale d'un médecin par certains médecins à l'occasion d'une réunion de la commission médicale d'établissement à laquelle il avait assisté, ces réserves ne comprenant aucune information relative à un patient »[734].

---

[730] Cass. crim., 5 novembre 1981, *Bull. crim.*, n° 295 : dans une affaire de viol, un individu est condamné par une cour d'assises. Il forme un pourvoi considérant qu'il a été condamné notamment sur la base d'un certificat médical du médecin traitant de la victime en violation du secret professionnel, ce qui constituerait une preuve irrecevable en raison de son illégalité. Pour la chambre criminelle de la Haute Juridiction, il n'y a pas d'infraction car le certificat a été remis par la victime.

[731] *RDS*, 2009, n° 27, p. 58 et s., note A. Vivancos.

[732] Cass. crim., 21 mars 2000, n° 99-84.557.

[733] Cass. crim., 23 janvier 1996, *Bull. crim*, n° 37 : « cette obligation ne s'impose que dans les relations entre le professionnel et son client ».

[734] Cass. crim., 3 avril 2012, n° 11-85.571.

En outre, si l'ancien Code pénal prévoyait à l'article 378 que la qualité de secret ne concernait que les informations « confiées » à celui qui était dépositaire par la loi du secret professionnel, la rédaction du texte incriminateur issue du Code pénal de 1994 n'est plus aussi restrictive. De toutes les façons, une jurisprudence constante de la Cour de cassation, jamais remise en cause, établie sous l'empire de l'ancien Code pénal, avait déjà envisagé une extension de la définition légale en considérant qu'était également couvert par le secret professionnel tout ce que le praticien « pouvait personnellement constater, découvrir ou déduire à l'occasion de l'exercice de sa profession »[735]. Le Conseil d'État est également venu préciser que le secret couvre l'ensemble des informations venues à la connaissance du médecin et non pas seulement celles strictement médicales[736].

239 – Concernant l'objet du secret médical, l'art. L.1110-4 alinéa 2e CSP éclaire la définition qui peut être retenue pour l'incrimination pénale et précise que :

> *[...] ce secret couvre* ***l'ensemble des informations concernant la personne venues à la connaissance*** *du professionnel de santé, de tout membre du personnel de ces établissements ou organismes et de toute autre personne en relation, de par ses activités, avec ces établissements ou organismes. Il s'impose à tout professionnel de santé, ainsi qu'à tous les professionnels intervenant dans le système de santé.*

Ainsi, la teneur de telles informations est indifférente : le délit est constitué quand bien même les informations communiquées à des tiers seraient le résultat négatif de ses constatations[737], ou porteraient sur des dispositions prises par le médecin à l'égard du patient peu importe que « ces dispositions aient permis, ou non, de reconnaître la nature de l'affection dont aurait pu, ou non, être atteint X... »[738].

240 – Le secret professionnel dont médical est « **général et absolu** » selon une jurisprudence ancienne et constante[739]. Cette règle signifie que les informations secrètes ne doivent pas être révélées quand bien même elles seraient connues ou susceptibles de l'être[740]. Cela signifie également que,

735 Cass. crim., 17 mai 1973, n° 72-91.572, *précit.* ; *RSC*, 1974, p. 369, obs. G. Levasseur ; Cass. crim., 18 octobre 1977, *D.*, 1978, p. 94 et s., note A. Brunois.

736 CE, 15 décembre 2010, req. n° 330314.

737 Cass. crim., 9 novembre 1901, *DP*, 1902, I, p. 235.

738 Cass. crim., 27 juin 1967, *Bull. crim.*, n° 194.

739 Cass. crim., 12 avril 1951, *Bull. crim.*, n° 103.

740 CA, Versailles, 30 avril 1990, *D.*, 1990, IR, p. 178 : la violation du secret médical est caractérisée, même si le fait révélé par le médecin pouvait être connu indépendamment de cette révélation.

même si le fait est connu dans son ensemble, la divulgation tombe sous le coup de la répression si elle apporte des précisions que le dépositaire du secret est seul à connaître[741]. Ainsi, la connaissance du fait par d'autres personnes n'ôte pas aux informations leur caractère confidentiel[742].

La Cour de cassation est venue préciser que:

> *L'obligation au secret professionnel, établie par l'article 226-13 du Code pénal, pour assurer la confiance nécessaire à l'exercice de certaines professions ou de certaines fonctions, s'impose aux médecins, hormis les cas où la loi en dispose autrement, comme un devoir de leur état; [...] sous cette seule réserve, elle est générale et absolue*[743].

Une des expressions de cette règle tient dans le fait que la protection pénale perdure même après le décès du patient[744]. L'affaire de la publication par le docteur Gubler, médecin traitant du président Mitterrand, d'un livre intitulé « Le grand secret » en est une illustration[745]. Les juges répressifs avaient retenu à son encontre le délit de violation du secret professionnel en 1996[746]. Parallèlement, il fit l'objet d'une procédure ordinale qui conduisit à sa radiation du tableau de l'Ordre et la parution de l'ouvrage avait été interdite au terme d'une procédure civile. La maison d'édition avait par la suite porté l'affaire devant la Cour européenne des droits de l'Homme qui avait considéré que le maintien de l'interdiction de diffusion du livre, parce qu'il ne répondait plus à un « besoin social impérieux », était contraire à l'article 10 de la convention protégeant la liberté d'expression[747]. Une limite à la protection du secret professionnel tiendrait-elle dans celle de la liberté d'expression[748] ?

---

741 Cass. crim., 7 mars 1989, *Bull. crim.*, n° 109: « le principe posé par l'article 378 du Code pénal est général et absolu même s'il s'agit d'un fait connu dans son ensemble lorsque l'intervention du dépositaire du secret entraîne la divulgation de précisions qu'il était seul à connaître ».

742 Cass. crim., 22 novembre 1994, n° 93-85.009: décision de condamnation d'une cour d'appel justifiée dès lors que « la connaissance des faits par d'autres personnes n'était pas de nature à leur enlever leur caractère confidentiel et secret »; dans le même sens concernant le secret professionnel d'un avocat, cf. Cass. crim., 16 mai 2000, *Bull. crim.*, n° 192.

743 Cass. crim., 8 avril 1998, *Bull. crim.*, n° 138.

744 Cass. crim., 19 décembre 1885, *D.*, 1885, p. 385.

745 Pour une présentation détaillée des procédures et de cette affaire, cf. C. Manaouil, « La santé du chef de l'État, le secret médical et l'information dans une démocratie », *DDS*, 2007, p. 148 et s.

746 T. corr., Paris, 5 juillet 1996, *Gaz. Pal.*, 14-16 juillet 1996, p. 11 et s., obs. G. Mémeteau.

747 CEDH, 18 mai 2004, Plon c/France, req. n° 58148/00.

748 L. Delprat, « Du secret médical au secret d'État… ou la justification d'une violation du secret médical par la protection de la liberté d'expression », *Médecine et Droit*, 2006, n° 76, p. 1 et s.

Enfin, pendant longtemps, le juge exigeait qu'une telle révélation ait causé un préjudice au bénéficiaire du secret. La jurisprudence a évolué dans le sens de l'abandon d'une telle condition qui n'était pas prévu par le texte. Il s'agit en quelque sorte d'une infraction formelle.

241 – La constitution de l'infraction requiert enfin **une intention frauduleuse** même si le texte ne fait référence à aucune sorte de faute pénale. À cet égard, l'article 121-3 C. pén. dispose que les délits sont par principe intentionnels sauf si la loi en dispose autrement. Ainsi, à défaut de précision par le texte incriminateur, il convient de considérer qu'une faute intentionnelle est exigée. Mais seul un dol général doit être démontré en l'espèce, ce qui signifie que le prévenu doit avoir accompli le comportement prohibé en toute connaissance de cause, sans qu'une intention de nuire soit en plus requise[749], les mobiles étant également indifférents[750].

L'infraction n'est donc pas constituée en cas de révélation par imprudence : par exemple, le fait de laisser traîner sur son bureau des dossiers médicaux pouvant être consultés par des tiers ne pourrait constituer qu'une faute d'imprudence. Cependant, le comportement du professionnel tenu au secret sera jugé plus sévèrement que celui d'un autre et l'intention sera souvent présumée. Ainsi, s'appuyant sur la seule nécessité d'un dol général, il a pu être jugé que le médecin gynécologue remplaçant qui remet à la belle-mère de la patiente un certificat contenant des informations à caractère secret qu'elle transmettra à son fils pour qu'il soit utilisé dans le cadre d'un divorce, commet le délit de violation du secret professionnel. Si la belle-mère s'est fait passer pour la patiente, la prévenue ne pouvait ignorer le fait de révéler des informations secrètes à une autre personne que la patiente dans la mesure où le certificat mentionnait l'âge de cette dernière et que la différence d'âge entre ces deux personnes était de presque trente ans[751]. Il demeure que la révélation non intentionnelle d'informations couvertes par le secret professionnel peut cependant entraîner la responsabilité civile de son auteur sur le fondement de l'article 1383 du Code civil.

749 Cass. crim., 19 décembre 1885, *Bull. crim.*, n° 363 ; *DP*, 1886, I, p. 347, *précit.* ; B. Py, note sous cet arrêt, p. 305 et s. in *Les grandes décisions du droit médical*, sous la direction de F. Vialla, Paris : LGDJ, 2014, 2e éd., 893 P.

750 Cass. crim., 7 mars 1989, *Bull. crim.*, n° 109 : « L'intention frauduleuse consiste dans la conscience qu'a le prévenu de révéler le secret dont il a connaissance, quel que soit le mobile qui a pu le déterminer ».

751 CA, Rennes, 8 septembre 2005, *JurisData* n° 2005-292370 ; *Médecine et Droit*, 2006, n° 81, p. 169 et s., obs. J.-D. Azincourt.

2) Les conditions répressives du délit de violation du secret imposé aux professionnels de santé

242 – Peines encourues – Le délit de violation du secret professionnel est puni d'un an d'emprisonnement et de 15 000 euros d'amende. Au titre des peines complémentaires sont notamment encourues la peine d'interdiction professionnelle pendant cinq ans maximum et la peine d'affichage et/ou de publication de la décision de condamnation[752].

243 – Complicité – Aux termes de l'article 121-7 C.pén., est complice celui qui assiste, aide, provoque l'auteur principal ou lui fournit des instructions afin qu'il commette une infraction. Doit être déclaré coupable de complicité du délit de violation du secret professionnel le médecin-conseil d'une compagnie d'assurances qui, par l'autorité morale que lui conférait sa qualité de médecin, a obtenu d'une infirmière ou d'une secrétaire hospitalière, communication du dossier médical d'une personne accidentée[753].

244 – Recel de violation du secret professionnel – Ce délit est incriminé par l'article 321-1 C. pén. disposant que « le recel est le fait de dissimuler, de détenir ou de transmettre une chose, ou de faire office d'intermédiaire afin de la transmettre, en sachant que cette chose provient d'un crime ou d'un délit »[754]. L'origine du bien recélé, qui peut être une information, doit être une infraction criminelle ou délictuelle. Pour vérifier cette condition constitutive du délit de recel, il revient donc au juge de déterminer l'« infraction antécédente ». À défaut, la relaxe pour recel doit être prononcée : c'est ce qui a été décidé à l'égard d'un journaliste poursuivi pour recel de violation du secret professionnel puisqu'il n'a pas été démontré que l'information en sa possession tenant au bilan de santé d'un sportif lui avait été fournie par un professionnel de santé dépositaire du secret[755].

245 – Infraction obstacle – L'article L.1110-4 du Code de la santé publique prévoit dans son alinéa 7e une infraction particulière : « Le fait d'obtenir ou de tenter d'obtenir la communication de ces informations en violation du présent article est puni d'un an d'emprisonnement et de 15 000 € d'amende. » Ce texte appelle deux remarques : d'une part, cette incrimination permet de réprimer le comportement de celui qui inciterait une personne soumise au secret à transmettre des informations à caractère secret dans l'hypothèse où la complicité ne pourrait pas jouer car, par exemple, le professionnel de santé n'aurait pas commis de violation du

---

[752] Art. 226-31 C. pén.

[753] T. corr., Lyon, 7 décembre 1971, *Gaz. Pal.*, 1972, I, p. 165, note D.S.

[754] Les peines principales encourues sont cinq ans d'emprisonnement et 375 000 € d'amende.

[755] Cass. crim., 6 mars 2012, *Bull. crim.*, n° 61 ; *AJ pénal*, 2012, p. 340, obs. J. Lasserre Capdeville.

secret professionnel. Elle permet de prévenir la commission d'un tel délit et ces deux incriminations sont donc en quelque sorte complémentaires; d'autre part, il s'agit d'une infraction spécifique au domaine de la santé car le Code pénal ne prévoit pas une telle incrimination.

246 - Action publique - L'infraction de l'article 226-13 C. pén. est consommée dès la première révélation faite et peut dès lors être qualifiée d'infraction instantanée, indépendamment de la permanence de ses effets[756].

S'agissant d'un délit, le délai de prescription de l'action publique est de trois ans[757] et le point de départ est fixé par principe au jour de commission de l'infraction. En effet, la violation du secret professionnel n'est pas une infraction clandestine par nature et dès lors le point de départ est fixé au jour de sa constitution, c'est-à-dire au jour de la révélation des informations à caractère secret et non au jour de sa constatation[758].

247 - Action civile - Si le délit de violation du secret professionnel a été institué dans l'intérêt général pour protéger la confiance qui s'impose dans l'exercice de certaines professions, il l'est également dans l'intérêt des particuliers pour garantir la sécurité des confidences faites aux dépositaires du secret: dès lors le « patient-victime » peut demander réparation du dommage individuel qu'il a subi du fait de la divulgation[759].

Aux fins d'obtenir la réparation des préjudices découlant de l'infraction[760], cette action est exercée par le bénéficiaire ou créancier du secret, c'est-à-dire celui concerné par le secret, en l'espèce le patient. Il ne peut donc s'agir d'un tiers à la relation soumise au secret. Ainsi doit être déclarée irrecevable, en raison d'un préjudice indirect, la constitution de partie civile d'un professeur désigné par une élève comme étant son agresseur sexuel, à l'occasion d'une procédure dans laquelle il fait citer une psychologue scolaire pour violation du secret professionnel pour la raison qu'elle avait révélé les confidences qui lui avaient été faites par cette élève[761].

248 - Incidence procédurale - La violation du secret professionnel peut avoir une incidence dans le cadre du procès. En effet, les preuves obtenues

756 Cass. crim., 30 avril 1968, *Bull. crim.*, n° 137

757 Art. 8 CPP

758 Cass. crim., 30 janvier 2001, n° 00-81.309; Cass. crim., 8 novembre 2005, *Bull. crim.*, n° 284.

759 T. corr., Paris, 5 juillet 1996, *D.*, 1998, Somm. comm, 87, obs. T. Massis.

760 Art. 2 al.1er CPP: « L'action civile en réparation du dommage causé appartient à tous ceux qui ont personnellement souffert du dommage directement causé par l'infraction ».

761 Cass. crim., 26 juin 2001, n° 01-80.456.

par violation du secret professionnel sont irrecevables en justice. C'est ce qui a été notamment rappelé par un arrêt de la 1re chambre civile de la Cour de cassation du 12 janvier 1999[762] : une assurance-vie de groupe est souscrite par l'employeur d'un salarié qui répond à un questionnaire fourni par l'assureur. Trois ans plus tard, le salarié se suicide. L'assureur fait signer à la veuve une autorisation de consulter le médecin traitant. Celui-ci adresse une lettre au médecin-conseil de l'assureur révélant l'état de santé de son patient au moment de la signature du contrat. Le médecin-conseil transmet la lettre à la compagnie d'assurances ce qui constitue une violation du secret professionnel. Pour refuser d'indemniser, la compagnie d'assurances indique que les réponses aux questions étaient volontairement erronées. La cour d'appel saisie donne raison à l'assureur car, dans le cas contraire, cela reviendrait à couvrir une fraude à l'assurance. La Cour de cassation considère que la solution est fondée sur une preuve obtenue illégalement car découlant de la violation du secret professionnel : la lettre aurait dû être écartée des débats.

Par ailleurs, celui qui produit, dans le cadre d'une instance, des informations couvertes par le secret professionnel pourrait être poursuivi pour recel, sauf s'il s'agit de l'unique moyen pour assurer sa défense[763].

249 – Sanction disciplinaire et sanction pénale - Une obligation de garder le secret médical est imposée par exemple au médecin par l'article R. 4127-4 CSP qui dispose que :

> *Le secret professionnel institué dans l'intérêt des patients s'impose à tout médecin dans les conditions établies par la loi.*
>
> *Le secret couvre tout ce qui est venu à la connaissance du médecin dans l'exercice de sa profession, c'est-à-dire non seulement ce qui lui a été confié, mais aussi ce qu'il a vu, entendu ou compris.*

La violation de cette obligation ordinale peut entraîner une sanction disciplinaire. Celle-ci peut se cumuler avec une sanction pénale puisque la violation du secret professionnel constitue à la fois une infraction pénale et une infraction disciplinaire comme le prévoit par exemple l'article L. 4126-5 CSP en matière de responsabilité juridique médicale.

250 – Depuis plusieurs années, force est de constater une augmentation des personnes tenues par le secret professionnel mais, en même temps, est constaté un affaiblissement de la protection du secret[764]. Cet étiole-

[762] *Bull. civ.* I, n° 18.

[763] Cf. *infra*. n° 259.

[764] B. Py, *Le secret professionnel*, Paris : L'Harmattan, Coll. La justice au quotidien, 2005, p. 67.

ment s'explique notamment par la multiplication des circonstances légalement prévues dans lesquelles la révélation d'informations à caractère secret reçues par un professionnel de santé peut ne pas être pénalement sanctionnée.

B – La révélation non pénalement sanctionnée d'informations à caractère secret

251 – L'article 226-14 C. pén. présente les hypothèses dans lesquelles l'infraction n'est pas constituée et qui renvoient à deux **faits justificatifs** proches : l'ordre de la loi et l'autorisation de la loi, tous deux prévus à l'article 122-4 al.1er C. pén. qui dispose que « n'est pas pénalement responsable la personne qui accomplit un acte **prescrit** ou **autorisé** par la loi ». D'autres hypothèses de révélation non pénalement sanctionnée ne sont pas expressément prévues par l'article 226-14 du Code pénal.

1) L'obligation de révéler des informations à caractère secret

252 – L'article 226-14 C. pén. indique que le délit de violation du secret professionnel n'est pas constitué « dans les cas où la loi impose […] la révélation du secret ».

En effet, certaines informations doivent être impérativement transmises et ce, alors même qu'elles présentent un caractère secret.

253 – Par exemple, l'article L.221-6 CASF fait obligation à toute personne participant aux missions du service de l'aide sociale à l'enfance de transmettre sans délai au président du conseil général les informations concernant les enfants maltraités. L'article L.2112-6 CSP impose une telle obligation au personnel du service de la protection maternelle et infantile.

Par ailleurs, le médecin est parfois tenu de révéler un certain nombre de constatations faites dans le cadre de ses fonctions. Ainsi en est-il de la déclaration des naissances et des décès, des maladies contagieuses et vénériennes (art. L.3113-1 CSP), des certificats d'internement, des accidents du travail et des maladies professionnelles (art. L. 461-6 CSS), des pensions militaires et civiles, de troubles susceptibles de nécessiter une protection de la personne dans les actes de sa vie civile (art. L.3211-6 al.2d CSP). Aux fins de mise en œuvre de l'injonction de soins[765], les praticiens intervenant en établissement pénitentiaire qui ont assuré la prise en charge médicale de la personne condamnée communiquent par l'intermédiaire du médecin coordonnateur au médecin traitant les informations médicales

[765] Cf. *infra*. n° 365 et s.

qu'ils détiennent afin que soit assurée la continuité des soins, sans que puisse leur être reproché le délit de l'article 226-13 du Code pénal.

254 – Enfin, aux termes de l'article 40 alinéa 2[d] CPP, une obligation de révéler des informations à caractère secret est imposée à « tout officier public ou fonctionnaire qui, dans l'exercice de ses fonctions, acquiert la connaissance d'un crime ou d'un délit ». Il est tenu d'en donner avis sans délai au procureur de la République et de transmettre à ce magistrat tous les renseignements qui y sont relatifs. L'article 40 CPP est-il applicable aux professionnels de santé travaillant dans le secteur public ? Théoriquement, la réponse devrait être négative dans la mesure où les dispositions spéciales des art.226-13 et 226-14 C. pén., qui ne distinguent pas selon le secteur d'exercice, priment dans leur application sur celles générales de l'article 40. Cependant, une réponse ministérielle publiée au Journal officiel du 17 décembre 2013 indique que ce dernier article est applicable au médecin agent public, tout en précisant que son non-respect n'est susceptible d'aucune sanction.

L'obligation de révéler des informations à caractère secret constitue donc une limite au principe de l'opposabilité du secret professionnel. Lorsque cette opposabilité est écartée par la loi, le professionnel de santé a obligation de révéler des informations à caractère secret aux personnes ou autorités désignées.

255 – Cette obligation de révélation d'informations à caractère secret est exceptionnellement soumise à condition. Tel est le cas de l'hypothèse donnée par l'article R. 4127-10 CSP : dans le cas où un médecin est amené à examiner ou à donner des soins à une personne privée de sa liberté :

> *S'il constate que cette personne a subi des sévices ou mauvais traitements, il doit, sous réserve de l'accord de l'intéressé, en informer l'autorité judiciaire. Toutefois s'il s'agit de personne mentionnées au 2e alinéa de l'article R. 4127-44, l'accord des intéressés* [mineurs ou personnes particulièrement vulnérables] *n'est pas nécessaire.*

256 – Il est souvent évoqué le contenu de l'article 10 du Code civil qui prévoit que « chacun est tenu d'apporter son concours à la justice en vue de la manifestation de la vérité ». Pour autant, ce texte pose-t-il une obligation générale de violation du secret professionnel ? Admettre une telle interprétation serait faire disparaître purement et simplement le secret professionnel. On peut penser que cette disposition justifie certaines productions forcées de documents en justice.

Ainsi, lorsqu'un expert judiciaire est nommé par un juge dans le cadre d'un procès visant à établir les dommages d'une victime, le médecin auquel il s'adresse pour communication du dossier médical est nécessairement délié du secret qui s'impose à lui. Mais le juge ne peut prescrire le versement d'un dossier hospitalier aux débats sans favoriser la révélation de faits couverts par le secret professionnel: il a seulement la faculté de donner pour mission au médecin expert désigné par ses soins de consulter le dossier médical[766]. De même, aucune violation du secret médical ne saurait résulter de la lecture à l'audience par le président de la juridiction du rapport d'un expert désigné pour procéder à des opérations techniques[767].

En dehors de ce cas, le professionnel peut être dispensé de déposer à la barre du tribunal et peut faire valoir le secret professionnel pour se taire. Est-ce à dire que le refus de déposer est une faculté, si bien qu'en acceptant de déposer la personne ne commettrait pas le délit de violation du secret professionnel? Une telle interprétation revient à considérer que l'article 226-13 C.pén. ne tend qu'à réprimer les indiscrétions spontanées et le témoignage ou la déposition qui est provoqué par le magistrat est dès lors pénalement justifié. Cette position doctrinale est contrecarrée par celle de la Cour de cassation qui n'a de cesse de rappeler que le secret possède un caractère général et absolu[768]. Ainsi, ne peut être inquiété un médecin qui refuse de témoigner sur l'état de santé de son patient dans le cadre d'un procès[769]. Il est utile de noter que le président de cour d'assises peut donner lecture de toutes pièces de la procédure qu'il estime utiles à la manifestation de la vérité, même la déposition d'un médecin en cours d'instruction et quand bien même la défaillance du témoin s'expliquerait par le fait qu'il invoque le secret professionnel[770].

257 – Il convient également de remarquer que le secret médical peut être mis en danger dans le cadre de perquisitions et saisies qui peuvent parfois conduire à une violation du secret professionnel. C'est la raison pour laquelle, en vue de le protéger, les actes accomplis en cours d'enquête pénale sont encadrés légalement. Il en est ainsi des perquisitions dans un cabinet médical qui ne peuvent être réalisées, aux termes de l'article 56-3 CPP, que par un magistrat en présence de la personne responsable de l'Ordre auquel appartient l'intéressé ou de son représentant. Toutefois, seules les perquisitions réalisées dans un cabinet médical sont soumises aux dispositions de ce texte: il a ainsi été jugé qu'un service hospitalier ne

[766] Cass. crim., 20 janvier 1976, *Bull. crim.*, n° 23.

[767] Cass. crim., 1er décembre 1999, *Bull. crim.*, n° 287.

[768] Cf. *supra*. n° 240.

[769] Cass. crim., 8 mai 1947, *Bull. crim.*, n° 124; Cass. crim., 8 avril 1998, *Bull. crim.*, n° 138.

[770] Cass. crim., 16 octobre 1985, *Bull. crim.*, n° 318.

pouvait être considéré comme un cabinet médical[771]. De même en est-il de la chambre d'hôtel occupée par un médecin[772]. Enfin, ne peut être considérée comme illégale la saisie dans le cabinet d'un médecin de documents remis sur-le-champ à l'un des experts commis, dès lors que la saisie et la remise des documents ont été réalisées en présence du vice-président de l'Ordre des médecins qui n'a élevé ni objection, ni protestation[773].

2) L'autorisation de révéler des informations à caractère secret

258 – L'article 226-14 C.pén. indique également que « l'article 226-13 n'est pas applicable dans les cas où la loi [...] autorise la révélation du secret ». Cette disposition fonde un véritable « choix éthique »[774], crée une « option de conscience » qui place le professionnel de santé dans une position délicate au regard de la loi pénale.

Certaines de ces autorisations légales d'enfreindre le secret professionnel sont prévues par l'article 226-14 C.pén., d'autres le sont par d'autres textes.

259 – Si, antérieurement à l'entrée en vigueur du nouveau Code pénal en 1994, la liste des hypothèses d'autorisation de révéler des informations à caractère secret avait déjà été étoffée[775], les réformes successives intervenues après cette date ont encore modifié la lettre de l'article 226-14 C.pén. dans le sens d'un élargissement des cas de signalement autorisé aux fins de protection du patient et/ou d'autrui.

Ainsi le délit ne peut être reproché de manière générale:

> *À celui qui informe les autorités judiciaires, médicales ou administratives de privations ou sévices, y compris lorsqu'il s'agit d'atteintes ou de mutilations sexuelles, dont il a eu connaissance et qui ont été infligées à un mineur ou à une personne qui n'est pas en mesure de se protéger en raison de son âge ou de son incapacité physique ou psychique.*

On notera que le consentement de la victime à cette révélation n'est pas requis pour rendre efficace la cause d'irresponsabilité pénale définie. Par ailleurs, la loi du 4 avril 2006 est venue rajouter le cas de mutilations

---

[771] CA, Limoges, 29 mars 1994, *BICC*, 1er mai 1994, n° 519.

[772] Cass. crim., 8 juin 1999, *Bull. crim.*, n° 124.

[773] Cass. crim., 24 avril 1969, *Bull. crim.*, n° 149; C. Gosset, « Saisie et secret professionnel », *Médecine et Droit*, 2002, n° 57, p. 9 et s.

[774] B. Py, « Le secret professionnel et le signalement de la maltraitance sexuelle. L'option de conscience: un choix éthique », *APC*, 2012, n° 34, p. 71 et s.

[775] M. Sabourault, « Le signalement, par le médecin, des agressions sexuelles », *Médecine et Droit*, 1993, n° 3, p. 61 et s.

sexuelles à la liste des faits pouvant être dénoncés[776]. Enfin, ce paragraphe de l'article 226-14 semble pouvoir concerner les professionnels de santé à l'exclusion du médecin auquel est expressément consacré le paragraphe suivant.

En effet, le texte indique que les dispositions de l'article 226-13 du Code pénal ne sont pas applicables :

> *Au médecin qui, avec l'accord de la victime, porte à la connaissance du procureur de la République les sévices ou privations qu'il a constatés, sur le plan physique ou psychique, dans l'exercice de sa profession et qui lui permettent de présumer que des violences physiques, sexuelles ou psychiques de toute nature ont été commises.*

Une telle prévision tend à faciliter la dénonciation de la maltraitance[777].

À la suite de nombreuses affaires de pédophilie médiatisées, le législateur est intervenu pour renforcer la protection des mineurs victimes de tels agissements aux termes de la loi n° 98-468 du 17 juin 1998 relative à la prévention et à la répression des infractions sexuelles ainsi qu'à la protection des mineurs[778]. Désormais, les agressions et atteintes sexuelles font partie des actes susceptibles de faire l'objet d'une dénonciation.

Jusqu'en 2004, cette autorisation de la loi ne valait comme cause d'irresponsabilité pénale que si la victime avait donné son accord. Mais la loi n° 2004-1 du 2 janvier 2004 relative à l'accueil et à la protection de l'enfance[779] a posé une première exception en ce qui concerne le mineur victime, le médecin pouvant se passer de son consentement. La loi n° 2007-297 du 5 mars 2007 relative à la prévention de la délinquance[780] a ajouté une seconde exception : lorsque la victime est également « une personne qui n'est pas en mesure de se protéger en raison de son âge ou de son incapacité physique ou psychique, son accord n'est pas nécessaire ».

Le deuxième paragraphe de l'article 226-14 C. pén. ne vise que le médecin. Cependant, une proposition de loi tendant à clarifier la procédure de signalement de situations de maltraitance par les professionnels de santé a été adoptée le Parlement en première lecture et transmise pour une

---

776 Loi n° 2006-399 du 4 avril 2006 renforçant la prévention et la répression des violences au sein du couple et commises contre les mineurs, *JO* du 5 avril 2006, p. 5097 et s.

777 L. Leturmy, « La maltraitance en droit pénal », *RDSS*, 2006, p. 981 et s.

778 *JO* du 18 juin 1998, p. 9255 et s.

779 *JO* du 3 janvier 2004, p. 184 et s.

780 *JO* du 7 mars 2007, p. 4297 et s.

seconde lecture au Sénat le 11 juin 2015[781]. Elle prévoit notamment, après modification du texte initial, que l'autorisation soit donnée au médecin « ou à tout autre professionnel de santé ». En outre, la révélation pourra être portée à la connaissance, outre du procureur, de « la cellule de recueil, de traitement et d'évaluation des informations préoccupantes relatives aux mineurs en danger ou qui risquent de l'être, mentionnée au deuxième alinéa de l'article L. 226-3 du code de l'action sociale et des familles »[782].

Ainsi, en dehors des hypothèses précitées, en l'absence d'accord de la victime, la justification du délit ne peut jouer.

C'est dans ces circonstances qu'un médecin attaché au pôle gérontologique d'une clinique a dans un premier temps échappé à toute condamnation pénale. Informé de sévices commis contre des personnes âgées par le personnel soignant et antérieurs à 2007, il ne révèle rien, se retranchant derrière le secret professionnel qu'il ne pouvait pas violer sous peine de condamnation pénale, à défaut d'accord des patients pour la révélation des actes dont ils étaient victimes[783].

Enfin, pour protéger certaines personnes contre elles-mêmes ou autrui contre ces personnes et à la suite de l'attentat manqué contre un chef de l'État français, le législateur a inséré un 3e à l'alinéa 1er de l'article 226-14 C.pén. avec la loi n° 2003-239 du 18 mars 2003 pour la sécurité intérieure[784], précisant que le délit ne peut être retenu à l'encontre des « professionnels de la santé ou de l'action sociale qui informent le préfet et, à Paris, le préfet de police du caractère dangereux pour elles-mêmes ou pour autrui des personnes qui les consultent et dont ils savent qu'elles détiennent une arme ou qu'elles ont manifesté leur intention d'en acquérir une ».

Outre l'irresponsabilité pénale, l'article 226-14 C.pén. précisait *in fine* les conséquences de ces faits justificatifs sur la responsabilité disciplinaire avec une disposition issue de la loi n° 2002-73 du 17 janvier 2002 de modernisation sociale[785] qui prévoyait qu'« aucune sanction disciplinaire ne peut être prononcée du fait du signalement de sévices par le médecin aux autorités compétentes dans les conditions prévues par le présent article ». Par la suite, la loi n° 2004-1 du 2 janvier 2004 a opéré une extension à toute personne concernée par le signalement et quelle que soit la nature des faits dénoncés en précisant que « le signalement aux autorités

[781] Au jour où cet ouvrage est sous presse, elle n'était pas encore définitivement votée.

[782] Sénat, 11 juin 2015, n°517

[783] Cass. crim., 27 avril 2011, *RDS*, 2012, n° 45, p. 93 et s., obs. A. Ponseille.

[784] *JO* du 19 mars 2003, p. 4761 et s.

[785] *JO* du 18 janvier 2002, p. 1008 et s.

compétentes effectué dans les conditions prévues au présent article ne peut faire l'objet d'aucune sanction disciplinaire ».

Une proposition de loi n° 796 tendant à garantir l'immunité pénale aux professionnels de santé qui signalent des suspicions de maltraitance ou de violences sexuelles faites sur mineurs, déposée le 20 septembre 2011 par plusieurs sénateurs, entendait revenir à une rédaction identique à celle en vigueur auparavant et prévoyait de remplacer ce dernier alinéa par: « Le médecin ou le professionnel de santé qui applique cet article de bonne foi ne peut être poursuivi sur le plan disciplinaire ou en justice. » Soulignons qu'une telle modification n'aurait bénéficié qu'aux professionnels de santé. Elle aurait créé une véritable immunité de poursuites et la bonne foi laissée à la seule appréciation du procureur de la République chargée des poursuites pénales comme condition pour écarter la mise en mouvement de l'action publique. C'est une proposition de protection renforcée contre le risque pénal qui était ici faite, s'agissant d'une immunité et non pas seulement d'une cause d'irresponsabilité pénale: en effet, les seules poursuites pénales engagées à l'égard d'un professionnel de santé sont déjà particulièrement stigmatisantes et le non-lieu ou la relaxe postérieur ne permet pas toujours aux yeux du public ou des patients de « réhabiliter » le praticien. Cette même proposition envisageait une rédaction nouvelle du 2e de l'article 226-14 C. pén.: l'autorisation aurait été remplacée par une obligation, ôtant au médecin l'option de conscience et amenuisant un peu plus le champ de protection du secret professionnel, ceci permettant au-delà et en contrepartie au professionnel de santé d'échapper à des condamnations éventuelles sur le fondement d'autres textes tels que les articles 226-3 al.1er, 434-1 et 434-3 du Code pénal[786]. Cette proposition n'a finalement pas été discutée devant le Parlement. C'est une formulation quelque peu différente qui a été retenue par la proposition de loi précitée tendant à clarifier la procédure de signalement de situations de maltraitance par les professionnels de santé. Le dernier alinéa de l'article 226-14 devrait préciser que « Le signalement aux autorités compétentes effectué dans les conditions prévues au présent article ne peut engager la responsabilité civile, pénale ou disciplinaire de son auteur, sauf s'il est établi qu'il n'a pas agi de bonne foi ». La formulation actuelle ne vise que l'absence de sanction disciplinaire.

260 – La liste des révélations autorisées de l'art.226-14 C. pén. n'est pas exhaustive. D'autres textes prévoient des autorisations données au médecin, ou plus largement aux professionnels de santé, de révéler des informations à caractère secret dans un cadre déterminé.

---

786 Cf. *infra*. n° 307 et s.

Ainsi, lorsque la loi présente l'avis médical comme condition de la **mise en œuvre d'une procédure de protection juridique** au sens de l'article 431 C.civ.[787], le médecin donnant cet avis n'est pas auteur d'une violation du secret professionnel. Le médecin traitant d'une patiente avait établi un certificat médical attestant de l'état de santé psychique de sa patiente nécessitant selon lui un régime de protection juridique, certificat transmis au fils qui l'a remis au juge des tutelles. Celui-ci avait finalement décidé qu'il n'y avait pas lieu à placement sous régime de protection. La patiente demandait au tribunal d'instance de condamner le médecin pour violation du secret professionnel au versement de dommages et intérêts sur le fondement de l'art.1383 du Code civil. La Cour de cassation rejeta le pourvoi considérant qu'aucune faute ne pouvait être reprochée au médecin : en effet, l'article 490-1 C.civ. (actuel article 431 C.civ.) décharge le médecin de son obligation au secret puisqu'il est requis pour donner son avis dans le cadre d'une demande de placement sous tutelle à la demande de la famille[788]. Même si cet exemple donné concerne la matière civile, il est transposable à la matière pénale et, dans une telle hypothèse, le médecin ne pourrait être condamné pour le délit de violation du secret professionnel.

Dans le cadre de la prise en charge du patient et même si la jurisprudence avait envisagé des cas de secret partagé entre les professionnels de santé concernant un même patient, il aura fallu attendre la loi n° 2002-303 du 4 mars 2002 relative aux droits des malades et à la qualité du système de santé[789] pour que soit formellement consacrée et encadrée la notion de « secret partagé » à l'article L.1110-4 al.3e CSP : il consiste en un échange d'informations concernant l'état de santé du patient afin d'optimiser son suivi médical. L'originalité est que le consentement du patient est présumé. Seule une opposition du patient peut empêcher le partage du secret. La loi consacre le secret partagé « à dimension collective entre les membres d'une équipe médicale »[790]. Cependant, outre la condition relative à l'absence d'opposition de la part du patient, il faut que le praticien mis dans la

---

787 « La demande est accompagnée à peine d'irrecevabilité, d'un certificat circonstancié rédigé par un médecin choisi sur une liste établie par le procureur de la République ». Avant l'abrogation de cet article par la loi n° 2007-308 du 5 mars 2007, l'art. 490-1 al.3e C. civ. prévoyait que « les décisions par lesquelles le juge des tutelles organise la protection des intérêts civils sont précédées de l'avis du médecin traitant » ; ce n'est plus le médecin traitant qui donne cet avis depuis le 1er janvier 2009, date d'entrée en vigueur de l'article 431 C. civ.

788 Cass. civ.1re, 13 janvier 2004, *Bull. civ.* I, n° 15 : « par l'effet de cette dernière disposition, le professionnel est déchargé de son obligation au secret relativement aux faits dont il a eu connaissance dans l'exercice de sa profession ».

789 *Précit.*

790 B. Py, *Le secret professionnel, précit.*

confidence prenne une part active dans la prise en charge thérapeutique du patient et que ce partage du secret soit utile.

Dans le cadre de l'information de la famille ou des proches, avec la loi du 4 mars 2002 précitée, la volonté du patient est placée au centre de l'action du personnel de santé et l'étendue de l'information donnée à la famille en est encore un exemple. En effet, le législateur a également prévu le partage du secret dans une certaine mesure avec la famille du patient.

Une première hypothèse de partage est prévue à l'alinéa 8e de l'article L.1110-4 CSP et soumise à trois conditions : il doit s'agir d'une hypothèse de diagnostic ou de pronostic grave, les informations doivent être nécessaires à permettre aux proches d'apporter un soutien direct à la personne malade et, enfin, le patient ne doit pas s'y être opposé.

Une seconde hypothèse est prévue à l'alinéa suivant et dernier du même article lorsque le patient est décédé. Des informations peuvent être délivrées aux ayants droit, « dans la mesure où elles sont nécessaires pour leur permettre de connaître les raisons de la mort, de défendre la mémoire du défunt ou de faire valoir leurs droits, sauf volonté contraire exprimée par la personne avant son décès ».

Lorsque les conditions légales au partage avec la famille des informations concernant le patient sont respectées, aucune condamnation pour violation du secret professionnel ne peut être prononcée.

La question se pose de savoir jusqu'où l'information des familles ou des proches des patients peut aller. Il en est ainsi tout particulièrement en ce qui concerne l'infection due au VIH dont serait atteint un patient. Le médecin peut-il ou doit-il en informer le partenaire de celui-ci ?

En 1994, l'Académie nationale de médecine avait souhaité que le médecin puisse procéder à la révélation de sérologie au conjoint du malade. Mais le Conseil national de l'Ordre des médecins et sa Commission de réflexions sur le secret professionnel ont opté à la même époque pour une position contraire. Par un avis de 2009, le CNOM a confirmé sa position mais a posé quelques recommandations à destination du personnel soignant quand il existe un partenaire stable :

- Inviter le patient à informer son partenaire
- Proposer son aide pour informer
- Expliquer le risque pénal encouru en cas de rapports non protégés[791]

[791] En effet, le fait pour une personne d'avoir des rapports non protégés en se sachant infectée est constitutif du délit d'administration de substances nuisibles défini à l'article 222-15 C. pén.

- Insister sur la responsabilité morale
- Procéder à l'inscription dans le dossier médical des différentes démarches faites auprès du patient
- Communiquer l'information au tiers après consentement du patient

Le Conseil invite les médecins à convaincre les patients de révéler leur séropositivité à leurs partenaires et d'assister éventuellement les patients dans leur démarche[792]. À l'heure actuelle, la loi n'autorise pas la transgression du secret professionnel en ce domaine.

Pourtant une partie de la doctrine considère cependant que le médecin ayant révélé au partenaire sexuel d'une personne atteinte du Sida cette séropositivité et poursuivi pour violation du secret professionnel pourrait invoquer l'obligation imposée par l'alinéa 2d de l'article 223-6 du Code pénal de porter secours et ce, au titre de l'ordre de la loi qui joue comme une cause d'irresponsabilité pénale selon l'article 122-4 du Code pénal[793]. De même pourrait-il invoquer ce fait justificatif en raison de l'alinéa 1er du même article qui incrimine notamment le fait de la personne qui, sans risque pour elle ou pour les tiers, s'abstient volontairement d'empêcher un délit contre l'intégrité d'une personne par son action immédiate[794]. Or, l'entretien de rapports sexuels non protégés alors que l'on se sait atteint du VIH constitue *a minima* un délit consistant dans l'administration volontaire de substances nuisibles aux termes de l'article 222-15 du Code pénal[795]. D'autres auteurs[796] considèrent que la révélation de la séropositivité au partenaire connu pourrait également être fondée sur l'état de nécessité tel que défini à l'article 122-7 du Code pénal[797].

---

d'après une jurisprudence constante de la Cour de cassation : Cass. crim, 10 janvier 2006, *Bull. crim.*, n° 11 ; *Act. JuriSanté*, 2006, n° 55, p. 32 et s., obs. A. François-Minot ; pour une confirmation, cf. Cass. crim., 5 octobre 2010, *Bull. crim.*, n° 147 ; *RDS*, 2010, n° 39, p. 68 et s., obs. A. Ponseille.

[792] Cette position n'est pas très éloignée de celle du Conseil national du Sida donnée en 2006 : à ce sujet, cf. M. Livet, « Sida et conduites dangereuses, pénaliser ou responsabiliser », *DDS*, 2006, p. 436 et s.

[793] M. Guigue, « Secret professionnel ou SIDA, ou la liberté de conscience du médecin au regard du droit pénal », *RDS*, 2008, n° 22, p. 221 et s.

[794] C. Manaouil, M. Daury-Fauveau, « Regards croisés sur le médecin face au partenaire d'un patient séropositif », *Médecine et Droit*, 2008, n° 92, p. 144 et s.

[795] Cass. crim., 10 janvier 2006, *Dr. pén.*, 2006, comm. n° 30, obs. M. Véron ; Cass. crim., 5 octobre 2010, *RDS*, 2010, n° 39, p. 68 et s., obs. A. Ponseille.

[796] Cf. par exemple : P. Mistretta, *Droit pénal médical*, op. cit., n° 542.

[797] « N'est pas pénalement responsable la personne qui, face à un danger actuel ou imminent qui menace elle-même, autrui ou un bien, accomplit un acte nécessaire à la sauvegarde de la

Pour cause d'exercice des droits de la défense, le professionnel de santé est autorisé à violer le secret médical auquel il est astreint. Lorsqu'un professionnel de santé est attrait en justice, celui-ci peut être amené à se défendre en commettant le délit de violation du secret professionnel. Il bénéficie alors d'un fait justificatif consistant dans une permission tacite de la loi en raison de la garantie des droits de la défense. Il s'agit en réalité d'une hypothèse d'état de nécessité telle que prévue à l'art.122-7 du Code pénal. Cependant, il convient que cette violation soit strictement nécessaire pour assurer la défense du praticien dans le cadre d'une instance. Doit ainsi être cassé l'arrêt d'une cour d'appel qui refuse d'écarter des débats les pièces d'un dossier médical d'un patient fourni par un médecin partie civile dans une instance pénale « sans rechercher si l'examen public et contradictoire, devant la juridiction correctionnelle de ces pièces, couvertes par le secret professionnel, constituait une mesure nécessaire et proportionnée à la défense de l'ordre et à la protection des droits de la partie civile au sens de l'article 8 de la Conv. EDH »[798]. Cette règle vaut également lorsque le professionnel de santé est mis disciplinairement en cause[799].

Ainsi, il a pu être jugé qu'un médecin ne pouvait pas, pour mettre un terme aux critiques publiques dont il était l'objet, rendre publiques par l'insertion du contenu d'une missive dans un journal les raisons médicales ayant entraîné le décès d'un de ses patients[800]. Mais il ne peut être reproché à un médecin mis en cause pour complicité d'escroquerie de personnes ayant simulé des maladies aux fins d'obtention de diverses indemnités d'évoquer en justice les symptômes constatés sur ses malades, d'en discuter et d'expliquer le sens des certificats médicaux établis. Ainsi :

> *Si stricte que soit l'obligation qui découle du secret professionnel, elle ne saurait interdire à un médecin que l'on a tenté d'associer à une escroquerie en provoquant de sa part, grâce à une mise en scène trompeuse, la délivrance d'un certificat attestant faussement l'existence de maladies ou infirmités, de justifier de sa bonne foi en témoignant, au cours d'une instance judiciaire relative à cette escroquerie, sur les manœuvres qui,*

---

personne ou du bien, sauf s'il y a disproportion entre les moyens employés et la gravité de la menace ».

798 Cass. crim., 24 avril 2007, *Bull. crim.*, n° 108.

799 Toutefois, lorsqu'un professionnel de santé est entendu dans le cadre d'une procédure disciplinaire, il est tenu de révéler les faits utiles à l'instruction de l'affaire mais dans les limites de ce qui est compatible avec le secret professionnel : cf. par exemple pour les infirmiers et infirmières l'art. R. 4312-24 CSP.

800 Cass. crim., 19 décembre 1885, *Bull. crim.*, n° 363.

faussant son examen et prenant en défaut son jugement, l'ont amené à délivrer ce certificat[801].

Encore faut-il que la défense s'exerce dans le cadre d'une instance : doit ainsi être déclaré coupable de violation du secret professionnel un médecin chef de clinique qui, mis en cause dans les médias dans le cadre d'une affaire de contamination imputable à la clinique, s'adjoint les services d'une attachée de presse. Il lui communique des informations concernant des patients et elle adresse une lettre à un journaliste du Parisien en dévoilant le nom de patients concernés par la contamination. Une des patientes porte plainte : cette révélation n'a pas été faite devant une juridiction donc ne peut être comprise comme moyen de défense[802]. A été également considéré comme étant constitutif d'une violation du secret professionnel le fait pour un médecin, dans le but d'assurer sa défense dans le cadre d'une procédure prud'homale, de produire le registre de ses interventions au bloc opératoire sans avoir pris le soin préalablement de cacher le nom des patients opérés[803]. En outre, les faits révélés doivent être en lien avec le litige.

Par ailleurs, un médecin ne semble être autorisé à violer le secret professionnel auquel il est tenu pour fournir des éléments de preuve dans une instance dans laquelle il n'est pas mis en cause mais seulement partie civile : c'est ce qui a été décidé à l'encontre d'un médecin poursuivi pour agression sexuelle sur majeur incapable. Les parents constitués partie civile versent une pièce constituant une attestation mensongère de tierces personnes. Le médecin est relaxé mais mène une action au pénal pour dénonciation calomnieuse et verse au procès le dossier médical d'un de ses patients que l'attestation tendait à couvrir comme étant l'auteur des faits : ceci ne peut valoir comme moyen de défense car il est victime dans la procédure et non mis en cause[804].

Est auteur du délit de violation du secret professionnel le médecin qui porte plainte contre un de ses patients le harcelant au téléphone et le menaçant mais qui ne limite pas sa plainte aux seuls faits qui lui portaient personnellement préjudice, le secret médical s'imposant à l'égard du ministère public comme à tout autre tiers à la relation médecin/patient[805].

801 Cass. crim., 20 décembre 1967, *Bull. crim.*, n° 338.

802 CA, Paris, 23 octobre 1998, *JurisData* n° 1998-023289 : affaire dite du « Scandale de la Clinique du Sport » de contamination par la bactérie Xénopi.

803 CE, 13 janvier 1999, req. n° 177913.

804 CA, Aix-en-Provence, 27 février 2008, *RDS*, 2009, n° 27, p. 66 et s., obs. A. Ponseille.

805 Cass. crim., 18 juillet 1984, *D.*, 1985, IR, p. 404, note J. Penneau.

Enfin, une autre source d'autorisation à révéler des informations à caractère secret pourrait tenir dans **le consentement du patient**. De manière générale, le consentement n'a pas valeur de fait justificatif en droit pénal. Il convient de rappeler qu'en raison du caractère général et absolu, le fait que le patient délie le médecin ne saurait constituer de manière générale une cause d'irresponsabilité pénale en cas de violation du secret professionnel. Cependant, lorsque la loi autorise la révélation d'information à caractère secret, l'accord de la victime est par principe exigé[806]. En dehors de cette hypothèse, la Cour de cassation a jugé que n'avait pas commis d'erreur sur le droit la cour d'assises qui a considéré que c'est à bon droit que le témoin, médecin traitant de l'accusé, pour refuser de témoigner, s'est retranché derrière l'article 226-13 du Code pénal dès lors que les questions concernaient les traitements, les soins et l'état de santé de son ancien patient et ce, malgré les sollicitations de l'accusé. À cette occasion, la Cour de cassation a rappelé que :

> *L'obligation au secret professionnel, établie par l'article 226-13 du Code pénal, pour assurer la confiance nécessaire à l'exercice de certaines professions ou de certaines fonctions, s'impose aux médecins, hormis les cas où la loi en dispose autrement, comme un devoir de leur état; [...] sous cette réserve, elle est générale et absolue*[807].

Si le patient peut délier le médecin du secret professionnel, le consentement donné ne peut le contraindre à le violer[808], ce qui a pu faire dire à certains que le praticien était « maître » du secret[809]. Par ailleurs, le Conseil d'État a ainsi confirmé la sanction disciplinaire infligée à un sexologue pour avoir autorisé un journaliste à prendre une photographie de l'une de ses patientes dans son cabinet en vue de la publication d'un article dans un hebdomadaire, alors même que celle-ci était consentante. Il semble que l'intérêt du patient, son intimité, soit placé au-dessus de sa volonté[810].

Cependant, en cas de révélation faite antérieurement par le patient, la chambre criminelle de la Cour de cassation a considéré qu'en révélant publiquement sa blessure, le patient avait implicitement délivré les médecins du secret professionnel[811]. Il en a été également décidé ainsi dans

---

806 Art. 226-14-2 °C. pén.

807 Cass. crim., 8 avril 1998, n° 97-83.656, *Bull. crim.*, n° 138.

808 Cass. crim., 8 mai 1947, *D.*, 1948, II, p. 109 ; Cass. Crim., 5 juin 1985, *D.*, 1988, II, p. 106.

809 P. Decheix, « Un droit de l'homme mis à mal : le secret professionnel », *D.*, 1983, I, p. 133 et s.

810 L. Dubouis, obs. sur CE, 28 mai 1999, *Tordjemann*, n° 189057 ; *RDSS*, 2000, p. 355.

811 Cass. crim., 3 juin 2008, n° 07-87.234 ; *RDS*, 2009, n° 27, p. 63 et s., obs. M. Guigue : le médecin d'un sportif révèle la blessure de son patient après que ce dernier l'a révélée dans la presse. Le médecin est mis en cause pour violation du secret médical. La Haute Juridiction rejette cette

une affaire dans laquelle fut mis en cause un médecin qui avait remis un certificat médical à un officier de police judiciaire, avec autorisation du procureur de la République : une mère conduit sa fille chez un médecin à la suite de la révélation par celle-ci de viols dont elle aurait été victime. Le médecin remet un certificat descriptif, sur autorisation du magistrat, à l'officier de police judiciaire. Le certificat est utilisé à l'appui de la plainte contre un individu qui requiert par la suite la nullité de l'acte de procédure (poursuites) car tiré de la violation du secret professionnel en l'absence de l'accord de la victime. La cour d'appel rejette la requête en nullité. Un pourvoi est formé et la chambre criminelle donne raison aux juges du fond : les coordonnées du médecin données par la mère au policier et l'acceptation de la victime de se soumettre à un nouvel examen valent consentement à la révélation de l'information[812].

261 – Le consentement du patient à l'intervention du professionnel de santé est au centre de la relation de soins. L'article L.1111-4 CSP consacre la possibilité pour le patient de refuser les soins et fait du patient un sujet et non l'objet de cette relation. La nécessité du recueil du consentement du patient trouve sa source dans le droit du malade au respect de sa dignité[813] qui est quant à lui affirmé à l'article L.1110-2 du même Code. Mais le consentement ainsi requis peut dépasser la stricte relation contractuelle et déterminer la répression de certains comportements pouvant être reprochés aux professionnels de santé.

§ 3 – La pénalisation du comportement du professionnel de santé face au consentement du patient

262 – En droit pénal français, le consentement de la victime n'est pas considéré de manière générale comme un fait justificatif et ne figure d'ailleurs pas au nombre des causes d'irresponsabilité pénale prévues aux articles 122-1 et suivants du Code pénal.

La notion de consentement est au centre de la relation patient/médecin et dès lors la question du poids du consentement du patient ou de son absence sur la répression pénale se pose. Tantôt le consentement du patient est sans influence sur la répression, le comportement du praticien étant pénalement répréhensible malgré le consentement du patient (**A**), tantôt son défaut conditionne la constitution de l'infraction (**B**).

---

qualification.

812 Cass. crim., 8 mars 2000, *Bull. crim.*, n° 109.

813 A. Ponseille, « Le droit de la personne malade au respect de sa dignité », *RGDM*, 2003, n° 11, p. 159 et s.

A – Le comportement pénalement répréhensible malgré le consentement du patient

263 – D'une manière générale, le consentement de la victime d'une infraction pénale ne rend pas au comportement répréhensible son caractère licite. Autrement dit, le consentement de la victime ne joue pas en matière pénale comme un fait justificatif, sauf dans les hypothèses rarissimes dans lesquelles le défaut de consentement de la victime est un élément constitutif de l'infraction[814]. Ainsi, malgré le consentement donné par le patient à l'acte accompli, certains comportements pouvant être reprochés notamment aux professionnels de santé n'en constituent pas moins des infractions pénales. Il en est tout spécialement ainsi en matière d'euthanasie du patient (**2**) et dans le cas d'avortement illégal ou d'entrave à l'avortement (**1**).

1) L'euthanasie du patient

264 – Si les professionnels de la santé sont confrontés aux problèmes liés à l'euthanasie, c'est parce que dans le cadre de l'exercice de leur art, ils sont confrontés à la souffrance humaine et peuvent être sollicités directement par la personne qui souffre ou indirectement par son entourage pour qu'ils mettent un terme à cette souffrance.

Les professionnels de santé font assez fréquemment part de leur crainte du risque pénal qu'ils encourent, même si celui-ci doit être minimisé[815], à l'occasion de procès de médecins ou d'infirmières poursuivis pour avoir pratiqué des actes euthanasiques à l'endroit de leurs patients ou pour les avoir assistés dans leur suicide.

Si le législateur n'a pas à ce jour légalisé ou dépénalisé ni l'euthanasie, ni l'assistance au suicide, des solutions alternatives sont développées dans l'attente peut-être d'une réforme à venir.

a – Le défaut de légalisation de l'euthanasie et de l'assistance au suicide

265 – Pour l'heure, le législateur se refuse à une légalisation de l'euthanasie et du suicide assisté à la différence d'autres législations[816].

---

814 Il en est ainsi par exemple du viol.

815 A. Prothais, « Accompagnement de la fin de vie et droit pénal », *JCP*, Ed. G, 2004, I, n° 130.

816 C. Courtin, « Approche comparative sur l'euthanasie », *RPDP*, 2003, p. 181 et s.; H. Fraisse-Colcombet, « La législation de l'euthanasie aux Pays-Bas », *RDSS*, 2000, p. 317 et s.

Si la morale peut être heurtée, le droit ne réprouve pas le suicide, ne condamne pas le fait qu'une personne se suicide ou ait tenté de le faire en raison d'une grande souffrance morale ou physique, créant ainsi en négatif une sorte de « droit de se donner la mort »[817]. La solution est différente quand intervient un tiers dans le processus de mort. Il en est ainsi particulièrement du professionnel de santé qui « n'a pas le droit de provoquer délibérément la mort » comme le précise l'alinéa 2[d] de l'article R. 4127-38 CSP. Cette interdiction déontologique susceptible de conduire à des sanctions disciplinaires[818] est relayée par une interdiction pénale qui est susceptible de s'exprimer sous différentes qualifications pénales.

Certes, le Code pénal ne contient aucun article incriminant expressément le comportement euthanasique ou l'assistance au suicide. Cependant, les personnes, membres de la famille ou professionnels de la santé, qui accomplissent des actes d'euthanasie ou assistent le patient dans son suicide, sont poursuivies sous les qualifications pénales de droit commun. Il est permis de douter que ces qualifications puissent être le meurtre ou l'assassinat[819] en raison du *modus operandi* pour obtenir en pareilles circonstances la mort du patient[820], même si certains auteurs les considèrent comme envisageables[821]. Par ailleurs, en ce qui concerne l'assistance au suicide d'autrui, il ne paraît pas envisageable que la qualification pénale puisse être celle du délit de l'article 223-13 C. pén. qui définit la provocation au suicide[822] et non l'aide apportée au suicide, même si là encore une partie de la doctrine considère qu'une telle disposition pourrait être retenue, ni celle qui incrimine la non-assistance à personne en danger aux termes de l'article 223-6 C. pén.[823], qualification tout aussi contestable.

La plupart du temps, la condamnation sera fondée sur l'article 221-5 C. pén. qui incrimine l'empoisonnement dans la mesure où la mort sera obtenue par l'administration de substances de nature à entraîner la mort

817 CEDH, 29 avril 2002, req. n° 2346/02, Pretty c/RU ; *RSC*, 2002, p. 645 et s., obs. F. Massias ; Cass. crim., 23 avril 1971, *Bull. crim.*, n° 116 ; H. Narayan-Fourment, « L'euthanasie active : la position prudence de la CEDH », *Médecine et Droit*, 2003, n° 60, p. 98 et s.

818 Cf. par exemple, CE, 29 décembre 2000, req. n° 212813.

819 Art. 221-1 et 221-3 C. pén.

820 A. Prothais, « Accompagnement de la fin de vie et droit pénal », *précit.*

821 A. Cheynet de Beaupré, « Vivre ou laisser mourir », *D.*, 2003, chron., p. 2980 et s. ; E. Dunet-Larousse, « L'euthanasie : signification et qualification au regard du droit pénal », *RDSS*, 1998, p. 265 et s.

822 J. Borricand, « La répression de la provocation au suicide : de la jurisprudence à la loi », *JCP G*, 1988, I, 3359.

823 F. Alt-Maes, « La loi sur la fin de vie devant le droit pénal », *JCP G*, 2006, I, n° 119.

du patient[824]. Alors qu'une partie de la doctrine se montrait réticente à une telle interprétation[825], la Cour de cassation a indiqué que le crime d'empoisonnement supposait pour sa constitution que soit démontrée l'intention de tuer[826]. Il convient de noter que les proches du patient qui solliciterait d'un praticien qu'il lui administre un produit de nature à entraîner sa mort pourraient se voir reprocher le délit de provocation à un empoisonnement tel que défini à l'article 221-5-1 du Code pénal[827], dans le cas où l'acte de provocation ne serait pas suivi d'effet, , encore qu'il faille démontrer l'existence d'une offre, d'une promesse, d'un don ... de la part de l'auteur. Si le consentement du patient ne saurait écarter la qualification pénale, il en va de même du mobile euthanasique[828] qui ne permet pas d'échapper à la répression. En effet, les mobiles ne jouent pas en droit pénal français comme cause d'irresponsabilité pénale. En outre, l'état de nécessité défini à l'article 122-7 C. pén. ne pourrait pas plus justifier un tel acte puisqu'il impose un acte de sauvegarde de la personne et non de mort[829]. La seule cause d'irresponsabilité pénale qui semblerait pouvoir utilement jouer pour justifier au plan pénal un acte euthanasique et une assistance au suicide serait l'ordre ou l'autorisation de la loi, telle que résultant de l'article 122-4 du Code pénal. Le texte dispose que « n'est pas pénalement responsable la personne qui accomplit un acte prescrit ou autorisé par des dispositions législatives ou réglementaires », qui ne constituerait en l'espèce ni plus, ni moins qu'une véritable licence de tuer. Le législateur s'est engagé dans une certaine mesure dans cette voie sans pour autant consacrer expressément une « exception d'euthanasie ».

b - Les solutions alternatives actuelles

266 - Pour tenir compte des problématiques que posent l'euthanasie et l'assistance au suicide dans notre société au sein de laquelle de tels actes sont réalisés, des réponses ou solutions alternatives à la légalisation de ces actes ont été envisagées.

---

824 « Le fait d'attenter à la vie d'autrui par l'emploi ou l'administration de substances de nature à entraîner la mort constitue un empoisonnement ».

825 A. Prothais, « Plaidoyer pour le maintien de l'incrimination spéciale de l'empoisonnement », *D.*, 1982, Chron., p. 107 et s.

826 Cass. crim., 18 juin 2003, *Bull. crim.*, n° 127, arrêt rendu dans le cadre de l'affaire dite du « sang contaminé » ; pour un commentaire de cette décision, cf. notamment, *RSC*, 2003, p. 781 et s., obs. Y. Mayaud ; *D.*, 2004, p. 1640 et s., note D. Rebut.

827 A. Ponseille, « L'incrimination du mandat criminel ou l'article 221-5-1 du Code pénal issu de la loi n° 2004-204 du 9 mars 2004 », *Dr. pén.*, 2004, chron. n° 10.

828 Avoir agi par humanité, par compassion…

829 A. Prothais, « Notre droit pénal permet plus qu'il n'interdit en matière d'euthanasie », *Dr. pén.*, 2011, n° 7.

267 – En l'état actuel du droit pénal, tout acte qui consisterait à donner la mort à un patient par compassion, avec ou non le consentement du patient ou de ses proches, constitue un acte pénalement répréhensible. L'infraction étant constituée, le **juge** pénal n'a *a priori* d'autre choix que de prendre une décision par laquelle il retient la culpabilité. Rares sont les cas où le médecin est acquitté[830]. Cependant, en vertu de son pouvoir d'individualisation de la peine, le juge pourra tenir compte du mobile euthanasique ou des motivations humanistes ou compassionnelles de l'auteur et prononcer une peine clémente et/ou l'assortir d'un sursis[831]. Une autre solution a toutefois été retenue par le juge d'instruction en charge de l'information dans l'affaire concernant Vincent Humbert. Le magistrat a rendu une ordonnance de non-lieu au bénéfice de la mère du jeune homme poursuivie pour administration de substances nuisibles et du médecin mis en cause pour empoisonnement, en se fondant sur la contrainte morale interne dans une acception très éloignée de celle traditionnellement retenue[832].

Outre les poursuites pénales, les professionnels de santé à l'origine d'actes euthanasiques peuvent faire l'objet de sanctions disciplinaires. De plus, l'acquittement d'un médecin ne s'oppose pas au maintien d'une sanction disciplinaire : c'est ce qu'a indiqué le Conseil d'État[833] saisi pour contestation d'une mesure de radiation décidée par une juridiction ordinale à l'endroit d'un médecin qui a bénéficié par la suite d'un acquittement prononcé par la cour d'assises des Pyrénées-Atlantiques. La Haute Juridiction vient rappeler que la chambre disciplinaire n'était pas tenue de surseoir à statuer dans l'attente de la décision pénale et précise que la radiation était bien fondée dans la mesure où le médecin avait délibérément porté atteinte à la vie de plusieurs de ses patients, comportement proscrit par le Code de déontologie, sans respecter le cadre strict de la loi n° 2005-370 du 22 avril 2005 relative aux droits de malades et à la fin de vie[834].

---

[830] Cf. cependant, arrêt de la cour d'assises de Pau du 25 juin 2014 à propos d'un médecin ayant euthanasié huit patients.

[831] Médecin condamné par arrêt de la cour d'assises de Dordogne le 15 mars 2007 à un an d'emprisonnement avec sursis ; mère condamnée en appel le 16 décembre 2008 à une peine d'emprisonnement de deux ans assorti de sursis par la cour d'assises de Versailles pour avoir donné la mort à sa fille lourdement handicapée.

[832] Art. 122-2 C. pén. : « N'est pas responsable pénalement la personne qui a agi sous l'empire d'une force ou d'une contrainte à laquelle elle n'a pu résister » ; cette solution est contestée par la doctrine A. Prothais, « Notre droit pénal permet plus qu'il n'interdit en matière d'euthanasie », *Dr. pén.*, 2011, n° 7.

[833] CE, 30 décembre 2014, req. n° 381245 ; *RDS*, 2015, n° 64, p. 301 et s., obs. F. Vialla.

[834] *JO* du 23 avril 2005, p. 7089 et s.

268 – Quant au **législateur**, sans envisager expressément une légalisation, il a, selon une partie de la doctrine, procédé à une dépénalisation partielle en prévoyant des dispositions qui permettent voire obligent à la facilitation de la mort du patient[835].

Le recours aux soins palliatifs ne s'est développé que tardivement en France. Une circulaire du 26 août 1986 incita à la création d'unités de soins intensifs qui fut rendue obligatoire dans tous les établissements de soins par une loi du 31 juillet 1991. Les soins palliatifs consistent à soulager les souffrances d'une personne malade, à sauvegarder sa dignité et à soutenir son entourage. Certains considèrent les soins palliatifs comme une alternative à l'euthanasie passive. La loi n° 99-477 du 9 juin 1999 visant à garantir le droit à l'accès aux soins palliatifs[836] présente les soins palliatifs comme pouvant bénéficier à toute personne malade. Si celle-ci les requiert, elle a le droit d'accéder aux soins palliatifs et à un accompagnement : il s'agit d'un véritable droit de la personne malade et la loi n° 2002-303 du 4 mars 2002 sur les droits des malades et la qualité du système de santé est venue le présenter comme tel expressément[837] et définir en quoi ils consistaient[838]. Les soins palliatifs visent à soulager la douleur au risque d'abréger la vie[839]. C'est ce qu'il est coutumier d'appeler le « double effet » ou euthanasie indirecte.

La loi de 1999 a également interdit l'acharnement thérapeutique. Cette interdiction crée un droit de refus de l'acharnement thérapeutique au profit du patient étroitement lié au droit de refuser les soins mais elle évoque également une obligation à laquelle est soumis le professionnel de la santé[840]. Cette interdiction est énoncée à l'art. L.1110-5 al.2 CSP.

La loi n° 2002-303 du 4 mars 2002 reconnaît la liberté du malade de refuser les soins médicaux[841], le médecin étant tenu de respecter cette volonté après avoir informé le patient des conséquences de ses choix. L'article L.1111-4 al.2e CSP dispose que « si la volonté de la personne de refuser ou d'inter-

---

835 F. Alt-Maes, « La loi sur la fin de vie devant le droit pénal », *précit.*, n° 5 et s.

836 *JO* du 10 juin 1999, p. 8487 et s. ; B. Legros, « Commentaire de la loi n° 99-477 du 9 juin 1999 visant à garantir le droit d'accès aux soins palliatifs », *Médecine et Droit*, 2000, n° 42, p. 1 et s.

837 Art. L.1110-9 CSP : « Toute personne dont l'état le requiert a le droit d'accéder aux soins palliatifs et à un accompagnement ».

838 Art. L.1110-10 CSP : « Les soins palliatifs sont des soins actifs et continus pratiqués par une équipe pluridisciplinaire en institution ou à domicile; Ils visent à soulager la douleur, à apaiser la souffrance psychique, à sauvegarder la dignité de la personne malade et à soutenir son entourage ».

839 B. Mathieu, « Euthanasie : ne pas céder à l'émotion », *JCP G*, 2008, n° 14, Act.222.

840 A. Garay, « La reconnaissance légale du refus de soins », *Gaz. Pal.*, 29 juin 2000, n° 181, p. 13 et s.

841 Art. L.1111-4 al.3e CSP.

rompre un traitement met sa vie en danger, le médecin doit tout mettre en œuvre pour la convaincre d'accepter les soins indispensables », mais doit finalement respecter la volonté du patient. La doctrine a pu considérer que celle-ci l'emportait sur toute thérapeutique et qu'on pouvait en quelque sorte en déduire que l'euthanasie passive était légalisée[842].

La loi n° 2005-370 du 22 avril 2005 relative aux droits de malades et à la fin de vie[843] consacre la prise en compte de la volonté de la personne en fin de vie notamment par la création des directives anticipées, sorte de « testament de vie ». Elle crée une nouvelle section dans le Code de la santé publique intitulée « Expression de la volonté des malades en fin en vie » regroupant les articles L.1111-10 à L1111-13. Le premier de ces textes indique que « lorsqu'une personne, en phase avancée ou terminale d'une affection grave ou incurable, quelle qu'en soit la cause, décide de limiter ou d'arrêter tout traitement, le médecin respecte sa volonté après l'avoir informée des conséquences de son choix ».

Certains commentateurs de la loi ont pu dire qu'elle permettait une euthanasie déguisée : cette loi accorderait au patient un droit de mourir sans souffrir, sans leur accorder le droit de choisir les modalités de leur mort et au médecin, un droit de laisser mourir leur patient dans la dignité sans pour autant leur accorder un droit de donner la mort[844]. Les uns y voient une permission légale strictement encadrée plutôt qu'une dépénalisation[845], les autres considèrent que la loi de 2005 est un outil de consolidation d'un mouvement contemporain de dépénalisation[846]. Si la volonté du patient est au centre du dispositif, il ne faudrait cependant pas en déduire que celle-ci joue seule comme fait justificatif au plan pénal ; au mieux, peut-on considérer que la loi crée une autorisation ou une obligation de commettre ce qui pourrait être pénalement répréhensible, qui intègre la volonté du patient parmi d'autres conditions pour que ces textes puissent exonérer de toute responsabilité pénale le médecin.

---

842 J.-P. GRIDEL, « Le refus de soins au risque de la mort », *Gaz. Pal.*, 20 juin 2002, n° 171, p. 3 et s.

843 Pour des commentaires de cette loi, cf. notamment : D. BAILLEUL, « Le droit de mourir au nom de la dignité humaine. À propos de la loi relative aux droits des malades et à la fin de vie », *JCP G*, 2005, I, n° 142 ; I. CORPART, « Nouvelle loi sur la fin de vie : début d'un changement… », *Dr. fam.*, 2005, étude n° 14 ; D. DE SAINT AFFRIQUE, « Regard sur la loi relative aux droits des malades et à la fin de vie », *Médecine et Droit*, 2005, n° 74-75, p. 133 et s.

844 F. ROME, « Fin de vie : toujours plus ? », *D.*, 2007, Éditorial, p. 785 ; J. COELHO, « La France est-elle sur la voie de la dépénalisation de l'euthanasie ? », *Médecine et Droit*, 2006, n° 77, p. 61 et s.

845 A. PROTHAIS, « Notre droit pénal permet plus qu'il n'interdit en matière d'euthanasie », *précit.*

846 F. ROUSSEAU, « Le médecin face à la mort : de quelques aspects techniques de la responsabilité pénale médicale », *AJ pén.*, 2012, p. 372 et s.

La loi du 22 avril 2005 prend en compte l'expression de la volonté des malades en fin de vie et prévoit quatre hypothèses :

- la personne est capable d'exprimer sa volonté et, dans ce cas-là, le médecin respecte sa volonté de procéder à l'arrêt du traitement après l'avoir informée des conséquences de son choix[847] ;
- la personne a rédigé des directives anticipées pour que sa volonté soit prise en compte[848] ;
- le patient a procédé à la désignation d'une personne digne de confiance dont l'avis pourra prévaloir sous certaines conditions et dans certaines limites[849] ;
- la dernière hypothèse vise le cas où le patient n'est pas en mesure d'exprimer sa volonté et n'a ni prévu de dispositions anticipées, ni désigné de personne de confiance : le médecin peut décider de limiter ou d'arrêter le traitement dans le cadre d'une procédure stricte[850]. Le médecin fait jouer son option de conscience pour éviter l'acharnement thérapeutique ou quand le traitement apparaît disproportionné ou n'a pour but que de prolonger artificiellement la vie du patient. La procédure est strictement encadrée : est consultée la personne de confiance ou, à défaut, les proches et les directives anticipées. La décision prise est motivée et jointe au dossier médical dans le respect de la procédure collégiale consistant en une concertation du médecin avec l'équipe de soins outre l'avis motivé d'un médecin en qualité de consultant.

Malgré ces avancées et solutions de compromis envisagées, certains considèrent que les réponses sont inadaptées ou incertaines, ceci en considération de la notion de « personne en phase avancée ou terminale d'une affection » : les uns estiment que cette notion se limite à la fin de vie[851]. Les autres pensent que l'expression est suffisamment large pour prendre en considération un nombre important de situations[852].

PARTIE 2

---

847 Art. L.1111-10 CSP.

848 Art. L.1111-11 CSP ; les art. R. 1111-17 et R. 1111-18 CSP fixent les modalités d'établissement de ces directives.

849 Art. L.1111-12 CSP.

850 Art. L.1111-13 CSP.

851 B. Py, « Urgence médicale, état de nécessité et personne en péril », *AJ pén.*, 2012, p. 384 et s.

852 Tel est le point de vue de A. Prothais évoquant le cas de Mme Chantal Sébire atteinte d'une tumeur évolutive des sinus et de la cloison nasale, extrêmement douloureuse qui s'est suicidée après s'être vue refuser une euthanasie demandée par voie judiciaire *in* « Notre droit pénal permet plus qu'il n'interdit en matière d'euthanasie », *précit.*

C'est sans doute dans le cas de figure envisagé à l'article L.1111-13 CSP que des difficultés sont susceptibles de survenir, notamment lorsque les membres d'une même famille n'ont pas le même avis sur la volonté qui était celle du patient avant qu'il ne soit plus en capacité de l'exprimer. Le cas de Vincent Lambert en est une parfaite illustration. Depuis un accident de la circulation survenu en 2009, M. Lambert, en état pauci-relationnel, est pris en charge au CHU de Reims. Une décision médicale collégiale d'interruption de l'alimentation et de l'hydratation artificielle a été prise. Plusieurs membres de la famille la contestent. Saisi d'un référé-liberté, le tribunal administratif de Châlons-en-Champagne considère que la légalité de la décision est discutable au regard de la loi de 2005, tant en ce qui concerne la condition relative à la volonté du patient que la finalité exclusive de maintien artificiel de la vie que doit poursuivre le traitement administré. Le juge en suspend l'exécution[853]. Après une première décision avant dire droit du 6 février 2014, le Conseil d'État rend un arrêt en date du 24 juin 2014 considérant que la décision d'arrêt du traitement est conforme aux dispositions du Code de la santé publique[854]. Comme l'indique un commentateur[855], les juges se montrent particulièrement pédagogiques dans leurs explications, en ce qu'ils insistent sur le fait que la volonté du patient doit être prise en compte alors même qu'il n'est plus en état de l'exprimer et même en l'absence de directives anticipées : elle doit être recherchée au-delà de tout formalisme. La saisine par les parents de M. Lambert de la Cour européenne des droits de l'Homme a entraîné une suspension de l'exécution de la décision d'arrêt de traitement, pendant toute la procédure devant la Cour[856]. Par son arrêt du 5 juin 2015, la Cour strasbourgeoise a considéré comme conforme aux exigences de l'article 2 Conv. EDH qui impose des obligations positives aux États pour la protection du droit à la vie, le cadre législatif prévu par le droit interne (loi de 2005) ainsi que le processus décisionnel, mené selon elle de manière précise[857].

269 – Ce cas très médiatisé comme d'autres auparavant ont relancé le débat sur la légalisation de l'euthanasie, qui n'a en réalité pas cessé d'être dans l'actualité depuis la mise en œuvre de la loi de 2005.

---

853 TA, Châlons-en-Champagne, ord. réf., 16 janvier 2014, n° 140029 ; *JCP G*, 2014, n° 150.

854 N° 375081 ; cf. notamment pour des commentaires de cet arrêt, D. Thouvenin, « L'arrêt Lambert, miroir des limites de la loi du 22 avril 2005, dite loi Léonetti », *RDSS*, 2014, p. 1101 et s. ; G. Mémeteau, « L'affaire Lambert », *Médecine et Droit*, 2014, p. 129 et s.

855 F. Vialla, note sous cet arrêt, *JCP G*, 2014, n° 825.

856 CEDH, 24 juin 2014, L. et A. c/France, req. n° 46043/14.

857 CEDH, 5 juin 2015, Lambert et autres c/France, req.n° 46043/14.

c – Vers une légalisation ou une dépénalisation explicite de l'acte euthanasique ?

270 – Les **propositions de loi** en ce sens sont nombreuses et anciennes, souvent insuffisamment pensées, critiquables dans leur formulation et très voisines sur le fond. Elles proposent en général une « exception d'euthanasie », plus ou moins expressément posée, dont l'opportunité est discutée en doctrine[858], dans la mesure notamment où elle créerait un « droit à la mort »[859]. Cette exception d'euthanasie constituerait juridiquement une autorisation de la loi au sens de l'article 122-4 du Code pénal. Ces propositions de loi envisagent soit l'ajout de dispositions dans le Code pénal, soit la modification de dispositions du Code de la santé publique, dans les deux cas dans une perspective identique.

Ainsi, par exemple, la proposition de loi relative au droit de finir sa vie dans la liberté du 10 avril 2003[860] envisageait l'ajout d'un article 221-5-2 dans le Code pénal indiquant qu' :

> *Il n'y a ni crime, ni délit lorsque les faits visés aux articles 221-1 et 221-3 ont été commis par un médecin et commandés par la nécessité de mettre fin à la souffrance ou à l'état de détresse constant, insupportable et inapaisable, à la demande d'un patient atteint d'un accident ou d'une affection incurable, pour autant que le médecin ait respecté les conditions et procédures énoncées* [par la loi].

Outre les difficultés d'application qu'aurait posées ce texte en raison de l'imprécision des termes choisis, cette exception d'euthanasie n'aurait pas pu s'appliquer en cas d'empoisonnement alors même qu'il s'agit de la qualification pouvant être retenue le plus souvent. De manière très similaire, une autre initiative parlementaire comportait un article 3 disposant que « celui qui apporte cette aide ne commet pas d'infraction s'il s'est préalablement assuré que la personne majeure a formulé sa demande de façon libre, lucide et réitérée et qu'elle se trouve dans une situation médicale non susceptible d'amélioration significative ». Elle envisageait aussi l'ajout d'alinéas supplémentaires aux textes du Code pénal incriminant le meurtre et l'empoisonnement prévoyant que « Toutefois, l'aide active à mourir pratiquée à la demande de la personne concernée, dans les conditions et le respect de la procédure prévue par la loi, n'est pas

---

858 B. LEGROS, « Sur l'opportunité d'instituer une exception d'euthanasie en droit français », *Médecine et Droit*, 2001, p. 7 et s.

859 H. CROZE, « Euthanasie et devoir de vivre. Libres propos », *JCP G*, 2008, n° 18, Act.299.

860 AN, n° 788 ; *RGDM*, 2003, n° 11, p. 231 et s., obs. F. ARCHER.

un meurtre [ou un assassinat] pénalement punissable »[861]. La formulation en elle-même comporte une ineptie car elle semble signifier que l'acte est quand même un meurtre ou un empoisonnement alors précisément que la cause d'irresponsabilité pénale consistant en une autorisation de la loi ôte au comportement son caractère illicite et ne permet donc pas de retenir les terminologies de « meurtre » ou d'« empoisonnement ».

D'autres propositions de loi n'envisageaient pas de modification du Code pénal mais celle du Code de la santé publique créant *de facto* une autorisation strictement encadrée de donner la mort, ce qui aurait permis au médecin de s'en prévaloir pour échapper à une responsabilité pénale. Tel fut le parti pris de la proposition de loi relative à l'assistance médicale pour mourir et à l'accès aux soins palliatifs[862], de celle visant à légaliser une aide active à mourir dans le respect des consciences et des volontés[863], de celle visant à mieux prendre en compte les demandes des malades en fin de vie exprimant une volonté de mourir[864] ou encore de celle, plus récente, relative à l'assistance médicalisée pour mourir[865].

271 – Déjà en janvier 2000, le **Comité Consultatif National d'Éthique** avait rendu un avis n° 63 intitulé « Fin de vie, arrêt de vie, euthanasie ». Il rappelait qu'il était indispensable de développer les soins palliatifs et les pratiques d'accompagnement afin de limiter les demandes d'euthanasie à des situations exceptionnelles et proposait une modification des dispositions pénales en prévoyant, en cas d'**exception d'euthanasie**, que les personnes poursuivies ne soient pas punies, sous deux conditions cumulatives : l'existence d'une situation limite ou d'un cas extrême et une demande authentique (libre, répétée, exprimée oralement en situation, ou antérieurement dans un document).

Un audit de la loi de 2005 a été demandé à une **commission** présidée par Monsieur Léonetti. Le rapport a été rendu en décembre 2008 dont les conclusions font apparaître que la loi de 2005 était mal connue et mal appliquée, rejettent qu'un droit de mort puisse être reconnu tout comme la création d'une circonstance atténuante d'euthanasie, et proposent la création d'un observatoire des pratiques médicales de fin de vie, de médecins

---

861 Proposition de loi relative à l'aide à la délivrance volontaire en fin de vie, 4 février 2004, AN, n° 1395.

862 Sén., n° 586, 8 juin 2012.

863 Sén., n° 623, 3 juillet 2012.

864 Sén., n° 686, 20 juillet 2012.

865 Sén. n° 207, 19 décembre 2014.

référents et l'institution de congés d'accompagnement pour les proches des personnes en fin de vie[866].

La **Cour européenne des droits de l'Homme** a confirmé par un arrêt du 20 janvier 2011 l'application de l'article 8 Conv. EDH fondant une sorte de droit à l'autodétermination quant à sa propre mort par le recours au suicide, mais a considéré que les États n'avaient pas d'obligation positive à créer des dispositions légalisant l'aide au suicide[867].

Pour que les dispositions de la loi de 2005 soient comprises et effectives, le ministre de la Justice a pris une **circulaire** en date du 20 octobre 2011[868] qui s'intéresse notamment au traitement judiciaire des affaires dites de fin de vie et aux difficultés de qualification pénale[869]. Elle vient préciser que ce n'est que si les conditions pour l'application des dispositions de la loi de 2005 ne sont pas respectées que les médecins s'exposent à des poursuites et condamnations pénales. Dans pareilles hypothèses, la circulaire insiste sur le fait que la qualification pénale doit être choisie par les magistrats avec « finesse et circonspection ». Mais loin de proposer des lignes directrices pour aider à la caractérisation pénale des faits, elle crée des confusions[870].

À la demande du président de la République, le professeur Sicard a présidé une commission de réflexion dans le courant de l'année 2012 et rendu son **rapport sur la fin de vie en France** en décembre. Il en est ressorti que la loi de 2005 n'était pas appliquée et qu'il convenait qu'elle le soit avant d'envisager des modifications de la législation. Si la question de la dépénalisation de l'euthanasie et de l'aide au suicide a été abordée, aucune proposition n'a été faite en ce sens[871].

C'est la même tiédeur qui caractérise une doctrine insistant sur les risques de dérives qu'engendrerait une telle permission[872].

PARTIE 2

866 D. Berthiau, « De Chantal Sébire à l'évolution de la loi Léonetti sur la fin de vie : la pédagogie d'un point de traverse », *Médecine et Droit*, 2008, n° 91, p. 1 000 et s.

867 CEDH, 20 janvier 2011, Haas c/Suisse, req. n° 31322/07.

868 NOR : JUSD1128836C.

869 L. Cimar, « Le traitement judiciaire des affaires dites de « fin de vie » : une circulaire attendue », *Dr. pén.*, 2012, étude n° 7.

870 *Ibid.*, §14.

871 Ce rapport, p. 81 et s. ; *JCP G*, 2014, n° 45, 1154.

872 H. Croze, « Euthanasie et droit de vivre », *JCP G*, 2008, n° 18, act.299 ; B. Mathieu, « Euthanasie : ne pas céder à l'émotion », *JCP G*, 2008, n° 14, Act.222 ; G. Mémeteau, « Par principe d'humanité : la marche vers l'euthanasie », *Médecine et Droit*, 2009, n° 95, p. 45 et s. ; J. Leonetti, « Le suicide assisté : un point de vue français », *Médecine et Droit*, 2010, n° 104, p. 139 et s.

Deux instances consultatives ont depuis rendu des avis. Le **Conseil national de l'Ordre des médecins** a rendu le 8 février 2013 un avis « Fin de vie, assistance à mourir » : bien que le Conseil insiste sur la nécessité de donner pleine application à la loi Léonetti, il envisage la possibilité, sous certaines conditions très strictement définies, d'une « sédation, adaptée, profonde et terminale [...] par devoir d'humanité »[873]. En juillet 2013, le **CCNE** rendait également un avis n° 121 « Fin de vie, autonomie de la personne, volonté de mourir » faisant très largement écho à celui de 2000 quant aux propositions faites notamment concernant la reconnaissance d'une exception d'euthanasie[874]. Ce texte était suivi d'un rapport sur la fin de vie plus récemment rendu le 23 octobre 2014 mettant en évidence de graves carences dans la mise en œuvre de la législation et l'insuffisance de la prise en compte de la volonté de la personne.

La situation de monsieur Vincent Lambert a fait resurgir indirectement la question de l'euthanasie. Le législateur viendra-t-il procéder à une dépénalisation de l'euthanasie et de l'assistance au suicide ? Une proposition de loi nouvelle créant de nouveaux droits en faveur des malades et des personnes en fin de vie[875] a été enregistrée à l'Assemblée nationale le 21 janvier 2015 et sa discussion a débuté le 10 mars. Voté en première lecture par l'Assemblée nationale, le texte a été transmis au Sénat qui ne l'a pas voté. Le texte est revenu devant le Palais Bourbon le 23 juin 2015 et à l'heure où sont écrites ces lignes, il n'était pas encore définitivement voté. Il prévoit notamment la possibilité d'administrer à un patient, à sa demande, et dans le cadre d'une procédure collégiale afin d'éviter toute souffrance et de ne pas prolonger inutilement sa vie, un traitement à visée sédative et antalgique provoquant une altération profonde et continue de la vigilance jusqu'au décès associé à l'arrêt de l'ensemble des traitements de maintien en vie dans des cas strictement définis. Elle envisage également la modification de plusieurs dispositions du Code de la santé publique, concernant plus particulièrement les modalités de recueil du consentement du patient, ainsi que la création de nouveaux articles et l'abrogation des articles L.1111-10 et L.1111-13. En l'état, le texte ne prévoit cependant pas expressément d'« exception d'euthanasie ».

[873] R. Bouvet, « L'Ordre des médecins, la fin de vie et l'assistance à mourir. À propos de l'avis du Conseil national rendu le 8 février 2013 », *Rev. de Médecine légale*, 2013, vol. 4, n° 3, p. 105 et s.

[874] F. Vialla, « Interrogations autour de la fin de vie. À propos de l'avis n° 121 du CCNE », *Médecine et Droit*, 2013, p. 147 et s.

[875] AN, n° 2512, présentée par MM. A. Claeys et J. Léonetti.

2) L'interruption illégale de grossesse et l'entrave à l'interruption de grossesse

273 – La femme enceinte peut souhaiter recourir à l'interruption volontaire de grossesse. Ce seul consentement ne saurait justifier le recours à l'avortement si les conditions légalement exigées pour y recourir ne sont pas remplies : l'interruption illégale de grossesse est pénalement réprimée (**a**). Mais dès lors que de telles conditions sont remplies, le fait d'empêcher le recours à l'avortement est également pénalement sanctionné (**b**).

a – L'interruption illégale de grossesse malgré le consentement de l'intéressée à l'IVG

274 – Expression d'un droit d'avortement reconnu comme ayant valeur constitutionnelle[876], l'interruption volontaire de grossesse ne peut être considérée comme un acte de torture et de barbarie au sens de l'article 3 Conv. EDH[877] et peut être pratiquée sous certaines conditions posées par le Code de la santé publique : l'état de la femme enceinte doit la placer dans une situation de détresse, la grossesse ne doit pas avoir dépassé la fin de la douzième semaine[878], doit être pratiquée par un médecin et dans un établissement de santé conventionné[879]. Le non-respect par le médecin des conditions légales pour le recours à l'IVG est constitutif d'une faute disciplinaire en application de l'article R. 4127-18 CSP mais également d'une infraction pénale.

275 – **Conditions constitutives** – Le délit d'interruption illégale de grossesse malgré le consentement de l'intéressée recouvre diverses situations. Peut être reprochée à un médecin l'infraction de l'article L.2222-2 CSP dès lors que l'interruption de grossesse est pratiquée après l'expiration du délai dans lequel elle est autorisée par la loi, sauf si elle est pratiquée pour un motif médical (1er), et/ou dans un lieu autre qu'un établissement de santé conventionné (3e). Ainsi a été déclaré coupable de ce délit le médecin qui pratiquait une interruption de grossesse hors du cadre hospitalier[880] ou

---

876 CC, décision n° 2001-446 du 27 juin 2001, *JO* du 7 juillet 2001, p. 10828 et s.

877 Cass. crim., 5 mai 1997, *Bull. crim.*, n° 158.

878 Art. L.2212-1 CSP ; sauf cas particulier de l'IVG pour raison médicale : art.L. 2213-1 CSP.

879 Art. L.2212-2 CSP. ; notons que le projet de loi de modernisation de notre système de santé en discussion devant le Sénat le 21 juillet 2015 donne également compétence sous certaines conditions et dans certaines limites à la sage-femme: Sénat, 15 avril 2015, n°406

880 T.corr., Aix-en-Provence, 10 mars 1977, *D.*, 1978, p. 16, obs. G. Roujou de Boubée ; CA, Bordeaux, 15 mai 1985, *JurisData* n° 1985-041327 : a été retenu dans les liens de la prévention le médecin qui pratiquait l'avortement en dehors d'un établissement hospitalier sur des femmes étrangères espagnoles envoyées par des organisations féministes.

au-delà du délai légal[881]. Serait également coupable d'une telle infraction un professionnel de santé autre que médecin qui pratiquerait une telle intervention (2e)[882].

276 – Conditions répressives – De telles pratiques sont passibles de **peines principales,** deux ans d'emprisonnement et 30 000 € d'amende et une aggravation des peines est prévue dès lors que la pratique est habituelle[883]. En revanche, le Code de la santé publique ne prévoit pas de peines complémentaires applicables pour la répression de tels comportements. Avant 1992, la peine d'interdiction absolue d'exercer était très souvent prononcée à l'égard des médecins qui avaient pratiqué des avortements au-delà du délai légal[884], dont le relèvement était parfois judiciairement accordé[885].

Si la **complicité** d'avortement a pu être retenue à l'égard de celui, éventuellement médecin, qui donnait les moyens à une femme enceinte de se procurer l'avortement ou l'incitait à un tel acte[886], il a pu par la suite lui être reproché le délit de provocation à l'avortement tel que défini à l'article 317 alinéa 4e ancien C. pén.[887], abrogé lors de la réforme du Code pénal et réécrit à l'article L.2222-4 CSP avec une portée tout à fait restreinte[888]. Ainsi commet le délit de provocation à l'avortement le médecin qui conduit sa maîtresse enceinte auprès d'un confrère pour que celui-ci pratique un

---

881 CA, Paris, 29 juin 1983, *JurisData* n° 1983-026565.

882 Notons que le projet de loi de modernisation de notre système de santé non encore définitivement adopté prévoit, sous certaines conditions, la possibilité pour une sage-femme de pratiquer un avortement : Sénat, 15 avril 2015, n°406, article 31.

883 Cinq ans d'emprisonnement et 75 000 € d'amende.

884 CA, Paris, 29 juin 1983, *JurisData* n° 1983-026565: cas d'un médecin ayant été reconnu coupable d'avortement irrégulier puisque pratiqué au-delà du délai fixé par la loi et condamné à six ans d'emprisonnement dont trois ans de sursis et une interdiction absolue d'exercer l'art médical.

885 CA, Paris, 22 novembre 1988, *JurisData* n° 1988-027281 ; la procédure de relèvement consiste pour la personne ayant été condamnée à une interdiction ou une restriction de faire, par exemple professionnelle, de saisir la juridiction qui l'a condamnée pour demander que l'interdiction ne soit plus exécutée, soit levée.

886 Par exemple, le fait d'accompagner une femme enceinte chez l'auteur des manœuvres abortives : Cass. crim., 5 novembre 1941, *S.*, 1942, I, p. 89, P. Bouzat.

887 *Les médecins, officiers de santé, sages-femmes, chirurgiens-dentistes, pharmaciens, ainsi que les étudiants en médecine, les étudiants ou employés en pharmacie, herboristes, bandagistes, marchands d'instruments de chirurgie, infirmiers, masseurs, masseuses, qui auront indiqué, favorisé ou pratiqué les moyens de procurer l'avortement seront condamnés aux peines prévues aux paragraphes premier et second du présent article. La suspension pendant cinq ans ou l'incapacité absolue de l'exercice de leur profession seront, en outre, prononcées contre les coupables.*

888 « Le fait de fournir à la femme les moyens matériels de pratiquer une interruption de grossesse sur elle-même est puni de trois ans d'emprisonnement et de 45 000 € d'amende. (…) »

avortement au-delà du délai légal[889] ou encore le médecin qui indique à une patiente les moyens de se procurer l'avortement, peu importe que l'avortement ait été ou non réalisé[890].

Comme le prévoit expressément le dernier alinéa de l'article L.2222-2 CSP, s'agissant d'un délit, sa tentative est punissable. Sont auteurs les personnes qui commettent la tentative d'avortement pratiqué sur une mineure sans remplir les conditions imposées par la loi, sans consentement au surplus des parents[891] dès lors que l'avortement n'a finalement pas pu être réalisé.

La question a pu se poser de retenir, outre le délit d'avortement illégal, celui d'exercice illégal de la médecine. Cette seconde qualification n'a finalement pas été envisagée à l'égard des membres d'un groupe qui avaient pratiqué un avortement irrégulier, pour la seule raison qu'il n'était pas démontré qu'ils avaient répété cet acte même s'ils déclaraient se livrer à de telles pratiques régulièrement[892].

Enfin, l'article L.2222-3 CSP prévoit que « le fait de procéder à une interruption de grossesse après diagnostic prénatal sans avoir respecté les modalités prévues par la loi est puni de deux ans d'emprisonnement et de 30 000 € d'amende ». Ainsi, pourraient être condamnés pour un tel délit les médecins qui procéderaient à ce type d'interruption de grossesse sans avoir respecté le protocole défini à l'article L.2213-1 CSP.

b – L'entrave à l'interruption de la grossesse sollicitée par l'intéressée

277 – Créé par la loi n° 93-121 du 27 janvier 1993 portant diverses mesures d'ordre social[893] et figurant initialement à l'article L.162-15 CSP, le délit d'entrave à l'interruption de grossesse est défini depuis la loi n°2014-873 du 4 août 2014 pour l'égalité réelle entre les femmes et les hommes[894] à l'article L.2223-2 CSP comme « le fait d'empêcher ou de tenter d'empêcher de pratiquer ou de s'informer sur une interruption de grossesse ou les actes préalables prévus par les articles L. 2212-3 à L. 2212-8 [...] ». Si ce délit est plus souvent le fait de membres de groupes militants contre l'avortement, il

---

889 CA, Aix-en-Provence, 12 mars 1986, *JurisData* n° 1986-045744.

890 Cass. crim., 17 octobre 1972, n° 72-09.5288.

891 T. corr., Aix-en-Provence, 10 mars 1977, *JurisData* n° 1977-760981.

892 T. corr., Aix-en-Provence, 10 mars 1977, *ibid.*

893 *JO* du 30 janvier 1993, p. 1576 et s.

894 JO du 5 août 2014, p.12949 et s.

peut être plus rarement reproché à des professionnels de santé qui s'opposeraient à l'interruption de grossesse demandée par une patiente[895].

278 – Conditions constitutives – Si l'application des dispositions du texte d'incrimination a pu prêter à discussion dans les premières années[896], la Cour de cassation a par la suite fait œuvre régulatrice et a pu rappeler à de nombreuses reprises que la preuve du respect par l'établissement hospitalier des exigences légales pour pratiquer des avortements ne constituait pas une condition préalable pour la constitution du délit[897]. Par ailleurs, le constat de l'intrusion dans les locaux d'un centre hospitalier et l'enchaînement des prévenus suffit à caractériser la perturbation de la libre circulation des personnes à l'intérieur de l'établissement ce qui a eu pour conséquence d'empêcher plusieurs interruptions volontaires de grossesse et des entretiens et consultations préalables[898]. L'irruption et la manifestation, fussent-elles silencieuses, dans un service hospitalier, contribuant au dysfonctionnement dudit service, à la paralysie de la salle d'intervention et empêchant la tenue de consultations, sont constitutives du délit d'entrave à l'IVG[899].

279 – Conditions répressives – Les **peines** principales encourues sont deux ans d'emprisonnement et 30 000 € d'amende, sans que soient prévues de peines complémentaires. Cependant, pourrait être prononcée par exemple à l'égard d'un professionnel de santé qui participerait à un tel délit la peine d'interdiction professionnelle comme alternative à la peine d'emprisonnement[900].

Par ailleurs, la **tentative** de ce délit est punissable. En effet, l'article L.2223-2 CSP incrimine tout à la fois le fait d'empêcher une IVG ou les actes préalables, ce qui renvoie à la notion d'infraction consommée, et le fait de tenter d'empêcher l'ensemble de ces actes, une prévision par la loi de la possibilité de réprimer la tentative étant nécessaire en cas de délit[901]. Ainsi, l'absence d'IVG en cours de réalisation et l'intervention de

[895] O. Dhavernas, « Entrave à l'interruption volontaire de grossesse. Esquisse d'un bilan », *RSC*, 1997, p. 821 et s.

[896] S. Prieur, « La répression judiciaire du délit d'entrave à l'IVG : réflexions à propos de quatre années d'application jurisprudentielle de l'article L.162-15 du Code de la santé publique », *LPA*, 5 novembre 1997, n° 133, p. 12 et s.

[897] Cass. crim., 5 mai 1997, *Bull. crim.*, n° 158 ; Cass. crim., 7 avril 1999, *Bull. crim.*, n° 70.

[898] Cass. crim., 31 janvier 1997, *Bull. crim.*, n° 57.

[899] CA, Dijon, 30 novembre 1995, *Gaz. Pal.*, 1998, I, Somm., p. 9.

[900] Art. 131-6-11 °C. pén.

[901] Art. 121-4-2 °C. pén.

la police[902] caractérisent le désistement involontaire des prévenus qui est la seconde condition requise pour retenir une tentative punissable, outre le commencement d'exécution[903].

Ne saurait être justifiée par la **cause d'irresponsabilité pénale** qu'est l'état de nécessité tel que défini à l'article 122-7 C. pén.[904], le délit d'entrave à l'interruption de grossesse dès lors que l'IVG est autorisée, sous certaines conditions, par la loi[905].

Enfin, l'**action civile** est susceptible d'être exercée par plusieurs personnes. Il peut s'agir de la femme enceinte n'ayant pu subir l'interruption de grossesse ou n'ayant pu être reçue en consultation préalable, qui souffre à tout le moins d'un préjudice psychologique découlant directement de l'infraction[906]. Est également recevable en leur constitution de partie civile le chef de service d'un centre d'orthogénie et les membres du service[907], le centre hospitalier dans les locaux duquel l'infraction a été commise[908] ou encore les associations de défense des droits des femmes à accéder à la contraception et à l'interruption de grossesse dans le respect des conditions de l'article L.2223-1 CSP.

3) L'abus frauduleux de l'état d'ignorance ou de faiblesse du patient

280 - Le consentement donné par le patient peut exister en apparence mais être vicié en raison de son état d'ignorance ou de faiblesse. Le professionnel de santé qui fait un abus frauduleux de cet état se rend coupable de l'infraction définie à l'alinéa 1er de l'article 223-15-2 C.pén. :

> *Est puni de trois ans d'emprisonnement et de 375 000 euros d'amende l'abus frauduleux de l'état d'ignorance ou de la situation de faiblesse soit d'un mineur, soit d'une personne dont la particulière vulnérabilité, due à son âge, à une maladie, à une infirmité, à une déficience physique ou psychique ou à un état de grossesse, est apparente ou connue de son auteur, soit d'une personne en état de sujétion psychologique ou physique*

---

902 CA, Paris, 15 février 1996, *JurisData* n° 1996-020271 ; *Gaz. Pal.*, 1996, I, Chron. crim., p. 50 et s., obs. J.-P. Doucet ; Cass. crim., 5 mai 1995, *précit.*

903 Art. 121-5 C. pén.

904 « N'est pas pénalement responsable la personne qui, face à un danger actuel ou imminent qui menace elle-même, autrui ou un bien, accomplit un acte nécessaire à la sauvegarde de la personne ou du bien, sauf s'il y a disproportion entre les moyens employés et la gravité de la menace ».

905 Cass. crim., 31 janvier 1996, *Bull. crim.*, n° 57.

906 Cass. crim., 31 janvier 1996, *précit.*

907 *Ibid.*

908 Cass. crim., 27 novembre 1997, *Bull. crim.*, n° 431 ; *Dr. pén.*, 1997, comm. n° 39, obs. M. Véron.

résultant de l'exercice de pressions graves ou réitérées ou de techniques propres à altérer son jugement, pour conduire ce mineur ou cette personne à un acte ou à une abstention qui lui sont gravement préjudiciables.

Créée lors de la réforme du Code pénal entrée en vigueur en 1994, cette infraction était initialement envisagée comme une infraction contre les biens, déclinaison du délit d'escroquerie, et définie par un article 313-4 du Code pénal. Elle est devenue une infraction contre les personnes à la suite de la migration dans le livre II du Code pénal du texte la définissant avec la loi n° 2001-504 du 12 juin 2001 tendant à renforcer la prévention et la répression des mouvements sectaires[909]. Plusieurs exemples évoquent des condamnations de professionnels de santé.

a – Les conditions constitutives

281 – L'état d'ignorance ou de faiblesse de la victime, les conséquences du comportement abusif et le caractère frauduleux de cet abus forment les conditions constitutives du délit.

282 – L'**état d'ignorance ou de faiblesse de la victime** est dû soit à l'état de minorité de la victime, soit à sa « particulière vulnérabilité, due à son âge, à une maladie, à une infirmité, à une déficience physique ou psychique ou à un état de grossesse ». Alors que cet état joue comme circonstance aggravante de nombre d'infractions pénales[910], il est ici une composante du délit. Cette particulière vulnérabilité est une question de fait, laissée à l'appréciation des juges du fond qui s'appuieront le plus souvent sur une expertise judiciaire, les pièces du dossier médical de la victime éventuellement. Les juges ne pourront écarter la qualification pénale que si le syndrome dont souffre la victime et les déficiences constatées « ne caractérisent pas un état d'une particulière vulnérabilité susceptible de placer (la victime) dans une situation de faiblesse »[911]. Outre la réalité de cette vulnérabilité, son caractère contemporain à l'abus doit être démontré[912].

283 – Le **comportement abusif** du professionnel de santé doit conduire le patient victime à un **acte ou une abstention gravement préjudiciable**.

Le comportement ne doit pas consister dans des manœuvres frauduleuses, ce qui fait une distinction avec une autre infraction pénale, *a priori* proche, l'escroquerie.

---

[909] *JO* du 13 juin 2001, p. 9337 et s.

[910] En matière de crime et délits de violences volontaires par exemple.

[911] Cass. crim., 27 juin 2012, n° 11-83.695.

[912] Cass. crim., 26 mai 2009, *Bull. crim.*, n° 104.

Si le médecin prévenu s'est cru, à tort, en capacité d'apporter le soutien et le traitement adapté à l'état de la patiente et à supposer que puisse lui être imputée une mauvaise appréciation de l'état réel de la patiente et de sa capacité à la soigner, on ne saurait en déduire qu'il ait abusé de la faiblesse de la patiente[913].

L'abus de l'état d'ignorance ou la situation de faiblesse doit conduire le patient à accomplir **un acte ou une abstention**. Il peut s'agir d'un acte juridique comme la signature d'un compromis de vente d'un terrain, à un prix très inférieur au prix du marché, par un patient au bénéfice de son médecin traitant[914], d'un prêt sans intérêt d'une importante somme d'argent consenti par des patients âgés à leur médecin traitant[915] ou encore le fait de disposer de ses biens par le biais d'une procuration ou d'un testament olographe rédigé en faveur de l'auteur du comportement abusif[916]. Mais « l'acte auquel a été conduite la personne vulnérable, au sens de l'article 223-15-3 du Code pénal, peut être tant matériel que juridique » et consister par exemple en des relations sexuelles obtenues par un psychiatre de sa patiente vulnérable en raison de son état psychique, comme l'a décidé la Cour de cassation dans un arrêt du 19 février 2014[917], ce comportement consistant de surcroît en une faute déontologique[918]. Cette solution est confortée par le transfert de l'incrimination parmi les infractions contre les personnes.

En outre, l'acte ou l'abstention du patient doit lui être **gravement préjudiciable**. D'une part, le préjudice n'a pas à se réaliser pour que l'infraction soit constituée : ainsi, la signature d'un compromis de vente suffit, même si un acte de vente n'a pas été signé[919]. D'autre part, le préjudice réel ou éventuel doit être grave. Cette gravité semble devoir s'apprécier notamment par rapport à l'importance du patrimoine de la victime : le délit n'est pas constitué par la remise d'un chèque de 1 000 € par un patient à son médecin eu égard à l'état de fortune du patient[920]. Cependant, l'importance des dons

---

913 Cass. crim., 4 septembre 2012, n° 10-88.818.

914 Cass. crim., 12 janvier 2000, n° 99-81.057 ; *Bull. crim.*, n° 15 : ceci quand bien même l'acte ne serait pas valable.

915 Cass. crim., 5 octobre 2004, *Bull. crim.*, n° 233.

916 Cass. crim., 15 novembre 2005, *Dr. pén.*, 2006, comm. n° 29, obs. M. Véron ; Cass. crim., 21 octobre 2008, *Bull. crim.*, n° 210.

917 Pourvoi n° 12-87558 ; *RDS*, 2014, n° 59, p. 1249 et s., obs. A. Ponseille.

918 CE, 8 décembre 2000, *RDSS*, 2001, p. 59 et s., obs. R. Schwartz.

919 Cass. crim., 12 janvier 2000, *précit.* : le texte incriminateur n'exige pas « que le dommage se soit réalisé ».

920 CA, Montpellier, 9 mars 2006, *JurisData* n° 2006-306335.

et libéralités consentis par une personne âgée à un radiologue dont elle s'était prise d'affection et qui avait accompli quelques actes médicaux à son égard sans être son médecin traitant, ne suffit pas à considérer que le délit est constitué, si la démonstration des autres éléments de définition de l'infraction n'est pas faite[921] ; en revanche, il l'est lorsqu'un couple, pour verser en plusieurs fois une somme totale de 535 000 F à son médecin traitant, a puisé dans ses économies provenant d'un héritage et d'une indemnité de licenciement[922]. Mais la gravité est parfois intrinsèque au comportement adopté par la victime : la Cour de cassation donne implicitement raison à une cour d'appel qui a relevé que « le fait pour une patiente d'avoir des relations avec un psychiatre chargé de sa thérapie était gravement préjudiciable, cette apparition de la sexualité dans un contrat thérapeutique s'analyse comme un réel abus sexuel, un non-respect de l'intégrité du malade, une prise de pouvoir du sachant [...] » et que « de tels faits ont eu [...] un impact certain » constaté par l'expert judiciaire et consistant en des « réminiscences, victimisation et troubles du sommeil »[923].

284 – Enfin, en qualifiant l'abus de « frauduleux », l'article 223-15-2 C. pén. exige une **faute intentionnelle** qui se manifeste par le fait que l'auteur a agi en connaissance de cause, c'est-à-dire en sachant l'état d'ignorance ou de faiblesse de la victime. On notera que s'agissant de l'état de faiblesse dû à une particulière vulnérabilité, le texte, dans sa version initiale, prévoyait que la situation de vulnérabilité devait être apparente ou connue mais la loi du 12 juin 2001 précitée a modifié le texte en faisant disparaître la référence au terme « connue », avant qu'il ne soit à nouveau réintégré avec une loi du 12 mai 2009. La première modification avait pour conséquence de réduire la portée du texte puisque l'abus de faiblesse ne pouvait être retenu que dans la mesure où l'état de vulnérabilité était apparent. La réintroduction du terme « connue » élargissait de nouveau la portée du texte et cette disposition de la loi de 2009 est une disposition nouvelle plus sévère n'ayant pas vocation à s'appliquer de manière rétroactive en application de l'article 112-1 du Code pénal. La jurisprudence semble apprécier sévèrement l'existence de l'élément moral de ce délit quand il est reproché à un professionnel de santé qui a une plus grande capacité, que toute autre personne, à évaluer cet état. Ainsi en est-il du prévenu qui, « ayant suivi des études médicales », ne pouvait ignorer l'état de faiblesse psychique de la victime due à une sénilité entraînant des troubles des fonctions

[921] Cass. crim., 15 octobre 2013, n° 12-86.523.

[922] Cass. crim., 5 octobre 2004, *précit.*

[923] Cass. crim., 19 février 2014, *précit.*

cognitives supérieures[924]. De même en est-il du prévenu qui avait eu dès le départ, date du transfert de la patiente dans son service, « connaissance de l'état psychique de l'intéressée et, grâce à la lecture de son entier dossier médical, [avait] pu prendre la pleine mesure de sa pathologie et de sa fragilité ». Ainsi, « l'état de faiblesse [de la patiente] était donc parfaitement connu par le mis en cause qui, par son expérience professionnelle et sa formation de psychiatre, a parfaitement pu en analyser les ressorts et les caractéristiques »[925]. De même, se déduit de sa qualité de « médecin habituel », la connaissance par le prévenu des âges des victimes et des maux dont elles souffraient qui en faisaient des personnes particulièrement vulnérables[926]. En revanche, a été relaxé en raison de sa bonne foi le médecin qui, à l'occasion d'une visite domiciliaire chez un patient âgé de 89 ans, s'est vu remettre par celui-ci un chèque d'un montant de 1 000 € en paiement de la consultation. Le médecin avait en effet indiqué cette erreur sur la souche du chéquier et essayé de contacter à plusieurs reprises la personne s'occupant de cette personne âgée et l'ayant dénoncé, pour lui signaler cette erreur[927].

b – Les conditions répressives

285 – Peines principales et complémentaires encourues – Cette infraction est punissable à titre principal de trois ans d'emprisonnement et de 375 000 € d'amende. Des peines complémentaires spécifiques sont prévues par l'article 223-15-3 C. pén. consistant notamment dans une interdiction professionnelle de cinq ans au plus dès lors que l'infraction a été commise dans l'exercice ou à l'occasion de la profession, dans la fermeture d'établissement ou encore dans la diffusion et/ou l'affichage de la décision de condamnation.

286 – Tentative – Cette infraction n'est réprimée que si elle est consommée, puisque la loi ne prévoit pas la répression de la tentative de ce délit.

287 – Conflit et cumul de qualifications – Le prévenu peut à la fois être condamné pour vol aggravé par la circonstance qu'il est commis sur une personne vulnérable et pour abus frauduleux de l'état de faiblesse : c'est ce qui a été décidé à l'égard d'un médecin traitant, suivant depuis quinze ans une personne âgée née en 1921 et à laquelle il avait fait signer des chèques

PARTIE 2

[924] Cass. crim., 7 octobre 2009, n° 09-80.175.

[925] Cass. crim., 19 février 2014, *précit.*

[926] Cass. crim., 18 janvier 2011, n° 10-82.447.

[927] CA, Montpellier, 9 mars 2006, *précit.*

en abusant de son état de faiblesse et dérobé par la suite lesdits chèques, s'agissant d'actes distincts[928].

En revanche, il a pu être décidé d'une requalification en délit d'abus de la situation de faiblesse des faits initialement poursuivis sous la qualification d'escroquerie aggravée par la circonstance que le délit était commis contre une personne vulnérable[929]. Il est sans doute plus aisé de démontrer la constitution du délit d'abus de situation de faiblesse que celle de l'escroquerie au regard de leurs éléments constitutifs respectifs. La proximité de la définition de ces incriminations entraîne des difficultés de qualification d'autant qu'initialement l'abus frauduleux de l'état de faiblesse était envisagé comme une infraction voisine de l'escroquerie. Mais la qualification pénale qui sera retenue a une incidence sur les peines dans la mesure où celles encourues pour le délit d'escroquerie commis à l'encontre d'une personne vulnérable s'élèvent à sept ans d'emprisonnement et 750 000 € d'amende[930].

L'obtention de la part d'une patiente de faveurs sexuelles a pu être qualifiée d'abus frauduleux de l'état de faiblesse[931] mais la frontière avec la qualification de viol par contrainte[932] est ténue puisqu'il a pu être décidé que caractérise l'élément de contrainte l'état de grande vulnérabilité dans lequel se trouve placée une femme face à son médecin dans le cadre d'une consultation médicale[933], ou encore l'état dépressif et la faiblesse mentale de victime[934].

288 – Application de la loi pénale dans le temps – La loi de 2001 a élargi le champ de l'incrimination en faisant disparaître la notion de contrainte, car dans sa formulation ancienne le texte exigeait qu'il soit démontré que l'abus frauduleux de l'état d'ignorance ou de faiblesse de la victime ait *obligé* celle-ci à adopter un comportement préjudiciable. Cette modification a empêché une application rétroactive du texte incriminateur en raison de son caractère plus sévère[935]. Cependant, la Cour de cassation a précisé que, « dès lors que les faits, procédant d'un mode opératoire unique, se sont poursuivis jusqu'en juin 2002 et caractérise le délit au

---

[928] Cass. crim. 18 janvier 2011, n° 10-82.447.

[929] CA, Nîmes, 15 novembre 2002, *JurisData* n° 2002-196870 ; *RSC*, 2003, p. 340, obs. R. OTTENHOF.

[930] Art. 313-2 C. pén.

[931] Cass. crim., 19 février 2014, *précit.*

[932] Art. 222-23 C. pén.

[933] Cass. crim., 25 octobre 1994, *Dr. pén.*, 1995, comm. n° 63, obs. M. VÉRON.

[934] Cass. crim., 27 novembre 1996, n° 96-83.954.

[935] Cass. crim., 23 juin 2009, *Bull. crim.*, n° 131 ; Cass. crim., 7 mars 2012, n° 11-83.249.

regard, tant de l'article 223-15-2 C. pén., résultant de la loi du 12 juin 2001, pour ceux commis après cette date, que de l'article 313-4 du même code, précédemment en vigueur, pour les autres », la décision de condamnation d'un médecin qui avait spolié une de ses patientes ne méconnaissait ni l'article 112-1 C.pén., ni l'article 7 Conv. EDH[936].

289 - Poursuites pénales et poursuites disciplinaires - À l'occasion de la contestation par un psychiatre de sa condamnation pour le délit d'abus frauduleux de l'état de faiblesse commis sur une de ses patientes alors que la juridiction ordinale avait classé la plainte de la victime, la Cour de cassation a rappelé que « la décision de la chambre disciplinaire nationale de l'ordre des médecins de ne pas donner suite à une plainte de Mme Y... est sans portée sur la procédure suivie devant le juge pénal »[937]. On rappellera par ailleurs pour mémoire que la chose jugée par l'une ou l'autre des juridictions pénale et ordinale ne les lient pas dans la décision qu'elles prennent : il s'agit du principe d'indépendance des poursuites pénales et des poursuites disciplinaires. Ainsi, le jugement pénal ne lie pas la juridiction ordinale dans sa décision sauf si le juge pénal constate l'inexistence des faits[938]. De même, la décision ordinale ne s'impose pas à la juridiction pénale saisie des mêmes faits, quand bien même la première décision aurait constaté l'absence de matérialité des faits[939].

290 - Action publique - Les règles relatives à la prescription de l'action publique concernant cette infraction ont évolué avec la loi n° 2011-267 du 14 mars 2011, dite LOPPSI II[940]. En effet, avant cette loi, la Cour de cassation avait précisé que ce délit ne pouvait être considéré comme une « infraction clandestine » et, dès lors, le point de départ du délai de prescription de l'action publique[941] ne pouvait être fixé au jour où le délit était constaté par la victime[942], mais l'était au jour du versement de la somme d'argent par la victime, c'est-à-dire de l'accomplissement de l'acte qui lui était préjudiciable. Depuis 2011, l'alinéa 3e de l'article 8 CPP prévoit que le délai de prescription de l'action publique, notamment de l'infraction d'abus frauduleux de l'état de faiblesse commis à l'encontre d'une personne vulnérable, court à compter du jour où l'infraction apparaît à

936 Cass. crim., 2 octobre 2013, n° 12-85.036.

937 Cass. crim., 19 février 2014, *précit.*

938 Cf. par exemple : CE, 30 décembre 2013, M. D., req. n° 356775.

939 CA, Aix-en-Provence, 4 mars 1996, *JurisData* n° 1996-045246 ; CA, Grenoble, 28 février 2007, *JurisData* n° 2007-332833.

940 *JO* du 15 mars 2011, p. 4582 et s.

941 Trois ans s'agissant d'un délit en application de l'article 8 CPP.

942 Cass. crim., 5 octobre 2004, *Bull. crim.*, n° 233.

la victime dans des conditions permettant l'exercice de l'action publique. Ainsi, le risque pénal des professionnels de santé auteurs de ce délit d'être poursuivis et condamnés se trouve accru.

291 – Action civile – Par l'application combinée des articles 2 et 3 CPP, les proches de la victime directe du délit peuvent demander réparation à la juridiction pénale du préjudice moral dont ils ont personnellement souffert et découlant des faits objet de la poursuite[943].

B – Le comportement pénalement répréhensible pour défaut de consentement du patient

292 – En dehors de la qualification de violences[944] qui est susceptible d'être retenue à l'encontre d'un professionnel de santé qui accomplirait un acte de quelque nature qu'il soit sur un patient alors que celui-ci, en état d'exprimer sa volonté, s'y serait opposé, le législateur a créé des incriminations spécifiques telles que la pratique volontaire d'une interruption de grossesse sans le consentement de la patiente (**A**) et l'expérimentation médicale sans le consentement de la personne, dont la *ratio legis* consiste dans la liberté corporelle[945] (**B**).

1) La pratique d'une interruption de grossesse sans le consentement de la patiente

293 – L'incrimination de « l'interruption de la grossesse sans le consentement de l'intéressée » que l'article 223-10 C. pén. punit de cinq ans d'emprisonnement et de 75 000 € d'amende est la seule infraction relative à l'interruption de grossesse qui demeure dans le Code pénal. En effet, avant la loi n° 2001-588 du 4 juillet 2001 relative à l'interruption de grossesse et à la contraception[946], y figuraient deux autres incriminations qui ont été transférées dans le Code de la santé publique aux articles L.2222-2 et L.2222-4[947], étant précisé que le délit d'auto-avortement a été supprimé par une loi n° 93-121 du 27 janvier 1993[948]. Si la possibilité d'avorter est un

---

[943] Cass. crim., 3 novembre 2009, *Bull. crim.*, n° 182 : préjudice moral subi par les enfants de la victime directe du délit d'abus de faiblesse.

[944] Art. 222-9 et s. C. pén.

[945] P. MISTRETTA, *Droit pénal médical*, *op. cit.*, n° 398 et s.

[946] *JO* du 7 juillet 2001, p. 10823 et s.

[947] Cf. *supra*. n° 274 et s.

[948] *JO* du 30 janvier 1993, p. 1576 et s.

droit à valeur constitutionnelle[949], le droit ou la liberté d'engendrer[950] est pénalement protégé par l'article 223-10 du Code pénal.

a – Les conditions constitutives

294 – La constitution de l'infraction suppose que soit constatée la réalité de l'**état de grossesse** préalable à l'intervention. En effet, l'infraction ne saurait être constituée si un moyen abortif était utilisé sur une femme qui ne serait pas enceinte. Ne pourrait pas même être retenue une tentative punissable pour réprimer ce que la doctrine nomme « infraction impossible » dans la mesure où aucun texte ne prévoit que la tentative de ce délit est punissable[951]. La preuve de cette condition préalable doit être rapportée par l'accusation par le biais d'un certificat médical établi *a priori* ou par expertise réalisée *a posteriori*.

Le consentement de la femme enceinte à l'avortement ne doit pas avoir été donné. Que doit-on entendre par l'expression « sans le consentement de l'intéressée » ? Sans doute que le consentement sera considéré comme absent quand il n'a pas été donné de manière expresse ou quand il l'a été mais sans être libre et éclairé. Même si la jurisprudence ne renseigne pas sur ce point à notre connaissance, il serait sans doute jugé que le consentement n'est pas libre et éclairé si la femme n'a pas été informée selon les modalités et formes de l'article L.2212-3 CSP[952], si la consultation préalable prévue à l'article L.2212-4 CSP n'a pas été proposée à la femme enceinte, étant précisé qu'elle est obligatoire pour une mineure non émancipée. En outre, l'intéressée doit renouveler sa demande d'interruption de grossesse après consultation et cette confirmation ne doit être acceptée par le médecin qu'après l'expiration d'un délai d'une semaine suivant la première demande. Dans le cas où une de ces conditions légales pour le recueil du consentement ne serait pas respectée, le consentement pourrait être considéré comme faisant défaut car considéré comme ni libre, ni éclairé.

---

949 Cf. *supra*. n° 274.

950 P. Mistretta, *Droit pénal médical, op. cit.*, n° 414.

951 Cette infraction étant punie d'un emprisonnement qui est une peine délictuelle aux termes de l'article 131-3 C. pén., sa tentative n'est punissable que si la loi le prévoit, tel qu'exigé à l'article 121-4-2 °C. pén.

952 *Le médecin sollicité par une femme en vue de l'interruption de sa grossesse doit, dès la première visite, informer celle-ci des méthodes médicales et chirurgicales d'interruption de grossesse et des risques et des effets secondaires potentiels. Il doit lui remettre un dossier-guide, mis à jour au moins une fois par an, comportant notamment le rappel des dispositions des articles L. 2212-1 et L. 2212-2, la liste et les adresses des organismes mentionnés à l'article L. 2212-4 et des établissements où sont effectuées des interruptions volontaires de la grossesse. Les agences régionales de santé assurent la réalisation et la diffusion des dossiers-guides destinés aux médecins.*

Il convient toutefois de préciser que le consentement doit obligatoirement être recueilli par écrit : en l'absence d'écrit, le défaut de consentement est présumé et, à l'inverse, en présence d'un écrit, ce consentement est présumé[953].

L'**interruption de grossesse** doit intervenir pour que soit constitué le délit. Le législateur ne précise pas les modalités d'obtention de cet arrêt de la grossesse et, dès lors, tous les moyens abortifs entrent dans la définition matérielle de l'infraction dès lors que ces moyens sont à l'origine de l'interruption de grossesse.

Enfin, en l'absence de précision du texte incriminateur et en présence d'un délit[954], une **faute intentionnelle** est requise. Elle consiste dans la connaissance du défaut de consentement et la volonté d'obtention de l'avortement. Ainsi, le fait pour un médecin d'entraîner par maladresse l'avortement d'une femme enceinte au cours d'une intervention ou d'une consultation ne saurait être constitutif du délit prévu à l'article 223-10 C. pén., pas même du délit d'homicide involontaire de l'enfant à naître[955].

b - Les conditions répressives

295 - Peines encourues - Les peines principales encourues s'élèvent à cinq ans d'emprisonnement et 75 000 € d'amende. Le Code pénal prévoit également des peines complémentaires telles que l'interdiction des droits civiques, civils et de famille[956], l'interdiction d'exercer la profession à l'occasion ou dans l'exercice de laquelle l'infraction a été commise, la confiscation ainsi que la fermeture de l'établissement qui a permis la réalisation de l'infraction. Il est prévu à l'article 223-19 C. pén., pour les auteurs personnes physiques du délit de l'article 223-10 C. pén., une peine spécifique d'interdiction professionnelle qui consiste en « l'interdiction, pour une durée de cinq ans au plus, d'exercer une activité de nature médicale ou para-médicale ». On pourrait penser *a priori* que cette peine complémentaire fait doublon avec l'interdiction professionnelle définie à l'article 223-17 du Code pénal. Cependant, elle a vocation à s'appliquer plus largement. D'une part, il n'est pas exigé pour qu'elle soit appliquée que le délit ait été commis dans le cadre de l'une ou l'autre de ces catégories de professions et dès lors elle a pour effet de priver la personne d'accès à

953 CA, Toulouse, 16 novembre 2005, ct0028 : en l'absence de signature de la patiente du formulaire, le consentement peut se manifester d'autres manières.

954 Art. 121-3 C. pén.

955 Pour ce rappel, cf. P. Mistretta, *Droit pénal médical, op. cit.*, n° 426 ; cf. Cass. crim., 30 juin 1999, *Bull. crim.*, n° 174.

956 Art. 223-16 C. pén.

une profession médicale ou paramédicale. D'autre part, si le délit a été commis dans l'exercice d'une profession de santé, elle ôte la possibilité à la personne condamnée d'en exercer une autre.

296 - Conflits de qualification - Lorsque les manœuvres abortives ont eu pour conséquences le décès de la patiente, doit être retenu non pas le délit d'avortement mais le crime de violences ayant entraîné la mort sans intention de la donner[957].

2) La pratique de recherche médicale sans le consentement de la personne

297 - L'expérimentation médicale impliquant une personne humaine est possible mais strictement encadrée depuis de nombreuses années. Elle relève du champ de la bioéthique et est soumise au droit pénal[958] qui a pu être présenté comme manquant de cohérence[959]. La loi n° 88-1138 du 20 décembre 1988 relative à la protection des personnes qui se prêtent à des recherches biomédicales[960] a été complétée par des lois successives dont la loi n° 90-549 du 2 juillet 1990[961] et la loi n° 94-630 du 25 juillet 1994[962].

Outre l'exclusion de certaines personnes en raison de leur état[963] ou la possibilité de s'y prêter sous certaines conditions ou réserves[964], sous peine de sanctions pénales[965], la recherche biomédicale doit répondre à des conditions particulières dans son déroulement[966]. Elle doit aussi répondre à diverses exigences légales telles qu'avoir pour finalité de développer les connaissances scientifiques[967], se fonder sur le dernier état des connaissances scientifiques et sur une expérimentation préclinique satisfaisante, ne pas être entreprise en cas de risque disproportionné avec le bénéfice

---

957 Cass. crim., 1er décembre 1971, *Bull. crim.*, n° 330: cas d'une femme ayant subi un avortement à l'origine de sa mort par suite d'une perforation gangréneuse du fond de l'utérus.

958 M. Bénéjat, « Les relations du droit pénal et de la bioéthique », *AJ Pén.*, 2012, p. 392.

959 P. Mistretta, « Droit pénal de la bioéthique: le coup de grâce », *JCP G*, Ed. G, 2011, n° 845.

960 *JO* du 22 décembre 1988, p. 16032 et s.

961 *JO* du 5 juillet 1990, p. 7856 et s.

962 *JO* du 26 juillet 1994, p. 10747 et s.

963 Par exemple, la femme enceinte et la mère allaitant: art.L. 1121-5 et L.1121-6 CSP.

964 Cas des mineurs non émancipés (art.L. 1121-7 CSP), des majeurs protégés (art.L. 1121-8 CSP) et des personnes décédées (art.L. 1121-14 CSP).

965 Le non-respect de ces exclusions ou limitations est constitutif du délit prévu à l'article L.1126-3 CSP.

966 Art. L.1121-3 CSP.

967 Art. L.1121-1 CSP.

escompté, avoir été prévue en limitant les douleurs ou autres désagréments pour la personne qui s'y soumet, « l'intérêt des personnes qui se prêtent à une recherche biomédicale (primant) toujours sur les seuls intérêts de la science et de la société »[968]. L'article L.1121-2 CSP précise *in fine* que « la recherche biomédicale ne peut débuter que si l'ensemble de ces conditions sont remplies. Leur respect doit être constamment maintenu ».

298 – Mais à ces conditions s'en ajoute une autre fondamentale : le consentement de la personne soumise à la recherche dont le défaut peut entraîner une condamnation pénale pour celui qui entend pratiquer ou faire pratiquer une telle expérimentation. Avant la création de l'article 223-8 C. pén., contemporaine de la réforme du Code pénal, la jurisprudence était venue préciser que la recherche expérimentale sur une personne supposait son consentement et que toutes les précautions aient été prises[969]. Depuis, et en l'absence de consentement, une infraction est constituée telle que prévue à l'article 223-8 C. pén. et reprise à l'art. L.1126-1 CSP. Cette condition est mise en exergue à l'article L.1122-1-1 CSP[970]. Le texte incriminateur a été modifié à de nombreuses reprises, par la loi n° 2004-800 du 6 août 2004 relative à la bioéthique qui a ajouté un troisième alinéa à l'article 223-8 C. pén. prévoyant que « les dispositions du présent article ne sont pas applicables à l'examen des caractéristiques génétiques d'une personne ou à son identification par ses empreintes génétiques effectuées à des fins de recherche scientifique », ainsi que par deux autres lois, la loi n° 2004-806 du 9 août 2004 relative à la politique de santé publique[971] et la loi n° 2012-300 du 5 mars 2012 relative aux recherches impliquant la personne humaine[972].

a – Les conditions constitutives

299 – Dans sa rédaction issue de la loi du 5 mars 2012, l'article 223-8 C. pén. dispose que :

968 Art. L.1121-2 CSP.

969 CA, Montpellier, 14 décembre 1954, *D.*, 1955, p. 745 et s., note J. Carbonnier : tel n'est pas le cas lorsqu'un médecin homéopathe a recours à un traitement en présence de l'avis unanime de médecins critiquant une telle thérapeutique.

970 Depuis la loi n° 2004-806 du 9 août 2004 relative à la politique de santé publique, *JO* du 11 août 2004, p. 14277 et s.

971 *JO* du 11 août 2004, p. 14277 et s.

972 *JO* du 6 mars 2012, p. 4138 et s. ; pour un commentaire de cette loi, cf. D. Thouvenin, « La loi n° 22012-300 du 5 mars 2012 : des recherches pratiquées *sur* la personne aux recherches *avec* la personne », *RDSS*, 2012, p. 787 et s.

> *Le fait de pratiquer ou de faire pratiquer sur une personne une recherche mentionnée aux 1° ou 2° de l'article L.1121-1 du code de la santé publique sans avoir recueilli le consentement libre, éclairé et, le cas échéant, écrit de l'intéressé, des titulaires de l'autorité parentale ou du tuteur ou d'autres personnes, autorités ou organes désignés pour consentir à la recherche ou pour l'autoriser, dans les cas prévus par le code de la santé publique, est puni de trois ans d'emprisonnement et de 45 000 euros d'amende.*

Cette version devrait entrer en vigueur dès publication au journal officiel des décrets mentionnés aux articles L.1121-17 et L.1123-14 CSP. La version actuellement en vigueur est quelque peu différente :

> *Le fait de pratiquer ou de faire pratiquer sur une personne une recherche biomédicale sans avoir recueilli le consentement libre, éclairé et exprès de l'intéressé, des titulaires de l'autorité parentale ou du tuteur ou d'autres personnes, autorités ou organes désignés pour consentir à la recherche ou pour l'autoriser, dans les cas prévus par le code de la santé publique, est puni de trois ans d'emprisonnement et de 45 000 euros d'amende.*

300 – Quelle que soit la version de la disposition visée, la pratique d'une recherche biomédicale à défaut de recueil du consentement de la personne objet de la recherche, en connaissance de cause, constitue une infraction.

L'expérimentation dont la personne fait l'objet doit être une **recherche biomédicale** mais la loi de 2012 a modifié la lettre du texte sur ce point. En effet, cette loi distingue trois catégories de recherche biomédicale[973] : les recherches interventionnelles qui comportent une intervention sur la personne non justifiée par sa prise en charge habituelle, les recherches interventionnelles qui ne portent pas sur des médicaments et ne comportent que des risques et des contraintes minimes, les recherches non interventionnelles dans lesquelles tous les actes sont pratiqués et les produits utilisés de manière habituelle, sans procédure supplémentaire de diagnostic, de traitement ou de surveillance. La loi de 2012 soumet à des exigences légales différentes les recherches interventionnelles et les recherches non interventionnelles[974].

La personne dont le consentement est requis est en premier lieu la personne soumise à l'expérimentation. Afin de protéger les personnes plus vulnérables, le consentement de leurs représentants légaux s'il s'agit d'un mineur (titulaires de l'autorité parentale) ou de leur tuteur s'il s'agit de

---

[973] Art. L.1121-1 CSP.

[974] Cf. *infra*. n° 297.

majeur incapable, est requis[975]. La loi n° 2004-806 du 9 août 2004 a élargi la liste des personnes devant donner leur consentement en lieu et place de l'intéressé à « d'autres personnes, autorités ou organes désignés pour consentir à la recherche ou pour l'autoriser ».

Quant au **défaut de consentement**, condition constitutive de l'infraction, il doit être constaté si le consentement requis n'est pas libre, éclairé et exprès. La loi de 2004 a rajouté dans le Code de la santé publique un article L.1122-1-1 prévoyant dans son 1er alinéa qu'« aucune recherche biomédicale ne peut être pratiquée sur une personne sans son consentement libre et éclairé, recueilli après que lui a été délivrée l'information prévue à l'article L.1122-1 ». Il paraît évident que le consentement ne pourra être considéré comme valable si aucune information n'est donnée ou qu'il est donné une information ne respectant pas les exigences de l'article L.1122-1. Il conviendra de parvenir à la même conclusion et de retenir la qualification pénale dès lors que le patient sera dans l'impossibilité de comprendre et recevoir l'information, et par la suite en état de donner un consentement libre et éclairé. Il en est ainsi par exemple si, au moment où l'information lui parvient, « très affaibli, (le patient) était dans l'impossibilité de donner un consentement libre et éclairé » comme l'a indiqué la Cour de cassation dans un arrêt très commenté[976]. Dans cette affaire, il s'agissait d'un patient admis en urgence dans un hôpital pour un syndrome respiratoire aigu puis transféré dans le service des maladies tropicales infectieuses où il fut pris en charge et reçut pendant cinq jours une antibiothérapie administrée par voie intraveineuse qui fut arrêtée en raison d'un départ du patient contre l'avis médical. Il fut par la suite définitivement soigné d'une pneumonie dans un autre hôpital. Il déposa plainte pour expérimentation sur personne humaine sans son consentement à l'appui d'un document de consentement à destination des patients mais resté vierge de toute signature. La Cour de cassation considéra que la décision de condamnation des juges du fond n'avait pas violé les principes de légalité et d'interprétation stricte de la loi pénale dont la violation était dénoncée par le demandeur au pourvoi, médecin mis en cause.

Quant à la manière dont le consentement est recueilli, le texte incriminateur précise que ce consentement doit être « exprès »[977], sans en préciser la forme. Cependant, l'alinéa 2[d] de l'article L.1122-1-1 CSP dispose que « le

PARTIE 2

[975] Art. L.1122-2 CSP.

[976] Cass. crim., 24 février 2009, *Bull. crim.*, n° 45 ; *JCP G*, 2009, n° 13, note P. Mistretta ; *D.*, 2009, p. 2087 et s., note P.-J. Delage ; *AJ pénal*, 2009, p. 227, note G. Royer ; *RDS*, 2009, n° 29, p. 249 et s., obs. A. Ponseille ; P.-J. Delage, « Les recherches biomédicales non consenties devant la chambre criminelle de la Cour de cassation », *RGDM*, 2009, n° 31, p. 207 et s.

[977] C'est-à-dire le consentement ne peut être présumé.

consentement est donné par écrit ou, en cas d'impossibilité, attesté par un tiers. Ce dernier doit être totalement indépendant de l'investigateur et du promoteur ». Si le texte de l'article 223-8 C.pén. laisse penser que le consentement peut être donné oralement dès lors qu'il ne fait pas de doute, l'article L.1122-1-1 se montre plus restrictif, proposant seulement deux formes pour le consentement devant être recueilli : l'écrit de l'intéressé ou l'attestation d'un tiers, le second étant seulement subsidiaire du premier, pour raison d'impossibilité. Dès lors, à la lecture de cette dernière disposition, le consentement simplement oral de l'intéressé ne saurait suffire ce que l'on peut aisément comprendre car il convient pour l'investigateur de se ménager une preuve du consentement recueilli en cas de contestation. Un arrêt du 24 février 2009 de la chambre criminelle de la Cour de cassation[978] a indiqué que l'infraction reprochée était constituée dès lors que le consentement n'avait « été recueilli ni par écrit, ni par une autre façon ». La formule peut étonner car elle semble élargir le champ de l'article L.1122-1-1 CSP à d'autres formes de recueil du consentement et ôter son caractère subsidiaire à l'attestation du tiers. La loi de 2012 fait disparaître de l'article 223-8 C. pén. la référence à l'adjectif « exprès » pour le remplacer par l'expression « le cas échéant, écrit de l'intéressé ». Cette rédaction nouvelle sème un peu plus le trouble par l'emploi de la locution « le cas échéant ». Cela signifie-t-il que l'écrit pour le recueil du consentement devient facultatif ? La lecture de la version de l'article L.1122-1-1 CSP issue de la loi de 2012 rassure sur ce point puisque les deux formes de recueil du consentement sont maintenues. Il convient de remarquer que la notion de « tiers » habilité à attester le consentement de l'intéressé en cas d'une impossibilité par celui-ci de l'exprimer est précisée avec la loi de 2012 puisque le texte nouveau en établit une liste exhaustive : la personne de confiance de l'article L.1111-6 CSP, un membre de la famille ou, à défaut, un des proches de la personne concernée, la condition de leur indépendance par rapport à l'investigateur et au promoteur étant maintenue. La Cour de cassation a pu considérer que ne pouvait être ce « tiers » un étudiant en médecine externe qui ne peut être considéré comme indépendant du médecin qui met en œuvre et surveille la recherche[979]. La loi de 2012 s'inspire en quelque sorte de la solution prétorienne puisqu'elle exclut sans ambiguïté que ce tiers puisse être un professionnel de santé participant ou pas à la recherche.

Quant au moment du recueil du consentement, il est fixé avant la mise en œuvre de la recherche biomédicale dont le début est marqué par la prescription du placebo et non par son administration[980].

PARTIE 2

[978] *Précit.*

[979] Cass. crim., 24 février 2009, *précit.*

[980] CA, Paris, 1er mars 1996, *JurisData* n° 1996-020387 ; *D.*, 1999, p. 603, I. Roujou de Boubée.

Enfin, le défaut de consentement comme condition de constitution du délit est envisagé de manière large à l'article 223-8 du Code pénal. Cette condition est remplie que le consentement n'ait pas été donné *ab initio* (al.1er) ou qu'il ait été donné *ab initio* mais ensuite retiré (al.2e) après la prescription du médicament testé et avant son administration, ou enfin en cours d'administration. C'est ce qui ressort de l'article 223-8 dans sa version antérieure à la loi de 2012 et encore en vigueur à ce jour. Cependant, cette loi réduit le champ d'application du texte en ce qui concerne la pratique de la recherche non interventionnelle en insérant un nouvel 3e alinéa disposant que « les mêmes peines sont applicables lorsqu'une recherche non interventionnelle est pratiquée alors que la personne s'y est opposée » : dans cette dernière hypothèse, le consentement est présumé et la personne devra donc manifester un refus pour ne pas y être soumise, probablement dans les formes prévues à l'article 1122-1-2 CSP.

b – Les conditions répressives

301 – Auteur matériel et auteur moral – L'article 223-8 C. pén. permet l'imputation du comportement incriminé à **celui qui pratique** l'expérimentation non consentie ou à **celui qui la fait pratiquer**. Cela signifie que commet l'infraction l'auteur matériel, c'est-à-dire celui qui administre par exemple le produit testé en sachant que le patient n'y a pas consenti, mais également celui qui supervise la recherche, qui prescrit son administration sans y procéder lui-même en faisant exécuter cette tâche par une tierce personne. L'incrimination du « fait de faire pratiquer » permet d'atteindre l'« auteur moral » de l'expérimentation illicite qui ne pourrait être pénalement appréhendé autrement. En effet, dans l'hypothèse où l'auteur matériel, c'est-à-dire celui qui pratique la recherche (une infirmière par exemple), penserait agir avec le consentement du patient alors que tel n'est pas le cas, il ne pourrait être retenu dans les liens de la prévention en raison de l'absence de faute intentionnelle et dès lors le prescripteur, c'est-à-dire celui qui fait pratiquer, ne pourrait être considéré comme complice à défaut d'infraction principale constituée[981].

302 – Peines encourues – Les peines principales encourues sont la peine d'emprisonnement de cinq ans et 45 000 € d'amende. Au titre des peines complémentaires, la personne physique auteur de cette infraction encourt également l'interdiction des droits civils, civiques et de famille[982], la confis-

[981] L'article 121-7 C. pén. qui définit les conditions de la complicité punissable exige un fait principal punissable, c'est-à-dire une infraction consommée ou au moins tentée, ce qui ne peut être le cas dès lors que manque un élément constitutif de l'infraction.

[982] Art. 223-16 C. pén.

cation et la fermeture définitive ou pour une durée de cinq ans au plus de l'un ou plusieurs des établissements ayant servi à commettre l'infraction, l'interdiction d'exercer l'activité professionnelle dans l'exercice ou à l'occasion de laquelle l'infraction a été commise[983]. Enfin, l'article 223-20 C. pén. prévoit que le participant à ce délit encourt les peines d'affichage et de diffusion de la décision de condamnation selon les modalités fixées par l'article 131-35 du Code pénal.

303 – Interdiction professionnelle et contrôle judiciaire – Est bien fondé le maintien d'une interdiction professionnelle dans le cadre d'un contrôle judiciaire décidé à l'encontre d'un médecin gynécologue obstétricien mis en examen pour avoir pratiqué des recherches médicales sur cinq patientes sans leur consentement, dès lors qu'il est l'unique moyen d'éviter le renouvellement de l'infraction et qu'il est justifié « au regard des impératifs de la sûreté publique et des nécessités de l'instruction »[984].

304 – Causes d'irresponsabilité pénale – Dans certaines hypothèses prévues par la loi, le consentement n'est pas requis pour l'accomplissement de recherche biomédicale. Dès lors, l'infraction de l'article 223-8 C. pén. n'est pas constituée.

Ainsi, dans les situations d'urgence ne permettant pas de recueillir le consentement préalable de la personne, celui-ci n'est pas recherché et seul est sollicité celui des membres de la famille ou de la personne de confiance, s'ils sont présents[985]. Cependant, l'oubli de consultation d'un proche ne saurait constituer un fait justificatif dans pareille hypothèse dès lors que le praticien connaissait la fille du patient pour l'avoir vue au chevet de son père[986]. La loi de 2012 crée un nouvel article L.1122-1-3 CSP qui prévoit qu'en matière de recherches interventionnelles qui ne portent pas sur des médicaments et ne comportent que des risques et des contraintes minimes dont les exigences méthodologiques ne sont pas compatibles avec le recueil du consentement de la personne, le protocole peut prévoir que ce consentement n'est pas recherché. Enfin, en prévoyant dans un nouvel alinéa 3e de l'article 223-8 C. pén. que l'infraction n'est constituée en matière de recherches non interventionnelles que si elle est pratiquée alors que la personne s'y est opposée, est implicitement autorisée la pratique de telles recherches si le consentement n'a pas été donné. Ces différentes hypothèses

---

983 Art. 223-17 C. pén.

984 Cass. crim., 15 octobre 2002, n° 02-85.608.

985 Art. L.1122-1-2 CSP.

986 TGI, Paris, 15 septembre 2010, Min. public contre docteur X et AP-HP, *Gaz. Pal.*, 15 janvier 2011, n° 15, p. 23, note M. Matei.

constituent des autorisations de la loi au sens de l'alinéa 1er de l'article 122-4 C. pén.[987] justifiant au plan pénal l'accomplissement de l'acte.

305 - Action civile - La personne qui a été soumise à une recherche biomédicale sans avoir donné son consentement alors qu'il était requis, est recevable à exercer l'action civile. Le défaut de recueil de consentement lui cause nécessairement un préjudice moral qui est distinct de celui résultant des conditions dans lesquelles la recherche a été effectuée, et dont le promoteur peut aussi avoir à répondre[988]. De même, les proches d'une victime d'une recherche biomédicale non consentie sont recevables à invoquer un dommage dont ils ont personnellement souffert et découlant directement des faits objets de la poursuite[989]. Enfin, que l'expérimentation illicite ait été commise dans un établissement de santé public ou privé, seul le tribunal de grande instance est compétent pour statuer sur la demande d'indemnisation des dommages résultant d'une recherche biomédicale, notamment pour raison de défaut de consentement donné[990].

306 - Infractions voisines - Dans un cas d'urgence ne permettant pas de recueillir le consentement préalable de la personne, doit être sollicité celui des membres de la famille ou de la personne de confiance, s'ils sont présents[991]. Si ce consentement n'est pas sollicité alors qu'il pouvait être recueilli, le fait de pratiquer néanmoins ou de faire pratiquer la recherche biomédicale est puni de trois ans d'emprisonnement et de 45 000 € d'amende aux termes de l'article L.1126-3 CSP. Sans lien avec l'exigence d'un consentement, sont également encourues les peines d'un an d'emprisonnement et 15 000 € d'amende par le médecin investigateur qui pratique ou fait pratiquer une recherche impliquant une personne humaine sans avoir obtenu les avis et autorisations exigés, sans avoir respecté une période d'exclusion pour une nouvelle recherche qui avait été préalablement décidée ou dont la réalisation a été interdite ou suspendue[992].

[987] « N'est pas pénalement responsable la personne qui accomplit un acte prescrit ou autorisé par des dispositions législatives ou réglementaires ».

[988] CA, Paris, 20 septembre 2011, *JurisData* n° 2011-024971 ; *RGDM*, 2012, p. 251 et s., obs. F. Archer.

[989] Cass. crim., 6 novembre 2007, n° 06-85.821 : cas de parents d'un enfant décédé ayant fait l'objet d'une vaccination.

[990] Art. L.1126-7 CSP.

[991] Art. L.1122-1-2 CSP.

[992] Art. L.1126-5 CSP.

§ 4 – La pénalisation du défaut de collaboration des professionnels de santé à l'action de la justice

307 – Le défaut de participation d'un professionnel de santé à l'œuvre de la justice peut être source de répression : peuvent leur être reprochés, d'une part, des délits d'omission de révéler ou d'empêcher une infraction (**A**) et, d'autre part, des délits de défaut de réponse aux réquisitions (**B**).

A – Les délits d'omission de révéler et d'empêcher une infraction

308 – Au titre des entraves à la saisine de la justice, le Code pénal connaît plusieurs incriminations dont certaines sont susceptibles d'être commises par des professionnels de santé : il en est ainsi des délits de non-dénonciation de différentes infractions (**1**). Un autre délit peut être évoqué dans ce cadre, celui de l'omission d'empêcher une infraction (**2**). Ces incriminations ont pour point commun d'inciter le professionnel de santé à agir (à dénoncer ou à empêcher) mais cette action peut être paralysée par une autre obligation qui pèse sur eux, celle de préservation du secret professionnel[993].

1) Le délit de non-dénonciation ou non-révélation d'infractions

309 – Un tel comportement est pénalement appréhendé par deux textes, les articles 434-1 et 434-3 C. pén., dont on peut dire que le second est une déclinaison du premier.

310 – Conditions constitutives – L'article 434-1 C. pén. dispose que :

> *Le fait, pour quiconque ayant eu connaissance d'un crime, dont il est encore possible de prévenir ou d'en limiter les effets, ou dont les auteurs sont susceptibles de commettre de nouveaux crimes qui pourraient être empêchés, de ne pas en informer les autorités judiciaires ou administratives est puni de trois ans d'emprisonnement et de 45 000 € d'amende.*

L'article 434-3 C. pén. prévoit, quant à lui, que :

> *Le fait, pour quiconque ayant eu connaissance de privations, de mauvais traitements ou d'atteintes sexuelles infligées à un mineur de quinze ans ou à une personne qui n'est pas en état de se protéger en raison de son âge, d'une maladie, d'une infirmité, d'une déficience physique ou psychique ou d'un état de grossesse, de ne pas en informer les autorités judiciaires ou administratives est puni de trois ans d'emprisonnement et de 45 000 € d'amende.*

---

993 Cf. *supra*. n° 230 et s.

Tout en étant proches, ces incriminations ne se confondent pas. La seconde est à la fois plus et moins large que la première. En effet, l'infraction définie à l'article 434-3 est constituée même si l'infraction non dénoncée n'est pas un crime ; cependant, il doit s'agir d'une des infractions listées (de privations, de mauvais traitements ou d'atteintes sexuelles), commise en outre non pas contre toute personne mais contre un mineur de quinze ans ou une personne vulnérable. Dès lors, si la victime n'entre pas dans cette catégorie et/ou que l'infraction commise ne fait pas partie de cette liste, seul l'article 434-1 C. pén. a vocation à recevoir application et seulement si l'infraction est un crime ; dans le cas contraire, l'application de l'article 223-6 alinéa 1er C. pén. est envisageable sous réserve que les conditions qu'il requiert soient remplies[994]. Ainsi, pour retenir l'une ou l'autre de ces qualifications pénales, le juge est tenu de qualifier pénalement les faits, c'est-à-dire de rechercher à quelle infraction correspondent les faits qui n'ont pas été dénoncés ainsi que les circonstances qui rendaient la dénonciation obligatoire[995]. De plus, les infractions non dénoncées doivent avoir été commises ou au moins tentées[996].

Ceci étant précisé, le comportement incriminé est une abstention, « le fait de ne pas informer » des comportements constatés ou connus « les autorités judiciaires ou administratives ». Au nombre des autorités judiciaires se trouve notamment le procureur de la République qui est obligatoirement destinataire de ce type d'informations en application de la loi. Est une « autorité administrative » au sens de ces textes le médecin, inspecteur de la santé, appartenant à la Direction départementale de la santé et de l'action sociale, placé sous la direction du préfet[997].

Ce défaut d'information pénalement sanctionné peut *a priori* entrer en conflit avec l'obligation qui s'impose, notamment aux professionnels de santé, de respecter le secret professionnel[998]. Pour régler ce conflit, le législateur a ajouté des alinéas à chacun des articles 434-1 et 434-3 C. pén. rédigés de manière presque similaire. En effet, l'alinéa 3e de l'article 434-1 C. pén. précise que « sont également exceptés des dispositions du premier alinéa les personnes astreintes au secret dans les conditions prévues par l'article 226-13 ». L'alinéa 2d de l'article 434-3 C. pén. indique que « sauf lorsque la loi en dispose autrement, sont exceptées des dispositions qui

994 Cf. *infra*. n° 311.

995 Cass. crim., 27 décembre 1960, *Bull. crim.*, n° 624.

996 Cass. crim., 7 novembre 1990, *Bull. crim.*, n° 372.

997 Cass. crim., 13 octobre 1992, *Bull. crim.*, n° 320.

998 M. Blot, « La difficile combinaison des textes sur le secret médical et le signalement de la maltraitance », *Médecine et Droit*, 1994, n° 7, p. 100 et s.

précèdent les personnes astreintes au secret dans les conditions prévues par l'article 226-13 ». Ainsi, ces dispositions font de l'existence d'une obligation posée par la loi dont la violation est pénalement sanctionnée au titre du délit de violation du secret professionnel[999] un fait justificatif. Les personnes soumises au secret, comme c'est le cas des professionnels de santé, ne pourront pas *a priori* être condamnées pénalement s'ils ne dénoncent pas les infractions visées par ces deux textes.

Toutefois, il convient de noter que la formule utilisée par le second de ces textes diffère de celle utilisée par le premier. Figure en effet en tête de l'alinéa 2d de l'article 434-3 C. pén., l'expression « sauf lorsque la loi en dispose autrement ». Comment doit être interprétée cette adjonction dans cette disposition et son absence dans l'article 434-1 C. pén. ? Cette indication semble faire référence aux hypothèses de l'article 226-14 C. pén. évoquant les cas où l'information à caractère secret doit ou peut être révélée sans que puisse être retenu le délit de violation du secret professionnel. Mais cette indication paraît pouvoir être considérée comme superflue[1000] et les hypothèses de levée du secret professionnel doivent pouvoir être considérées comme des « exceptions à l'exception » de non-constitution des infractions des articles 434-1 et 434-3 du Code pénal.

311 – Ainsi deux hypothèses semblent pouvoir être distinguées qui déterminent la constitution ou pas d'infractions selon la position adoptée par le destinataire de l'information à caractère secret, professionnel de santé en l'espèce : soit la transgression du secret professionnel s'impose à celui qui en est détenteur, soit cette transgression est laissée à son appréciation[1001].

- **Dans le cas où la loi pose une obligation** pour le professionnel de santé de transgresser le secret professionnel en informant une autorité de faits couverts par le secret, deux situations peuvent se présenter :
  - Si l'obligation de révéler est respectée, aucune condamnation sur le fondement de l'article 226-13 C. pén. ne peut intervenir, pas plus que sur le fondement des articles 434-1 et 434-3 C. pén. par le jeu respectivement des alinéas 3e et 2d de ces dispositions.
  - Si l'obligation de révéler n'est pas respectée par le praticien, le délit de violation du secret professionnel ne pourra certes pas

[999] Cf. *supra*. n° 252 et s.

[1000] Ch. Guéry, « Le défaut de protection de l'enfant par le professionnel : un nouveau délit ? », *D.*, 2001, p. 3293 et s.

[1001] P. Maistre du Chambon, « Réflexions sur le secret professionnel des médecins au regard des obligations de révéler et de déposer », *Médecine et Droit*, 1995, n° 10, p. 2 et s.

être reproché mais l'un ou l'autre des articles 434-1 et 434-3 pourra l'être ou encore celui défini à l'article 223-6 al.1er du Code pénal.

Ainsi doit être déclaré pénalement responsable du délit de non-dénonciation de sévices infligés à mineur[1002] le responsable du service de l'aide sociale à l'enfance auquel une enfant avait été confiée par un juge des enfants dès lors que les juges relèvent qu'il a été informé par la nourrice et le médecin des mauvais traitements dont l'enfant avait été victime et qu'il avait l'obligation par la loi de dénoncer à l'autorité judiciaire les sévices et privations d'aliments subis par celle-ci[1003].

C'est une solution similaire qui a été retenue pour condamner des prévenus, dont un médecin et une psychologue, pour ne pas avoir révélé à l'autorité judiciaire ou administrative les viols dont une enfant, confiée par le juge des enfants à une association et atteinte d'une mucoviscidose, avait été victime. Pensant pouvoir échapper à une condamnation, les prévenus évoquèrent notamment le jeu du fait justificatif tenant dans l'astreinte au secret professionnel. La Cour de cassation répondit que :

> *Le secret professionnel imposé aux membres du service éducatif sur la situation d'un mineur confié à celui-ci par le juge des enfants est inopposable à cette autorité judiciaire, à laquelle ils sont tenus de rendre compte de son évolution et notamment de tous mauvais traitements, en vertu des articles 375 et suivants du Code civil et de l'article 1199-1 du nouveau Code de procédure civile, pris pour leur application, tout comme ledit secret est inopposable, selon l'article 80 du Code de la famille et de l'aide sociale invoqué par les demandeurs au président du conseil général pour les mineurs relevant de sa compétence*[1004].

- **Dans le cas où la loi autorise la révélation d'informations à caractère secret**, est posée ici une véritable « option de conscience » pour le professionnel de santé et son choix, quel qu'il soit, sera susceptible d'entraîner des poursuites, voire une condamnation :
    - Si le professionnel de santé opte pour la révélation (et sous réserve que soient respectées les conditions posées par l'article 226-14 C. pén., telle que la nécessité de recueillir le consentement de la victime lorsqu'elle n'est ni un mineur, ni une personne vulnérable), le délit de violation du secret professionnel ne pourra

[1002] À l'époque incriminée à l'article 62 al.2e C. pén.

[1003] Cass. crim., 24 janvier 1995, *Bull. crim.*, n° 32.

[1004] Cass. crim., 8 octobre 1997, *Bull. crim.*, n° 329 ; *RSC*, 1998, p. 320 et s., obs. Y. Mayaud.

être retenu et il ne pourra, par conséquent, se voir reprocher aucun délit des articles 434-1, 434-3 et 223-6 du Code pénal. Dans une affaire mettant en cause un médecin, informé que, dans le service de gérontologie d'un hôpital dans lequel il officiait, plusieurs personnes âgées étaient l'objet de maltraitance, la Cour de cassation a considéré qu'il ne pouvait être condamné sur le fondement de l'article 434-3 du Code pénal dès lors que la cour d'appel n'avait pas vérifié que le prévenu avait reçu l'accord des victimes, condition requise à l'époque des faits, pour la levée du secret médical, de sorte qu'elle ne pouvait écarter l'application de l'alinéa 2^d de la disposition répressive[1005].

- S'il opte pour la non-révélation, certes, il respecte le secret professionnel mais risque d'être poursuivi et condamné sur le fondement de l'article 223-6 du Code pénal[1006]. En revanche, il ne pourra l'être sur le fondement des articles 434-1 et 434-3 C. pén. car ceux-ci prévoient *in fine* une exception à l'application de ces dispositions pour « les personnes astreintes au secret dans les conditions prévues par l'article 226-13 ».

Si l'articulation de ces différentes dispositions pénales peut sembler simple, elle est source d'insécurité juridique pour les professionnels de santé confrontés à de telles situations.

312 – Conditions répressives – Les **peines principales encourues** pour chacune de ces infractions sont trois ans d'emprisonnement et 45 000 € d'amende. Aucune peine complémentaire n'est encourue pour ces délits à défaut de prévision spéciale par un texte ; une peine d'interdiction professionnelle pourrait être prononcée mais seulement de manière alternative à l'emprisonnement, pour une durée de cinq ans au plus, à la condition qu'il soit démontré que « les facilités que procure cette activité ont été sciemment utilisées pour préparer ou commettre l'infraction »[1007].

De manière générale, la qualité de professionnel de santé peut être un élément aggravant lorsqu'en dehors même du cadre professionnel, un praticien de santé n'intervient pas pour dénoncer des infractions sur un mineur. Ainsi, la Cour de cassation a considéré que la chambre de l'instruction avait à juste titre retenu le délit de non-dénonciation de crime dès lors que la prévenue, infirmière de son état, était parfaitement avertie de la nature et de l'ampleur des relations de son mari avec sa fille, par celui-

---

1005 Cass. crim., 27 avril 2011, n° 10-82.200 ; *RDS*, 2012, n° 45, p. 93 et s., obs. A. PONSEILLE.

1006 Cf. *infra*. n° 314 et s.

1007 Art. 131-6-11 °C. pén.

ci et sa belle-mère, qu'elle avait préféré se taire et que, loin de prévenir le danger encouru par sa fille, elle avait laissé faire, malgré sa qualification professionnelle qui la rendait plus sensible à ces faits[1008].

313 – Outre ces deux délits pouvant être reprochés, dans les conditions précitées, aux professionnels de santé, ces derniers s'exposent également à des poursuites sur le fondement de l'omission d'empêcher une infraction.

2) Le délit d'omission d'empêcher une infraction

314 – L'article 223-6 C. pén. dispose aux termes de son 1er alinéa que « quiconque pouvant empêcher par son action immédiate, sans risque pour lui ou pour les tiers, soit un crime, soit un délit contre l'intégrité corporelle de la personne s'abstient volontairement de le faire est puni de cinq ans d'emprisonnement et de 75 000 € d'amende ».

315 – Conditions constitutives – À la différence des incriminations précédemment étudiées, ce n'est pas le défaut de dénonciation mais le fait de ne pas empêcher qui est réprimé. Par ailleurs, l'infraction qui aurait dû être empêchée doit être un crime ou un délit contre l'intégrité corporelle d'autrui. Mais cette obligation d'agir n'est imposée qu'à celui qui a le moyen d'empêcher le crime ou le délit sans danger pour lui-même ou autrui[1009].

En outre, par l'emploi de l'adverbe « volontairement », la loi exige une faute intentionnelle, au sens de l'article 121-3 C. pén., pour la constitution d'une infraction. Dès lors, doivent être relaxés les médecins qui se sont abstenus de dénoncer les privations de soins et d'aliments infligés par le personnel d'un foyer à des enfants de moins de quinze ans dès lors qu'ils n'ont pas eu conscience que ces agissements constituaient des délits[1010].

316 – Conditions répressives – Les **peines principales encourues** sont plus sévères que pour les précédentes infractions puisqu'elles s'élèvent à cinq ans et 75 000 € d'amende. Au titre des peines complémentaires, les personnes physiques condamnées pour une telle infraction n'encourent que la peine d'interdiction des droits civiques, civils et de famille[1011]. La peine d'interdiction d'exercer la profession qui a permis la réalisation de l'infraction ne peut être prononcée qu'en lieu et place de la peine d'emprisonnement[1012]

[1008] Cass. crim., 25 octobre 1994, n° 94-84.072.

[1009] Cass. crim., 16 novembre 1955, *Bull. crim.*, n° 489 : « Cet élément constitutif de l'infraction doit être expressément constaté par l'arrêt de condamnation ».

[1010] CA, Paris, 15 juin 1951, *D.*, 1951, p. 568.

[1011] Art. 223-16 C. pén.

[1012] Art. 131-6-11 °C. pén.

encore qu'il faille démontrer que « les facilités que procurent cette activité (aient) été sciemment utilisées pour préparer ou commettre l'infraction ».

Les qualifications pénales des articles 223-6 et 434-3 C.pén. sont relativement proches si bien que cela peut entraîner un **conflit de qualifications**. C'est ce qui ressort d'une affaire qui avait conduit sur un premier pourvoi à un arrêt de cassation du 27 avril 2011 de la Haute Juridiction[1013]. L'affaire fut renvoyée devant une autre cour d'appel qui substitua au chef de poursuites initial, celui de l'article 434-3 C.pén., un autre chef de poursuites, l'art.226-3 al.1er du Code pénal. Devant la Cour de cassation, le médecin prévenu du délit avait évoqué l'impasse pénale dans laquelle il se trouvait. Il ne pouvait se voir reprocher la non-dénonciation de sévices alors que, dans le même temps, s'il avait procédé à une telle révélation, il aurait commis le délit de violation du secret professionnel dans la mesure où il ne pouvait faire valoir l'accord des victimes, exigé à l'époque, pour la levée du secret. Il devait ainsi bénéficier des dispositions du 2d alinéa de l'article 434-3 qui font exception à l'application du texte incriminateur à l'égard des personnes tenues au secret. Pour éviter l'impunité de ce médecin en raison de la gravité des faits qu'il avait tus pour des raisons très éloignées de la défense de son obligation déontologique, la cour d'appel de renvoi procéda à une requalification des faits reprochés et condamna le médecin pour omission d'empêcher un crime ou un délit sur le fondement de l'article 223-6 alinéa 1er C. pén.; les juges rennais retinrent que, si la dénonciation de tels faits comportait un risque pénal pour lui dans la mesure où il aurait enfreint le secret professionnel, il lui appartenait en sa qualité de médecin d'intervenir auprès de l'encadrement infirmier pour que soient prises des mesures utiles à prévenir la réalisation de tels actes ou encore de s'entretenir de la situation avec la direction de l'hôpital afin que des mesures appropriées soient mises en œuvre en interne pour préserver la qualité des soins[1014]. Ainsi, l'article 223-6 C. pén., dont l'application n'est pas exceptée en raison d'une obligation de respect du secret professionnel auquel serait soumis le prévenu, à défaut de prévision explicite de la loi et à la différence des articles 434-1 et 434-3 C. pén., propose une sorte de « qualification de secours » pour assurer la répression.

1013 N° 10-82.200; *RDS*, 2012, n° 45, p. 93 et s., obs. A. PONSEILLE: dans cette affaire, était mis en cause un médecin qui dispensait des consultations dans le pôle gérontologique d'un établissement de santé, pour ne pas avoir dénoncé des maltraitances sur personnes âgées.

1014 Cass. crim., 23 octobre 2013, n° 12-80.793, *Bull. crim.*, n° 204; *DDS*, 2014, p. 87 et s., obs. S. DUVAL; *RDS*, 2013, n° 57, p. 904 et s., obs. A. PONSEILLE.

B – Les délits de défaut de réponse aux réquisitions

317 – Les professionnels de santé, dont le médecin notamment, peuvent être tenus de répondre à des **réquisitions judiciaires et administratives**[1015].

318 – D'une part, ils peuvent être l'objet de **réquisitions judiciaires**. Ces réquisitions ont deux finalités principales : elles interviennent aux fins de constatations et examens techniques et aux fins de collecte d'informations. Ainsi, dans le cadre d'un procès pénal, au stade de l'enquête, pour procéder à des **constatations ou à des examens techniques ou scientifiques**[1016] notamment pour la recherche des causes de la mort[1017], si le médecin ne défère pas auxdites réquisitions, il commet la contravention définie par l'article R. 642-1 C. pén. prévoyant que « le fait, sans motif légitime, de refuser ou de négliger de répondre soit à une réquisition émanant d'un magistrat ou d'une autorité de police judiciaire agissant dans l'exercice de ses fonctions, soit, en cas d'atteinte à l'ordre public ou de sinistre ou dans toute autre situation présentant un danger pour les personnes, à une réquisition émanant d'une autorité administrative compétente, est puni de l'amende prévue pour les contraventions de la 2e classe », soit 150 €.

PARTIE 2

Commet cette infraction le médecin qui ne défère pas à une réquisition de la gendarmerie aux fins d'effectuer une prise de sang sur la personne d'un individu auteur d'une infraction flagrante à la police de la circulation[1018]. Il en est de même du pharmacien qui refuse d'effectuer un pansement sur réquisitions : « les règles de sa profession n'interdisent pas à un pharmacien de secourir un blessé, et le fait unique d'intervenir pour effectuer un pansement ne constitue pas le délit prévu par l'article 16 de la loi du 30 novembre 1892 [exercice illégal de la médecine] »[1019].

Notons qu'un délit spécifique concernant le médecin est prévu par l'article L. 4163-7-2 CSP disposant qu'« est puni de 3 750 € d'amende le fait : [...] 2° pour un médecin, de ne pas déférer aux réquisitions de l'autorité publique ». Pour l'application de ces dispositions, il n'y a pas lieu de distinguer selon qu'il s'agisse de médecins hospitaliers ou de médecins de clientèle privée. Ainsi commet cette infraction le médecin qui refuse de déférer aux réquisitions du procureur de la République lui enjoignant, à

1015 J.-P. Gribauval, « Réquisitions judiciaires et administratives des professionnels de santé en France », *Rev. Prescrire*, 2012, t.32, n° 339, p. 64 ; cf. *infra*. n° 326 et s.

1016 Art. 60 CPP.

1017 Art. 74 CPP.

1018 Cass. crim., 15 mars 1961, *Bull. crim.*, n° 164.

1019 Cass. crim., 4 avril 1919, *DP*, 1920, I, p. 47.

la suite d'un flagrant délit d'homicide de l'assister dans le transport, en vue de procurer à l'instruction des renseignements complémentaires et aux blessés, les soins immédiats. La Cour de cassation considère que c'est vainement que le chirurgien met en avant sa qualité de chirurgien de l'hôpital public pour échapper à la répression[1020].

Ces deux textes semblent faire doublon mais le premier consiste en une simple contravention alors que le second est un délit : au regard du principe de spécialité, c'est le texte spécial, c'est-à-dire celui prévu par le Code de santé publique, sur le texte plus général, celui du Code pénal, qui devrait être retenu pour la qualification pénale[1021].

Par ailleurs, aux termes des articles 60-1 et 77-1-1 CPP, applicables dans le cadre de l'enquête et de l'article 99-3 pour l'information, le procureur de la République ou l'OPJ peut, par tout moyen, **requérir de toute personne qui est susceptible de détenir des documents intéressant l'enquête de lui transmettre ces documents** sans que puisse lui être opposée, sans motif légitime, l'obligation au secret professionnel. Il convient toutefois de noter que lorsque les réquisitions concernent une des personnes mentionnées aux articles 56-1 à 56-3 du Code de procédure pénale, dont notamment le médecin, la remise des documents ne peut intervenir qu'avec leur accord. Cette possibilité permet le maintien de l'opposabilité du secret médical dans une certaine mesure. L'accord de cette personne n'est requis que pour la remise de documents par elle détenus[1022]. Ainsi, dans une affaire mettant en cause un médecin pour attouchements sexuels, la Cour de cassation a donné raison à la chambre de l'instruction qui avait rejeté la requête du prévenu tendant à l'annulation de la réquisition ordonnant la remise par la CPAM d'un listing de ses patientes. En effet, le prévenu ne saurait faire grief de ce que la CPAM de la Drôme a été requise, en application de l'article 77-1-1 du Code de procédure pénale, de communiquer la liste de ses patientes sans qu'il ait préalablement donné son accord à la remise de ce document, dès lors qu'un tel accord n'est nécessaire que si l'un des professionnels visés par les articles 56-1 à 56-3 du Code de procédure pénale est directement requis de fournir les informations sollicitées[1023]. Enfin, le fait de s'abstenir de répondre dans les meilleurs délais à cette réquisition est puni d'une amende de 3 750 €. Cependant, les textes incri-

PARTIE 2

[1020] Cass. crim., 18 juin 1927, *DP*, 1927, I, p. 188.

[1021] C. Ambroise-Castérot, « La personne soupçonnée ou condamnée face aux soins ou vérifications sur sa personne », *RDSS*, 2008, Hors-série, p. 66.

[1022] Cass. crim., 17 décembre 2013, n° 13-85.717, *Bull. crim.*, n° 235.

[1023] Cass. crim., 19 mars 2014, n° 10-88.725, *Bull. crim.*, n° 88.

minateurs[1024] ne sont pas applicables au cas du médecin qui refuserait de répondre favorablement aux réquisitions.

319 – D'autre part, le professionnel de santé peut faire l'objet de **réquisitions administratives**. C'est ce que prévoit l'article L.3131-8 CSP qui donne compétence au préfet pour requérir individuellement ou de manière collective, tout professionnel de santé en cas d'afflux de patients ou de victimes quand la situation sanitaire le justifie.

En cas d'absence de réponse aux réquisitions de cette autorité administrative, ce n'est pas la contravention de l'article R. 642-1 C. pén. qui peut être reprochée au professionnel de santé récalcitrant, mais le délit spécifique prévu par l'article L.3136-1 CSP qui dispose « le fait de ne pas respecter les mesures prescrites par l'autorité requérante prévues aux articles L.3131-8 et L.3131-9 est puni de six mois d'emprisonnement et de 10 000 € d'amende ». Dans les autres cas et s'agissant de réquisitions faites à un médecin, doit être retenu le délit défini à l'article L. 4163-7 CSP qui punit de la peine d'amende correctionnelle de 3 750 € le médecin qui n'aurait pas déféré aux réquisitions de l'autorité publique, qui peut être tout à la fois l'autorité judiciaire et l'autorité administrative.

• •
•

320 – L'activité des professionnels de santé peut être ainsi pénalement saisie de manière très diverse. Cette appréhension pénale de comportements variés adoptés dans l'exercice ou à l'occasion de l'exercice de leurs fonctions génère un risque pénal certain comme en témoigne l'abondance du contentieux en matière pénale.

321 – Outre la responsabilité pénale, les professionnels de santé encourent en plus ou alternativement des **sanctions disciplinaires** selon que le comportement illicite adopté constitue également ou exclusivement la violation d'une obligation déontologique[1025].

Si les professionnels de santé s'exposent à l'application de sanctions pénales lorsqu'ils revêtent l'habit d'auteur ou de complice d'infractions dont certaines ont été présentées ici, ils peuvent également être **victimes d'infractions pénales**, dans le cadre ou à l'occasion de l'exercice de leur art, notamment contre leur intégrité physique[1026]. Il convient de noter que

---

[1024] Art. 60-1 al.2e et 77-1-1 al.2e CPP.

[1025] O. Décima, « Pour l'articulation des sanctions pénales et disciplinaires du médecin », *AJ pénal*, 2012, p. 380 et s.

[1026] F. Hérin, S. Tran, F. Savali, F. Dédouit, N. Telmon, D. Rougé, « les soignants victimes la loi n° 2003-239 du 18 mars 2003 pour la sécurité intérieure[1027] a prévu une protection pénale renforcée du professionnel de santé. En effet, la qualité de professionnel de santé, comme d'autres d'ailleurs, constitue une circonstance aggravante pour certaines infractions dont il peut être victime dès lors que cette qualité était apparente ou connue de l'auteur. Il en est ainsi par exemple en matière de meurtre[1028], de tortures et actes de barbarie[1029] ou encore de violences[1030]. Cette protection pénale est même élargie à l'entourage du professionnel de santé puisque la loi n° 2010-201 du 2 mars 2010 renforçant la lutte contre les violences de groupes et la protection des personnes chargées d'une mission de service public[1031] prévoit que des peines aggravées sont encourues pour les mêmes infractions dès lors qu'elles sont commises à l'encontre du conjoint, des ascendants et descendants en ligne directe ou de la personne vivant habituellement au domicile du professionnel de santé, victimes en raison des fonctions exercées par celui-ci. En matière d'outrage définie à l'article 433-5 du Code pénal, la Cour de cassation a retenu cette infraction à l'encontre d'un individu qui, conduit en état d'ivresse aux urgences d'un CHU, avait insulté deux infirmières, la Haute Juridiction considérant que les victimes étaient des personnes chargées d'une mission de service public[1032]. Il convient de noter que dans le cas où le professionnel de santé est victime de ce type de comportement alors qu'il n'intervient pas dans le cadre d'une des missions de service public listées à l'article L.6112-1 CSP, l'infraction ne saurait être constituée dans la mesure où elle ne vise que la victime outragée, une personne chargée d'une mission de service public[1033].

Comme lorsqu'il est victime d'infractions dans le cadre de sa vie privée, le professionnel de santé pourra se constituer partie civile dans le cadre du procès pénal au terme duquel sera jugé l'auteur de tels faits, pour demander réparation des préjudices subis, en exerçant l'action civile en application de l'article 2 du Code de procédure pénale[1034]. Si les infractions dont

d'agressions sur le lieu de travail : étude des données des consultations pour coups et blessures volontaires de l'unité médico-légale de Rangueil (Toulouse) », *DDS*, 2014, p. 15 et s.

1027 *JO* du 19 mars 2003, p. 4761 et s.

1028 Art. 221-4-4° *bis* C. pén.

1029 Art. 222-3-4° *bis* C. pén.

1030 Art. 222-8-4° *bis*, 222-10-4° *bis*, 222-12-4° *bis*, 222-13-4° *bis* C. pén.

1031 *JO* du 3 mars 2010, p. 4305 et s.

1032 Cass. crim., 2 septembre 2014, n° 13-84.787 ; *RDS*, 2015, n° 63, p. 65 et s., obs. A. Ponseille.

1033 Dans pareil cas, la contravention d'injure non-publique punie de l'amende prévue pour les contraventions de la première classe peut être retenue en application de l'article R. 621-2 C. pén.

1034 « L'action civile en réparation du dommage causé par un crime, un délit ou une contravention il est victime sont des menaces ou des violences en raison de son appartenance à une profession de santé, le Conseil de l'Ordre pourra également se constituer partie civile mais la liste de l'article L. 4122-1 CSP[1035] semble écarter cette possibilité en cas d'outrage.

322 – Si l'activité des professionnels de santé est parfois constitutive d'infractions pénales et, à ce titre, appréhendée par le droit pénal, les professionnels de santé sont d'autres fois requis pour intervenir notamment dans le cadre d'un procès pénal. Ils collaborent de manière plus large au déroulement de procédures pénales concernant des personnes suspectées de participation criminelle ou condamnées pour avoir commis des infractions pénales : on peut alors considérer qu'ils sont sollicités par le droit pénal en raison de leur qualité de professionnels de santé.

appartient à tous ceux qui ont personnellement souffert du dommage directement causé par l'infraction ».

[1035] Art. L. 4122-1 al.2d CSP : « (Le Conseil national de l'Ordre), peut, devant toutes les juridictions, exercer tous les droits réservés à la partie civile relativement aux faits portant un préjudice direct ou indirect à l'intérêt collectif de la profession de sage-femme, de médecin, ou de chirurgien-dentiste, y compris en cas de menaces ou de violences commises en raison de l'appartenance à l'une de ces professions ».

CHAPITRE 2

L'ACTIVITÉ DES PROFESSIONNELS DE SANTÉ SOLLICITÉE PAR LE DROIT PÉNAL

Si l'activité des professionnels de santé peut être saisie par le droit pénal en ce sens que certains de leurs comportements sont susceptibles de recevoir une qualification pénale et d'entraîner une condamnation de même nature, l'activité de santé est parfois appelée au secours de la Justice pénale, du droit pénal. Ainsi, les liens entre Justice pénale et Santé se manifestent d'une autre manière que celle seulement répressive et évoquent une conciliation difficile en raison de logiques spécifiques et différentes suivies par l'autorité judiciaire et l'autorité sanitaire. La participation des professionnels de santé à l'œuvre de la justice pénale s'exprime selon deux modes principaux, à différents stades du procès pénal : le professionnel de santé peut être requis pour participer à une activité d'expertise **(section 1)** ou être sollicité pour participer à une activité de soins **(section 2)**.

SECTION 1 – LA PARTICIPATION DES PROFESSIONNELS DE SANTÉ À UNE ACTIVITÉ D'EXPERTISE DANS LE CADRE D'UNE PROCÉDURE PÉNALE

324 – Lorsque les professionnels de santé interviennent dans le cadre d'une procédure pénale en qualité d'experts, ils sont « auxiliaires de justice »[1036]. Ils sont alors désignés comme experts judiciaires par les magistrats ou requis par les autorités judiciaire ou policière[1037]. Dans les deux cas, ils participent, d'une part et de manière générale, au déroulement de la procédure pénale **(§1)** et sont requis, d'autre part, pour l'évaluation de la compatibilité de

---

[1036] Leurs connaissances techniques permettent aux magistrats de prendre des décisions dans un cadre pénal : O. Dormoy, S. Schaub-Landau, « Réflexions sur l'expertise psychiatrique pénale », *Médecine et Droit*, 1994, n° 4, p. 10 et s.

[1037] L. Leturmy, « Justice pénale et urgences médico-légales », *RDSS*, 2007, p. 436 et s.

l'état de santé de la personne mise en cause pénalement avec les différentes mesures qui peuvent être décidées à son encontre dans le cadre du procès (§2). Certaines de ces interventions relèvent de la « médecine légale »[1038].

§ I – La participation des professionnels de santé au déroulement de la procédure pénale

325 – Au cours du procès pénal, les professionnels de santé, en leur qualité d'auxiliaires de justice et de techniciens, peuvent être requis ou désignés pour aider les autorités d'enquête ou l'autorité judiciaire dans leur prise de décision relative à l'établissement de l'infraction pénale (**A**), à l'imputation de l'infraction (**B**), la détermination des préjudices subis par la victime (**C**) ou encore au prononcé de certaines mesures à caractère pénal (**D**).

A – L'aide à la caractérisation de l'infraction pénale

326 – L'intervention des professionnels de santé constitue parfois une aide à la caractérisation de l'infraction. Certes, leurs constatations ne pourront pas forcément permettre de constater une infraction pénale ou de déterminer son auteur mais elles assurent la constatation de faits matériels[1039]. En cela, elles constituent une aide précieuse pour la qualification des faits en infraction et son imputation par les enquêteurs.

327 – Examens techniques et expertise pratiquée sur la victime – Le procureur de la République peut désigner une personne aux fins d'apprécier la nature des circonstances de la mort d'une victime ou dès lors que la personne apparaît grièvement blessée si la cause des blessures est inconnue ou suspecte, aux termes de l'article 74 CPP : il s'agit d'un examen externe du corps (levée de corps) ou d'une autopsie, qui est pratiqué par un médecin légiste. Celui-ci intervient comme professionnel de santé requis par l'autorité judiciaire et non comme expert judiciaire Un rapport est notifié par le médecin légiste à l'issue de l'examen réalisé. La désignation inexacte, sous le nom d'expertises, de rapports déposés en application de l'article 74 CPP, dont la notification n'est prévue par aucun texte, ne modifie pas leur nature[1040].

[1038] G. Louin de la Grandmaison, « Pour une modernisation de la médecine légale », *Dr. pén.*, 2015, entretien n° 1

[1039] Elle peut notamment consister en des prélèvements biologiques sur la victime ou la personne suspectée d'être l'auteur : G. François, « L'expertise biomédicale en droit pénal de la santé », *RDSS*, 2008, Hors-Série, p. 84 et s.

[1040] Cass. crim., 15 février 2006, *Bull. crim.*, n° 46.

328 - Expertise pratiquée sur l'auteur - Certaines expertises pratiquées sur une personne permettent de déterminer si elle a commis telle infraction ou s'il est possible de retenir à son encontre telle circonstance aggravante déterminante de la qualification pénale qui sera retenue. Ainsi en est-il de la conduite sous l'empire d'un état alcoolique qui constitue le délit défini à l'article L.234-1 ou la contravention de l'article R. 234-1 C. route, selon la concentration d'alcool dans le sang. Les vérifications destinées à établir la preuve de l'état alcoolique peuvent être faites notamment aux moyens d'analyses et examens médicaux, cliniques et biologiques (art.L.234-4 C. route). Il en est de même de manière plus large en matière de crime et de délit ou d'accident de la circulation puisque l'article L.3354-1 CSP dispose que :

> *Les officiers ou agents de la police judiciaire doivent, lors de la constatation d'un crime, d'un délit ou d'un accident de la circulation, faire procéder, sur la personne de l'auteur présumé, aux vérifications prévues au I de l'article L. 234-1 du code de la route destinées à établir la preuve de la présence d'alcool dans son organisme lorsqu'il semble que le crime, le délit ou l'accident a été commis ou causé sous l'empire d'un état alcoolique. Ces vérifications sont obligatoires dans tous les cas de crimes, délits ou accidents suivis de mort. Dans tous les cas où elles peuvent être utiles, elles sont également effectuées sur la victime.*

Cette réquisition n'est soumise à aucune autorisation préalable du procureur de la République[1041]. De tels examens sont réalisés en application de l'article R. 3354-5 CSP indiquant que « l'examen clinique médical et la prise de sang sont effectués par un médecin ou, à défaut, par un interne ou par un étudiant en médecine autorisé à exercer la médecine à titre de remplaçant, dans les conditions fixées à l'article L. 4131-2, requis à cet effet par l'officier ou agent de la police judiciaire ». Les mêmes textes sont applicables pour la détection d'usage de produits stupéfiants.

B - L'aide à l'imputation de l'infraction pénale

329 - L'aide de professionnels de santé est parfois sollicitée, soit pour l'imputation matérielle de l'infraction, soit pour son imputation morale, décidée par le juge.

330 - Imputation matérielle de l'infraction - Afin de pouvoir imputer à plus ou moins long terme une infraction pénale constatée ou non encore constatée[1042] à une personne suspectée ou ayant été reconnue auteur

---

[1041] Cass. crim., 15 décembre 2009, *Bull. crim.*, n° 211.

[1042] L'article 706-54 CPP définit le FNAEG comme étant « destiné à centraliser les empreintes généd'une des infractions listées à l'article 706-55 CPP et de constituer par là même un fichier national automatisé de traces et empreintes génétiques (FNAEG)[1043], des prélèvements biologiques sur ces personnes peuvent être réalisés par les officiers de police judiciaire[1044]. Leur analyse est confiée sur réquisition à des personnes habilitées par décret en Conseil d'État comme le prévoit expressément l'article 16-12 du Code civil. Le décret n° 97-109 du 6 février 1997 pose les conditions d'agrément des personnes habilitées à procéder à des identifications par empreintes génétiques dans le cadre notamment d'une procédure judiciaire[1045]. Ces personnes doivent justifier d'un des diplômes énumérés à l'article 5 dudit décret.

331 – Imputation morale de l'infraction, discernement et responsabilité pénale – Par voie d'expertise judiciaire, le professionnel de santé participe parfois à la détermination de l'imputation morale d'une infraction pénale. En effet, rappelons qu'une personne ayant commis une infraction pénale ne peut engager sa responsabilité pénale à défaut de discernement au moment des faits, soit qu'il n'existait pas encore[1046], soit qu'il ait été aboli[1047]. Dès lors, dans le cadre d'une procédure pénale, un psychiatre peut être désigné comme expert judiciaire pour évaluer la présence, l'absence du discernement ou l'altération de celui-ci au moment des faits. Les conclusions de l'expert, si elles ne lient pas le juge en raison de l'indépendance de ce dernier, ont incontestablement un poids considérable sur la décision qui sera prise concernant la responsabilité pénale[1048]. Elle aura le même poids sur la détermination de la peine au regard tant de sa nature que de son *quantum* : alors que très souvent il pouvait être constaté une aggravation de la peine en présence d'une altération du discernement[1049], la loi du 15 août 2014 impose une diminution de peine de principe équivalente à un tiers de la peine encourue[1050].

---

tiques (…) en vue de faciliter l'identification et la recherche des auteurs » d'infractions.

[1043] Art. R. 53-9 et s. CPP.

[1044] C. Ambroise-Castérot, « La personne soupçonnée ou condamnée face aux soins ou vérifications sur sa personne », *RDSS*, 2008, Hors-Série, p. 66 et s.

[1045] *JO* du 9 février 1997, p. 2249 et s.

[1046] Cas du jeune mineur : art. 122-8 C. pén.

[1047] Cas de la personne atteinte d'un trouble mental : art. 122-1 C. pén.

[1048] M. Benillouche, « Les expertises judiciaires : le point de vue du pénaliste ou comment le juge se dégage de son pouvoir de décision au profit de l'expert », *Médecine et Droit*, 2013, p. 83 et s.

[1049] Cass. crim., 9 juillet 2014, n° 13-86.908.

[1050] Art. 122-1 al.2d C. pén. ; cf. également, notre article « Prise en considération de l'état de santé de la personne suspectée ou condamnée par la loi n° 2014-896 du 15 août 2014 relative à l'individualisation des peines et renforçant l'efficacité des sanctions pénales », *RSC*, 2014, p. 729 et s.

En cas de mise en cause pénale d'une personne ayant le statut de majeur protégé au sens civil du terme[1051], celle-ci doit obligatoirement être soumise, avant tout jugement au fond, à une expertise médicale comme le prévoit l'article 706-115 CPP, afin d'évaluer sa responsabilité pénale au moment des faits. Aux termes de l'article D. 47-24 CPP, l'expertise peut être confiée à un expert judiciaire ou à un médecin figurant sur une liste établie par le procureur de la République comme le prévoit l'article 431 du Code civil.

Dans les autres cas, la désignation de l'expert se fait en application des articles 156 et s. CPP.

Lorsque l'expertise a été décidée dans le cadre d'une instruction, le magistrat instructeur donne connaissance des conclusions de l'expertise aux parties et à leurs avocats après les avoir convoqués. Il convient de noter que quand les conclusions de l'expertise sont de nature à conduire à l'application des dispositions du 1er alinéa de l'article 122-1 C. pén. entraînant une irresponsabilité pénale de la personne mise en cause en raison d'un trouble mental, la présence de l'expert peut être sollicitée. Elle est obligatoire à la demande de l'avocat de la partie civile[1052].

Il convient de noter qu'en cas d'expertise concluant à une abolition du discernement pour cause de trouble mental et dans l'hypothèse où aurait été requise la tenue d'une audience de la chambre de l'instruction de la cour d'appel, le ou les experts ayant examiné la personne mise en cause doivent être entendus à cette audience[1053].

C – Le constat et l'évaluation des préjudices subis par la victime

332 – Outre l'examen de la victime précédemment évoqué[1054], le professionnel de santé peut également être désigné comme expert judiciaire d'office par le juge ou à la demande de la victime ou du ministère Public avec la mission spécifique d'établir les préjudices subis et d'en évaluer la gravité[1055]. Si les modalités de désignation de l'expert judiciaire[1056] et le déroulement de l'expertise jusqu'à la remise du rapport d'expertise[1057]

[1051] Cf. art. 414 et s. C. civ.

[1052] Art. 167-1 CPP.

[1053] Art. 706-122 al.3e CPP.

[1054] Cf. *supra*. n° 327.

[1055] Art. 156 CPP.

[1056] Aux termes de l'art. 157 CPP, l'expert est choisi en principe sur une liste nationale ou dressée près chaque cour d'appel.

[1057] Art. 166 CPP.

ne présentent pas de particularités notables lorsque l'expertise se déroule dans le cadre d'un procès pénal par rapport à celle accomplie dans le cadre d'un procès civil, le point remarquable reste que les frais d'expertise au pénal sont pris en charge par l'État et suivent les règles posées aux articles R. 106 et suivants du Code de procédure pénale[1058]. L'expert judiciaire doit répondre à la mission expertale et s'appuie en général sur la nomenclature Dintilhac qui énumère les divers préjudices indemnisables[1059]. La loi a prévu des dispositions spéciales concernant une catégorie de victimes d'infractions particulières: ainsi les mineurs victimes notamment d'infractions de nature sexuelle « peuvent faire l'objet d'une expertise médico-psychologique destinée à apprécier la nature et l'importance du préjudice subi et à établir si celui-ci rend nécessaires des traitements ou des soins appropriés. Une telle expertise peut être ordonnée dès le stade de l'enquête par le procureur de la République »[1060].

L'expertise judiciaire concernant la victime de l'infraction a pour objet d'évaluer les différents préjudices subis par elle et possède une double finalité : elle sert de fondement à une demande d'indemnisation mais elle permet également d'affiner la qualification pénale retenue, en matière de violences ou de blessures involontaires puisque la qualification retenue dépend de la gravité des dommages.

De manière plus générale, l'expert judiciaire peut être entendu, après avoir prêté serment, à l'audience de jugement sur le résultat des opérations techniques réalisées. Le président de la juridiction peut lui poser toutes questions rentrant dans la mission qui lui a été confiée. Après son exposé, l'expert assiste aux débats à moins que le président de la juridiction l'autorise à se retirer[1061]. En cas de contradiction portée par un témoin à l'audience de jugement contre les conclusions expertales, le président demande au ministère Public, à la défense et éventuellement à la partie civile de présenter leurs observations. La juridiction pourra déclarer qu'il sera passé outre aux débats ou l'affaire sera renvoyée à une date ultérieure. Dans cette dernière hypothèse, la juridiction pourra prescrire toute mesure qu'elle jugera utile[1062].

1058 *Rép. pén.* v° Expertise, J.-L. Croizier et Ch. Guéry, janvier 2013.

1059 Annexe n° 4.

1060 Art. 706-48 CPP.

1061 Art. 168 CPP.

1062 Art. 169 CPP.

D – L'intervention en amont du prononcé de diverses mesures pénales

333 – L'expertise judiciaire réalisée par un professionnel de santé ou encore la délivrance d'un certificat médical par celui-ci est parfois exigée comme préalable, voire comme condition, au prononcé de certaines mesures à caractère pénal. Il en est ainsi par exemple de l'injonction de soins, des mesures de sûreté ou de certains aménagements de peine.

334 – Pour le prononcé de l'injonction de soins – L'expertise d'un professionnel de santé est exigée pour le prononcé de certaines mesures attachées à des peines. Il en est ainsi spécifiquement de l'injonction de soins[1063] qui assortit par principe la peine de suivi socio-judiciaire définie aux articles 131-36-1 du Code pénal. Créé par la loi n° 98-468 du 17 juin 1998, le suivi socio-judiciaire est une peine exécutée en milieu ouvert, pouvant être prononcée à titre de peine complémentaire criminelle et délictuelle ou comme peine principale en matière délictuelle. Depuis l'origine, elle comprend au nombre des obligations pouvant être décidées pour son exécution une injonction de soins. Le prononcé d'une injonction de soins suppose qu'une expertise médicale, le plus souvent psychiatrique, établisse que la personne jugée est susceptible de faire l'objet d'un traitement. Si la désignation de deux experts était la règle dans le cas où les poursuites étaient engagées pour meurtre ou assassinat d'un mineur précédé ou accompagné de viol, de tortures ou d'actes de barbarie, il n'en va plus ainsi aujourd'hui. Malgré la formulation modifiée par la loi du 10 août 2007 de l'article 131-36-4 C. pén. qui semble inciter le juge, plus qu'auparavant, au recours à l'injonction de soins, il reste que le sens des conclusions expertales est décisif pour le prononcé de l'injonction de soins.

Il convient de noter que le champ d'application de l'injonction de soins a été étendu par le législateur ces dernières années, de manière indirecte et directe. **L'élargissement légal du recours à l'injonction de soins** s'est opéré **indirectement** en raison d'une extension de la liste des infractions pour lesquelles la peine de suivi socio-judiciaire est encourue et donc l'injonction de soins susceptible d'être décidée. Initialement encourue pour les seules infractions de nature sexuelle, le suivi socio-judiciaire est devenu une peine complémentaire ou principale pouvant être prononcée pour un plus grand nombre d'infractions, infractions de nature hétéroclite, qui illustre le recours boulimique du législateur à l'injonction de soins. La loi n° 2005-1549 du 12 décembre 2005 relative au traitement de

1063 Pour une présentation détaillée, cf. *infra*. n° 365 et s.

la récidive des infractions pénales[1064] étend l'application de cette peine, et par là même de l'injonction de soins, aux crimes d'atteintes à la vie des personnes[1065], aux crimes d'enlèvement et de séquestration[1066], aux actes de torture et de barbarie[1067], aux destructions de biens dangereuses pour les personnes ou ayant entraîné des atteintes à la vie ou à l'intégrité physique d'autrui[1068]. En 2007, la loi n° 2007-297 du 5 mars relative à la prévention de la délinquance[1069] ajoute à cette liste les actes de violences commis soit sur conjoint, soit sur mineur de 15 ans par ascendant légitime, naturel, adoptif ou par personne ayant autorité[1070] ; elle ajoute également le délit de proposition sexuelle à mineur de 15 ans par un moyen de communication électronique et la consultation habituelle de sites pédopornographiques[1071]. Quant à la loi n° 2010-769 du 9 juillet 2010 relative aux violences au sein du couple et aux incidences sur les enfants[1072], elle prévoit le prononcé du suivi socio-judiciaire dans le cadre de violences habituelles sur mineur de 15 ans ou sur personne vulnérable[1073] et de menaces commises à l'endroit du conjoint[1074] incriminées en application de l'article 222-18-3 du Code pénal. L'extension opérée par la loi n° 2011-267 du 14 mars 2011 dite LOPPSI II[1075] de l'incrimination prévue à l'article 227-24 C. pén. permet d'envisager le prononcé de cette peine, et donc théoriquement de l'injonction de soins, pour des faits d'incitation de mineurs à se livrer à des jeux les mettant en danger[1076]. Enfin, sauf erreur ou omission, la loi n° 2013-711 du 5 août 2013[1077] a inséré dans le Code pénal un article 222-22-2 disposant que « constitue une agression sexuelle le fait de contraindre une personne par la violence, la menace ou la surprise à subir une atteinte sexuelle de la part d'un tiers ». Cet auteur encourt les mêmes peines que celles encourues par

---

1064 *JO* du 13 décembre 2005, p. 19152 et s.

1065 Tels que le meurtre, l'assassinat, l'empoisonnement : art. 222-9-1 C. pén.

1066 Art. 224-10 C. pén.

1067 Art. 222-48-1 C. pén.

1068 Art. 322-18 C. pén.

1069 *JO* du 7 mars 2007, p. 4297 et s.

1070 Art. 222-48-1 C. pén.

1071 Art. 227-31 C. pén.

1072 *JO* du 10 juillet 2010, p. 12762 et s.

1073 Art. 222-14 C. pén.

1074 Art. 222-48-1 C. pén.

1075 *JO* du 15 mars 2011, p. 4582 et s.

1076 Art. 227-31 C. pén.

1077 *JO* du 12 octobre 2013, p. 16838 et s.

l'auteur matériel de l'agression sexuelle et donc notamment la peine de suivi socio-judiciaire assortie d'une injonction de soins.

Ainsi, l'injonction de soins a vocation à être prononcée à l'égard de l'auteur de n'importe laquelle de ces infractions et de son complice éventuel, le législateur donnant dès lors l'impression, en caricaturant à peine, que la délinquance est une pathologie susceptible de guérison par l'effet magique de l'injonction de soins. Pour autant, il s'avère qu'en pratique, l'injonction de soins est essentiellement décidée pour une délinquance sexuelle comme le révèle en 2011 le rapport conjoint de l'IGAS et de l'IGSJ « Évaluation du dispositif de l'injonction de soins » : en 2009, sur 3 791 injonctions de soins en cours 10 % avaient été prononcées pour des infractions autres que les infractions de nature sexuelle.

D'autre part, l'extension légale du champ d'application de l'injonction de soins se veut plus **directe** dès lors que le législateur fait de l'injonction de soins une obligation pouvant assortir d'autres mesures que le suivi socio-judiciaire. Ainsi, la loi n° 2007-1198 du 10 août 2007 renforçant la lutte contre la récidive des majeurs et des mineurs[1078], ajoute l'injonction de soins à la liste des obligations pouvant accompagner la mesure d'aménagement de peine que constitue la libération conditionnelle, alors qu'auparavant seule une obligation de soins[1079] pouvait être décidée[1080]. Cette loi avait également créé un article 132-45-2 dans le Code pénal prévoyant le prononcé de l'injonction de soins dans le cadre d'un sursis avec mise à l'épreuve mais la loi du 10 mars 2010 tendant à amoindrir le risque de récidive l'a abrogé, jugeant que cette obligation faisait double emploi avec l'obligation de soins[1081]. Le législateur a par ailleurs créé des mesures de sûreté restrictives de liberté définies par différentes obligations dont l'injonction de soins. Il en est ainsi de la surveillance judiciaire issue de la loi du 12 décembre 2005 précitée, applicable aux auteurs d'infractions pour lesquelles un suivi socio-judiciaire est encouru et condamnées à des peines supérieures ou égales à sept ans d'emprisonnement. La surveillance judiciaire prend le relais de la peine privative de liberté exécutée et pendant sa durée, qui correspond à celle des crédits de réduction de peines et des réductions de peine supplémentaires, une injonction de soins peut être mise en œuvre. La loi du 25 février 2008, à l'origine de la très critiquée rétention de sûreté, a également créé une autre mesure de

1078 *JO* du 11 août 2007, p. 13466 et s.

1079 Pour une présentation, cf. *infra*. n° 353 et s.

1080 Art. 731-1 CPP.

1081 Il convient de noter que pourtant dans le cadre de la libération conditionnelle, ces deux mesures cohabitent.

sûreté, la surveillance de sûreté dans le cadre de laquelle une injonction de soins peut également être décidée[1082]. Cette mesure peut être envisagée à l'égard de personnes ayant été condamnées, pour avoir commis les infractions les plus graves, à de lourdes peines, et peut être décidée à la suite d'un suivi socio-judiciaire, d'une rétention de sûreté, d'une surveillance judiciaire ou d'une libération conditionnelle pour une durée de deux ans, renouvelable de manière illimitée dans le temps, dès lors qu'une dangerosité criminologique de la personne est constatée ou que le maintien de l'injonction de soins apparaît indispensable pour prévenir la récidive[1083]. Enfin, l'injonction de soins peut être prononcée dans le cadre de la contrainte pénale créée par la loi du 15 août 2014[1084], peine pouvant être appliquée sous certaines conditions aux auteurs de tout type de délits dès lors qu'une peine d'emprisonnement inférieure ou égale à cinq ans est encourue[1085]. Quel que soit le cadre de l'injonction de soins, son prononcé suppose le recours à un expert judiciaire, professionnel de santé, concluant à la possibilité d'un traitement. Si le juge n'est pas tenu de prononcer une telle mesure en cas de conclusions expertales en ce sens, il ne pourra pas la décider dans l'hypothèse où l'expert considère qu'un traitement médical n'est pas adapté.

335 - Pour le prononcé de mesures de sûreté - La loi du 12 décembre 2005 a créé deux mesures de sûreté, la surveillance judiciaire et le placement sous surveillance électronique mobile applicables aux auteurs d'infractions particulièrement graves. La loi du 25 février 2008 a créé notamment la surveillance de sûreté et la rétention de sûreté. Ces mesures de sûreté, restrictives de liberté pour les trois premières et privative de liberté pour la dernière, permettent de prolonger le contrôle opéré par l'autorité judiciaire sur des personnes qui sont libérées après avoir exécuté une lourde peine d'emprisonnement ou de réclusion criminelle. Le point commun pour l'application de telles mesures est qu'un risque de récidive d'une infraction grave soit identifié. C'est ainsi une dangerosité criminologique qu'il est demandé à l'expert judiciaire, psychiatre, de rechercher selon des méthodes plus ou moins éprouvées[1086].

[1082] Art. 706-53-19 CPP.

[1083] Dans le cadre d'une libération conditionnelle.

[1084] Art. 131-4-1 al.4e-3 °C. pén.

[1085] La contrainte pénale assortie d'une injonction de soins ne peut être prononcée que pour les délits pour la répression desquels un suivi socio-judiciaire est encouru.

[1086] M. Abondo et al., « Évaluation du risque de récidive : la nécessité d'une "evidence-based expertise" », *Médecine et Droit*, 2014, p. 96 et s.

Ainsi, pour qu'une **surveillance judiciaire** puisse être prononcée, le risque de récidive doit être constaté par une expertise médicale ordonnée par le juge de l'application des peines ou le procureur de la République, expertise qui doit déterminer également la nécessité d'un traitement, ce qui pourra permettre à la juridiction qui la prononce de l'assortir d'une injonction de soins[1087]. Il a pu être jugé qu'en l'absence de dangerosité psychiatrique de l'individu constatée par les expertises réalisées et quand bien même il présenterait une fragilité personnelle liée à son histoire qui le rend labile aux passages à l'acte les plus éclectiques, la requête en surveillance judiciaire présentée par le procureur de la République doit être rejetée[1088]. Pourtant l'évaluation doit porter, d'après la loi, non sur la dangerosité psychiatrique mais sur la dangerosité criminologique aux fins d'identification d'un risque de récidive.

En ce qui concerne le **placement sous surveillance électronique mobile**, l'article R. 61-11 CPP dispose que l'examen de dangerosité est réalisé par un psychiatre et un psychologue, autres que ceux qui composent la commission pluridisciplinaire des mesures de sûreté[1089] dont le juge de l'application des peines peut solliciter l'avis pour le prononcé d'une telle mesure[1090].

La **rétention de sûreté** peut être décidée par la juridiction régionale de la rétention de sûreté[1091] sur avis motivé de cette même commission qu'elle rendra après l'évaluation pluridisciplinaire de la personne condamnée et l'expertise médicale réalisée par deux experts. À cette fin, la personne est placée pour une durée d'au moins six semaines dans un service spécialisé chargé de l'observation des personnes détenues[1092]. Une contre-expertise peut être sollicitée par le condamné et elle est de droit[1093].

Quant à la **surveillance de sûreté**, l'avis de placement ou de renouvellement d'une telle mesure est rendu sur le fondement du dossier individuel et d'une expertise médicale constatant la persistance de la dangerosité, sans qu'il soit nécessaire de procéder à une évaluation pluridisciplinaire comme précédemment évoquée. Au moins huit mois avant la fin de la

---

1087 Art. 723-31 CPP.

1088 TAP, Agen, 8 juin 2009, *AJ pénal*, 2009, p. 421, obs. M. HERZOG-EVANS.

1089 Pour la composition de cette commission, cf. art. R. 61-8 CPP.

1090 Art. 763-10 CPP.

1091 Il convient au préalable qu'elle ait été envisagée dans son principe dans l'arrêt de condamnation de la cour d'assises.

1092 Art. 706-53-14 CPP.

1093 Art. 706-53-15 al.3e CPP.

mesure que la surveillance de sûreté aurait vocation à remplacer, le juge de l'application des peines fait procéder à une expertise médicale aux fins d'évaluation de la dangerosité criminologique de la personne[1094].

La loi du 25 février 2008 a également créé des mesures de sûreté spécifiquement applicables à la personne dont il a été constaté par voie d'expertise que son discernement était aboli au moment des faits : il s'agit de l'**admission en soins psychiatriques sous la forme d'une hospitalisation complète judiciairement décidée** telle que définie à l'article 706-135 CPP et des **interdictions** de l'article 706-136 CPP. La décision judiciaire d'hospitalisation d'office prise par la chambre de l'instruction ou une juridiction de jugement repose sur une expertise psychiatrique figurant au dossier de procédure et « établissant que les troubles mentaux de l'intéressé nécessitent des soins et compromettent la sûreté des personnes ou portent atteinte, de façon grave, à l'ordre public »[1095]. Le président de la chambre de l'instruction ou de la juridiction de jugement peut ordonner un complément d'expertise afin d'actualiser les informations concernant l'état mental de la personne. Si la dernière expertise figurant au dossier ne donne pas suffisamment de renseignements, il peut requérir, avant l'audience, de l'expert ou de tout autre médecin psychiatre, la délivrance d'un certificat médical décrivant l'état actuel de la personne. Ce certificat peut également être requis du ministère Public[1096]. Quant aux mesures prévues à l'article 706-136 et qui consistent en diverses interdictions[1097], elles ne peuvent être prononcées que s'il apparaît au moment où la décision est rendue et au vu notamment de l'expertise qu'« elles sont nécessaires pour prévenir le renouvellement des actes commis par la personne déclarée pénalement responsable, pour protéger cette personne, pour protéger la victime ou la famille de la victime, ou pour mettre fin au trouble à l'ordre public résultant de la commission de ces actes »[1098].

Enfin, la loi du 15 août 2014 a créé une nouvelle mesure de sûreté applicable spécifiquement à la personne dont la responsabilité pénale a été retenue avec la circonstance qu'elle était atteinte au moment des faits d'un trouble psychique ou neuropsychique ayant altéré son discernement. Cette mesure

PARTIE 2

[1094] Art. R. 53-8-45 et R. 53-8-46 CPP.

[1095] Art. D.47-29 CPP.

[1096] Ibid.

[1097] Interdiction d'entrer en relation avec la victime de l'infraction ou des catégories de personnes désignées, de paraître dans tout lieu spécialement désigné, de détenir ou de porter une arme, d'exercer telle activité professionnelle ou bénévole, suspension du permis de conduire, annulation du permis de conduire avec interdiction de solliciter la délivrance d'un nouveau permis.

[1098] Art. D.47-29-6 CPP.

de sûreté définie à l'art.706-136-1 CPP consiste en une **obligation de soins**[1099]. À l'issue de l'exécution de la peine privative de liberté à laquelle la personne a été condamnée, le juge de l'application des peines peut décider d'une telle obligation « si son état le justifie et après avis médical », dont la durée maximale est fonction de la nature de l'infraction commise[1100]. La loi ne précisant pas la forme de cet avis, il était peu probable qu'il puisse être requis du praticien ayant assuré la prise en charge de la personne en établissement pénitentiaire en raison de la règle déontologique de l'article R. 4127-105 CSP selon laquelle « nul ne peut être à la fois médecin expert et médecin traitant d'un même malade ». Sans doute l'avis médical du médecin responsable de la structure sanitaire de l'établissement pénitentiaire aurait-il pu être considéré comme suffisant[1101]. Cependant, le décret n° 2014-1582 relatif à l'exécution des peines, créant un article D. 47-35 CPP a précisé qu'il devait s'agir d'une expertise psychiatrique.

Ainsi même dans ce dernier cas, l'intervention d'un professionnel de santé en qualité d'expert judiciaire est donc requise pour le prononcé de ces différentes mesures de sûreté.

336 – Mesures de libération anticipée – Une expertise judiciaire est parfois requise préalablement à la décision de **libération conditionnelle**[1102]. C'est le cas lorsque la personne a été condamnée à la réclusion criminelle à perpétuité ou lorsqu'elle a été condamnée à une peine privative de liberté supérieure ou égale à quinze ans pour une infraction pour laquelle un suivi socio-judiciaire est encouru ou à une peine privative de liberté supérieure ou égale à dix ans pour les infractions de meurtre aggravé, viol, torture et actes de barbarie, enlèvement ou séquestration, commises contre un mineur ou en récidive contre un majeur. Une expertise judiciaire doit systématiquement intervenir outre l'évaluation pluridisciplinaire de dangerosité réalisée par un service spécialisé chargé de l'observation des personnes détenues. S'il s'agit d'un des crimes mentionnés ci-dessus, l'expertise doit être réalisée, depuis une loi du 27 mars 2012, soit par deux experts médecins psychiatres, soit par un expert médecin

---

1099 Cf. *infra*. n° 353 et s.

1100 La durée maximale prévue est de cinq ans en matière délictuelle et de dix ans en matière criminelle ou si le délit commis est puni de dix ans d'emprisonnement.

1101 Cf. notre étude, « Pris en considération de l'état de santé de la personne suspectée ou condamnée par la loi n° 2014-896 du 15 août 2014 relative à l'individualisation des peines et à l'efficacité des sanctions pénales », *précit.*, p. 729 et s.

1102 R. Wulfman, « Les nouvelles missions de l'expert judiciaire », *Médecine et Droit*, 2007, n° 82, p. 20 et s.

psychiatre et par un expert psychologue[1103]. Cette expertise se prononce sur l'opportunité, dans le cadre d'une injonction de soins, du recours à un traitement utilisant des médicaments inhibiteurs de libido, mentionnée à l'art. L.3711-3 CSP.

Dans ces différents cas, l'intervention du professionnel de santé est incontournable pour la prise de décision postérieure incombant à l'autorité judiciaire. L'expertise ou l'avis du professionnel de santé est obligatoire mais le magistrat demeure libre dans le sens de la décision qu'il prendra concernant la mesure, quel que soit l'avis émis par le professionnel de santé consulté.

337 – Ainsi, la participation des professionnels de santé requis ou désignés est exigée par la loi à différents stades de la procédure pénale pour aider à caractériser l'infraction, pour aider à déterminer son imputation, pour constater et évaluer les préjudices subis par la victime ou encore pour que puissent être prononcées certaines mesures pénales. Mais ceux-ci interviennent également pour évaluer la conciliation entre l'état de santé de la personne soumise à une procédure pénale et la mesure pénale dont elle peut faire l'objet ou dont elle fait l'objet sur décision des autorités policières ou judiciaires.

§ 2 – L'évaluation par les professionnels de santé de la compatibilité de l'état de santé de la personne avec la mesure pénale décidée

338 – L'intervention de l'expert est requise ici afin de s'assurer que la personne suspectée ou condamnée dans le cadre d'une procédure pénale pourra supporter physiquement et mentalement la mesure qu'elle doit subir ou qu'elle subit, que cette mesure pénale soit restrictive de liberté (**A**) ou privative de liberté (**B**).

A – L'évaluation de la compatibilité de l'état de santé de la personne avec la mesure pénale restrictive de liberté décidée

339 – Parmi les mesures restrictives de liberté soumises à contrôle médical se trouve la **surveillance électronique**. Une personne condamnée pour avoir commis une infraction pénale, à une peine d'emprisonnement ferme inférieure ou égale à deux ans ou inférieure ou égale à un an en cas de récidive ou une personne condamnée à une peine ferme d'une durée plus longue mais à qui il reste à exécuter une peine inférieure ou égale à de

1103 Art. 730-2 CPP.

telles durées, peut faire l'objet d'un **placement sous surveillance électronique** ou « bracelet électronique » sous certaines autres conditions[1104]. Il s'agit d'une mesure d'aménagement de la peine qui peut être décidée *ab initio*, c'est-à-dire par la juridiction de jugement, ou *a posteriori* par le juge de l'application des peines. Elle est en même temps une modalité d'exécution de la peine d'emprisonnement ferme. La personne peut être soumise à un certain nombre d'obligations et d'interdictions dont notamment des contraintes horaires qui l'obligent à être présente à son domicile. Cette mesure peut faire l'objet d'une surveillance médicale. Le juge de l'application des peines peut désigner à tout moment un médecin afin qu'il vérifie que la mise en œuvre de ce procédé « ne présente pas d'inconvénient pour la santé du condamné »[1105]. Cette désignation est de droit à la demande de la personne condamnée. Le certificat médical est versé au dossier. Au stade de l'instruction, le juge d'instruction procède à une mise en examen de la personne à l'encontre de laquelle il existe des indices graves et concordants faisant penser qu'elle a participé à une infraction pénale. À l'issue de la mise en examen, différentes mesures peuvent être décidées: la personne peut être laissée en liberté mais peut également faire l'objet d'un contrôle judiciaire[1106] ou d'une détention provisoire[1107]. La loi pénitentiaire du 24 novembre 2009 a créé une autre mesure, l'**assignation à résidence avec placement sous surveillance électronique**[1108]. Un médecin pourra intervenir à la demande de cette personne pour vérifier que la mise en œuvre du procédé ne présente pas d'inconvénient pour sa santé[1109].

340 – Le médecin peut être sollicité encore dans un tout autre domaine, lorsque la **comparution personnelle** à une audience de la personne prévenue ou condamnée est prévue par la loi. Ainsi, en matière pénale, le principe consiste dans la comparution personnelle devant les juridictions pénales de la personne mise en cause pour avoir commis une infraction.

Cependant, lorsque la personne auteur de l'infraction pénale était atteinte au moment des faits d'un trouble mental ayant aboli son discernement, elle peut faire l'objet d'une mesure d'hospitalisation d'office alors même que

[1104] Outre la condition relative à la durée de la peine et l'accord du prévenu à une telle mesure, doit être constaté, de la part de la personne condamnée, l'exercice d'une activité professionnelle, la participation essentielle à la vie de famille, la nécessité de suivre un traitement médical ou l'existence d'effort sérieux de réadaptation sociale: art. 132-26-1 C. pén.

[1105] Art. 723-12 CPP.

[1106] Art. 138 et s. CPP.

[1107] Art. 143-1 et s. CPP.

[1108] Art. 142-5 et s. CPP.

[1109] Art. D.32-6 CPP.

l'instruction est en cours. Une procédure créée par la loi n° 2008-174 du 25 février 2008[1110] permet, malgré le trouble mental qui devrait conduire le juge d'instruction à décider d'une déclaration d'irresponsabilité pénale, qu'une audience, au stade de l'instruction, se tienne devant la chambre de l'instruction de la cour d'appel à la demande du procureur de la République ou d'une partie. Lorsque la chambre de l'instruction est saisie dans ce cadre-là, alors que la personne mise en examen a fait l'objet d'une mesure d'hospitalisation d'office, le président de cette juridiction « sollicite du directeur de l'établissement d'accueil la transmission d'un certificat médical circonstancié, établi par un ou plusieurs psychiatres de l'établissement, indiquant si l'état de la personne permet ou non sa comparution personnelle pendant l'intégralité ou une partie de l'audience »[1111].

De même, il peut encore être dérogé à cette exigence de comparution lors de l'audience prévue pour formuler une demande de suspension de peine pour raison médicale sur le fondement de l'article 720-1-1 CPP[1112]. Lorsque son état de santé fait obstacle à son audition, le condamné peut être régulièrement représenté par son avocat. Cette dérogation est prévue depuis la loi du 15 août 2014 sur l'individualisation des peines qui a ajouté un nouvel 5e alinéa à cette disposition prévoyant que « le condamné peut être régulièrement représenté par son avocat lorsque son état de santé fait obstacle à son audition ; le débat contradictoire se tient alors au tribunal de grande instance ». Il n'est pas précisé par la loi, ni même par la circulaire du 26 septembre 2014 qui la présente[1113] les modalités de constat de cette incompatibilité.

B – L'évaluation de la compatibilité de l'état de santé de la personne avec la mesure pénale privative de liberté décidée

341 – Dans un article 803-6 CPP créé par la loi n° 2014-535 du 27 mai 2014 relative à l'information dans le cadre des procédures pénales[1114], le législateur rappelle les différents droits de la personne suspectée ou poursuivie, soumise à une mesure privative de liberté dont elle doit être informée lors de la notification de cette mesure qui peut prendre la forme d'une garde à vue, retenue ou détention provisoire. Parmi ces droits figure le droit d'être

---

1110 *JO* du 26 février 2008, p. 3266 et s.

1111 Article D.47-28 CPP créé par le décret n° 2008-361 du 16 avril 2008 relatif notamment aux décisions d'irresponsabilité pénale pour cause de trouble mental- art. 2, *JO* du 18 avril 2008, p. 6444 et s.

1112 Pour présentation de cette mesure, cf. *infra*. n° 346.

1113 NOR : JUSD1422849C.

1114 *JO* du 28 mai 2014, p. 8864 et s.

examiné par un médecin. Son intervention aura essentiellement pour but de se prononcer sur la compatibilité du maintien de telles mesures avec l'état de santé de la personne. Cependant, le professionnel de santé peut également avoir à se prononcer sur une telle compatibilité à l'égard d'une personne condamnée. Dans tous les cas, le médecin peut être sollicité pour que la mesure privative de liberté se déroule à l'extérieur d'un établissement pénitentiaire (**1**) ou à l'intérieur d'un tel établissement (**2**).

1) Pour l'exécution de mesures pénales en dehors de l'établissement pénitentiaire

342 – Dans le cadre de l'enquête et pour une durée maximale prévue par la loi, une personne peut être placée en garde à vue ou en retenue le temps nécessaire à l'établissement ou à la vérification de faits matériels. Dans le cadre de ces deux mesures, le médecin intervient pour s'assurer de la conciliation de l'état de santé de la personne avec ces mesures.

343 – Garde à vue et médecin - Mesure privative de liberté pour une durée initiale de 24 heures, la garde à vue peut être décidée dans le cadre d'une enquête ou d'une information dans le but de réunir des éléments mettant en évidence la participation ou pas de la personne gardée à vue à une infraction pénale. À l'occasion du déroulement d'une garde à vue, le médecin a vocation à intervenir pour vérifier la compatibilité, avec cette mesure contraignante, de l'état de santé de la personne qui en est l'objet[1115]. L'intervention du médecin est par principe facultative et se fait à la demande de la personne concernée par la garde à vue. La possibilité d'exercice de ce droit lui est indiquée dès le début de sa garde à vue, en même temps que d'autres informations relatives à d'autres droits tels que celui d'être assisté par un conseil, de bénéficier d'un interprète, de faire prévenir un proche ou son employeur[1116]. En l'absence de l'exercice de ce droit par la personne concernée, le procureur de la République ou l'OPJ peut décider d'office de faire intervenir un médecin. En outre, un tel examen est de droit si un membre de la famille le demande. Mais un pareil examen ne peut être sollicité par l'avocat[1117]. Des règles particulières s'appliquent cependant comme le prévoit l'article 63-3 CPP *in fine*, eu égard à la gravité de l'infraction pénale ou à l'état de minorité du gardé

1115 Art. 63-3 CPP; cf. notamment sur l'évolution de cette intervention: A. GARAY, « Garde à vue médicalisée », Gaz. Pal., 1998, I, doct., p. 20 et s.; *Conférence de consensus: l'intervention du médecin en garde à vue*, sous la direction de P. CHARIOT, Paris: Dalloz, 2006, Coll. Thèmes et commentaires, 784 P.

1116 Art. 63-1 CPP.

1117 J. COEHLO, « Garde à vue, examen médical et confidentialité », *AJ pénal*, 2006, p. 35 et s.

à vue. Ainsi quand les gardes à vue décidées sont motivées par des faits relevant de la criminalité organisée, l'article 706-88 CPP prévoit en son 4e alinéa que :

> *Lorsque la première prolongation est décidée, la personne gardée à vue est examinée par un médecin désigné par le procureur de la République, le juge d'instruction ou l'officier de police judiciaire. Le médecin délivre un certificat médical par lequel il doit notamment se prononcer sur l'aptitude au maintien en garde à vue, qui est versé au dossier. La personne est avisée par l'officier de police judiciaire du droit de demander un nouvel examen médical. Ces examens médicaux sont de droit. Mention de cet avis est portée au procès-verbal et émargée par la personne intéressée ; en cas de refus d'émargement, il en est fait mention.*

La garde à vue est une mesure pouvant également être décidée à l'encontre de mineurs âgés de treize ans et plus au moment des faits et suspectés d'avoir participé à une infraction pénale[1118]. Les modalités d'intervention du médecin dans le cadre de cette garde à vue diffèrent selon la catégorie d'âge à laquelle appartient le mineur. La désignation d'un médecin est obligatoire dès lors que le mineur a moins de seize ans[1119]. En ce qui concerne le mineur plus âgé, ce sont les dispositions de l'article 63-3 CPP qui s'applique ; cependant, « ses représentants légaux sont avisés de leur droit de demander un examen médical lorsqu'ils sont informés de la garde à vue en application du II du présent article ». L'information des parents du placement en garde à vue intervient en principe dès qu'un magistrat est averti de ce placement. Cependant, cette information peut être différée dans le temps à la demande d'un magistrat (procureur de la République ou magistrat chargé de l'information) selon une durée qu'il détermine et qui ne peut excéder 24 heures si la garde à vue est susceptible d'une prolongation ou 12 heures dans le cas contraire[1120]. Enfin, les mineurs âgés au moment des faits de dix à treize ans peuvent faire l'objet d'une retenue de 12 heures pouvant être prolongée de 12 heures supplémentaires ; l'ordonnance de 1945 renvoyant aux dispositions applicables aux mineurs plus âgés, le médecin chargé de vérifier la compatibilité de l'état de santé du mineur avec la mesure, intervient de manière obligatoire dès le début du placement.

[1118] Art. 4 de l'ordonnance n° 45-174 du 2 février 1945 relative à l'enfance délinquante.

[1119] Art. 4-III ord.1945 : « Dès le début de la garde à vue d'un mineur de seize ans, le procureur de la République ou le juge chargé de l'information doit désigner un médecin qui examine le mineur dans les conditions prévues par l'article 63-3 du code de procédure pénale ».

[1120] Art. 4-II ord.1945.

Dans ces diverses hypothèses, le médecin est désigné par le procureur de la République ou l'OPJ. Dans l'hypothèse où le médecin requis n'intervient pas dans le délai indiqué, cette carence doit être constatée par l'OPJ qui doit prendre attache avec un autre médecin. L'absence de renouvellement de cette diligence peut constituer une nullité de procédure dès lors que la personne établit que cette méconnaissance a porté atteinte à ses intérêts[1121]. Le médecin peut intervenir une seconde fois en cas de prolongation de la garde à vue.

Le médecin ainsi requis est en général le médecin de permanence de l'unité hospitalière de médecine légale. Mais en l'absence d'une telle unité à proximité des lieux de garde à vue, ce sont des médecins libéraux qui sont requis.

La loi n° 2011-392 du 14 avril 2011 relative à la garde à vue[1122] est venue apporter quelques précisions relativement à l'intervention du médecin. Elle précise d'abord et expressément que « Le médecin se prononce sur l'aptitude au maintien en garde à vue et procède à toutes constatations utiles ». Ceci renvoie au contenu du **certificat médical** qui doit être remis à l'autorité judiciaire à l'issue de l'examen clinique. le Code de procédure pénale ne détaille pas ce que doit contenir le certificat médical mais en donne les deux grands axes : la première question à laquelle se doit de répondre le médecin est celle de la compatibilité de l'état de santé avec la mesure de privation de liberté ; la seconde consiste à « procéder à toutes constatations utiles », mission sujette à interprétation : sans doute faut-il comprendre par « constatations utiles » le signalement de lésions traumatiques ou d'état qui nécessitent une attention particulière en cas de maintien en garde à vue (alcoolisme, toxicomanie, diabète…). L'hétérogénéité des pratiques et des contenus des certificats médicaux a conduit à la tenue d'une conférence de consensus sur **l'intervention du médecin auprès des personnes en garde à vue** les 2 et 3 décembre 2004 qui a abouti à plusieurs recommandations[1123]. Enfin, lorsque le médecin se présente, la personne gardée à vue peut refuser d'être examinée, le médecin ne peut dès lors se prononcer sur la compatibilité avec la mesure et doit le notifier dans son certificat[1124].

Selon les recommandations de la Conférence nationale de consensus, aux fins d'harmonisation des pratiques nationales, le certificat médical devrait

---

1121 Cass. crim., avis, n° 9001 du 9 mai 2012.

1122 *JO* du 15 avril 2011, p. 6610 et s.

1123 Pour une présentation des nombreuses recommandations faites à l'issue de cette conférence, cf. P. Chariot, C. Boraud, « L'intervention du médecin en garde à vue : le chemin sinueux vers une harmonisation des pratiques », *AJ pénal*, 2008, p. 265 et s.

1124 P. Chariot, « L'intervention du médecin en garde à vue », *AJ pénal*, 2004 p. 279 et s.

se composer de deux volets : le premier volet consistant en un certificat médical à proprement parler remis à l'autorité judiciaire, document à contenu médical et revêtant une valeur probante ; le second volet consistant en une fiche médicale confidentielle qui est conservée par le médecin et accessible à la personne placée en garde à vue, à son avocat ou au magistrat qui en demanderait la saisie[1125].

Le certificat médical est au nombre des pièces du dossier de la personne gardée à vue qui peuvent être consultées depuis la loi de 2011 par l'avocat de celle-ci qui intervient en cours de garde à vue et cette consultation est également autorisée à la personne placée en garde à vue depuis la loi du 27 mars 2014 relative au droit à l'information dans le cadre des procédures pénales[1126].

La loi de 2011 ajoute ensuite que « sauf en cas de circonstance insurmontable, les diligences incombant aux enquêteurs en application du présent alinéa doivent intervenir au plus tard dans un délai de trois heures à compter du moment où la personne a formulé la demande ». Cette précision figurait auparavant à l'article 63-1 dont la lettre a été révisée également par la loi de 2011. Mais, comme auparavant, s'il n'a pas été démontré que le dépassement de ce délai a porté atteinte aux intérêts de la personne gardée à vue, la Cour de cassation considère que la nullité des actes de procédure n'a pas à être prononcée[1127] ; de même, l'absence de certificat médical au dossier ne signifie pas *ipso facto* la méconnaissance d'une formalité substantielle dès lors que la personne gardée à vue, avisée de son droit à être examinée par un médecin, a indiqué qu'elle ne souhaitait pas faire l'objet d'un tel examen[1128]. Enfin, et pour garantir le respect de la dignité de la personne et le secret professionnel, « sauf décision contraire du médecin, l'examen médical doit être pratiqué à l'abri du regard et de toute écoute extérieurs ». La loi reprend ici une des recommandations de la conférence de consensus précitée.

À son arrivée dans les locaux de garde à vue, le médecin requis procède « sans délai » à l'examen de la personne placée en garde à vue. Le certificat qu'il rédige est versé au dossier de la procédure pénale. « La poursuite de la garde à vue d'une personne dans des conditions qui sont, selon le constat médical, incompatibles avec son état de santé, porte nécessairement

---

1125 P. Chariot, H. Briffa, A. Lepresle, « Intervention du médecin en garde à vue : contenu du certificat médical et de ses à-côtés », *AJ pénal*, 2012, p. 521.

1126 *JO* du 28 mai 2014, p. 8864 et s.

1127 Cass. crim., 10 décembre 2008, n° 08-83.408.

1128 Cass. crim., 25 février 2003, n° 02-86.144, *Bull. crim.*, n° 50.

atteinte à ses intérêts », peu importe que lors de la prolongation de la garde à vue le second examen médical ait constaté la compatibilité entre son état de santé et la mesure dont il faisait l'objet[1129]. Ceci peut ainsi fonder une requête en annulation de l'ensemble des actes de procédure intervenus après qu'a été constatée par le premier médecin cette incompatibilité. Il existe dès lors une présomption de grief pour non-respect du contenu du certificat médical[1130].

Une circulaire d'application du 1er mars 1993 indique que les interrogatoires ne peuvent se poursuivre dès lors que l'examen médical constate une incompatibilité. Dès qu'il est informé du contenu du certificat médical, il semble que le procureur de la République n'ait d'autre choix que de mettre un terme à la garde à vue[1131].

L'intervention du médecin est donc déterminante dans le cadre de l'interrogatoire d'une personne[1132]: ainsi, il a été jugé que n'était pas justifiée la décision de la chambre de l'instruction d'une cour d'appel qui avait rejeté une requête en nullité de procédure dans la mesure où, lors de son audition, le suspect était hospitalisé au service de réanimation, empêché d'aller et de venir et aurait dû donc être placé en garde à vue avant d'être interrogé. Il est reproché aux juges de ne pas avoir recherché si un médecin avait donné son autorisation pour s'assurer de la compatibilité de l'état de santé de la personne avec une telle audition, la seule autorisation d'une infirmière étant insuffisante[1133].

L'intervention du médecin en garde à vue ne peut être limitée à la vérification d'une compatibilité entre l'état de santé de la personne objet de la mesure et son maintien en garde à vue. Le médecin procède en réalité à une véritable consultation médicale qui doit être un lieu de repérage de risques majeurs (suicide, pathologies mentales, addictions…)[1134].

344 - Retenue et médecin - La loi n° 2010-769 du 9 juillet 2010 relative aux violences faites spécifiquement aux femmes, aux violences au sein des couples et aux incidences de ces dernières sur les enfants[1135] a créé

1129 Cass. crim., 27 octobre 2009, *Bull. crim.*, n° 176.

1130 C. Girault, obs. sur cet arrêt, *AJ pénal*, 2010, p. 37.

1131 Cass. crim., 18 décembre 2007, n° 07-86.955.

1132 M. Benillouche, « L'examen médical en garde à vue : la consécration graduelle mais inaboutie d'une formalité substantielle », *RGDM*, 2012, p. 363 et s.

1133 Cass. crim., 25 octobre 2011, *Bull. crim.*, n° 216.

1134 P. Chariot, H. Briffa, A. Lepresle, « Intervention du médecin en garde à vue : contenu du certificat médical et de ses à-côtés », *précit.*

1135 *JO* du 10 juillet 2010, p. 12762 et s.

un art.141-4 CPP permettant aux autorités policières d'appréhender toute personne soumise à un contrôle judiciaire qui n'aurait pas respecté les obligations et interdictions imposées par le juge d'instruction et de la placer en retenue. En vue d'une présentation devant le juge, la loi n° 2014-896 du 15 août 2014[1136] prévoit une mesure identique pouvant être envisagée par les mêmes autorités dès lors qu'une personne condamnée ne respecte pas une peine d'interdiction de faire ou tenant en une obligation prononcée à son encontre (comme par exemple, interdiction professionnelle, obligation d'accomplir un stage, un travail d'intérêt général), les interdictions ou obligations imposées dans le cadre d'un sursis avec mise à l'épreuve[1137] ou encore dans le cadre d'un aménagement de peine décidé par une juridiction de l'application des peines[1138]. La personne appréhendée peut être retenue 24 heures au maximum et bénéficie des mêmes droits que la personne placée en garde à vue, dont le droit d'être examinée par un médecin.

2) Pour l'exécution de mesures pénales au sein de l'établissement pénitentiaire

345 – Les professionnels de santé peuvent être requis pour se prononcer sur la compatibilité de l'état de santé avec l'exécution de la peine privative de liberté à laquelle le délinquant a été condamné, avec la détention provisoire dont une personne simplement suspectée fait l'objet ou avec des modalités d'incarcération spécifiques pouvant s'appliquer à celui qui est placé en établissement pénitentiaire par décision judiciaire.

346 – Contrôle de la compatibilité de l'état de santé avec l'exécution d'une peine privative de liberté – Lorsqu'une personne est condamnée à une peine privative de liberté, elle peut bénéficier d'une suspension de peine sous certaines conditions en raison de son état de santé. Deux suspensions de peine pour ce motif existent et sont prévues par les articles 720-1 et 720-1-1 CPP. La première de ces suspensions n'est pas spécialement prévue pour bénéficier aux seules personnes condamnées dont l'état de santé est incompatible avec le maintien en détention puisqu'elle peut également être accordée pour motif familial, social ou professionnel. L'octroi de la suspension de l'article 720-1 CPP suppose en outre que la personne qui le sollicite ait été condamnée, sauf cas particuliers, à une peine inférieure ou égale à deux ans ou qu'il lui reste à subir une telle peine. En outre, la suspension est limitée dans le temps puisque

---

[1136] *JO* du 17 août 2014, p. 13647 et s.

[1137] Art. 132-40 et s. C. pén.

[1138] Art. 709-1-1 CPP.

sa durée ne peut dépasser quatre ans. Les textes ne précisent pas l'intervention nécessaire d'un professionnel de santé pour justifier la nécessité d'une suspension de peine. À défaut d'exigence posée par le texte, la désignation d'un expert judiciaire est rare. Un simple certificat du médecin responsable de la structure sanitaire dans l'établissement pénitentiaire semble pouvoir suffire. Il est requis à titre probatoire et non comme condition d'octroi de la mesure. En ce qui concerne la suspension de peine définie à l'article 720-1-1 CPP, les conditions et modalités d'octroi sont quelque peu différentes. Il convient de noter que cette suspension de peine *bis* a été créée par la loi n° 2002-303 du 4 mars 2002 relative aux droits des malades et à la qualité du système de santé[1139] et possède un champ d'application à la fois plus restreint et plus large que la précédente : plus restreint car cette suspension ne joue qu'en raison d'un motif médical ; plus large car aucune condition relative à la durée de peine déjà exécutée ou à la gravité de l'infraction pour laquelle la personne a été condamnée à une peine privative de liberté n'est posée, la seule limite tenant dans l'existence d'un risque grave de récidive. Toutefois, l'octroi de la mesure est cependant strictement encadré. Le professionnel de santé est requis dans le cadre de la demande de suspension de peine dans la mesure où il doit se prononcer sur la compatibilité de l'état de santé de la personne avec son maintien en détention. Plus précisément, le professionnel de santé doit déterminer si le détenu est atteint d'une pathologie engageant son pronostic vital ou si son état de santé est durablement incompatible avec son maintien en détention aux termes du premier alinéa de la disposition légale. La Cour de cassation a jugé que le pronostic vital ne devait pas nécessairement être engagé à court terme pour que la mesure soit octroyée[1140].

Jusqu'à récemment, deux expertises médicales judiciaires distinctes étaient exigées pour qu'il puisse être statué sur la demande de suspension de peine et l'octroi de cette mesure ne pouvait intervenir qu'en cas de concordance des expertises médicales dans le sens de l'existence d'une pathologie engageant un pronostic vital ou d'un état de santé durablement incompatible avec le maintien en détention. L'exigence d'intervention de deux professionnels de santé experts judiciaires a été assouplie : d'une part, la loi pénitentiaire de 2009 a prévu que cette suspension pouvait être accordée en cas d'urgence au vu d'un certificat médical émanant du responsable de la structure sanitaire de l'établissement pénitentiaire[1141] ;

1139 *JO* du 5 mars 2002, p. 418 et s.

1140 Cass. crim., 15 mars 2006, *Bull. crim.*, n° 80 ; pour une position contraire auparavant, cf. Cass. crim., 28 septembre 2005, *Bull. crim.*, n° 247.

1141 Ceci peut mettre le médecin en délicatesse avec les exigences déontologiques.

PARTIE 2

d'autre part, la loi du 15 août 2014 a fait disparaître le recours obligatoire à la double expertise. Un seul expert est désormais désigné. Il convient de noter que les professionnels de santé interviennent encore en qualité d'experts pour vérifier, lorsque la personne bénéfice de cette suspension, que le maintien de cette suspension, qui n'est pas limité dans le temps, est encore justifié au regard de l'évolution de l'état de santé de la personne placée sous main de justice. Ainsi, lorsque la personne a été condamnée en matière criminelle, une expertise intervient tous les six mois et, à tout moment sur décision du juge de l'application des peines dans les autres cas. L'expert, professionnel de santé, sera également sollicité pour se prononcer sur le risque de renouvellement de l'infraction puisqu'il s'agit d'une limite posée à l'octroi de cette mesure[1142]. Enfin, le législateur est venu préciser, à la demande de la doctrine[1143], qu'était évalué tant l'état de santé physique que l'état de santé mentale, ceci afin de promouvoir le recours à ce type de suspension, lorsque les troubles mentaux dont souffre le détenu rendent l'incarcération délicate, voire dangereuse, et qu'une mesure d'hospitalisation n'a pas été ou pu être envisagée en cours de détention.

347 – Contrôle de la compatibilité de l'état de santé avec le maintien en détention provisoire – Sous certaines conditions et pour les besoins de l'enquête se déroulant au stade de l'instruction d'une affaire pénale[1144], la personne soupçonnée d'avoir pris part à l'infraction et mise en examen par le juge d'instruction peut être placée en détention provisoire par le JLD dans l'attente de son jugement. Il est apparu que le maintien en détention de cette catégorie de personnes était rendu parfois délicat en raison de leur état de santé. Cependant, à défaut de disposition spécifique, elles ne pouvaient faire l'objet d'une remise en liberté, l'article 720-1-1 CPP n'ayant vocation à s'appliquer qu'à des personnes déjà condamnées exécutant une peine privative de liberté. Cette lacune avait été dénoncée notamment par le CCNE[1145] et trois propositions de loi sénatoriales de 2011 et 2013, devenues caduques, avaient défendu la création d'une « suspension de détention provisoire pour motif médical »[1146]. La loi du 15 août 2014 crée une disposition très proche de la suspension de peine pour raison médicale tant en

1142 A. Ponseille « Expertises médicales et suspension de peine pour raisons médicales de l'article 720-1-1 du Code de procédure pénale », *RDS*, 2010, n° 35, p. 248 et s.

1143 E. Traulle, A. Werbrouck, C. Manaouil, « La suspension de peine pour raison médicale », *Médecine et Droit*, 2006, n° 79-80, p. 142 et s.

1144 Art. 143-1 et 144 CPP.

1145 Avis n° 94 relatif à la santé et la médecine en prison du 26 octobre 2006.

1146 Pour la présentation de l'une de ces propositions, cf. notre article « Plaidoyer pour la création d'une suspension de détention provisoire pour raison médicale : entre nécessité et inutilité », *RDS*, 2011, n° 42, p. 415 et s.

ce qui concerne son champ d'application que ses modalités d'octroi[1147]. Il s'agit de l'article 147-1 CPP qui dispose que « la décision de mise en liberté peut être assortie d'un placement sous contrôle judiciaire ou d'une assignation à résidence avec surveillance électronique ». À la différence de la suspension de peine, le retour à une meilleure santé ne peut être à lui seul une cause de réincarcération et il n'est pas prévu de contrôle particulier de l'évolution de cet état. En revanche, l'évaluation de l'état de santé se fait selon les mêmes modalités : un médecin expert-judiciaire est désigné et la remise en liberté ne pourra être accordée qu'en cas de constat d'une incompatibilité entre l'état de santé et le maintien en détention provisoire ; cependant, en cas d'urgence, la mise en liberté pourra être ordonnée au vu d'un certificat médical établi par le médecin responsable de la structure sanitaire dans laquelle cette personne est prise en charge.

La création de cette nouvelle mesure de mise en liberté pour motif médical n'est pas non plus étonnante : dans son rapport d'activité de 2012[1148], le Contrôleur Général des Lieux de Privation de Liberté avait remarqué l'absence d'équivalent de la suspension de peine pour raison médicale lorsque la personne suspectée était placée en détention provisoire. Par ailleurs, le contexte prétorien a sans doute accéléré son adoption : d'une part, la Turquie a récemment été condamnée par la Cour européenne des droits de l'Homme sur le fondement notamment de l'article 3 Conv. EDH, car le droit turc ne permettait pas à une femme souffrant d'un cancer à un stade très avancé et incarcérée dans l'attente d'un jugement de bénéficier d'une mesure de libération dont l'application aurait été possible si elle avait été condamnée[1149]. D'autre part, la chambre criminelle de la Cour de cassation a eu à se prononcer sur un pourvoi formé contre un refus opposé à une demande de libération émanant d'une personne en détention provisoire arguant que son maintien en détention malgré un état de santé fragile était contraire aux dispositions de l'article 3 Conv. EDH. La Haute Juridiction a rejeté le pourvoi et donné raison aux juges du fond qui, pour confirmer le refus de libération, s'étaient appuyés sur une expertise judiciaire constatant certes de sérieux problèmes de santé mais convenablement pris en charge par le service sanitaire du lieu d'incarcération[1150]. La solution aurait peut-être été différente dans le cas d'un état de santé jugé incompatible avec le maintien en détention[1151].

1147 E. Baron, « La raison médicale comme motif de mise en liberté », *Dr. pén.*, 2015, chron. n° 1.

1148 Spéc. p. 257.

1149 CEDH, 5 mars 2013, Gülay Çetin c/Turquie, req. n° 44084/10.

1150 Cass. crim., 3 octobre 2012, *Bull. crim.*, n° 209.

1151 Pour une présentation détaillée des mesures de remise en liberté pour motif médical, cf. obs.

348 – Contrôle de la compatibilité de l'état de santé avec certaines modalités d'exécution d'une peine privative de liberté ou d'une détention provisoire – La mesure de détention, qu'il s'agisse d'une peine privative de liberté ou d'une détention provisoire, peut parfois être exécutée sous les régimes spécifiques de l'isolement et du confinement.

L'isolement consiste pour la personne détenue à être placée seule en cellule par mesure de protection ou de sécurité. Cette mesure est décidée à la demande de la personne détenue ou d'office par l'administration pénitentiaire[1152]. La liste des personnes placées à l'isolement est communiquée quotidiennement à l'équipe de l'UCSA de l'établissement. Le médecin examine les personnes faisant l'objet d'une telle mesure au moins deux fois par semaine et aussi souvent que cela lui semble utile. Le médecin peut émettre un avis sur l'opportunité de mettre fin à cette mesure au regard de l'état de santé de la personne et le transmet au chef d'établissement[1153]. Lorsque ce dernier envisage de prolonger la mesure d'isolement qui est d'une durée initiale de trois mois maximum, le chef d'établissement doit préalablement recueillir l'avis écrit du médecin de l'établissement[1154].

À la différence de l'isolement, le **confinement** en cellule ordinaire ou en cellule disciplinaire constitue une sanction disciplinaire pouvant être décidée à l'encontre d'une personne détenue dans le cadre d'une procédure disciplinaire. La durée du confinement est fonction de la gravité de la faute. La liste des personnes placées en confinement est communiquée quotidiennement à l'équipe de l'UCSA de l'établissement. Le médecin examine sur place les personnes faisant l'objet d'une telle mesure au moins deux fois par semaine et aussi souvent que cela lui semble utile. La sanction est suspendue si le médecin estime que son exécution est de nature à compromettre la santé de la personne. On peut penser qu'il en est de même si l'état de santé de l'intéressé est incompatible avec cette forme de détention. On notera également qu'un tel constat fait par le médecin semble lier le chef d'établissement dans les suites à donner puisque cette sanction est automatiquement suspendue ; il en va différemment en matière d'isolement. Enfin, la suspension de la sanction entraîne une interruption provisoire de la mesure qui pourra se poursuivre dans son exécution dès lors que le détenu reviendra à une meilleure santé[1155].

A. Ponseille in *RDS*, 2014, n° 62, p. 1673 et s.

[1152] Art. R. 57-7-62 et s. CPP.

[1153] Art. R. 57-7-63 CPP.

[1154] Art. R. 57-7-64 CPP.

[1155] Art. R. 57-7-31 CPP.

349 - Conclusion - L'expertise des professionnels de santé, désignés ou requis par l'autorité judiciaire, est ainsi fréquemment sollicitée dans le cadre d'instances pénales à des fins diverses, tantôt pour participer à la bonne administration de la justice en apportant une aide à la prise de décision judiciaire, tantôt pour vérifier la compatibilité de l'état de santé d'une personne avec les différentes mesures dont elle peut faire l'objet dans le cadre d'une procédure pénale.

L'expertise ainsi réalisée prend la forme d'un rapport d'expertise, d'un certificat médical ou d'un avis médical. La question peut se poser de savoir l'impact que peuvent avoir ceux-ci sur la décision judiciaire ou administrative concernant la personne visée par une procédure pénale. Ainsi, le juge est-il lié par le sens de l'expertise ou du certificat médical : la réponse est d'une manière générale négative en raison du principe d'indépendance du juge. Cependant, il existe quelques exceptions ou atténuations à ce principe : par exemple, en cas de suspension de peine et de mise en liberté pour motif médical, le constat de l'incompatibilité de l'état de santé avec le maintien en détention est une condition indispensable pour prononcer la mesure de suspension ou de remise en liberté[1156]. Cela signifie que, si une incompatibilité est constatée, le juge peut certes ne pas décider de la mesure ; en revanche, si aucune incompatibilité n'est constatée, ceci constitue *a priori* un obstacle au prononcé de la mesure ; toutefois, le juge semble pouvoir éventuellement se fonder sur l'existence de conditions de détention indignes en retenant la violation de l'article 3 Conv. EDH qui prohibe les traitements inhumains et dégradants[1157]. En matière de confinement, le constat par le médecin de l'incompatibilité de l'état de santé avec cette mesure entraîne *ipso facto* une suspension de la mesure. Dans les autres cas, on remarquera que malgré l'indépendance de principe des magistrats, ceux-ci s'appuient le plus souvent sur l'expertise judiciaire ou le certificat pour prendre leurs décisions.

Enfin, il convient cependant de noter qu'en marge de ces missions principales, les professionnels de santé peuvent se voir confier la réalisation d'actes intrusifs qui participent à un maintien de la sécurité ou se justifient par la protection de la victime.

Ainsi, lorsqu'une personne est suspectée d'avoir commis une infraction ou est condamnée pour en avoir commis une, elle peut faire l'objet d'une mesure privative de liberté qui doit pouvoir se dérouler sans que sa sécurité ou celle de tierces personnes (personnel policier ou pénitentiaire,

[1156] Cass. crim., 21 février 2007, *Bull. crim.*, n° 60.

[1157] Cass. crim., QPC, 26 juin 2013, *AJ pénal*, 2013, p. 491, obs. M. Herzog-Evans ; *RDS*, 2013, n° 56, p. 762 et s., obs. A. Ponseille.

codétenus…) soit mise en péril. Cet objectif de sécurité nécessite parfois qu'il soit procédé à des fouilles. Leurs modalités sont légalement prévues et l'intervention d'un médecin est parfois exigée. En effet, il existe trois types de fouilles: celles par palpation ou au moyen de détection électronique. Quand celles-ci apparaissent inadaptées, il peut être procédé à une fouille intégrale. En dernier lieu des **investigations corporelles** peuvent être réalisées. Ces différents types de fouilles peuvent intervenir notamment en garde à vue ou en établissement pénitentiaire.

Les fouilles accomplies en garde à vue font l'objet d'une réglementation expresse depuis la loi n° 2011-392 du 14 avril 2011 relative à la garde à vue[1158] qui a créé l'article 63-7 CPP. Cette disposition prévoit que:

> *Lorsqu'il est indispensable pour les nécessités de l'enquête de procéder à une fouille intégrale d'une personne gardée à vue, celle-ci doit être décidée par un officier de police judiciaire et réalisée dans un espace fermé par une personne de même sexe que la personne faisant l'objet de la fouille. La fouille intégrale n'est possible que si la fouille par palpation ou l'utilisation des moyens de détection électronique ne peuvent être réalisées.*

Le second alinéa prévoit l'intervention obligatoire d'un médecin pour procéder à des investigations corporelles internes: « Lorsqu'il est indispensable pour les nécessités de l'enquête de procéder à des investigations corporelles internes sur une personne gardée à vue, **celles-ci ne peuvent être réalisées que par un médecin requis à cet effet** ».

Ces mêmes règles s'appliquent lorsque la personne fait l'objet d'une retenue dans les locaux de la police ou de la gendarmerie pour n'avoir pas respecté une obligation ou une interdiction posée dans le cadre d'un contrôle judiciaire ou dans le cadre de l'exécution d'une peine ou de l'application d'un aménagement de peine[1159].

Les mêmes types de fouilles peuvent être réalisés à l'encontre d'une personne détenue en établissement pénitentiaire selon les mêmes modalités. La loi pénitentiaire du 24 novembre 2009 limite dans un article 57 le recours à ces fouilles de manière systématique à la suite de condamnations par la Cour européenne des droits de l'homme[1160]. Le texte prévoit en effet que:

1158 *JO* du 15 avril 2011, p. 6610 et s.

1159 Cf. *supra*. n° 344; art. 141-4 CPP et art. 709-1-1 CPP.

1160 CEDH, 12 juin 2007, Frérot c/France, req. n° 70204/01; CEDH, 20 janvier 2011, El Shennawy c/ France, req. n° 51246/08; même date, Payet c/France, req. n° 19606/08.

Les fouilles doivent être justifiées par la présomption d'une infraction ou par les risques que le comportement des personnes détenues fait courir à la sécurité des personnes et au maintien du bon ordre dans l'établissement. Leur nature et leur fréquence sont strictement adaptées à ces nécessités et à la personnalité des personnes détenues.

Les fouilles intégrales ne sont possibles que si les fouilles par palpation ou l'utilisation des moyens de détection électronique sont insuffisantes.

Les deux derniers alinéas de cette disposition encadrent très strictement les investigations corporelles qui **ne peuvent être réalisées que par un médecin**: « Les investigations corporelles internes sont proscrites, sauf impératif spécialement motivé. Elles ne peuvent alors être réalisées que par un médecin n'exerçant pas au sein de l'établissement pénitentiaire et requis à cet effet par l'autorité judiciaire. » Le décret n° 210-1634 du 23 décembre 2010 a créé un article R. 57-7-82 CPP qui prévoit qu'aux fins de faire procéder à un tel type de fouille, le chef d'établissement doit saisir le procureur de la République d'une telle demande et apporter « tout élément de nature à la justifier ». Il faut en effet que « la personne détenue (soit) soupçonnée d'avoir ingéré des substances ou des objets ou de les avoir dissimulés dans sa personne ». Si la demande est jugée justifiée, le parquet désigne un médecin pour y procéder, extérieur à l'établissement pénitentiaire.

D'autres actes peuvent être pratiqués sur une personne suspectée d'avoir commis des infractions de nature sexuelle afin de déterminer si cette personne n'est pas atteinte de maladies sexuellement transmissibles. Ainsi, l'article 706-47-2 CPP autorise l'OPJ en charge de l'enquête à faire procéder sur toute personne suspectée d'avoir commis ce type d'infractions un **examen médical** et une **prise de sang**. Le professionnel de santé requis à cette fin par le policier ou le gendarme doit s'efforcer d'obtenir le consentement de la personne mais à la demande de la victime ou lorsque son intérêt le justifie, ces opérations peuvent être effectuées sans son consentement sur instructions écrites du procureur de la République ou du juge d'instruction. Si la personne suspectée refuse de s'y soumettre, elle commet un délit puni d'un an d'emprisonnement et de 15 000 € d'amende[1161]. Les résultats du dépistage sont portés à la connaissance de la victime par le médecin.

Enfin, dès lors que l'intervention d'un professionnel de santé est prévue sur réquisitions ou sur désignation en vue d'une expertise, celle-ci est prise en charge par l'État. Le professionnel de santé reçoit des honoraires dont

[1161] Al.5e.

le montant est déterminé en fonction de cotations établies par voie réglementaire et figurant aux articles R. 117 et s. CPP[1162].

350 – Outre leur intervention en qualité d'experts, les professionnels de santé peuvent également être sollicités par la justice pénale pour exercer une activité de soins à l'endroit de personnes placées sous main de justice.

SECTION 2 – LA PARTICIPATION DES PROFESSIONNELS DE SANTÉ À UNE ACTIVITÉ DE SOINS DANS LE CADRE D'UNE PROCÉDURE PÉNALE

351 – Les professionnels de santé peuvent également être sollicités dans le cadre d'une procédure pénale pour exercer une activité de soins. En effet, l'activité criminelle peut être le symptôme d'une maladie ou de troubles ou le résultat d'une affection. Depuis plusieurs années, le législateur mise sur le recours aux soins pour notamment prévenir la récidive. L'autorité judiciaire et l'autorité sanitaire semblent ici poursuivre des objectifs différents puisque le soin qui sera apporté au délinquant n'a pas, pour le professionnel de santé, vocation première à poursuivre une telle finalité. En outre, là où le soin est par principe librement consenti, il peut être imposé par décision judiciaire. On parle alors de « soins contraints » et, lorsqu'ils sont décidés dans le cadre d'une procédure pénale, il s'agit plus précisément de « soins judiciairement ou pénalement ordonnés ». Cependant, il ne faut pas se méprendre : si le consentement de la personne n'est pas requis pour le prononcé de la mesure de soins par l'autorité judiciaire, en revanche, son consentement sera recherché avant et pendant la prise en charge médicale par le professionnel de santé. Quelle que soit la mesure de soins pénalement décidée envisagée, elle ne peut être prodiguée qu'en milieu ouvert, c'est-à-dire en dehors de toute incarcération (**§1**). Cela ne signifie pas qu'un traitement ne peut pas être commencé pendant la période d'incarcération, mais cela prendra alors la forme d'une incitation aux soins uniquement[1163]. En marge de ce cadre particulier judiciairement déterminé, des soins peuvent être prodigués en milieu fermé au cours de l'incarcération (**§2**).

§I – Les soins prodigués en milieu ouvert

352 – Trois types de soins pénalement ou judiciairement ordonnés sont légalement définis. Malgré les apparences et la confusion qui pourrait découler de désignations terminologiques présentant une proximité

[1162] Cf. Annexe n° 5.

[1163] Cf. *infra*. n° 388.

certaine, il s'agit de mesures juridiquement distinctes. L'obligation de soins (**A**), l'injonction thérapeutique (**B**) et l'injonction de soins (**C**) ne doivent en effet être confondues.

A – L'obligation de soins

353 – Objet de l'obligation de soins – Il s'agit du soin pénalement ordonné le plus ancien puisque créé par l'ordonnance du 23 décembre 1958 à l'origine du sursis avec mise à l'épreuve. C'est une mesure contraignante qui peut être décidée à l'encontre d'une personne suspectée ou convaincue d'avoir commis une infraction. Elle est définie à l'article 132-45-3 °C. pén. comme l'obligation de « se soumettre à des mesures d'examen médical, de traitement ou de soins, même sous le régime de l'hospitalisation ». Elle emporte donc pour la personne l'obligation de se soumettre à des soins qui seront déterminés par un médecin traitant qu'elle choisira elle-même et qui lui remettra régulièrement un certificat médical attestant du suivi de soins. Ce certificat sera transmis par la suite par ses soins à l'autorité judiciaire ou au service chargé du contrôle du respect de l'obligation de soins.

354 – Prononcé de l'obligation de soins – Cette mesure peut être décidée quelle que soit l'infraction considérée, à la différence de l'injonction thérapeutique et de l'injonction de soins, et à différents stades du procès pénal. Elle est à titre principal rattachée à une mesure et constitue en général une des obligations pouvant être prononcées dans ce cadre.

Ainsi, elle constitue une des obligations pouvant être décidée dans le cadre :

- d'un contrôle judiciaire[1164] ou d'une assignation à résidence avec surveillance électronique[1165] : il s'agit de mesures pouvant être décidées à titre principal à l'occasion d'une instruction par le juge d'instruction ou le juge des libertés ou de la détention, qui permettent une surveillance de la personne mise en examen mais laissée en liberté dans l'attente de son jugement,
- d'un sursis avec mise à l'épreuve[1166], qui peut être décidé pour assortir une peine d'emprisonnement prononcée et qui permet de soumettre pendant une période de probation dont la durée est déterminée par la loi à différentes interdictions et obligations,

[1164] Art. 138-10° CPP.

[1165] Art. 142-5 CPP.

[1166] Art. 132-40 et 132-45-3 °C. pén..

- d'un ajournement avec mise à l'épreuve[1167] : la personne est déclarée coupable à l'audience de jugement mais la décision sur la peine est renvoyée à une autre audience ; dans ce laps de temps, la personne peut être tenue de se soumettre à une obligation de soins,
- d'une peine exécutée en milieu ouvert : l'obligation de soins peut assortir la peine de suivi sociojudiciaire[1168] et la peine de contrainte pénale[1169], pour l'exécution desquelles le juge prévoit des mesures, interdictions et obligations,
- d'un aménagement de peines tel qu'un placement sous surveillance électronique[1170] ou une libération conditionnelle[1171],
- d'une mesure de sûreté, telle que la surveillance judiciaire[1172] et la surveillance de sûreté[1173], qui sont des mesures décidées postérieurement à l'exécution d'une peine privative de liberté et qui permettent de poursuivre une surveillance renforcée de la personne considérée comme susceptible de pouvoir récidiver.

Dans ces différents cas, sa durée est déterminée par celle de la mesure à laquelle elle se rattache. Mais elle peut être diminuée par l'effet d'une décision du juge ou être rapportée si elle ne semble plus être utile.

Cependant, dans un cas particulier, l'obligation de soins constitue une « mesure de sûreté » lorsqu'elle est décidée à l'issue de l'exécution d'une peine privative de liberté, en dehors de toute mesure d'aménagement de peine, pour une personne dont la responsabilité pénale a été retenue mais dont le discernement au moment des faits était altéré[1174] : en effet, la loi du 15 août 2014 la qualifie expressément comme telle, ce qui permet de l'appliquer de manière rétroactive, c'est-à-dire alors même qu'au moment des faits cette mesure n'existait pas encore. En dehors de cette hypothèse où elle reçoit une qualification pénale spécifique, dans les autres cas, elle

[1167] Art. 132-63 C. pén.

[1168] Cf. art. 131-36-1 et s. C. pén. ; pour une présentation de cette peine, cf. *infra*. n° 334.

[1169] Art. 131-8-1 C. pén. : il s'agit d'une peine pouvant être décidée en matière délictuelle dès lors que la peine d'emprisonnement encourue pour le délit est inférieure ou égale à cinq ans, prononcée pour une durée de six mois à cinq ans.

[1170] Art. 131-26-3 C. pén. : il s'agit d'un aménagement de peine qui assure l'exécution d'une peine d'emprisonnement inférieure ou égale à deux ans en dehors de l'établissement pénitentiaire.

[1171] Art. 731 CPP : il s'agit d'un aménagement de peine pouvant bénéficier sous certaines conditions à la personne condamnée à une peine privative de liberté dès lors qu'elle a accompli la moitié de la peine prononcée.

[1172] Art. 723-29 et s. CPP.

[1173] Art. 706-53-19 CPP.

[1174] Art. 706-136-1 CPP.

apparaît comme une mesure pénale *sui generis.*

Selon le cadre juridique qui l'accueille, elle est donc décidée par une juridiction d'instruction, une juridiction de jugement ou une juridiction de l'application des peines. Ces autorités judiciaires peuvent la prononcer sans qu'il soit nécessaire de recourir à une expertise médicale, ce qui assure une certaine souplesse et rapidité dans le prononcé et limite les coûts. Le principal inconvénient tient dans l'intérêt et l'efficacité d'une telle mesure : est-elle nécessaire lorsqu'elle est prononcée dans la mesure où le juge prend cette décision seul, sans l'avis d'un praticien ? La personne est-elle susceptible de soins ? Il convient cependant de noter que, pour décider d'une obligation de soins comme mesure de sûreté à l'égard d'une personne condamnée alors qu'elle était au moment des faits atteinte d'un trouble mental ayant altéré son discernement, le juge de l'application des peines devra solliciter un avis médical sous forme d'une expertise judiciaire psychiatrique[1175].

Le déroulement de l'obligation de soins étant peu contraignant, peut légitimement se poser la question de son efficacité.

355 - Déroulement de l'obligation de soins – Aucun texte ne fixe les règles du déroulement de ce type de soins pénalement ordonné. Il revient à la personne à l'égard de laquelle a été décidée une obligation de soins de prendre attache avec un praticien qu'elle choisit librement. Aucune exigence n'est posée par la loi sur la qualité du praticien qui peut être un médecin ou un psychologue. Celui-ci remettra en principe à l'issue de chaque rendez-vous médical ou à une fréquence déterminée par l'autorité judiciaire un certificat médical que la personne soumise à l'obligation de soins devra transmettre au magistrat. Cela permettra d'assurer un contrôle de l'effectivité de l'obligation de soins.

La copie de la décision judiciaire qui prévoit cette obligation de soins est adressée par le magistrat au médecin ou psychologue chargée du suivi de la personne. Les rapports d'expertises réalisées pendant la procédure pénale leur sont également adressés à leur demande ou à l'initiative du juge. Ce dernier peut également leur adresser toute autre pièce utile contenue dans le dossier.

Il paraît important que le praticien intervenant dans le suivi sur décision judiciaire sache à quel stade du procès pénal il intervient et quelles sont les conséquences sur la situation pénale de l'intéressé d'un refus de soins, d'une rupture de soins.

[1175] Cf. *supra* n°335

356 – Contrôle de l'obligation de soins – Si le consentement de la personne n'est pas requis pour que soit décidée une obligation de soins, en revanche, sa mise en œuvre ne pourra intervenir que si la personne consent aux soins. Le contrôle du respect de l'obligation de soins est assuré par l'autorité qui l'a décidée ou, si elle a été prononcée en phase sentencielle ou post-sentencielle, par le conseiller pénitentiaire d'insertion et de probation (CPIP), personnel de l'Administration pénitentiaire, qui en réfère au magistrat. En cas de refus de se soumettre aux soins, que ce refus soit initialement constaté où qu'il intervienne alors que l'exécution de la mesure a débuté, doit être constatée l'existence d'un incident. Il convient ici de noter qu'il n'y a jamais de communication entre l'autorité judiciaire et le praticien traitant. Le contraire pourrait être source de violation du secret médical. Se pose alors la question de l'inutilité du traitement ou de l'arrêt de la prise en charge dès lors qu'il émane d'une décision du praticien. Ce dernier doit pouvoir en avertir l'autorité judiciaire car, dans le cas contraire, la personne pourrait être considérée comme ne respectant plus l'obligation de soins.

Le non-respect de l'obligation de soins peut faire l'objet d'une sanction qui prend différentes formes. Elle peut consister en une incarcération (placement en détention provisoire lorsque l'obligation de soins accompagnait un contrôle judiciaire), une réincarcération (lorsque cette mesure accompagnait un aménagement de peine), le prononcé d'une peine d'emprisonnement[1176], voire en une peine d'emprisonnement et/ou une peine d'amende[1177].

357 – Ni le Code pénal, ni le Code de procédure pénale, pas plus que le Code de la santé publique ne définit le déroulement de l'obligation de soins. Il s'agit de loin de la mesure de soins pénalement ordonnée la plus fréquemment décidée mais elle n'est peut-être pas la plus efficace au regard des buts qui lui sont assignés par le législateur. L'injonction thérapeutique, autre variété de soins contraints, est plus strictement définie.

B – L'injonction thérapeutique

358 – Le traitement de l'usager toxicomane est une voie qui a été ouverte par une loi du 24 décembre 1953[1178] et relayée par la loi n° 70-1320 du

[1176] Lorsqu'elle a été décidée comme mesure de sûreté en application de l'article 706-136-1 CPP; dans ce cas, le non-respect de cette mesure est constitutif d'un délit défini à l'article 706-139 CPP et puni de deux ans d'emprisonnement et 30 000 € d'amende.

[1177] Lorsqu'elle constitue l'une des mesures définissant les peines de contrainte pénale et de suivi socio-judiciaire.

[1178] *JO* du 25 décembre 1953, p. 11535.

31 décembre 1970 relative aux mesures sanitaires de lutte contre la toxicomanie et à la répression du trafic et de l'usage illicite de substances vénéneuses[1179], qui fut intégrée dans le Code de la santé publique par la suite.

À côté du traitement facultatif, volontaire ou accepté, auquel peut se soumettre l'« usager malade de sa toxicomanie »[1180], il existe depuis 1970 un traitement obligatoire dans la mesure où il est imposé par un magistrat. Réglementé par un décret du 19 août 1971 modifié à plusieurs reprises, ce type de traitement a divisé le monde médical en raison de sa nature coercitive. Pour cette raison sans doute, plusieurs circulaires successives sont venues préciser sa mise en application[1181].

359 - Notion d'injonction thérapeutique - Pour autant, l'expression « injonction thérapeutique » ne figurait expressément ni dans le Code de la santé publique, ni même dans le Code pénal ou celui de procédure pénale jusqu'à la loi n° 2007-297 du 5 mars 2007 relative à la prévention de la délinquance[1182]qui a réformé notamment le Livre IV de la Troisième Partie du Code de la santé publique en modifiant le régime de prise en charge par l'autorité judiciaire des toxicomanes et en insérant la référence expresse à la notion d'« injonction thérapeutique ».

L'injonction thérapeutique judiciaire, qui doit être distinguée de l'injonction thérapeutique sanitaire définie quant à elle par les articles L.3412-1 à L.3412-4 CSP, fait également intervenir des professionnels de santé dans son déroulement après son prononcé par une autorité judiciaire.

360 - Définition et nature juridique de l'injonction thérapeutique - L'injonction thérapeutique reçoit depuis 2007 une définition dans le nouvel article L.3413-1 CSP. Il s'agit d'une « mesure de soins ou de surveillance médicale ». Les nouvelles dispositions ne font donc plus référence à la seule cure de désintoxication qui semble être une mesure de soins parmi d'autres. Pouvant être prononcée en cas de constatation du délit de consommation illicite de produits stupéfiants, l'injonction thérapeutique apparaît comme une sanction pénale. Peut-elle être pour autant assimilée à une peine qui n'en est qu'une facette ? La réponse est *a priori* négative dans la mesure où elle ne figure pas au nombre des peines regroupées dans les articles L.3421-1 à L.3421-7 au sein d'un chapitre intitulé « peines applicables ». Cependant, la qualification en « peine » semble pouvoir être retenue puisque l'article L.3425-1 CSP indique expressément que

---

1179 *JO* du 3 janvier 1971, p. 74 et s.

1180 F. Caballero, Y. Bisiou, *Droit de la drogue*, Paris : Dalloz, Coll. Précis, 2000, p. 578 et s.

1181 Cf. ouvrage précité, p. 583 et s.

1182 *JO* du 7 mars 2007, p. 4297 et s.

l'injonction thérapeutique peut être prononcée par la juridiction de jugement « à titre de peine complémentaire », précision nouvelle apportée par la loi de 2007. En réalité, cette mesure possède une nature hybride : si elle peut être qualifiée de « peine » en ce sens qu'elle peut être prononcée par une juridiction de jugement en répression d'une infraction pénale, elle est également une mesure pouvant être prononcée par d'autres magistrats à des stades antérieurs du procès pénal[1183] et ne peut dès lors dans ce cas recevoir une telle qualification.

Elle peut ainsi être décidée par le procureur de la République dans le cadre d'une procédure de composition pénale qui lui permet d'apporter une réponse pénale à une infraction, en dehors de toutes poursuites pénales[1184]. Elle peut également être décidée, depuis la loi de 2007 et aux termes de l'article 132-45 modifié, comme obligation définissant un sursis avec mise à l'épreuve assortissant une peine d'emprisonnement, soit initialement par la juridiction de jugement, soit postérieurement par le juge de l'application des peines. Elle peut être prévue également dans le cadre d'un ajournement avec mise à l'épreuve[1185].

Enfin, ayant pour objet principal le traitement du délinquant, l'injonction thérapeutique s'apparente aussi à une mesure de sûreté selon une partie de la doctrine[1186].

Par ailleurs, l'injonction thérapeutique ne doit être confondue ni avec l'obligation de soins, ni avec le stage de sensibilisation aux dangers de l'usage de produits stupéfiants.

La première est une mesure[1187] qui possède un objet plus général que le seul traitement d'une toxicomanie ou de l'alcoolisme. Par ailleurs, elle ne peut pas par exemple être décidée par le procureur de la République comme alternative aux poursuites.

La seconde mesure évoquée, le stage de sensibilisation aux dangers de l'usage de produits stupéfiants, est une création de la loi du 5 mars 2007 précitée. Peine complémentaire en application de l'article 131-35-1 du Code pénal, elle a vocation à s'appliquer, notamment mais pas seulement, en matière d'usage illicite de produits stupéfiants conformément aux

[1183] Par le procureur de la République, par le juge d'instruction, le juge des enfants ou encore par le juge des libertés et de la détention.

[1184] Art. 41-2 CPP.

[1185] Art. 132-69 C. pén.

[1186] H. Matsopoulou, « Le renouveau des mesures de sûreté », *D.*, 2007, Chron., p. 1607 et s.

[1187] Cf. *supra*. n° 353 et s.

articles L.3421-1 alinéa 2e et L.3421-7-8° CSP, alors que l'injonction thérapeutique n'est prononcée que pour réprimer un délit d'usage illicite de produits stupéfiants. Il convient cependant de préciser que, dans le cadre d'une décision de mise à l'épreuve d'une personne condamnée, l'injonction thérapeutique peut être décidée « lorsqu'il apparaît que le condamné fait usage de stupéfiants ou **fait une consommation habituelle et excessive de boissons alcoolisées** »[1188]. En outre, tout comme l'injonction thérapeutique, le recours à ce stage peut également être envisagé avant décision sur l'action publique par le procureur de la République, c'est-à-dire avant toute décision de poursuites et donc *a fortiori* de condamnation[1189]. Il s'agit cependant de mesures distinctes dans leur objet : le stage est, comme son nom l'indique, de nature à sensibiliser aux dangers de la prise de produits stupéfiants et suppose l'assentiment du prévenu pour sa mise en œuvre, alors que l'injonction thérapeutique est une prise en charge plus lourde avec une perspective de soins ou de surveillance médicale de la personne toxicomane ou alcoolique et elle est imposée par l'autorité judiciaire. Il semblerait qu'elles aient donc vocation à être appliquées de manière exclusive l'une de l'autre.

361 – Prononcé de l'injonction thérapeutique – Le Titre 2 relatif aux « Dispositions pénales et mesures d'accompagnement »[1190] comportait initialement deux chapitres consacrés respectivement à l'« injonction du procureur de la République » (chapitre III) et aux « pouvoirs du juge d'instruction ou de la juridiction de jugement » (chapitre IV). L'article 49-I-2° de la loi du 5 mars 2007 a conservé le chapitre III tout en revisitant son contenu et en lui octroyant un nouvel intitulé : « injonction thérapeutique par le procureur de la République ». Elle a également scindé le chapitre IV en deux nouveaux chapitres : un chapitre IV nouveau consacré à l'« injonction thérapeutique par le juge d'instruction, le juge des enfants ou le juge des libertés et de la détention » et un chapitre V relatif à l'« injonction thérapeutique par la juridiction de jugement ». Outre la plus grande lisibilité conférée par la loi de 2007 dans la présentation formelle des textes, le législateur utilise expressément pour la première fois dans les intitulés des chapitres et dans leur contenu l'expression « injonction thérapeutique ».

La loi du 5 mars 2007 confirme la compétence des magistrats antérieurement désignés par le Code de la santé publique pour prononcer l'injonc-

---

1188 Art. 132-45-3 °C. pén. modifié.

1189 Art. 41-1 et s. CPP.

1190 Du Livre IV « Lutte contre la toxicomanie » de la 3e Partie du Code de la santé publique relative à la « Lutte contre les maladies et dépendances ».

tion thérapeutique mais enrichit cette catégorie puisque désormais le juge des libertés et de la détention est habilité à prononcer une telle mesure. Si le juge des enfants n'était pas visé dans l'intitulé de l'ancien chapitre IV, il lui était cependant reconnu la compétence de prendre une telle décision aux termes de l'article L.3424-1 ancien.

En ce qui concerne l'**injonction thérapeutique décidée par le procureur de la République**[1191], elle l'est dans le cadre de la procédure de composition pénale qui constitue une procédure alternative aux poursuites (Art.41-2 et 41-3 CPP). Lorsqu'une personne reconnaît les faits qui lui sont reprochés[1192] et plutôt que de la renvoyer devant le tribunal correctionnel par le déclenchement des poursuites, le procureur de la République peut envisager, dans le cadre de cette procédure, de proposer au prévenu de se soumettre à certaines obligations dont l'une d'entre elle peut prendre la forme d'une injonction thérapeutique. Si l'article L.3423-1 al.2e CSP indique toujours que la durée de la mesure est « de six mois, renouvelable trois fois selon les mêmes modalités » que lors de son prononcé initial, la loi n° 2011-525 du 17 mai 2011 de simplification et d'amélioration de la qualité du droit[1193] a modifié l'article 41-2 CPP précisant que la durée de cette mesure était de vingt-quatre mois au plus.

En ce qui concerne l'**injonction thérapeutique décidée par le juge d'instruction, le juge des enfants ou le juge des libertés et de la détention**, le chapitre IV issu de la loi de 2007 comporte un unique article L.3424-1 qui reprend le contenu de l'ancien article en intégrant la compétence du juge des libertés et de la détention pour la notification d'une mesure d'injonction thérapeutique à l'égard de personnes mises en examen pour délit d'usage illicite de produits ou plantes classés stupéfiants. La nouveauté apportée par la loi de 2007 tient dans le fait que pareille mesure pourra également être prononcée par ces magistrats à l'égard de la personne mise en examen pour s'être soustraite à la décision ayant ordonné une injonction thérapeutique, ce qui constitue une infraction au sens de l'article L.3425-2 CSP. Depuis la loi de 2011 précitée, la durée de la mesure est de vingt-quatre mois au plus. Son exécution peut se poursuivre après la clôture de l'information. Cette mesure aura alors pour support un contrôle judiciaire sans être expressément mentionnée à l'article 138-10° CPP[1194].

[1191] A. Legras, « L'injonction thérapeutique entre les mains du parquet : quel cadre d'intervention ? », *AJ pénal*, 2013, p. 329 et s.

[1192] Il ne peut s'agir que de délits pour lesquels est encourue à titre principal une peine d'amende ou une peine inférieure ou égale à cinq ans d'emprisonnement ou de contraventions.

[1193] *JO* du 25 mai 2011, p. 8993 et s.

[1194] «... se soumettre à des mesures d'examen, de traitement ou de soins, même sous le régime de

Enfin, le chapitre V créé par la loi du 5 mars 2007 est exclusivement consacré à l'**injonction thérapeutique par la juridiction de jugement**. L'article L.3425-1 CSP vise l'hypothèse d'une condamnation pour le délit d'usage illicite de produits stupéfiants en précisant qu'outre les peines principales encourues pour une telle infraction, l'injonction thérapeutique peut être décidée à titre de peine complémentaire (ancien article L.3424-2 CSP alinéa 1er).

362 – Mise en œuvre et déroulement de l'injonction thérapeutique – Le Titre 1er portant sur l'« organisation de la prise en charge sanitaire des toxicomanes » comporte un chapitre III qui était intitulé avant la réforme de 2007 « Personnes signalées par le procureur de la République ». Désormais, il concerne les « Personnes signalées par l'autorité judiciaire ». Cette transformation permet une homogénéisation de la mise en œuvre de l'injonction thérapeutique, quel que soit le magistrat dont émane la décision d'injonction. La loi du 5 mars 2007 a procédé à la réécriture des articles composant ce chapitre et l'a enrichi d'un nouvel article. Les articles L.3413-1 à L.3413-4 CSP exposent ainsi les modalités de mise en œuvre de l'injonction thérapeutique. D'autres textes plus récents ont également modifié ces dispositions.

Une fois prise la décision d'une injonction thérapeutique, sa mise en œuvre se fait par l'intervention de l'autorité sanitaire compétente désignée par l'ordonnance n° 2010-177 du 23 février 2010 comme étant le directeur général de l'agence régionale de santé, informé par l'autorité judiciaire de la décision d'une injonction thérapeutique[1195]. Auparavant, cette structure était le trait d'union entre l'intéressé et le procureur.

La loi du 5 mars 2007 crée le « médecin relais » en remplacement du « médecin responsable du traitement » dont les pouvoirs étaient plus limités. Ce médecin habilité personnifie le lien entre la personne concernée par l'injonction thérapeutique et l'autorité judiciaire. Il constitue le véritable pivot de la mise en œuvre de la mesure d'injonction thérapeutique eu égard aux compétences qui lui sont octroyées, pour la plupart anciennement dévolues à l'autorité sanitaire. Il convient de noter que, depuis la loi n° 2011-1862 du 13 décembre 2011 relative à la répartition des contentieux et à l'allégement de certaines procédures[1196], le médecin relais n'est plus seul compétent pour la mise en œuvre de cette mesure : en effet, le directeur général peut désigner également un **psychologue**

l'hospitalisation, notamment aux fins de désintoxication ».

[1195] Le préfet est également informé d'une telle décision.

[1196] *JO* du 14 décembre 2011, p. 21105 et s.

habilité ou tout autre professionnel de santé habilité, justifiant d'une formation ou d'une expérience professionnelle dans le domaine de la prise en charge des addictions[1197]. Alors qu'il est requis du premier « un examen médical » de la personne, il est requis des autres « une évaluation socio-psychologique ».

- Ces « référents » reçoivent de l'autorité judiciaire, par l'intermédiaire du directeur de l'ARS, la décision portant injonction thérapeutique, les éventuelles expertises ou avis médicaux ainsi que toute pièce que le magistrat jugera utile.
- Ils procèdent à un examen ou une évaluation de la personne au terme duquel ils rendent un avis motivé sur l'opportunité médicale de la mesure d'injonction thérapeutique.
- Si l'examen médical ou l'évaluation réalisée confirme un état de dépendance physique ou psychologique, le professionnel de santé « référent » invite la personne à se présenter auprès d'un centre spécialisé de soins, d'accompagnement et de prévention en addictologie ou auprès d'un médecin, de son choix ou désigné d'office, pour suivre un traitement médical ou faire l'objet d'une surveillance médicale[1198]. Avant la loi de 2011, il était fait obligation pour la personne soumise à une injonction thérapeutique d'adresser au professionnel de santé « référent » un certificat médical indiquant le début des soins, la durée probable de la mesure et les coordonnées du centre ou du médecin chargé du traitement médical ou de la surveillance médicale. Cette obligation a disparu mais si le professionnel de santé « référent » ne bénéficie pas de ces informations, il lui sera difficile de remplir les missions que lui assigne le Code de la santé publique.
- En effet, le médecin relais, le psychologue habilité ou le professionnel de santé habilité propose les modalités de la mise en œuvre de la mesure et assure le contrôle du suivi sur le plan sanitaire. Dans ce cadre, il informe tous les six mois l'autorité judiciaire de l'évolution de la situation médicale de la personne par un rapport écrit qui mentionne le type de soins, la régularité du suivi et tout autre renseignement permettant d'apprécier l'effectivité de l'adhésion à la mesure, sous réserve du secret médical[1199]. C'est encore lui qui a l'obligation d'informer immédiatement l'autorité judiciaire de l'interruption ou de tout autre incident affectant le déroulement de

[1197] Art. L.3413-1 CSP.

[1198] Art. L.3413-2 CSP.

[1199] Art. R. 3413-14 CSP.

la mesure[1200]. Il est important de noter que le médecin traitant n'est pas en relation directe avec l'autorité judiciaire. L'intervention du professionnel de santé « relais » permet d'assurer la préservation du secret professionnel.

Enfin, par l'intermédiaire du directeur de l'ARS, une copie de la décision judiciaire comportant le prononcé de l'injonction thérapeutique est adressée au professionnel de santé « référent » ainsi que les expertises réalisées pendant la procédure pénale, à sa demande ou à l'initiative de l'autorité judiciaire, outre toute autre pièce utile du dossier.

363 – Sanction de l'inexécution d'une injonction thérapeutique – Le refus de se soumettre *ab initio* à une injonction thérapeutique ou le défaut d'accomplissement jusqu'à leur terme des mesures décidées dans ce cadre entraîne une sanction qui peut revêtir diverses formes.

Lorsqu'un tel incident se produit dans le cadre d'une injonction thérapeutique décidée par le procureur de la République, la sanction peut consister dans le **déclenchement des poursuites** du chef de délit d'usage illicite de produits stupéfiants. Ceci découle d'une lecture *a contrario* de l'alinéa 3e de l'article L.3423-1 CSP inspiré de la formulation de l'ancien article, qui dispose que « l'action publique n'est pas exercée à l'encontre des personnes qui se soumettent à la mesure d'injonction thérapeutique qui leur est ordonnée et la suivent jusqu'à son terme ».

Quant à l'article L.3425-2 CSP, il reprend en substance le contenu de l'ancien article L.3424-3 CSP abrogé : le fait de se soustraire à la mesure d'injonction thérapeutique qui aurait été décidée par une juridiction de jugement est une infraction pénale punie des **peines** prévues pour sanctionner le délit d'usage illicite de produits stupéfiants, c'est-à-dire un an d'emprisonnement et 3 750 € d'amende, outre l'injonction thérapeutique[1201] et le stage de sensibilisation aux dangers de l'usage de produits stupéfiants, pouvant être prononcés tous les deux à titre de peines complémentaires. Cependant, tel n'est pas le cas si l'injonction thérapeutique est décidée dans le cadre d'un sursis avec mise à l'épreuve : la sanction de son inexécution consistera dans l'exécution de l'emprisonnement qui était assorti du sursis.

Avant que l'ancien chapitre IV relatif à l'injonction prononcée par le juge d'instruction ou la juridiction de jugement ne soit scindé, un article de ce chapitre (article L.3424-3 ancien) prévoyait que le fait de se soustraire à l'exécution de la décision, prononcée par l'une ou l'autre de ces juridictions

[1200] Art. L.3413-3 CSP.

[1201] Art. L.3425-1 CSP.

ayant ordonné une cure de désintoxication constituait une infraction. Or cette disposition partiellement modifiée ne figure plus que dans le chapitre relatif à l'injonction thérapeutique de la juridiction de jugement (article L.3425-2 nouveau). Dès lors, il n'est plus expressément prévu que le non-respect de la décision relative à l'injonction thérapeutique prise par le juge d'instruction, le juge des enfants ou le juge des libertés et de la détention constitue une infraction pénale. La sanction pourrait prendre la forme alors d'un placement **en détention provisoire** dont la décision relève de la compétence du juge des libertés et de la détention.

364 – Le cadre de l'injonction de soins a été quelque peu inspiré par celui de l'injonction thérapeutique.

C – L'injonction de soins

365 – Prévue dans le Code pénal et le Code de procédure pénale, l'injonction de soins voit sa mise en œuvre réglementée par le Code de la santé publique et elle est déjà singulière pour cette raison. Il est difficile de la ranger au sein d'une catégorie connue de mesures en matière pénale et l'on peut s'interroger sur sa nature juridique. Elle n'est pas une peine, elle n'est pas qualifiée comme telle par le législateur d'ailleurs; elle n'est pas prononcée seule ou de manière autonome et surtout n'a pas vocation à réprimer un comportement infractionnel. Il n'est pas certain qu'elle puisse être qualifiée de mesure de sûreté bien qu'elle ait pour fonction d'empêcher le renouvellement de l'infraction, fonction traditionnellement attachée à la mesure de sûreté. En réalité, il s'agit sans doute d'une mesure *sui generis* tout à la fois « mesure pénale » car décidée de manière autoritaire à la suite d'une infraction pénale (c'est ce qu'évoque le terme « injonction ») et « mesure de soins » car ayant pour objet l'administration de soins. Ceci en fait un point commun avec les deux autres mesures précédemment présentées.

L'injonction de soins est donc une autre forme de soins judiciairement imposée créée en 1998 et accompagnant initialement et exclusivement la peine de suivi socio-judiciaire. Son champ d'application s'est depuis considérablement étendu[1202].

366 – **Prononcé de l'injonction de soins** – L'injonction de soins est prononcée soit par une juridiction de jugement, soit par une juridiction de l'application des peines. Elle accompagne par principe les peines de suivi socio-judiciaire et de contrainte pénale ainsi que certaines mesures de sûreté ou aménagements de peines, dès lors que la personne a été

[1202] Cf. *supra*. n° 334.

condamnée pour une infraction pour laquelle un suivi socio-judiciaire est encouru. Comme les autres soins pénalement décidés, la décision relative au prononcé de cette mesure n'est pas soumise au consentement de la personne condamnée. L'originalité du cadre légal de l'injonction de soins tient par ailleurs dans l'exigence d'une expertise médicale pour son prononcé[1203], qui n'est pas requise pour celui de l'obligation de soins et de l'injonction thérapeutique. Cette expertise est volontiers présentée comme la pierre angulaire de la procédure. La Cour de cassation a rappelé à plusieurs reprises et jusqu'à récemment cette condition cardinale et constante[1204]. L'expertise a l'avantage de poser un « diagnostic » et d'orienter la décision du juge mais elle représente également un coût, ce qui peut expliquer en partie que les juridictions fassent très souvent le choix de décider à la place d'une obligation de soins.

367 – Déroulement de l'injonction de soins – Lorsque l'auteur de l'infraction a été condamné à une peine privative de liberté et à un suivi socio-judiciaire assorti d'une injonction de soins, l'injonction de soins ne sera mise en œuvre qu'après l'exécution de la peine de réclusion criminelle ou d'emprisonnement. Seule une incitation aux soins est prévue en détention. Le suivi de soins empêche la perte des crédits de réduction de peine et détermine l'octroi de réductions de peine supplémentaires et d'autres aménagements de peine. Afin d'assurer la continuité des soins et sans qu'ils puissent se voir opposer la violation du secret professionnel, les praticiens chargés de dispenser des soins en milieu pénitentiaire communiquent les informations médicales qu'ils détiennent sur le condamné au « médecin coordonnateur » afin qu'il les transmette au médecin traitant[1205]. Dans ce cas, les informations sont transmises sous pli : en effet, le médecin coordonnateur ne bénéficie pas d'un secret partagé. Dans la même perspective d'assurer la continuité des soins qui est gage d'une limitation du risque de récidive, la loi prévoit que la désignation du médecin coordonnateur intervient avant la libération de la personne, mais dans les faits, cela est rarement le cas.

L'injonction de soins, comme les autres soins pénalement ordonnés, est mise en œuvre en milieu ouvert.

Mais ses modalités de mise en œuvre sont de loin ce qu'il y a de plus topique. Son déroulement s'inscrit dans une relation triangulaire originale, inédite, qui n'est pas connue de l'obligation de soins. L'injonction de

[1203] Cf. *supra*. n° 335.

[1204] Cass. crim., 29 mai 2013, n° 11-87.772 ; Cass. crim., 16 mars 2005, *Bull. crim.*, n° 95.

[1205] Art. L.3711-2 CSP.

soins fait intervenir un médecin coordonnateur, un praticien traitant et le juge de l'application des peines entre lesquels s'établissent des relations qui s'articulent autour d'une personne, à la fois « condamné/patient ».

Le **médecin coordonnateur** apparaît comme l'interface, le filtre dans la mise en œuvre de l'injonction de soins, essentiellement pour que soit préservé le secret médical. Il est celui par lequel transitent les informations judiciaires et médicales. Désigné par le juge de l'application des peines, il est un psychiatre ou un médecin ayant suivi une formation et inscrit sur une liste. Ses missions sont fixées par l'article L.3711-1 CSP : il invite le condamné au choix d'un praticien traitant[1206], conseille le praticien traitant à sa demande, fait le lien entre le médecin intervenu en milieu carcéral et le praticien traitant. Il transmet au juge de l'application des peines ou au conseiller pénitentiaire d'insertion et de probation les éléments nécessaires au contrôle de la mesure, informe le condamné des possibilités de poursuites du traitement au-delà de l'injonction de soins et collabore à l'évaluation du dispositif et à des cycles de formation. Il convient de noter qu'il n'intervient pas comme soignant , raison pour laquelle notamment il ne bénéficie pas d'un secret partagé avec le praticien traitant. Il convoque la personne condamnée pour une explication de la mesure, l'invite au choix d'un praticien traitant, établit le bilan du suivi. Il intervient en quelque sorte comme un auxiliaire de justice. Le nombre de médecins coordonnateurs reste encore insuffisant compte tenu des besoins. En 2010, trente-deux tribunaux de grande instance et seize départements ne comptaient aucun médecin coordonnateur. En septembre 2011, 237 médecins coordonnateurs étaient en exercice et suivaient 1 750 injonctions de soins sur les 5 398 décidées. Ces carences conduisent très souvent les juridictions pénales à décider plutôt d'une obligation de soins. La loi n° 2012-409 du 27 mars 2012 de programmation relative à l'exécution des peines[1207] a revalorisé l'indemnisation forfaitaire allouée au médecin coordonnateur[1208].

Le **praticien traitant**, qui est médecin ou qui peut être psychologue depuis 2005[1209], est librement choisi par le condamné/patient. Son consentement à la prise en charge est recueilli par le médecin coordonnateur ou le juge de l'application des peines[1210]. Il met en œuvre les soins et peut à ce titre prescrire tout traitement y compris des médicaments inhibiteurs de libido,

PARTIE 2

1206 Art. R. 3711-12 CSP.

1207 *JO* du 28 mars 2012, p. 5592 et s.

1208 Elle est désormais de 900 € brut par personne suivie et par année civile.

1209 Art. L.3711-4-1 CSP.

1210 Art. R. 3711-13 CSP.

dans le respect des règles déontologiques[1211], transmet les informations sur le déroulement de l'injonction de soins au médecin coordonnateur, délivre des attestations de suivi au patient et peut proposer au juge de l'application des peines d'ordonner une expertise.

Le **juge de l'application des peines** constitue l'organe central judiciaire du déroulement de l'injonction de soins et exerce une mission essentielle de contrôle en étroite collaboration avec le service pénitentiaire d'insertion et de probation. Il se doit de respecter le secret médical et ne peut ainsi s'immiscer dans le soin, le choix du traitement[1212]. Il possède une mission d'information à l'égard de la personne condamnée puisqu'il lui explique le principe de l'injonction de soins et les sanctions encourues en cas de non-soumission aux soins. Il peut décider de mesures d'investigations comme la désignation d'un expert en cours de déroulement de la mesure d'office ou à la demande du médecin coordonnateur ou du praticien traitant. Le juge de l'application des peines transmet au praticien traitant, par l'intermédiaire du médecin coordonnateur, la décision judiciaire sur l'injonction de soins, les autres décisions judiciaires et expertises et toute autre pièce qu'il juge utile. Quant aux attestations de suivi, elles sont remises par le praticien traitant au condamné qui les transmet à son tour au juge de l'application des peines[1213]. Le médecin coordonnateur convoque la personne périodiquement et au moins une fois par trimestre pour réaliser un bilan. Un rapport est transmis annuellement au juge de l'application des peines aux fins de contrôle du déroulement de la mesure : il comporte des éléments d'appréciation en termes de besoin de soins et des propositions sur les modalités de poursuites de l'injonction de soins[1214].

En cas d'incident dans le déroulement de la mesure, le praticien traitant est habilité à en informer directement le juge de l'application des peines sans qu'une violation du secret professionnel puisse lui être reprochée et il en avise immédiatement le médecin coordonnateur. Lorsque l'interruption est le fait de la personne condamnée, le praticien traitant le signale sans délai au médecin coordonnateur qui en informe immédiatement le juge de l'application des peines. En cas d'indisponibilité du médecin coordonnateur, le médecin traitant peut informer directement le juge : c'est la seule hypothèse d'échange direct mais il ne s'agit que d'une faculté. Il peut être parfois difficile pour le praticien de savoir s'il y a ou non interruption : la seule absence à un rendez-vous est-elle suffisante pour conclure à une

[1211] Art. R. 3711-18 CSP.

[1212] *Ibid.*

[1213] Art. L.3711-2 CSP.

[1214] Art. R. 3711-21 CSP.

interruption ? De manière générale, le praticien est habilité à informer le médecin coordonnateur de tout type de difficultés rencontrées dans le déroulement de la mesure[1215].

368 – Fin de l'injonction de soins et conséquences – L'interruption de l'injonction de soins peut être décidée par la personne condamnée, le praticien traitant ou le juge. Lorsqu'elle est le résultat d'un refus de la personne condamnée de se soumettre aux soins ou de continuer à suivre la mesure, le condamné s'expose à des sanctions dont la nature varie en fonction du cadre dans lequel l'injonction de soins s'insère. Si l'injonction de soins a pour support une peine (suivi socio-judiciaire ou contrainte pénale), le condamné/patient s'expose à une peine d'emprisonnement dont le quantum peut aller jusqu'à sept ans. Il peut aussi faire l'objet d'une réincarcération si l'injonction a été décidée dans le cadre d'une mesure de sûreté ou d'un aménagement de peine. Si l'interruption de la mesure intervient sur décision du praticien traitant, celui-ci doit aviser la personne condamnée par lettre recommandée avec avis de réception, ainsi que le médecin coordonnateur et le juge. Enfin, l'interruption peut survenir sur décision judiciaire. Il peut en être ainsi quand la personne demande le relèvement du suivi socio-judiciaire qui, s'il est accepté, entraînera *ipso facto* la fin de l'injonction de soins. Le juge de l'application des peines qui reçoit cette demande doit la transmettre, accompagnée de son avis, au tribunal correctionnel ou à la chambre de l'instruction de la cour d'appel[1216] qui décidera ou non du relèvement. Cette fin anticipée peut être décidée par le juge de l'application des peines dans le cadre d'une procédure de relèvement simplifiée sous réserve que le reclassement soit acquis et que le traitement ne soit plus nécessaire[1217]. Pareille décision est prise après avoir recueilli les avis du procureur de la République et du médecin coordonnateur et après l'audition de la personne condamnée.

369 – Outre pour ces trois types de soins pouvant être ordonnés par l'autorité judiciaire dans un cadre pénal et mis en œuvre en milieu ouvert[1218], les professionnels de santé peuvent encore être sollicités de manière plus classique pour dispenser des soins à l'égard de personnes incarcérées.

PARTIE 2

[1215] Art. L.3711-3 CSP.

[1216] Art. 763-6 CPP.

[1217] Art. 763-6 dernier alinéa CPP.

[1218] Cf. Annexe n° 8 sur le tableau comparatif de ces mesures de soins pénalement décidés.

§ 2 – Les soins prodigués en milieu fermé

370 – Depuis la loi n° 84-43 du 18 janvier 1994 relative à la santé publique et à la protection sociale[1219], la prise en charge sanitaire et l'organisation des soins en milieu pénitentiaire relèvent du ministère de la Santé, ce que rappelle d'ailleurs le premier alinéa de l'article 46 de la loi pénitentiaire n° 2009-1436 du 24 novembre 2009[1220]. Ont ainsi été créées les UCSA (Unités de consultations et de soins ambulatoires) et en mai 2010 a été inaugurée la première UHSA (Unité hospitalière spécialement aménagée)[1221], facilitant l'accès aux soins des détenus. Un décret du 8 décembre 1998 a créé dans le Code de procédure pénale un nouveau chapitre intitulé « De l'hygiène et de l'organisation sanitaire »[1222]. Le Code de la santé publique consacre plusieurs dispositions aux modalités de prise en charge sanitaire et médicale des personnes détenues. Enfin, la loi pénitentiaire comporte un article 46 relatif aux personnes détenues malades. Pour l'application de ce texte, le décret n° 2010-1635 du 23 décembre 2010[1223] a notamment rebaptisé un chapitre de la partie réglementaire du Code de procédure pénale pour l'intituler « De la santé des personnes détenues ».

Les nombreuses dispositions légales ou réglementaires n'empêchent pas les difficultés de la pratique des soins en établissement pénitentiaires[1224] et celles liées au caractère incompatible de certaines situations avec le maintien en détention. Comme pour d'autres pays, la Cour européenne des droits de l'Homme veille à ce que la législation française en ce domaine et son application permettent la préservation de la dignité de la personne[1225].

Les dispositions issues tant du Code de procédure pénale que du Code de la santé publique déterminent l'organisation des soins en établissement pénitentiaire (**A**) et la dispense des soins en cours d'incarcération (**B**).

1219 *JO* du 2 février 1994, p. 1807 et s.

1220 *JO* du 25 novembre 2009, p. 20192 et s. ; Cl. Bergoignon-Esper, « La santé en prison : quelle législation ? », *RDSS*, 2009, p. 497 et s.

1221 Cf. *infra*. n° 387.

1222 Décret n° 98-1099 du 8 décembre 1998 modifiant le code de procédure pénale et relatif à l'organisation et au fonctionnement des établissements pénitentiaires, *JO* du 9 décembre 1998, p. 18498 et s.

1223 *JO* du 28 décembre 2010, p. 22796 et s.

1224 À ce sujet, cf. notamment P. Girolami, « La médecine en milieu carcéral et la construction de l'homme nouveau – Enjeux éthiques et juridiques », *RGDM*, 2011, p. 113 et s.

1225 À ce sujet, cf. notamment P. Hennion-Jacquet, « Soigner et punir : l'improbable conciliation entre santé et prison », *RDSS*, 2007, p. 259 et s.

A – L'organisation des soins en établissement pénitentiaire

371 – Si l'Administration pénitentiaire assure la possibilité de dispense des soins en milieu carcéral (**2**), les personnels de santé se voient reconnaître des missions spécifiques (**3**) dans un cadre légalement et réglementairement déterminé (**1**).

1) Le cadre de l'organisation des soins en établissement pénitentiaire

372 – Comme l'indique l'article 46 de la loi pénitentiaire de 2009, « la prise en charge de la santé des personnes détenues est assurée par le service public hospitalier dans les conditions prévues par le Code de la santé publique ». À cette fin, un protocole est signé de manière bipartite, d'une part, par le directeur général de l'agence régionale de santé et le directeur de l'établissement de santé et, d'autre part, par le directeur interrégional des services pénitentiaires et le chef de l'établissement pénitentiaire[1226]. Ce protocole définit notamment, en respectant la réglementation en vigueur dans l'établissement pénitentiaire, l'organisation des services médicaux, l'aménagement des locaux, les modalités matérielles et financières de dispense des soins[1227]. Un protocole complémentaire peut également être signé[1228].

Les établissements pénitentiaires accueillent deux types de structures sanitaires et médicales afin que soient dispensés des soins somatiques et des soins psychiatriques[1229]. Il s'agit respectivement de l'unité de consultations et de soins ambulatoires (UCSA) et du service médico-psychologique régional (SMPR)[1230]. Ces services sont par principe rattachés à un établissement de santé public situé à proximité de l'établissement pénitentiaire et désigné par le directeur général de l'agence régionale[1231]. Cet établissement de santé inscrit dans son projet d'établissement les modalités de ses interventions en milieu carcéral[1232].

L'UCSA constitue le cadre dans lequel intervient en milieu carcéral une équipe hospitalière placée sous l'autorité d'un praticien hospitalier et

---

1226 Art. 46 al.3e, art. R. 6112-16 CSP et art. D.369 CPP.

1227 Pour la liste détaillée, cf. art. R. 6112-23 CSP.

1228 art. R. 6112-24 CSP.

1229 Notons que tous les établissements pénitentiaires ne sont pas dotés de telles structures ; dès lors, ce sont les établissements de santé publics qui interviennent ponctuellement en milieu carcéral sur la base d'un protocole.

1230 Art. D.368 CPP.

1231 Art. R. 6112-14 et R. 6112-15 CSP.

1232 Art. R. 6112-18 CSP.

chargée d'assurer des missions de diagnostic et de soins et la coordination des actions de prévention et d'éducation pour la santé[1233].

Chaque secteur de psychiatrie[1234] présent en établissement pénitentiaire peut comprendre un SMPR aménagé. Il est placé sous l'autorité d'un psychiatre, praticien hospitalier, assisté d'une équipe pluridisciplinaire. En l'absence de SMPR, les secteurs de psychiatrie en milieu pénitentiaire sont rattachés à un établissement public ou privé de santé[1235].

Ces deux services fonctionnent de manière coordonnée en application d'un protocole[1236].

L'établissement de santé public désigné pour dispenser des soins en établissement pénitentiaire effectue ou fait effectuer des examens (radiologies, examens biologiques...). Il lui incombe par ailleurs de recueillir les données épidémiologiques collectées lors de la visite médicale d'entrée en établissement pénitentiaire, de pourvoir à l'équipement médical ou non médical des locaux, d'assurer la fourniture et le transport des produits et médicaments ainsi que l'élimination des déchets[1237].

Les secteurs de psychiatrie assurent en établissement pénitentiaire les missions qui leur sont traditionnellement confiées, notamment la lutte contre les maladies mentales, la prévention, le diagnostic, les soins, la réadaptation et réinsertion sociale. Les personnes condamnées nécessitant des soins exécutent par priorité leur peine dans des établissements permettant d'assurer un suivi médical et psychologique adapté, dans la mesure du possible en fonction des places disponibles. Il en est ainsi notamment des personnes condamnées à un suivi socio-judiciaire comprenant une injonction ou une obligation de soins[1238]. Il en est encore ainsi des personnes condamnées avec la circonstance qu'elles étaient atteintes au moment des faits de troubles ayant altéré leur discernement[1239].

De manière générale, un transfèrement dans un autre établissement mieux doté peut être sollicité pour assurer une prise en charge sanitaire et médicale mieux adaptée. La décision revient au chef de l'établissement péniten-

PARTIE 2

1233 Art. D.368 CPP.

1234 Art. R. 3221-1 CSP sur la sectorisation de la psychiatrie.

1235 Art. D.372 CPP.

1236 Art. D.372 CPP et R. 3221-5 CSP.

1237 Art. R. 6112-19 CSP.

1238 Art. R. 57-8-3 CPP.

1239 Art. 122-1 al.2d CPP *in fine* dans sa version issue de la loi du 15 août 2014.

tiaire, avec l'accord du magistrat instructeur si le détenu est simplement prévenu[1240].

2) Le rôle de l'Administration pénitentiaire dans la dispense des soins en établissement pénitentiaire

373 – L'Administration pénitentiaire est tenue de faire en sorte que la dispense de soins en établissement pénitentiaire puisse être assurée. À cette fin, elle met à disposition des locaux permettant l'accueil des services médicaux[1241]. Les cellules situées à proximité peuvent être réservées momentanément à l'hébergement de détenus malades. L'affectation des détenus dans ces cellules est décidée par le chef d'établissement sur proposition du praticien responsable de l'UCSA[1242].

De manière générale, l'Administration pénitentiaire « favorise la coordination des différents intervenants agissant pour la prévention et l'éducation sanitaires ». Elle « assure un hébergement, un accès à l'hygiène, une alimentation et une cohabitation propices à la prévention des affections physiologiques ou psychologiques » et, enfin, l'article 46 de la loi de 2009 précise que « l'état psychologique des personnes détenues est pris en compte lors de leur incarcération et pendant leur détention ».

Aux termes de l'article D. 373 CPP et de l'article R. 6112-21 CSP, l'Administration pénitentiaire se doit d'assurer la sécurité des personnes concourant aux missions de santé dans l'enceinte de l'établissement pénitentiaire. Pour cela, il est prévu que le chef d'établissement affecte dans les structures médicales (UCSA et SMPR) des personnels de surveillance après avis des responsables desdites structures. Il est fait en sorte que le secret médical soit préservé.

3) L'intervention des professionnels de santé en établissement pénitentiaire

374 – Des équipes de soins interviennent au sein des établissements pénitentiaires dans le cadre des structures médicales précitées. Pour cela, les professionnels de santé qui les composent font l'objet d'habilitation. Ils se voient confier différentes missions pour la prise en charge des personnes détenues.

[1240] Art. D.360 CPP.

[1241] Art. D.370 et D.372 CPP.

[1242] Art. D.370 CPP.

375 – Habilitation des personnels de santé – Les praticiens hospitaliers qui interviennent en établissement pénitentiaire sont préalablement habilités et la compétence de cette habilitation revient soit au ministre de la Justice, soit au directeur interrégional des services pénitentiaires compétent en considération de l'implantation territoriale de l'établissement, selon que ces personnels de santé exercent à temps plein ou à temps partiel dans les structures[1243]. Cette habilitation est donnée après avis du préfet[1244]. Les modalités d'exercice et le contenu du règlement intérieur de l'établissement sont portés à la connaissance des professionnels de santé[1245] et tout manquement peut entraîner une suspension et un retrait de l'habilitation[1246]. Des autorisations d'accès ponctuel à des personnels de santé non habilités peuvent être délivrées par le chef d'établissement pour que soient menées des actions de prévention et d'éducation pour la santé ou pour la prise en charge globale des personnes présentant une dépendance[1247].

376 – Attributions des personnels de santé – En fonction de leur formation respective, les missions confiées aux personnels de santé intervenant dans les établissements pénitentiaires sont multiples.

Le **praticien responsable de l'UCSA** organise le suivi médical des détenus et coordonne les actions de prévention et d'éducation pour la santé menées à leur endroit[1248]. Il veille à l'observation des règles d'hygiène collective et individuelle dans l'établissement. Il est habilité à visiter les locaux, constater les insuffisances en ce domaine et donner un avis sur les moyens permettant d'y remédier[1249].

Les **médecins** intervenant dans les UCSA et dans les SMPR assurent des consultations médicales auprès des détenus. Ils interviennent sur demande de ces derniers mais également à la demande du personnel pénitentiaire ou de « toute autre personne agissant dans l'intérêt de la personne détenue »[1250]. Ils sont par ailleurs chargés de réaliser en application de l'article R. 57-8-1 CPP, un examen médical systématique pour les personnes détenues venant de l'état de liberté, des visites aux personnes détenues placées au quartier disciplinaire, confinées ou placées à l'isole-

PARTIE 2

[1243] Art. D.386 CPP.

[1244] Art. D.386-1 CPP.

[1245] Art. D.387 CPP.

[1246] Art. D.388 CPP.

[1247] Art. D.390 et D.390-1 CPP.

[1248] Art. D.379 CPP.

[1249] Art. D.380 CPP.

[1250] Art. R. 57-8-1 CPP.

ment[1251], un examen des personnes détenues sollicitant des attestations relatives à une inaptitude au travail pour raison médicale ou à la pratique d'une activité sportive, ou sollicitant pour raison médicale un changement d'affectation ou une modification ou un aménagement quelconque de leur régime de détention. En outre, ils fournissent aux personnes détenues des certificats, attestations ou documents utiles. Ainsi, le détenu peut demander la délivrance de certificats ou attestations relatifs à son état de santé, ou des documents lui permettant de bénéficier d'avantages reconnus par la sécurité sociale. Afin que soit préservé le secret médical, les certificats et attestations concernant la santé du détenu ne peuvent être délivrés à sa famille ou à son conseil qu'avec son accord exprès. De même, les attestations écrites délivrées aux autorités pénitentiaires ne contiennent que des renseignements strictement nécessaires à l'orientation du détenu et à la modification de son régime de détention en raison de son état de santé[1252]. Enfin, les médecins se tiennent informés de l'évolution de l'état de santé des détenus hospitalisés[1253].

Le **personnel infirmier** administre des soins dans le champ de sa compétence et des médicaments sur prescription médicale en application de l'article D. 383 CPP.

377 – L'organisation des soins en établissement pénitentiaire, telle que déterminée conjointement par le Code de procédure pénale et le Code de la santé publique, permet d'assurer une dispense de soins aux personnes détenues.

B – La dispense de soins au cours de l'incarcération

378 – La dispense de soins au cours de l'incarcération se fait en général au sein même de l'établissement pénitentiaire selon les modalités et dans le cadre présentés ci-dessus. Cependant, de manière exceptionnelle, des soins peuvent être dispensés au sein d'établissements de santé si l'état de santé du détenu justifie une extraction temporaire. La personne n'en demeure pas moins soumise au statut de détenu.

379 – En tant que malades, les détenus bénéficient des mêmes droits que tout autre patient dont l'exercice tient compte des impératifs de sécurité et de la situation de contrainte liée à la détention (**1**). Les modalités de dispense des soins varient en considération du degré de consentement à ceux-ci (**2**).

[1251] Cf. *supra*. n° 348.

[1252] Art. D.382 CPP.

[1253] Art. D.399 CPP ; à propos de l'hospitalisation des personnes détenues, cf. *infra*. n° 386.

1) L'exercice des droits reconnus aux personnes malades dans le cadre de l'incarcération

380 – Comme n'importe quel autre patient, la personne détenue doit bénéficier des droits énoncés par le Code de la santé publique au sein d'un titre intitulé « Droits des personnes malades et des usagers du système de santé ». Mais parce que le patient a une qualité particulière, il y a parfois des distorsions entre les textes et la pratique[1254]. Le respect des droits des patients est assuré par celui des règles déontologiques dont l'application est rendue délicate au sein des établissements pénitentiaires[1255], malgré les politiques européennes incitatives développées en vue de leur effectivité[1256].

381 – Droit à l'égalité, la qualité et la continuité des soins – Ainsi, alors que l'article L.1110-3 CSP dispose dans son alinéa 1er qu'« aucune personne ne peut faire l'objet de discriminations dans l'accès à la prévention ou aux soins », l'article 46 de la loi de 2009 prévoit que « la qualité et la continuité des soins sont garanties aux personnes détenues dans des conditions équivalentes à celles dont bénéficie l'ensemble de la population ». Outre le rappel au droit à l'égalité dans l'accès aux soins, ce même texte rappelle que les détenus bénéficient d'un droit à la continuité des soins. Ainsi en cas de transfert du détenu dans un autre établissement, les médecins intervenant dans l'établissement pénitentiaire initial « veillent à ce que la transmission, au personnel médical du nouvel établissement, des éléments utiles à la continuité des soins des personnes détenues soit assurée »[1257].

382 – Droit du malade au respect de sa dignité – En outre, les personnes détenues malades bénéficient du droit au respect de leur dignité comme toute personne malade aux termes de l'article L.1110-2 CSP[1258]. Le respect de la volonté du patient assure celui de ce principe cardinal et, par exemple, le Code de procédure pénale en son article D. 363 prohibe par principe les recherches biomédicales sur les détenus.

383 – Droit au respect du secret médical – L'article L.1110-4 CSP consacre le droit du patient au respect des informations le concernant, sauf déro-

PARTIE 2

1254 E. Durand, P. Billaud, O. Obrecht, « L'accès aux soins en milieu carcéral ? Un hiatus entre les textes et la pratique », *Médecine et Droit*, 1999, n° 35, p. 22 et.

1255 CNOM, « Aspects déontologiques de la médecine en milieu pénitentiaire », juillet 2001, 9 P.

1256 Recommandation n°R (98)7 du Comité des Ministres aux États membres relative aux aspects éthiques et organisationnels des soins de santé en milieu pénitentiaire.

1257 Art. R. 57-8-2 CPP.

1258 A. Ponseille, « Le droit de la personne malade au respect de sa dignité », *RGDM*, 2003, fasc. n° 11, p. 159 et s.

gations prévues par la loi. Ce droit bénéficie au « détenu/patient ». La loi pénitentiaire de 2009 a affirmé avec force en son article 45, premier article de la Section 7 intitulée « De la santé », que « l'administration pénitentiaire respecte le droit au secret médical des personnes détenues ainsi que le secret de la consultation dans le respect des troisième et quatrième alinéas de l'article L.6141-5 du Code de la santé publique ». L'article 13 du décret n° 2013-368 du 30 avril 2013 relatif aux règlements intérieurs types des établissements pénitentiaires[1259] le rappelle par renvoi à la loi pénitentiaire. Malgré cette affirmation, force est de constater que « le secret médical absolu n'existe pas en détention »[1260]. Pour la mise en œuvre de ce droit, la recherche d'un équilibre entre l'exercice de ce droit et les impératifs de sécurité s'impose. Ainsi, le Code de procédure pénale précise par exemple que, lors des hospitalisations et des consultations en établissement de santé, les mesures de sécurité doivent être prises dans le respect de la confidentialité des soins[1261]. Puisque les professionnels de santé interviennent dans un lieu autre qu'un établissement de santé, placé sous l'autorité de l'Administration pénitentiaire, il est impératif que soient régis les échanges entre ces professionnels de santé et les personnels de cette Administration ou d'autres personnes intervenant dans ce lieu. À cette fin et pour préserver le secret médical, l'article 48 de la loi pénitentiaire indique clairement que « ne peuvent être demandés aux médecins et aux personnels soignants intervenant en milieu carcéral ni un acte dénué de lien avec les soins ou avec la préservation de la santé des personnes détenues, ni une expertise médicale ». Ceci signifie-t-il qu'aucune communication ne doit être établie entre ces deux catégories de personnels ? La réponse est négative. D'une part, l'article L.6141-5 CSP prévoit que les personnels soignants intervenant en établissement pénitentiaire ou dans un établissement de santé accueillant des détenus sont tenus de signaler dans les plus brefs délais, dans le respect du secret professionnel, au directeur de l'établissement les informations utiles à la mise en œuvre de mesures de protection dès lors qu'ils ont connaissance d'un risque sérieux pour la sécurité des personnes au sein de ces établissements. D'autre part, pour chaque personne incarcérée, il est établi un parcours d'exécution de la peine, élaboré après avis de la commission pluridisciplinaire unique (CPU) près de l'établissement de détention. Comme son nom le laisse penser, cette commission est composée de personnels pénitentiaires, d'éducation et de formation et de personnels soignants[1262]. Chaque mois, la CPU se réunit pour examiner les parcours

1259 *JO* du 3 mai 2013, p. 7609 et s.

1260 C. Manaouil, O. Sannier, « La médecine en milieu pénitentiaire », *RGDM*, 2008, n° 28, p. 169.

1261 Art. D.397 CPP.

1262 Art. D.90 CPP.

d'exécution de peine des détenus. Une pratique similaire concerne les mineurs détenus puisqu'une équipe pluridisciplinaire présidée par le chef de l'établissement pénitentiaire se réunit au moins une fois par semaine pour que soient assurés leur collaboration et le suivi individuel de chaque mineur détenu[1263]. Les réunions prévues au sein de ces dispositifs génèrent nécessairement un échange d'informations qui ne doit pas mettre à mal le secret médical. Une circulaire interministérielle du 21 juin 2012 est venue poser des recommandations nationales concernant la participation des professionnels de santé exerçant en milieu carcéral à ces deux dispositifs et au « partage d'informations opérationnelles »[1264]. Elle n'impose pas aux professionnels de santé une obligation de partage d'informations mais présente les hypothèses et les modalités de transmission d'informations concernant les détenus. La préparation en amont de telles réunions entre les soignants et les patients permet de déterminer la manière dont ces informations personnelles peuvent être communiquées[1265].

384 - Droit au libre choix de son médecin - Quant au droit pour le patient de choisir librement un médecin tel qu'affirmé à l'al.1er de l'article L.1110-8 CSP, l'incarcération limite son exercice: ainsi hormis les cas où les détenus se trouvent en dehors de l'établissement pénitentiaire pour cause de semi-liberté ou de permission de sortir autorisée, ils ne peuvent être examinés ou soignés par un médecin de leur choix sauf sur décision du directeur interrégional des services pénitentiaires territorialement compétent. Dans cette hypothèse, ils supportent les frais du fait de cette prise en charge[1266].

387 - Droit du patient au respect de sa volonté - Enfin, le consentement libre et éclairé aux soins est un principe fondamental dans l'administration de soins. L'article L.1111-4 CSP qui dispose notamment que « le médecin doit respecter la volonté de la personne après l'avoir informée des conséquences de ses choix » et qu'« aucun acte médical ni aucun traitement ne peut être pratiqué sans le consentement libre et éclairé de la personne », s'applique aux personnes détenues. Conformément à ce principe, la loi pénitentiaire est venue préciser qu'« il est proposé à la personne détenue, lors de son incarcération, un bilan de santé relatif à sa consommation de produits stupéfiants, d'alcool et de tabac »[1267]. De même, « une visite médicale est proposée à toute personne condamnée dans le mois précédant sa

---

1263 Art. D.154 CPP et s.

1264 Cf. Annexe n° 7.

1265 E. PÉCHILLON, obs. sur CE, 22 octobre 2014, req. n° 362681, *AJ pénal*, 2014, p. 595 et s.

1266 Art. D.365 CPP.

1267 Art. 51 de la Loi pénitentiaire.

libération »[1268]. Ce principe connaît quelques adaptations cependant qui ne sont pas toutes spécifiques à la situation pénale du patient mais qui influent inévitablement sur les modalités de dispense des soins au cours de l'incarcération.

2) Les modalités de dispense des soins en cours d'incarcération

386 – De manière plus générale, l'article D. 362 CPP indique qu'en dehors des cas où l'état de santé du détenu rend nécessaire une intervention à laquelle il n'est pas à même de consentir, celui-ci doit donner son consentement préalablement à tout acte médical et doit être informé par le médecin des conséquences d'un refus. Il en est de même du détenu qui se livre à une grève de la faim prolongée[1269]. Si le principe reste le consentement libre aux soins, il est des cas où le consentement est obtenu dans le cadre d'une incitation aux soins et il est enfin et parfois passé outre le consentement du « détenu/patient ».

387 – Soins librement consentis – Le « patient/détenu », parce qu'il est patient, bénéficie par principe du droit de refuser les soins. Sa volonté doit être respectée par le praticien après que celui-ci l'a informé des conséquences de ses choix comme le prévoit l'article L.1111-4 CSP. Ce cadre étant posé, le détenu suivi en établissement pénitentiaire par une équipe soignante dispose d'un dossier médical. Si certaines catégories de détenus doivent bénéficier d'une prise en charge adaptée à leur état de santé, l'ensemble des détenus sont pris en charge médicalement par principe *intra muros*, à moins qu'une hospitalisation à l'extérieur de l'établissement carcéral soit nécessaire en raison de leur état de santé.

Comme ceci est le cas pour tout autre patient, les personnes incarcérées possèdent un **dossier médical**. Il est conservé sous la responsabilité de l'établissement de santé ayant signé un protocole avec l'établissement pénitentiaire dans lequel les personnels de santé hospitaliers interviennent. Afin de préserver le secret médical, seul le personnel soignant peut avoir accès à son contenu. En cas de transfèrement dans un autre établissement carcéral ou d'extraction en vue d'une hospitalisation, les informations médicales du dossier sont transmises au médecin destinataire dans des conditions matérielles qui garantissent cette protection[1270]. La loi péniten-

[1268] Art. 53 de la Loi pénitentiaire.

[1269] Art. D.364 CPP.

[1270] Art. D.375 CPP.

tiaire de 2009 a prévu la création du dossier médical électronique unique et constitué pour chaque personne détenue[1271].

Certaines personnes détenues nécessitent un **suivi médical particulier au regard de leur situation pénale et/ou de leur état de santé**. Il en est ainsi des personnes condamnées, pour le meurtre ou l'assassinat d'un mineur de quinze ans précédé ou accompagné d'un viol, de tortures ou d'actes de barbarie ou pour infraction de nature sexuelle, à un suivi socio-judiciaire outre la peine privative de liberté[1272]. Le chef d'établissement signale ces personnes incarcérées au psychiatre intervenant au sein de l'établissement. Il met à sa disposition un résumé de la situation pénale ainsi que les expertises psychologiques ou psychiatriques conservées dans le dossier individuel de la personne détenue[1273]. Avant leur libération, ces détenus font l'objet d'un examen psychiatrique en vue de préparer une prise en charge post-pénale adaptée qui se fera notamment sous la forme d'une injonction de soins[1274].

L'article D. 400 CPP prévoit que les médecins intervenants dans les UCSA doivent faire en sorte que les détenues enceintes bénéficient d'un suivi médical adapté à leur état et que leur accouchement soit réalisé dans un service hospitalier approprié. L'article 52 de la loi pénitentiaire dispose que « tout accouchement ou examen gynécologique doit se dérouler sans entraves et hors la présence du personnel pénitentiaire, afin de garantir le droit au respect de la dignité des femmes détenues ».

Enfin, les personnes détenues en situation de handicap[1275] peuvent désigner un aidant parmi les codétenus[1276] pour permettre la réalisation de soins prescrits. La personne désignée doit y consentir et le chef d'établissement peut s'y opposer pour des motifs de sécurité ou de maintien de l'ordre[1277].

L'administration de soins librement consentis se fait par principe en établissement pénitentiaire mais peut aussi avoir lieu hors établissement pénitentiaire. Qu'il s'agisse de soins somatiques ou psychiatriques,

---

1271 Art. 54 de la Loi pénitentiaire.

1272 Art. R. 57-8-3 CPP.

1273 Art. R. 57-8-4 CPP.

1274 Art. R. 57-8-5 CPP.

1275 Elles sont surreprésentées dans la population carcérale par rapport à la population générale : S. Grill, N. Telmont, « Handicap et prison », *DDS*, 2006, p. 178 et s.

1276 La CEDH considère que l'existence d'une telle mesure ne saurait faire disparaître la violation de l'article 3 Conv EDH : Cf. CEDH, 19 février 2015, Helhal c/France, req. n° 10401/12, §62.

1277 Art. R. 57-8-6 CPP.

ils peuvent être dispensés dans les structures médicales de l'établissement pénitentiaire.

Si les médecins intervenant dans les structures médicales de l'établissement pénitentiaire considèrent que l'état de santé d'un détenu est incompatible avec un maintien en détention ou avec le régime de détention appliqué, ils en avisent par écrit le chef d'établissement pénitentiaire qui peut en informer l'autorité judiciaire compétente, juge d'instruction ou juge de l'application des peines selon que le détenu est prévenu ou condamné[1278]. Ce signalement peut conduire à un changement de régime pénitentiaire, servir d'élément pour décider d'un aménagement de peine ou de base pour une hospitalisation.

Cependant, certains soins somatiques supposent une hospitalisation. Ses modalités sont prévues aux articles D.391 et s. du Code de procédure pénale. L'hospitalisation est assurée par l'établissement de santé signataire du protocole en principe, si l'hospitalisation présente un caractère d'urgence ou de très courte durée ou dans un établissement de santé figurant dans une liste prévue par voie réglementaire[1279]. Les détenus ne peuvent être hospitalisés dans un établissement privé, sauf décision en ce sens du directeur interrégional des services pénitentiaires territorialement compétent[1280]. L'autorisation d'hospitalisation est donnée par le ministre de la Justice si l'hospitalisation a lieu dans un établissement de santé à vocation nationale ou dans un établissement situé dans le ressort d'une autre direction interrégionale; dans les autres cas, elle est donnée par le directeur interrégional des services pénitentiaires. En cas d'hospitalisation d'un prévenu, l'autorisation d'un magistrat instructeur est nécessaire, sauf urgence, auquel cas il en est avisé immédiatement[1281]. Le chef de l'établissement pénitentiaire avise celui de l'établissement de santé afin que des dispositions soient prises pour que le patient/détenu soit accueilli dans des locaux adaptés permettant d'assurer la garde de celui-ci sans gêne pour l'exécution du service hospitalier ou pour les autres malades. Dans le même temps, il avise le préfet pour que puissent être prescrites l'escorte et la garde de la personne détenue par les services de police ou de gendarmerie[1282].

[1278] Art. D.382 al.4e CPP.

[1279] Art. R. 6112-26 CSP.

[1280] Art. D.391 CPP.

[1281] Art. D.393 CPP.

[1282] Art. D.394 CPP.

L'arrêté du 24 août 2000 a créé des Unités Hospitalières Sécurisées Interrégionales (UHSI) au sein de certains CHU compétents pour accueillir des détenus pour des séjours d'une durée supérieure à quarante-huit heures[1283]. Dans les autres cas, c'est l'hôpital à proximité de l'établissement pénitentiaire d'affectation du détenu qui est compétent. Les UHSI sont au nombre de huit. Le rapport annuel de 2014 de la Cour des comptes a souligné le faible usage des capacités d'hospitalisation somatiques et la sous-occupation des UHSI[1284].

Les mesures de sécurité sont mises en place lors de l'hospitalisation de manière à respecter la confidentialité des soins[1285]. L'utilisation des menottes et entraves doit être justifiée par des raisons de sécurité. L'article 803 CPP dispose que « nul ne peut être soumis au port des menottes ou des entraves que s'il est considéré soit comme dangereux pour autrui ou pour lui-même, soit comme susceptible de prendre la fuite ». La circulaire du 18 novembre 2004 relative à l'organisation des escortes pénitentiaires des détenus faisant l'objet d'une consultation médicale à l'extérieur d'un établissement pénitentiaire[1286], le Conseil d'État a jugé que la prévision par cette circulaire d'un maintien des menottes et la présence du personnel d'escorte lors des consultations pour les détenus les plus dangereux n'entachait pas la circulaire d'illégalité[1287]. Il a par ailleurs été jugé que l'utilisation de menottes et entraves lors d'actes médicaux subis par un détenu en présence du personnel d'escorte était contraire aux dispositions de l'article 3 Conv. EDH qui prohibe les traitements inhumains et dégradants, dès lors qu'il n'était pas démontré qu'elle était strictement nécessaire aux exigences de sécurité[1288].

Les personnes détenues ainsi hospitalisées ont accès aux équipements médicaux de l'établissement de santé pour les consultations et les examens médico-techniques[1289].

Aux termes de l'article L.3214-1 CSP, les détenus souffrant de troubles mentaux font l'objet de soins psychiatriques avec leur consentement. Si leur

PARTIE 2

1283 Arrêté du 24 août 2000 relatif à la création des unités hospitalières sécurisées interrégionales destinées à l'accueil des personnes incarcérées, *JO* du 31 août 2000, p. 13471 et s.

1284 Rapport annuel, 2014, « La santé des personnes détenues : des progrès encore indispensables », spéc. p. 259 et s.

1285 Art. D.397 CPP.

1286 JUSK0040155 C.

1287 CE, 15 octobre 2007, req. n° 281131 ; *DDS*, 2008, p. 48 et s., obs. M. Livet.

1288 CEDH, 26 mai 2011, Duval c/France, req. n° 19868/08 ; *Procédures*, 2011, comm. n° 230, N. Fricero ; *DDS*, 2012, p. 2 et s., obs. N. Ouchia.

1289 Art. D.396 CPP.

état requiert une hospitalisation, celle-ci se fait au sein d'une UHSA[1290]. Elle est décidée par le chef de l'établissement de santé de rattachement après avis du médecin de cette unité[1291]. Les modalités d'admission et de séjour des « patients/détenus » et les règles d'organisation et de fonctionnement de l'unité sont déterminées par voie de convention ainsi que par le Code de la santé publique. Le transport du patient/détenu vers l'UHSA et son retour en établissement carcéral incombent à l'Administration pénitentiaire dès lors que l'hospitalisation se fait avec le consentement de la personne concernée[1292]. Les modalités de mise en œuvre de l'extraction sont déterminées par le décret n° 2010-507 du 18 mai 2010[1293]. En ce qui concerne l'hospitalisation pour soins psychiatriques, la Cour des comptes a dénoncé une offre incomplète[1294].

388 – Incitation aux soins des personnes condamnées incarcérées – L'incitation aux soins ne signifie pas une dispense de soins sans le consentement du patient/détenu mais ce qui motive le consentement donné aux soins est la perspective d'un aménagement de peine, l'octroi d'autorisation de sortie ponctuelle ou d'une diminution de la durée de la peine à accomplir. En effet, nombre de mesures d'aménagement de peines sont déterminées dans leur octroi par l'adhésion aux soins dès lors qu'une obligation de soins ou une injonction de soins a été décidée lors de la condamnation ou en cours d'exécution de peine. Cette adhésion aux soins est perçue par l'autorité judiciaire comme la volonté d'insertion ou de réinsertion exprimée par l'intéressé.

Lorsqu'une personne a été condamnée à un suivi socio-judiciaire comprenant une injonction de soins, comme peine complémentaire d'une peine privative de liberté, elle est immédiatement informée par le juge de l'application des peines de la possibilité qu'elle a d'entreprendre un traitement en détention. Si elle ne consent pas à suivre ce traitement, une information en ce sens est renouvelée au moins une fois par an[1295]. Plus généralement, le juge de l'application des peines peut proposer à toute personne condamnée pour avoir commis une infraction pour laquelle un suivi socio-judiciaire est encouru, de suivre un traitement pendant la durée de son incarcé-

[1290] V. Vioujas, « Les soins psychiatriques aux détenus : des modifications mineures pour une problématique de santé publique majeure », *RDSS*, 2011, p. 1071 et s.

[1291] Art. R. 3214-1 al.2e CSP.

[1292] Art. R. 3214-21 CSP.

[1293] *JO* du 19 mai 2010, p. 9220 et s. ; K. Al Shouli, « L'hospitalisation de personnes détenues atteintes de troubles mentaux », *DDS*, 2010, p. 267 et s.

[1294] Rapport annuel, 2014, *op. cit.*, p. 262 et s.

[1295] Art. 763-7 CPP.

ration, si un médecin estime qu'un tel traitement est envisageable. Le médecin qui le suivra en établissement pénitentiaire délivre au patient au moins une fois par trimestre des attestations indiquant si le patient suit ou non de façon régulière le traitement proposé. Ces attestations sont transmises ensuite au juge de l'application des peines[1296]. L'adhésion aux soins proposés au sein de l'établissement pénitentiaire sera prise en considération par le juge pour se prononcer sur l'éventuel retrait des crédits de réduction de peine ou, au contraire, l'octroi de réductions de peine supplémentaires[1297] ou lors de l'examen de la requête en aménagement de peine qui sera présentée ultérieurement par la personne condamnée. En effet, en ce qui concerne par exemple la libération conditionnelle, l'article 729 CPP indique expressément en son 5e alinéa que cette mesure ne peut être accordée si la personne « refuse pendant son incarcération de suivre le traitement qui lui est proposé par le juge de l'application des peines ». Cette disposition poursuit en indiquant que l'information selon laquelle les soins ne seraient pas régulièrement suivis entraîne les mêmes conséquences. Enfin, la libération conditionnelle ne peut être octroyée à celui qui a été condamné, outre une peine privative de liberté, à une peine de suivi socio-judiciaire pour l'exécution de laquelle le juge de l'application des peines a ajouté une injonction de soins et qui ne s'engagerait pas à suivre le traitement qui lui est proposé[1298]. Si l'on peut considérer qu'en pareilles circonstances le consentement du « détenu/patient » n'est pas réellement libre et éclairé, cette incitation aux soins prévue par le Code de procédure pénale permet une orientation, une démarche vers les soins qui est personnelle et qui permet une rencontre avec l'équipe soignante dans un cadre précis.

389 – Soumission aux soins – Par dérogation au principe de libre consentement aux soins mais qui n'est pas spécifique à la situation des personnes incarcérées, celles-ci peuvent faire l'objet de soins contraints et faire l'objet d'une hospitalisation sans consentement.

Dans l'hypothèse où les troubles mentaux d'une personne détenue rendent impossible son consentement, elle peut faire l'objet de soins psychiatriques en application de l'article L.3214-3 CSP. Cette prise en charge se fait, sur décision du préfet, au sein d'une UHSA[1299] ou, sur la base d'un certificat médical délivré par un autre médecin que le médecin de l'établissement

[1296] Art. 717-1 CPP.

[1297] Art. 721 et 721-1 CPP.

[1298] Art. 731-1 CPP.

[1299] Art. R. 3214-1 al.3e CSP.

pénitentiaire, au sein d'une UMD[1300]. La différence principale entre les deux structures tient dans le fait que l'UMD a vocation à accueillir des personnes détenues ou non détenues alors que l'UHSA n'est conçue que pour accueillir un public carcéral.

La personne soumise aux soins psychiatriques ne demeure pas moins titulaire de différents droits énumérés à l'article L.3211-3 CSP, dans la limite de ceux qu'il est possible d'exercer en considération de sa qualité de détenu. Elle doit être mise en mesure de bénéficier d'un régime de protection juridique[1301]. Il ne peut s'agir que d'une hospitalisation complète.

Le JLD contrôle la nécessité de la mesure d'hospitalisation complète et peut en ordonner la mainlevée selon les modalités prévues aux articles L.3211-12 et L.3211-12-1 CSP. Cette décision est notifiée au procureur de la République et la personne détenue est réincarcérée selon le régime de détention de droit commun ou confiée à l'UHSA[1302].

390 – Hospitalisation sans consentement en UHSA – Les conditions de garde au sein de l'UHSA sont déterminées par les articles R. 3214-5 et s. CSP. La surveillance des personnes détenues confiées à l'UHSA relève de la compétence de l'Administration pénitentiaire tout comme celle de l'enceinte et des locaux[1303] qui peuvent être placés sous vidéo-protection selon les modalités de l'article R. 3214-9 CSP. Les décisions de l'autorité judiciaire concernant les détenus sont applicables dans l'unité de soins (exemple, interdiction temporaire de communiquer[1304]). Un certain nombre d'obligations ou d'interdictions sont imposées aux personnels de l'établissement de santé (interdiction de se charger d'un service étranger à sa mission, interdiction de communiquer avec les membres de la famille sauf sur l'état de santé du détenu)[1305]. Ils sont tenus de signaler à l'Administration pénitentiaire toute absence irrégulière du patient[1306]. Quant aux personnels pénitentiaires, ils ne peuvent avoir accès aux locaux de soins et chambres des patients que pour procéder à des fouilles[1307]. Enfin, toute

[1300] Art. L.3214-1-II CSP.

[1301] Art. L.3211-6 CSP.

[1302] Art. L.3214-2 CSP.

[1303] Art. R. 3214-8 CSP.

[1304] Art. R. 3214-6 CSP.

[1305] Art. R. 3214-7 CSP.

[1306] Art. R. 3214-13 CSP.

[1307] Art. R. 3214-8 et R. 3214-12 CSP.

personne entrant dans le service doit justifier de son identité et se soumet aux mesures de contrôle définies par la convention précitée[1308].

En ce qui concerne le déroulement de l'hospitalisation, il se fait conformément aux articles R. 3214-16 et s. CSP. La personne détenue hospitalisée en UHSA continue à exécuter la peine ou la détention provisoire[1309]. À ce titre, sont notamment maintenus les liens avec l'extérieur : ainsi, le détenu/patient peut recevoir des visites sous la surveillance du personnel pénitentiaire. Lorsque l'avocat ou un visiteur de prison s'entretient avec le patient, la présence du personnel pénitentiaire est exclue. La prévision des heures et jours de visite est fixée par convention[1310]. Il peut également avoir accès au téléphone sous certaines conditions[1311] et échanger par courrier en application des règles mentionnées par le Code de procédure pénale[1312].

Le transport du détenu/patient vers l'UHSA incombe à l'établissement de santé de rattachement dès lors qu'elle se fait sans son consentement mais le retour est assuré par l'Administration pénitentiaire[1313]. En présence de risque d'évasion, le transport peut être renforcé par une escorte des forces de police ou de gendarmerie.

Au cours de l'hospitalisation en UHSA, il se peut qu'une consultation ou une hospitalisation pour raisons somatiques soit nécessaire. Dans cette hypothèse, le transport est assuré sur prescription médicale par un personnel hospitalier avec escorte pénitentiaire qui peut être renforcée par une escorte de la police ou de la gendarmerie[1314].

391 – Hospitalisation sans consentement en UMD – L'article R. 3221-6 CSP précise que les UMD ont une vocation interrégionale. Abrogé par la loi n° 2013-869 du 27 septembre 2013[1315], l'article L.3222-3 CSP donnait une définition de l'UMD. Il précisait que cette structure a vocation à accueillir des personnes faisant l'objet d'une hospitalisation complète à la demande d'un tiers ou sur décision du préfet ou de la mesure de sûreté équivalente à une hospitalisation d'office prévue à l'article 706-135 CPP[1316].

1308 Art. R. 3214-10 CSP.

1309 Art. R. 3214-16 CSP.

1310 Art. R. 3214-17 CSP.

1311 Art. R. 3214-19 CSP.

1312 Art. R. 3214-20 CSP.

1313 Art. R. 3214-21 al.2e et 3e CSP.

1314 Art. R. 3214-22 CSP.

1315 *JO* du 29 septembre 2013, p. 16230 et s.

1316 Il s'agit d'une disposition applicable à une personne ayant participé à une infraction pénale mais dont la responsabilité pénale n'a pu être retenue pour cause de trouble mental ayant aboli

Les UMD sont spécifiquement organisées pour que soient mis en œuvre des protocoles thérapeutiques intensifs et les mesures de sûreté précitées[1317].

Les modalités d'admission en UMD sont définies aux termes de l'article R. 3222-2 CSP. Elle est décidée par le préfet sur proposition du psychiatre participant à la prise en charge du détenu, au vu d'un certificat médical détaillant les motifs de la demande d'admission, avec l'accord du psychiatre responsable de l'unité. En cas de désaccord de ce dernier, le préfet peut saisir la Commission de suivi médical instituée par le décret n° 2011-847 du 18 juillet 2011[1318], qui statue à brefs délais. Les psychiatres de l'UMD peuvent se rendre en détention pour examiner la personne dont l'admission est demandée avec l'accord du préfet du lieu où se trouve situé l'établissement pénitentiaire. Le transfert de la personne détenue, en cas d'admission, est pris en charge par l'établissement qui est à l'origine de la demande d'admission.

La Commission de suivi médical est composée d'un médecin inspecteur de santé et de trois psychiatres hospitaliers n'exerçant pas dans l'UMD[1319]. Elle est présidée par l'un de ses membres. Elle peut être saisie par le préfet en cas de désaccord du psychiatre responsable de l'UMD pour l'admission d'un patient. Elle peut être également saisie par ce dernier dès lors qu'il estime que les conditions de placement en UMD ne sont plus remplies. Elle peut saisir le préfet pour ces mêmes raisons afin qu'il prononce par arrêté la sortie du patient de l'UMD. Cette sortie prendra la forme à l'égard d'un détenu d'un retour dans l'établissement d'origine, l'établissement pénitentiaire en l'occurrence. Ce retour est organisé à bref délai.

L'article R. 3222-7 CSP énumère les autres personnes pouvant saisir cette Commission. Elle joue un véritable rôle de contrôle des modalités de déroulement de l'hospitalisation en UMD puisqu'elle peut se saisir à tout moment de la situation d'un patient hospitalisé, situation qu'elle examine de toutes les manières au moins tous les six mois. Elle peut visiter également à tout moment l'UMD et le fait au moins une fois par semestre. Un compte rendu de cette visite est adressé notamment au préfet et au procureur de la République.

Saisi à plusieurs reprises par des patients et psychiatres, le CGLPL a constaté des dysfonctionnements de la procédure de sortie des UMD et

son discernement.

1317 Art. R. 3222-1 CSP.

1318 *JO* du 19 juillet 2011, p. 12375 et s.

1319 Art. R. 3222-6 CSP.

notamment le maintien dans ces unités de soins de personnes dont l'état de santé ne nécessitait plus une telle forme d'hospitalisation. Ces dysfonctionnements et leurs raisons ont été relatés par le CGLPL dans un avis du 17 février 2013 relatif aux séjours injustifiés en unités pour malades difficiles[1320].

Depuis la loi n° 2013-869 du 27 septembre 2013[1321], c'est le régime de droit commun des soins sans consentement sur décision du préfet qui s'applique[1322]. Le contrôle de l'hospitalisation est assuré par le juge des libertés et de la détention[1323].

392 – La dispense de soins aux personnes détenues en établissement pénitentiaire et hors établissement pénitentiaire est un sujet particulièrement sensible.

Malgré la prévision et l'amélioration par le législateur de l'organisation des soins en détention, leur mise en œuvre demeure problématique et insuffisamment effective car elle se heurte à des obstacles nombreux et de diverses natures, connus et dénoncés depuis plusieurs années[1324]. Les établissements pénitentiaires n'étant pas les lieux les mieux adaptés pour l'administration de certains soins, des alternatives sont prévues par les textes : l'extraction aux fins d'hospitalisation pour soins somatiques ou psychiatriques et les aménagements des mesures privatives de liberté consistant en une libération anticipée ou une suspension d'exécution de la mesure pour motif médical. La pratique montre cependant que ces solutions sont peu exploitées. Un examen attentif de la jurisprudence de la Cour européenne des droits de l'Homme l'atteste. Si la Juridiction Suprême rappelle régulièrement que le maintien en détention d'une personne malade ne constitue pas *ipso facto* une atteinte à la dignité de la personne humaine[1325], elle a condamné à plusieurs reprises la France pour avoir méconnu les dispositions de l'article 3 Conv. EDH jugeant qu'un tel maintien en détention était une épreuve d'une intensité qui dépassait le

---

1320 *JO* du 5 février 2013.

1321 *JO* du 29 septembre 2013, p. 16230 et s.

1322 Art. L.3213-1 et s. CSP.

1323 Art. L.3211-12 et s. et R. 3211-10 et s. CSP.

1324 CNCDH, *Accès aux soins des personnes détenues*, 30 janvier 2006 ; CCNE, *La santé et la médecine en prison*, 26 octobre 2006, avis n° 94 ; Cour des comptes, Rapport annuel de 2014, Chapitre IV-I, *La santé des personnes détenues : des progrès encore indispensables*, p. 252 et s.

1325 Cf. par exemple, CEDH, 14 décembre 2004, Gelfmann. c/France, req. n° 25875/03 : à propos d'un détenu atteint du Sida, ayant interrompu ou refusé son traitement à plusieurs reprises et dont ni la situaton de santé, ni la détresse alléguée n'atteignaient un niveau de gravité suffisant pour entraîner une violation de l'article 3 Conv. EDH.

niveau inévitable de souffrances inhérentes à une privation de liberté et constituait un traitement inhumain et dégradant pour les requérants. De telles condamnations se fondent sur l'inadaptation des soins dispensés ou l'inexistence de soins ayant aggravé l'état de santé du requérant au point de devenir incompatible avec le maintien en détention, dans des hypothèses où le détenu était atteint d'une lourde pathologie somatique[1326] ou psychiatrique[1327] et plus récemment souffrait d'un handicap[1328].

• •
•

393 – Cette deuxième partie avait vocation à évoquer la manière dont les professionnels de santé sont confrontés au droit pénal dans toute la diversité de cette confrontation. Leur activité peut être saisie par le droit pénal dès lors qu'elle s'apparente à l'une ou l'autre des infractions qui ont été présentées, encore que cette présentation ne soit pas exhaustive. Le contentieux en ce domaine est important et nécessite d'être soit connu pour le risque pénal auquel sont quotidiennement exposés les professionnels de santé, soit identifié et évité par la modification ou l'ajustement des pratiques professionnelles. Le droit pénal ne s'intéresse pourtant pas aux professionnels de santé qu'aux fins de stigmatisation et de répression. Ils sont invités à participer à l'œuvre de la justice pénale. Ils sont ainsi sollicités par le législateur pour intervenir dans le cadre d'une procédure pénale à un double titre. Ils sont parfois appelés à participer soit à une activité d'expertise, au sens large du terme, comme personnel de santé expert judiciaire ou requis, et occupent à ce titre en quelque sorte des fonctions d'auxiliaire de justice. Ils peuvent également intervenir dans le cadre d'une procédure pénale pour dispenser des soins à l'égard de personnes mises en cause pénalement, condamnées à exécuter une peine ou faisant l'objet d'une mesure de sûreté. Ces soins, dont certains peuvent être imposés par l'autorité judiciaire, sont dispensés en milieu ouvert, c'est-à-dire en dehors d'un établissement pénitentiaire et de tout établissement de santé, ou en milieu fermé c'est-à-dire en cours d'incarcération, qu'ils soient dispensés en établissement pénitentiaire ou dans un établissement de santé.

1326 CEDH, 14 novembre 2002, Mouisel c/France, req. n° 667263/01 : détenu atteint d'une leucémie n'ayant bénéficié d'aucune libération, ni hospitalisation.

1327 CEDH, 11 juillet 2006, Rivière c/France, req. n° 33834/03 : cas d'un détenu psychotique suicidaire maintenu en détention.

1328 CEDH, 19 février 2015, Helhal c/France, req. n° 10401-12 : à propos d'un détenu en fauteuil roulant souffrant d'un grave handicap et ayant été privé de soins de kinésithérapie ; cf. également, CEDH, 10 juillet 2001, Price c/Royaume-Uni, req. n° 33394/96

394 – Si les professions de santé sont protégées par le droit pénal et les professionnels de santé confrontés au droit pénal, les établissements de santé sont exposés aux règles de cette matière dans la mesure où des responsabilités pénales peuvent être recherchées dès lors qu'une infraction pénale est commise en leur sein (**Partie 3**).

PARTIE 3

L'EXPOSITION DES ÉTABLISSEMENTS DE SANTÉ AU DROIT PÉNAL

Les établissements de santé[1329], personnes morales, sont exposés au droit pénal dans la mesure où ils peuvent être confrontés à des questions de responsabilité pénale en raison d'infractions pénales commises en leur sein : les responsabilités pénales des personnels de ces établissements (personnels de direction et professionnels de santé) pour des infractions qui leur sont imputables **(chapitre 1)** et la responsabilité pénale des établissements de santé **(chapitre 2)**.

[1329] Pour une présentation des établissements de santé, cf. *infra*. n° 439 et s. et articles L.6141-1 et s. et L.6161-1 et s. CSP.

CHAPITRE 1

LES RESPONSABILITÉS PÉNALES AU SEIN DES ÉTABLISSEMENTS DE SANTÉ

Les responsabilités pénales dans les établissements de santé sont essentiellement celles des personnels de direction et celles des personnels soignants. Aussi convient-il de distinguer celles liées à l'activité de direction de l'établissement de santé (**section 1**) de celles susceptibles de découler de la prise en charge des patients (**section 2**).

SECTION 1 – LES RESPONSABILITÉS PÉNALES AU SEIN DES ÉTABLISSEMENTS DE SANTÉ LIÉES À L'ACTIVITÉ DE DIRECTION

397 – L'activité de direction peut générer des fautes constitutives parfois d'infractions pénales. La responsabilité pénale des dirigeants d'établissement de santé peut être exclusivement retenue sans pouvoir se cumuler avec celle de l'établissement[1330] dès lors que l'infraction n'est pas commise pour le compte de la personne morale ou qu'une telle responsabilité pénale n'est pas envisageable pour d'autres raisons. Cependant, l'engagement de la responsabilité pénale de l'établissement de santé n'empêchant pas de retenir celle de son dirigeant, il se peut que cette dernière soit également recherchée. Ainsi, le personnel de direction peut engager sa responsabilité pénale personnelle pour des infractions commises dans le cadre de fonctions de direction (**§1**) mais également en raison d'infractions facilitées par les fonctions de direction qu'il occupe (**§2**).

[1330] Pour une présentation, cf. *infra*. n° 435 et s.

§ I – La responsabilité pénale pour les infractions commises dans le cadre des fonctions de direction

398 – Le chef d'un établissement de santé, qui est parfois également médecin, peut engager sa responsabilité pénale en raison d'infractions relatives aux conditions de fonctionnement de l'établissement (**A**) ou au contrôle de celui-ci (**B**).

A – Pour les infractions relatives aux conditions de fonctionnement des établissements de santé

399 – L'ouverture d'établissements de santé est soumise à diverses autorisations. Il en est ainsi d'une manière générale des établissements de santé privés. Ainsi, le fait d'ouvrir ou de gérer un tel établissement ou d'installer au sein d'un établissement concourant aux soins médicaux des équipements lourds sans les autorisations légales prévues[1331] est puni de 150 000 € d'amende. La même peine est encourue en cas de prolongement de l'exploitation malgré une suspension ou retrait de l'autorisation initialement octroyée. Il convient de noter qu'en cas de récidive, outre le doublement de la peine d'amende, la confiscation des équipements peut être décidée[1332]. Doit ainsi être retenu dans les liens de la prévention le médecin ophtalmologue qui pratique dans sa clinique des greffes de cornée sans autorisation[1333].

400 – Des incriminations spécifiques sont prévues pour certains établissements de santé, ce qui permet de prévoir d'autres peines. Ainsi en est-il pour les maisons d'enfants à caractère sanitaire qui constituent également des établissements de santé aux termes de l'art. L.2321-1 CSP. En application de l'article 2326-1 CSP, l'ouverture ou la direction d'un tel établissement sans autorisation ainsi que le fait de continuer d'exploiter un tel établissement malgré une décision de fermeture est passible de trois mois d'emprisonnement et de 3 750 € d'amende. Avant la loi n° 2009-526 du 12 mai 2009 de simplification et de clarification du droit et de l'allégement des procédures[1334] un tel fait, commis en état de récidive était puni d'un an d'emprisonnement et de 7 500 € d'amende (ancien al.2e). Cette disposition a été abrogée, ce qui ne signifie pas que la circonstance de récidive ne peut jouer. Simplement, les peines encourues répondront aux règles de

[1331] Art. L.6122-1 et L.6122-7 CSP.

[1332] Art. L.6125 CSP.

[1333] Cass. crim., 9 mai 2007, *RDS*, 2007, n° 21, p. 59 et s., obs. A. Ponseille.

[1334] *JO* du 13 mai 2009, p. 7920 et s.

droit commun de la récidive qui emportent le doublement des peines[1335]. Des peines complémentaires sont encourues et consistent dans une interdiction d'exercer à titre temporaire ou définitif des fonctions de directeur dans un tel établissement et/ou dans une fermeture, temporaire ou définitive, de l'établissement. De même, l'article L.2326-2 CSP prévoit une incrimination spécifique en cas d'ouverture ou de direction sans autorisation d'un établissement dédié à l'accueil des femmes enceintes. Les peines concourues sont cependant moins sévères puisque la peine principale est une peine d'amende de 4 500 € au plus et la peine de fermeture d'établissement est encourue à titre complémentaire. En revanche, des règles de récidive dérogatoires au droit commun sont prévues dans la mesure où le temps entre la première condamnation et la seconde infraction commise est de trois ans et surtout les peines encourues en pareille hypothèse ne sont pas doublées mais s'élèvent à deux ans d'emprisonnement et 9 000 € d'amende. La détermination de la qualification en « établissement de santé privé » est ici primordiale pour la constitution de l'infraction. Ainsi, il a pu être convenu que le fait qu'un praticien ait été conduit à pratiquer en urgence dans son cabinet des accouchements ne saurait conférer au centre médical la qualité de l'établissement visé à l'article L.2326-2 CSP[1336]. En revanche, constitue un tel établissement la structure qui reçoit des femmes enceintes et qui est dotée de matériel médical propre à assurer leur accouchement : doit dès lors être retenu dans les liens de la prévention le propriétaire des lieux, président de l'association qui exploite l'établissement, pour avoir continué l'exploitation de ce lieu malgré une décision de retrait d'exploitation[1337].

PARTIE 3

B – Pour les infractions relatives au contrôle des établissements de santé

401 – Le Code de la santé publique incrimine spécifiquement aux termes de l'art. L.2326-1-3° CSP le fait pour ceux qui assument des fonctions de direction de tenter de faire obstacle ou de faire obstacle au contrôle des maisons d'enfants à caractère sanitaire. Le directeur notamment encourt les peines principales de trois mois d'emprisonnement et de 3 750 € d'amende. En revanche, le directeur peut se voir appliquer à titre de peine complémentaire une interdiction temporaire ou définitive d'exercer dans un tel établissement. Peut être également décidée la fermeture définitive ou temporaire du même établissement.

1335 Art. 132-10 C. pén.

1336 CE, 28 avril 1989, Mme Rouhault, req. n° 66130

1337 Cass. crim., 12 décembre 2000, n° 99-86.625

De même est incriminé le fait de faire obstacle aux inspections des installations obligatoires dans les établissements privés pratiquant des IVG, en application de l'article L.2326-3 CSP. Il convient ici de remarquer que la tentative n'est pas réprimée à défaut de prévision par le texte, que le fait réprimé peut être celui d'un directeur mais de toute autre personne à défaut de précision de la disposition. Les peines encourues sont pour partie plus élevées et consistent en un emprisonnement de six mois et une amende de 3 750 €. Enfin, est seule encourue en outre une peine de fermeture d'établissement sans que le texte ne précise si elle l'est à titre principal ou à titre complémentaire seulement.

402 – D'une manière plus générale, les établissements de santé peuvent faire l'objet de divers contrôles en application de l'article L.6116-1 CSP par l'intervention des services d'inspection visés aux articles L.1421-1 et s. CSP. Les peines encourues sont celles prévues par l'art. L.2326-3 CSP et la peine de fermeture d'établissement est présentée expressément comme une peine complémentaire[1338].

§ 2 – La responsabilité pénale pour les infractions facilitées par les fonctions de direction

403 – Les illustrations jurisprudentielles de condamnations pour des infractions pouvant être reprochées aux dirigeants d'établissement de santé concernent essentiellement des comportements contraires à la probité. Certaines peuvent être reprochées au personnel de direction d'établissements de santé publics (**A**), d'autres au personnel de direction d'établissement de santé privés (**B**).

A – Pour les infractions d'atteinte à la probité commises par le personnel de direction d'établissements de santé publics

404 – Peut se voir reprocher le **délit de favoritisme** le directeur d'un établissement de santé public qui, lors de la passation de marchés, porte atteinte à la liberté d'accès et à l'égalité des candidats dans les marchés publics et les délégations de service public[1339]. Ainsi aux termes de l'article 432-14 C. pén. :

> *Est puni de deux ans d'emprisonnement et de 200 000 € d'amende, dont le montant peut être porté au double du produit tiré de l'infraction,*

1338 Art. L.6117-1 CSP.

1339 Ch. Vallar, « Délit de favoritisme et marchés publics hospitaliers : le risque pénal », *Act. JuriSanté*, 2000, n° 29, p. 13 et s. pour des exemples de condamnations.

le fait pour une personne dépositaire de l'autorité publique ou chargée d'une mission de service public ou investie d'un mandat électif public ou exerçant les fonctions de représentant, administrateur de l'État, des collectivités territoriales, des établissements publics, des sociétés d'économie mixte d'intérêt national chargées d'une mission de service public et des sociétés d'économie mixte locales ou par toute autre personne agissant pour le compte de l'une de celles susmentionnées de procurer ou de tenter de procurer à autrui un avantage injustifié par un acte contraire aux dispositions législatives ou réglementaires ayant pour objet de garantir la liberté d'accès et l'égalité des candidats dans les marchés publics et les délégations de service public.

Une telle qualification pénale a été retenue à la suite d'un appel d'offres publié par le directeur d'un hôpital dans deux journaux locaux mais pas au bulletin officiel des annonces de marché public comme l'imposait à l'époque des faits pourtant la loi: les candidats ont renseigné les documents proposés par le maître d'ouvrage à l'exception de l'entreprise retenue qui a repris les travaux et fournitures tels que mentionnés dans un devis qu'elle avait au préalable adressé à l'hôpital, n'a pas répondu à tous les postes mentionnés par le maître d'ouvrage et a mentionné des fournitures et quantités différentes. Sa candidature a néanmoins été retenue sur des critères qualitatifs et quantitatifs différents dans un sens qui lui était favorable. Par ailleurs, le fait que le directeur ait bénéficié en outre postérieurement à ce marché de prestations à son profit personnel émanant de l'entreprise, au surplus non facturé, démontre des liens manifestement privilégiés entre le directeur et le chef d'entreprise[1340].

Dans une autre affaire, une société de construction de bâtiments sollicite l'ouverture d'une information, reprochant à un établissement de santé et à son directeur d'avoir attribué un marché à une entreprise concurrente dans le cadre d'une procédure de gré à gré. La plaignante conteste l'existence en l'espèce d'une urgence impérieuse motivée par des circonstances imprévisibles fondant le recours à une telle procédure. Le juge d'instruction rend une ordonnance de non-lieu que confirme la chambre d'instruction de la cour d'appel de Nouméa en indiquant que le directeur de l'établissement avait commis une erreur d'appréciation de l'urgence mais il ne pouvait pas lui reprocher d'avoir volontairement voulu favoriser l'entreprise bénéficiaire du marché. La chambre criminelle de la Cour de cassation est saisie d'un pourvoi et casse l'arrêt rendu, reprochant à la cour d'appel de ne pas avoir recherché si « le recours d'une procédure de gré à gré [...] n'[avait] pas procuré à la société attributaire un avantage injustifié

1340 Cass. crim., 19 novembre 2003, n° 02-86.253.

en restreignant l'accès au marché de candidats potentiels » et de ne pas avoir répondu « aux conclusions de la partie civile qui faisait valoir que l'offre de la société attributaire n'était pas conforme au cahier des clauses administratives particulières exigeant la souscription d'une police d'assurance de garantie décennale, ce qui était de nature à avoir procuré à cette société un avantage injustifié »[1341].

Outre le personnel de direction, peut être retenu dans les liens de la prévention le coordinateur d'un groupement de commandes au profit d'hôpitaux : c'est ce qu'a décidé la Cour de cassation considérant que le coordonnateur d'un groupement de commandes habilité à procéder aux opérations de consultation collective et à choisir, après avis de la commission de coordination des commandes, l'offre qui lui semble la plus intéressante pour les membres du groupement, « est une personne entrant dans les prévisions de l'article 432-14 du Code pénal »[1342].

Outre les peines principales traditionnelles encourues, deux ans d'emprisonnement et 200 000 € d'amende, il convient de noter que le législateur prévoit une modalité de calcul de l'amende assez originale consistant en une sorte d'indexation sur le produit tiré de l'infraction. Par ailleurs, sont encourues les peines complémentaires énumérées à l'article 432-17 du Code pénal. Au nombre de ces peines figurent l'interdiction d'exercer une fonction publique ou d'exercer une activité professionnelle ou sociale dans l'exercice ou à l'occasion de laquelle l'infraction a été commise, la confiscation des sommes et objets irrégulièrement reçus par l'auteur de l'infraction et la publication et/ou l'affichage de la décision de condamnation.

PARTIE 3

405 – Plus grave encore est sans doute la **prise illégale d'intérêts** pouvant être reprochée à un directeur d'établissement de santé public. Cette infraction est prévue par l'article 432-12 C. pén. qui dispose que :

> *Le fait, par une personne dépositaire de l'autorité publique ou chargée d'une mission de service public ou par une personne investie d'un mandat électif public, de prendre, recevoir ou conserver, directement ou indirectement, un intérêt quelconque dans une entreprise ou dans une opération dont elle a, au moment de l'acte, en tout ou partie, la charge d'assurer la surveillance, l'administration, la liquidation ou le paiement, est puni de cinq ans d'emprisonnement et d'une amende de 500 000 €, dont le montant peut être porté au double du produit tiré de l'infraction.*

[1341] Cass. crim., 3 mai 2012, n° 11-83.179.

[1342] Cass. crim., 7 avril 2004, n° 03-84.191, *Bull. crim.*, n° 93.

Les peines complémentaires encourues sont celles précitées de l'article 432-17 du Code pénal.

A ainsi été retenu dans les liens de la prévention le directeur d'un hôpital qui avait fait voter par le conseil d'administration des dépenses d'investissement afférentes à la construction d'une maison pour son usage personnel, dépenses imputées sur le budget de fonctionnement de l'établissement et sur la dotation budgétaire allouée par cet établissement au marché public de rénovation de la maison d'accueil des personnes âgées. La Cour de cassation est venue préciser à cette occasion que :

> *D'une part, le délit de prise illégale d'intérêt est consommé dès que le prévenu a pris, reçu ou conservé, directement ou indirectement, un intérêt dans une affaire dont il avait l'administration ou la surveillance, celles-ci se réduiraient-elles à de simples pouvoirs de préparation ou de proposition de décisions prises par d'autres; [...] d'autre part, le mandatement des charges afférentes à une opération dans laquelle le prévenu a pris, reçu ou conservé un intérêt vaut liquidation au sens de l'article 432-12, peu important que les paiements fussent effectués par une tierce personne*[1343].

L'action publique pour ce délit se prescrit à compter du dernier acte administratif accompli par l'agent[1344].

En outre, le directeur d'un établissement de santé qui collaborerait aux travaux d'une agence régionale de santé commettrait l'infraction définie à l'art. L.6117-2 CSP dans la mesure où, en raison de ses fonctions, il détient un intérêt direct ou indirect dans un établissement de santé et encourrait en raison de ce conflit d'intérêts les peines prévues pour sanctionner le délit de prise illégale d'intérêts. Une telle incrimination a notamment pour effet d'empêcher de faire échec aux contrôles et inspections des établissements de santé[1345].

406 - Est constitutif du **délit de concussion** au sens de l'article 432-10C. pén. :

> *Le fait, par une personne dépositaire de l'autorité publique ou chargée d'une mission de service public, de recevoir exiger ou ordonner de percevoir à titre de droits ou de contributions, impôts ou taxes publics, une somme qu'elle sait ne pas être due, ou excéder ce qui est dû. Ce comportement est puni de cinq ans d'emprisonnement et d'une amende*

[1343] Cass. crim., 14 décembre 2005, n° 05-83.898, *Bull. crim.*, n° 333.

[1344] Cass. crim., 4 octobre 2000, *Bull. crim.*, n° 287.

[1345] Cf. *supra*. n° 401.

de 500 000 €, dont le montant est porté au double du produit tiré de l'infraction.

Les peines complémentaires encourues sont également celles précitées de l'article 432-17 du Code pénal.

Doit être déclaré coupable de ce délit le directeur d'un hôpital pour s'être fait livrer presque quotidiennement par la cuisine de l'établissement des repas à emporter pour trois personnes ou plus, alors qu'il ne faisait déduire de son salaire que deux repas par jour ouvrable outre les commandes qu'il a passé aux frais de l'hôpital consistant en des denrées alimentaires, boissons, fuel domestique et carburant pour ses véhicules personnels[1346].

B – Pour les infractions d'atteinte à la probité commises par le personnel de direction d'établissements de santé privés

407 – Délit d'abus de biens sociaux – Concernant les établissements de santé privés, d'autres infractions pourront être reprochées aux dirigeants d'établissements de santé compte tenu de la forme juridique de ceux-ci. Si l'établissement de santé que constitue par exemple une clinique est exploité sous la forme d'une société commerciale, le **délit d'abus des biens sociaux** commis par son dirigeant pourra être retenu dans certaines hypothèses. Cette infraction est définie comme :

> *Le fait, pour* [les dirigeants d'une société commerciale], *de faire, de mauvaise foi, des biens ou du crédit de la société, un usage qu'ils savent contraire à l'intérêt de celle-ci, à des fins personnelles ou pour favoriser une autre société ou entreprise dans laquelle ils sont intéressés directement ou indirectement*[1347].

Doit être pénalement qualifié comme tel le détournement de sommes d'argent au préjudice de la SA qui exploite une clinique, par la dirigeante de celle-ci, fut-il avant la cession aux actuels associés[1348]. Doit être déclaré coupable d'un délit d'abus de biens sociaux le directeur d'une clinique qui utilise des employés de la clinique pour effectuer le ménage et des réparations chez lui, qui fait installer à son domicile un réfrigérateur et un groupe électropompe payés par la clinique ou encore qui fait régler par la clinique l'achat de matériaux pour réaliser des travaux à son domicile[1349]. Commet

[1346] Cass. crim., 21 mars 1995, n° 92-85.916.

[1347] Art. L.241-3-4 °C. com. pour la SARL ; art.L.242-6-3 °C. com. pour la SA ; art.L.243-1 C.com. pour la société en commandite par actions ; art.L.244-1 pour la société par actions simplifiée.

[1348] Cass. crim., 7 décembre 1993, n° 93-80.728.

[1349] Cass. crim., 7 juin 2000, n° 99-80.006.

également une telle infraction la principale actionnaire d'une clinique exploitée sous la forme d'une SA qui effectue directement des paiements sous forme d'honoraires ou de remboursement de frais de déplacement au bénéfice de sa fille avocate pour un travail fictif[1350]. Le bénéfice procuré par le délit d'abus de biens sociaux à son auteur peut être plus indirect : engage sa responsabilité pénale pour cette infraction le directeur d'une clinique exploitée sous la forme d'une société commerciale qui transfert de l'argent vers une autre société dans laquelle il a également des intérêts. La Cour de cassation rappelle fréquemment que si le concours financier apporté par une société de groupe à une autre société est admis, lorsqu'il est dicté par un intérêt commun, apprécié au regard d'une politique élaborée pour l'ensemble du groupe, celui-ci ne doit pas être dépourvu de contrepartie et ne doit pas excéder les possibilités financières de la société qui en supporte la charge. Doit ainsi être retenu dans les liens de la prévention le dirigeant d'une clinique qui procède au paiement d'avances et de redevances injustifiées à une SARL du même groupe apportant une assistance technique de direction et de gestion, alors même que la clinique rencontre de grandes difficultés financières[1351]. De même en est-il de l'avance de trésorerie pour un montant d'un million de francs faite par le dirigeant d'une société vers une clinique exploitée sous la forme d'une SA dans laquelle il est président du conseil d'administration et principal actionnaire, pour un projet de transfert de lits alors même que la société prêteuse rencontre d'importantes difficultés financières[1352].

408 - Infraction subséquente - Les bénéficiaires des produits, biens, services issus d'un délit d'abus de biens sociaux, autres que l'auteur du délit lui-même, peuvent être reconnus coupables de **recel** d'abus de biens sociaux en application de l'article 321-1 C. pén.[1353], s'ils ont connaissance de la provenance frauduleuse des biens ainsi mis à disposition.

409 - Procédure pénale - S'agissant d'un délit, le délai de prescription de l'**action publique** est triennal. Cependant, le point de départ de ce délai est fixé, non au jour de la réalisation de l'infraction, mais à compter de la présentation des comptes annuels par lesquels les dépenses litigieuses sont

---

[1350] Cass. crim., 24 septembre 2003, n° 02-86.591.

[1351] Cass. crim., 14 décembre 1995, n° 95-80.383.

[1352] Cass. crim., 19 mai 2005, n° 04-83.757.

[1353] *Le recel est le fait de dissimuler, de détenir ou de transmettre une chose, ou de faire office d'intermédiaire afin de la transmettre, en sachant que cette chose provient d'un crime ou d'un délit.*
Constitue également un recel le fait, en connaissance de cause, de bénéficier, par tout moyen, du produit d'un crime ou d'un délit.
Le recel est puni de cinq ans d'emprisonnement et de 375 000 € d'amende.

mises indûment à la charge de la société[1354]. Toutefois en cas de dissimulation, le point de départ est encore reporté au jour où l'infraction apparaît dans des conditions permettant l'exercice de l'action publique.

L'**action civile** en réparation du préjudice subi du fait d'un délit d'abus de biens sociaux n'appartient qu'à la société et aux actionnaires ou associés de celle-ci[1355]; elle n'appartient ni aux créanciers[1356], ni aux salariés[1357], le préjudice qu'ils pourraient invoquer n'étant qu'un préjudice indirect.

410 – Plus important est sans doute le contentieux pénal relatif aux infractions commises au sein des établissements de santé liées à la prise en charge des patients.

SECTION 2 – LES RESPONSABILITÉS PÉNALES AU SEIN DES ÉTABLISSEMENTS DE SANTÉ LIÉES À LA PRISE EN CHARGE DES PATIENTS

411 – Dans le cadre de la prise en charge des patients au sein d'un établissement de santé, public ou privé, la responsabilité pénale du personnel de direction et/ou des personnels de soins peut être engagée pour des infractions pouvant leur être reprochées et portant atteinte tant à la liberté des patients (§1) qu'à leur intégrité physique ou à leur vie (§2).

§ I – La responsabilité pénale pour les infractions d'atteinte à la liberté des patients

412 – La liberté de certaines catégories de patients fait l'objet d'une protection pénale.

Tel est le cas de ceux placés en établissements psychiatriques. Plusieurs comportements susceptibles d'être adoptés par le directeur d'un établissement psychiatrique sont passibles de sanctions pénales. Ainsi, le fait pour un directeur de retenir une personne hospitalisée sans son consentement alors que la sortie est administrativement ou judiciairement ordonnée, demandée par un médecin ou sollicitée par une des personnes énumérées à l'article L.3212-9 CSP, est puni de deux ans d'emprisonnement et de 3 750 € d'amende aux termes de l'article L.3215-1 CSP.

[1354] Cass. crim., 13 octobre 1997, *Bull. crim.*, n° 159.

[1355] Cass. crim. 12 décembre 2000, *Bull. crim.*, n° 372.

[1356] Cass. crim., 24 avril 1974, *Bull. crim.*, n° 117.

[1357] Cass. crim., 11 mai 1999, *Bull. crim.*, n° 49.

La liberté du patient hospitalisé est encore protégée plus indirectement par l'incrimination du fait pour un directeur d'établissement psychiatrique de ne pas respecter les modalités d'admission d'un patient hospitalisé sur demande d'un tiers, d'omettre de respecter différents délais pour transmettre des documents ou prévenir certaines autorités ou encore de supprimer ou retenir une requête ou réclamation adressée par la personne hospitalisée sans son consentement à l'autorité judiciaire ou à l'autorité administrative[1358]. Ces différents comportements sont punis d'un an d'emprisonnement et de 3 750 € d'amende en application de l'article L.3215-2 CSP, sans qu'aucune peine complémentaire d'interdiction d'exercice ne soit prévue.

§ 2 – *La responsabilité pénale pour les infractions d'atteintes involontaires à la vie et à l'intégrité des patients*

413 – Parce qu'il dirige un établissement destiné à accueillir du public, le directeur se doit d'assurer la sécurité au sein de la structure à la fois en dehors de la prise en charge médicale à proprement parler du patient (**A**) et dans le cadre de la prise en charge de celui-ci (**B**).

A – En dehors de la prise en charge médicale du patient

414 – En dehors de toute intervention médicale, la sécurité du patient doit être assurée par le personnel de direction dès lors que le patient est accueilli dans l'établissement de santé. D'une manière plus générale, la sécurité de toute personne qui fréquente un établissement de santé doit être préservée.

Le dispositif destiné à entraver l'ouverture d'une fenêtre du 8e étage d'un hôpital a été démonté. Cet acte a pu s'expliquer par la volonté de faire du courant d'air en période de fortes chaleurs. Un des patients s'est glissé par l'ouverture et a fait une chute mortelle. La Cour de cassation donne raison aux juges du fond qui ont confirmé une ordonnance de non-lieu au bénéfice du directeur poursuivi pour homicide involontaire dès lors qu'il n'est pas possible de mettre en évidence une faute pénale à sa charge ou à la charge de l'employé délégué à la sécurité en l'absence de toute précision sur les circonstances de temps permettant d'apprécier la durée de l'anomalie et sur les modalités exactes de la dépose du système de sécurité[1359].

[1358] Ce dernier comportement est également passible des peines d'un an d'emprisonnement et de 3 750 € dès lors qu'il est reproché à un médecin : art.L.3215-4-1° CSP.

[1359] Cass. crim., 26 juin 1996, n° 95-85.979.

En revanche, la responsabilité pénale du directeur d'un centre hospitalier ainsi que celle du président du conseil d'administration de ce même établissement abritant une maison de retraite ont été engagées pour homicides involontaires de plusieurs pensionnaires dont les décès étaient consécutifs à un incendie qui aurait pu être évité si les travaux de sécurité prescrits depuis plusieurs années avaient été réalisés[1360].

Le directeur d'un établissement public hospitalier a pu être mis en cause pénalement pour délits de blessures involontaires subies par un ouvrier électricien à la suite d'une explosion qui s'est produite lors de l'extinction de l'interrupteur d'une fontaine électrique. Il était reproché d'avoir laissé la fontaine fonctionner avec un solvant particulièrement inflammable. Cependant, la cour d'appel de Toulouse choisit de le relaxer. Certes, la notice qui aurait pu informer du caractère inflammable du produit n'était pas en possession de l'hôpital mais cette notice n'avait été demandée par aucun service interne ou intervenant extérieur à l'hôpital. De plus, ce produit avait été utilisé pendant plusieurs années sans qu'un tel événement ne se produise. Enfin, de nombreux contrôles avaient été prescrits et les intervenants extérieurs avaient en ce domaine des compétences techniques supérieures à celles du directeur[1361].

De même, doit être renvoyé devant le tribunal correctionnel en même temps que le centre hospitalier le directeur de l'établissement pour son incapacité à gérer une panne d'électricité qui a entraîné le décès de deux patients[1362]. Il en est de même du directeur d'un hôpital qui n'a pas procédé à la déclaration en préfecture d'une tour réfrigérante qui n'a de ce fait pas pu être inspectée, à l'origine de plusieurs décès et de blessures dus à une contamination par légionellose du dispositif de réfrigération[1363].

415 – Mais des responsabilités pénales au sein des établissements de santé peuvent également être recherchées dans le cadre de la stricte prise en charge médicale du patient.

B – Dans le cadre de la prise en charge médicale du patient

416 – La responsabilité pénale de plusieurs intervenants dans la prise en charge médicale d'un patient peut être recherchée dès lors que cette prise en charge au sein des établissements de santé est le plus souvent collective.

[1360] Cass. crim., 9 novembre 1999, n° 98-87.432, *Bull. crim.*, n° 250.

[1361] CA, Toulouse, 19 sept 2002, *JCP G*, 2003, IV, n° 1709 ; *JurisData*, n° 2002-194382.

[1362] Cass. crim., 2 octobre 2012, n° 11-88.089.

[1363] Cass. crim., 16 octobre 2012, n° 11-87.369.

Reste que la responsabilité pénale ne peut être qu'individuelle en raison de l'article 121-1 du Code pénal qui dispose que « nul n'est responsable pénalement que de son propre fait ». Le personnel de l'établissement de santé mis en cause n'engagera pas sa responsabilité pénale pour une faute commise par autrui, ni ne l'engagera dans le cadre d'une mise en cause pénale collective. Dès lors en cas de blessures ou de décès d'un patient, la responsabilité pénale des personnels de direction (**1**) et/ou des soignants (**2**) peut être retenue, selon qu'ils ont ou non concouru ensemble à la réalisation du dommage subi par le patient.

1) La responsabilité pénale de l'équipe de direction de l'établissement de santé

417 – Le directeur d'un établissement de santé, qu'il soit public ou privé, a l'obligation de veiller à la continuité des soins et pour cela doit s'assurer de la mise à disposition de personnels soignants en nombre suffisant et compétents ainsi que du bon état des matériels et locaux mis à disposition. Dans le cas contraire, il pourrait lui être reproché une carence dans l'organisation du service susceptible d'emporter une qualification pénale[1364].

418 – Le **manque de personnel soignant** pour assurer la prise en charge des patients constitue de longue date une faute pénale imputable au directeur d'établissement et pouvant engager sa responsabilité pénale pour homicide ou blessures involontaires causés à un patient[1365]. A ainsi été retenue dans les liens de la prévention le dirigeant d'une clinique qui avait organisé un service de garde composé seulement d'une aide soignante placée sous la responsabilité d'une infirmière qui exerçait dans un autre service[1366].

Il convient de noter que le directeur d'un établissement de santé pénalement mis en cause en cette matière relève de la catégorie des auteurs indirects au sens de la loi du 10 juillet 2000[1367] qui à leur égard est plus douce et a donc vocation à s'appliquer de manière rétroactive: dès lors, le directeur de clinique mis en cause en cas de mort d'un patient dû à l'absence de surveillance constante de la patiente après l'opération par l'anesthésiste ne pourra engager sa responsabilité pénale qu'en cas de faute délibérée ou

[1364] E CONGE, « La responsabilité pénale du directeur d'établissement public de santé », *Act. JuriSanté*, 1996, n° 13, p. 13 et s.

[1365] Cass. crim., 9 février 1988, n° 86-95.848.

[1366] Cass. crim., 26 février 1997 (2d arrêt), *Dr. pén.*, 1997, comm. n° 109, obs. M. VÉRON, pourvoi n° 96-80511.

[1367] Cf. *supra*. n° 154.

PARTIE 3

caractérisée[1368].

Ainsi, par exemple, une directrice administrative d'une clinique est mise en cause avec des médecins auxquels sont reprochées des fautes pénales dans la prise en charge d'une parturiente, fautes qui causeront un handicap sévère pour l'enfant. En ne prenant pas les mesures propres à assurer une disponibilité immédiate du personnel, des locaux opératoires et du matériel, ou en ne s'assurant pas que ces mesures étaient prises, la directrice de la clinique a commis une faute caractérisée ayant exposé la parturiente et son enfant à un risque d'une particulière gravité qu'elle ne pouvait ignorer compte tenu de la nature et du caractère urgent des actes pratiqués dans une clinique obstétricale[1369].

La carence dans l'organisation des services, de nature à fonder la responsabilité pénale du directeur d'établissement, peut également prendre la forme d'un défaut d'organisation des astreintes. C'est ainsi qu'à la suite d'une hémorragie de la délivrance ayant causé le décès d'une patiente imputable pour partie à des négligences des personnels soignants, l'administrateur de clinique, directeur médical de l'établissement, a été également déclaré coupable d'homicide involontaire dans la mesure où il ne pouvait ignorer que les infirmières ne disposaient d'aucune consigne, ni d'un tour de permanence organisé, qu'elles auraient immanquablement déclenché (défaut d'organisation des astreintes au sein de l'établissement), entraînant ainsi un défaut de continuité des soins[1370].

La responsabilité pénale du directeur de l'établissement de santé trouve en ce domaine des **limites**.

Celle-ci ne peut être engagée lorsque la faute consiste dans le défaut d'une prise de décision strictement médicale sur laquelle le directeur n'a pas d'influence. Il ne peut être reproché au directeur d'une clinique à la suite du décès d'un nourrisson de ne pas avoir donné pour règle dans son établissement de faire examiner systématiquement par un pédiatre tous les nouveau-nés qui l'avaient déjà été par un médecin choisi par les parents et il ne lui appartenait pas de le décider, en l'absence de toute demande formulée par un membre du personnel médical ou paramédical, seul qualifié à cet effet[1371]. Doit encore être relaxé le directeur de la clinique en raison du décès d'un nourrisson pendant l'accouchement dès lors que le personnel du service concerné était en nombre supérieur par rapport à ce

1368 CA, Paris, 26 septembre 2002, *JurisData* n° 2002-211171.

1369 Cass. crim., 22 mai 2008, n° 07-81.702.

1370 Cass. crim., 22 mai 2013, n° 12-82.734.

1371 Cass. crim., 11 janvier 1990, n° 88-84.501.

qui était exigé par les normes réglementaires et que ses fonctions administratives ne lui permettaient pas de prendre de décision sur le plan médical qui relevait exclusivement de la responsabilité du chef de service[1372].

Une autre limite à l'engagement de la responsabilité pénale du directeur de l'établissement de santé tient dans le fait que le directeur n'ait pas été informé du besoin de personnel supplémentaire : c'est ce qu'a pu décider la cour d'appel de Rennes dans un arrêt du 22 avril 1998[1373] en écartant la responsabilité pénale de celui-ci à la suite du décès d'un nouveau-né au cours de l'accouchement, dans la mesure où le responsable médical du bloc obstétrique n'avait pas signalé l'accroissement de la tâche du service.

Enfin, à défaut de lien de causalité démontré entre la carence dans l'organisation du service et le dommage causé au patient, une telle responsabilité ne peut être retenue[1374].

419 – D'autre part, la responsabilité pénale du chef d'un établissement de santé peut encore être engagée quand le décès ou les blessures causées au patient découlent de la **fourniture d'un matériel inadapté** ou de la **mise à disposition d'un personnel non qualifié**.

La responsabilité pénale d'un PDG de clinique doit être retenue parmi d'autres pour avoir laissé la patiente sous la seule surveillance d'un étudiant en médecine qui occupait à la fois les fonctions d'interne et d'infirmier, qui plus est, laissé sans consigne, ce qui a eu pour conséquence le décès de la patiente en raison d'une hémorragie postopératoire survenue à la suite de l'ablation d'un kyste vaginal[1375]. En revanche, n'engage pas sa responsabilité pénale en raison du décès d'un enfant du fait de la surveillance insuffisante de l'anesthésiste, le directeur du centre hospitalier dès lors que l'on ne peut lui reprocher une faute en lien avec l'accident, le contrat d'embauche du médecin anesthésiste qui n'avait pas encore obtenu son diplôme à l'époque des faits n'étant pas critiquable au regard des dispositions légales et réglementaires[1376]. Il convient au contraire de déclarer coupable d'homicide involontaire pour le décès d'un nourrisson le directeur d'une clinique qui accepte l'hospitalisation d'enfants dans l'établissement alors que celui-ci n'est ni agréé en pédiatrie, ni pourvu de l'équipement nécessaire pour assurer des soins de réanimation[1377]. De plus,

[1372] CA, Rennes, 29 janvier 1987, *JurisData* n° 1987-040316.

[1373] *JurisData* n° 1988-043661.

[1374] CA, Paris, 27 mars 1992, *JurisData* n° 1992-021256.

[1375] CA, Paris, 27 octobre 1989, *JurisData* n° 1989-026931.

[1376] Cass. crim., 15 mars 1990, *JurisData* n° 1990-002304.

[1377] Cass. crim., 24 juin 1992, n° 92-80.107.

en matière de responsabilité médicale, la faute de l'anesthésiste n'exclut pas forcément celle du directeur de la clinique dès lors que le dommage subi par le patient est en partie lié à l'organisation des locaux (absence de salle de réveil à proximité du bloc opératoire) et à la qualification insuffisante du personnel[1378]. De même, à la suite du décès d'une patiente consécutif à son abandon au bloc opératoire sans surveillance appropriée, le directeur de l'établissement hospitalier voit également sa responsabilité pénale engagée car il avait le devoir de fournir un matériel adapté et un personnel ayant les qualifications requises pour assurer la sécurité des patients. Le fait que la loi n'imposait pas au moment des faits l'existence d'une salle de réveil ne saurait dispenser les établissements hospitaliers d'anticiper sur les textes lorsque la sécurité des malades est en cause. Le directeur de l'établissement hospitalier doit être considéré comme responsable du décès de la patiente, outre la responsabilité pénale de l'anesthésiste négligent dans la prise en charge de la patiente[1379]. Le PDG d'une clinique engage encore sa responsabilité pénale pour avoir laissé le personnel soignant faire utilisation d'un appareil respiratoire défaillant, insuffisamment contrôlé[1380]. Cependant, le directeur administratif de clinique, malgré des négligences dans l'organisation de la clinique et dans la mise à disposition de matériel thérapeutique, doit être relaxé en raison de l'incertitude du lien de causalité avec le décès de la jeune patiente consécutif à un arrêt cardiorespiratoire à la suite d'une appendicectomie sous cœlioscopie[1381].

420 – Il convient de noter que de tels comportements imputables au directeur de l'établissement qui évoquent un défaut de préservation de la sécurité ou encore une carence dans l'organisation des services de l'établissement de santé peuvent fonder l'engagement de la responsabilité pénale de l'établissement sous réserve que les autres conditions de l'article 121-2 du Code pénal soient remplies[1382].

2) Les responsabilités pénales au sein des équipes de professionnels de santé

421 – Il arrive très souvent qu'au sein des établissements de santé le patient soit pris en charge de manière collective, c'est-à-dire par plusieurs professionnels de santé, soit exclusivement par des médecins au sein d'une

---

[1378] CA, Aix-en-Provence, 27 octobre 1994, *JurisData* n° 1994-049411.

[1379] TGI, Bobigny, 7 juillet 1999, *JurisData*, n° 1999-107529 ; *Gaz. Pal.*, 2000, I, p. 612 note J. Bonneau.

[1380] Cass. crim., 7 novembre 2000, n° 00-82.662.

[1381] Cass. crim., 16 décembre 2003, n° 02-86.852.

[1382] Cf. *infra*. n° 437 et s.

équipe médicale, soit le plus souvent par des médecins et des non-médecins au sein d'une **équipe de soins**.

422 – En cas de survenance d'un dommage causé au patient et pour la détermination des responsabilités pénales éventuelles, il conviendra de remonter la chaîne causale et d'identifier la part de chacun des personnels dans la prise en charge du patient. Dans cette quête s'appliquent les règles traditionnelles du droit pénal général. Ainsi, l'article 121-1 C. pén. pose un principe de responsabilité pénale personnelle par la formule « nul n'est pénalement responsable que de son propre fait ». L'idée d'une responsabilité personnelle n'est pas inconnue du domaine médical : en effet, l'article R. 4127-69 CSP dispose que « l'exercice de la médecine est personnel ; chaque médecin est responsable de ses décisions et de ses actes ». L'article R. 4127-64 du même Code prévoit également que « chacun des praticiens assume ses responsabilités personnelles ».

Ce principe exclut donc l'idée d'une responsabilité pénale du fait d'autrui et d'une responsabilité pénale collective des professionnels de santé. Par ailleurs, le commandement de l'autorité légitime, qualifié de cause d'irresponsabilité pénale par l'article 122-4 al.2^{d} C. pén., ne peut servir de moyen de défense en pareil cas dans la mesure où le chef d'équipe ou de service ne peut être assimilé une autorité légitime publique.

En revanche, peuvent être recherchées de manière cumulée les responsabilités pénales des membres d'une équipe médicale ou de soins, si chacun a pris part de manière fautive à la réalisation du dommage. C'est ce qu'a pu décider la Cour de cassation par un arrêt du 10 mai 1984[1383] cassant l'arrêt d'une cour d'appel qui avait relaxé pour homicide involontaire le chirurgien et retenu l'anesthésiste dans les liens de la prévention, en indiquant que « l'existence d'une faute relevée à l'encontre du médecin anesthésiste n'exclut pas nécessairement l'éventualité de celle du chirurgien à qui a été confiée l'intervention ».

En ce domaine, la possibilité d'un cumul de responsabilités pénales est en quelque sorte consacrée à travers la loi du 10 juillet 2000 qui distingue dans l'article 121-3 C. pén. les auteurs directs et les auteurs indirects du dommage[1384], qui peuvent être les membres d'une équipe de professionnels de santé.

423 – Sera distinguée la détermination des responsabilités pénales au sein de l'équipe médicale de celle au sein de l'équipe de soins. De manière

[1383] *Bull. crim.*, n° 167 ; *D.*, 1985, p. 256 et s., note J. Penneau.

[1384] Cf. *supra*. n° 153 et 154.

générale, une étude de la jurisprudence montre une évolution d'une responsabilité pénale exclusive du chef d'équipe vers des responsabilités cumulées ou non cumulées des membres de l'équipe médicale et de l'équipe de soins[1385].

a – La détermination des responsabilités pénales au sein de l'équipe médicale

424 – Trois cas de figure reçoivent des illustrations jurisprudentielles : la répartition des responsabilités pénales du chirurgien et de l'anesthésiste, la répartition des responsabilités pénales des autres médecins intervenant au sein de l'équipe médicale et, enfin, celle du médecin et de l'interne[1386].

425 – Répartition des responsabilités pénales du chirurgien et de l'anesthésiste – La Cour de cassation a été tentée, dans un premier temps, d'établir une hiérarchie au sein de l'équipe médicale. Elle a effectué un rapprochement entre les relations qui lient les membres de l'équipe médicale et celles qui se nouent au sein d'une entreprise. À l'image de la responsabilité pénale qu'elle fait peser sur le chef d'entreprise, elle a pensé faire peser la responsabilité pénale sur le chef d'équipe, c'est-à-dire en matière médicale, sur le chirurgien. Ce dernier était donc considéré comme responsable des fautes commises par les membres de son équipe en raison d'un défaut de surveillance. Cependant, la conception selon laquelle le chirurgien n'est pas un chef d'équipe est plus conforme aux spécificités de l'exercice de l'art médical fondé sur l'indépendance. En effet, l'article R. 4127-8 CSP, dispose que « dans les limites fixées par la loi, le médecin est libre de ses prescriptions qui seront celles qu'il estime les plus appropriées en la circonstance ». De plus, l'article R. 4127-64 CSP précise que « lorsque plusieurs médecins collaborent à l'examen ou au traitement d'un malade, (...) chacun des praticiens assume ses responsabilités personnelles (...). » Ainsi, chaque médecin exerce son art de manière indépendante, même lorsqu'il réalise son activité au sein d'une équipe. Par conséquent, chaque praticien doit répondre des fautes qui relèvent de sa propre spécialité ce qui conduit à une répartition distributive des responsabilités pénales qui peuvent ou non se cumuler. La jurisprudence a donc distingué les domaines propres de compétence du chirurgien et de l'anesthésiste jusqu'au réveil de l'opéré et au rétablissement des fonctions vitales. Elle a effectué tout d'abord une distinction entre les actes chirurgicaux et

[1385] M. Véron, « La responsabilité pénale du médecin », *LPA*, 22 septembre 1999, n° 189, p. 23 et s.

[1386] Cf. M. Véron, « La responsabilité pénale au sein d'une équipe médicale », *Gaz. Pal.*, 1996, p. 1440 et s.; E. Verny, « La responsabilité pénale au sein de l'équipe médicale », *RDSS*, 2008, Hors-Série, p. 58 et s.

les actes anesthésiques. Ainsi, le médecin anesthésiste est responsable de ses actes pendant les phases préopératoires, opératoires et postopératoires. Le chirurgien est quant à lui responsable des actes relevant de sa spécialité. Les juges du fond effectuaient ensuite une répartition de l'obligation de surveillance dans le temps. Certaines juridictions du fond avaient effectivement retenu que, lorsque le patient sortait de la salle d'opération, le chirurgien était dispensé de surveillance. Le patient était donc sous l'autorité exclusive du médecin anesthésiste lorsqu'il était en salle de réveil. Cependant, cette dernière répartition n'a pas été entérinée par la Cour de cassation. La Haute Juridiction considéra en effet que l'existence d'une faute relevée à l'encontre de l'anesthésiste pendant la période postopératoire n'excluait pas toujours celle du chirurgien : « l'existence d'une faute relevée à l'encontre du médecin anesthésiste n'exclut pas nécessairement l'éventualité de celle du chirurgien auquel a été confiée l'intervention »[1387].

Une amygdalectomie est pratiquée sur un patient à la suite de laquelle survient une complication postopératoire puisqu'il est victime d'un arrêt cardio-respiratoire quelques instants après l'opération. Le chirurgien et l'anesthésiste sont mis en cause pour homicide involontaire mais relaxés par la cour d'appel dont l'arrêt est cependant cassé par l'Assemblée plénière de la Cour de cassation. Par une décision du 30 mai 1986, elle indique que :

> *Si la surveillance postopératoire incombe au médecin-anesthésiste pour ce qui concerne sa spécialité, le chirurgien n'en demeure pas moins tenu, à cet égard, d'une obligation générale de prudence et de diligence ; (...) en s'abstenant de rechercher si, en raison des conditions dans lesquelles il avait quitté la clinique, le docteur L. n'aurait pas dû s'assurer que le malade restait sous la surveillance d'une personne qualifiée, la cour d'appel n'a pas donné de base légale à sa décision*[1388].

Cette jurisprudence a été confirmée par la suite : une parturiente est hospitalisée deux mois avant terme et placée sous anticoagulant. Elle met au monde des jumeaux par césarienne mais décède le lendemain de l'accouchement. Sont poursuivis le gynécologue-accoucheur et l'aide-soignante. En première instance, le médecin est relaxé ; en appel, il est condamné. Il forme un pourvoi rejeté par la Cour de cassation reprenant la motivation de la cour d'appel : « il (lui) appartenait de mettre en œuvre une surveillance postopératoire d'autant plus vigilante que la parturiente, hospitalisée depuis plusieurs mois, était soumise à un traitement anticoagulant », alors qu'« il s'est borné à faire une visite le lendemain de l'intervention

[1387] Cass. crim., 10 mai 1984, *précit.*

[1388] *Bull. crim.*, n° 184.

sans exiger que l'anesthésiste et le personnel soignant le tiennent informé de l'évolution de l'état de santé de sa patiente demeuré sous leur surveillance »[1389].

Ainsi, sans remettre en cause l'obligation de surveillance postopératoire qui incombe à l'anesthésiste pour ce qui concerne sa spécialité, le médecin doit s'assurer que le patient est sous la surveillance d'une personne qualifiée.

Par conséquent, outre les fautes qui peuvent être reprochées au chirurgien dans l'exercice de sa spécialité, il peut également lui être reproché de ne pas s'être assuré qu'un médecin anesthésiste était présent en salle de réveil avant de quitter l'hôpital ou la clinique par exemple.

426 – Les critères d'acte propre à l'exercice de chaque spécialité et d'obligation de surveillance, déterminant des fautes susceptibles d'engager la responsabilité pénale du chirurgien et de l'anesthésiste, ont donné lieu à de nombreuses applications. Leurs responsabilités pénales peuvent être retenues de manière cumulée ou dissociée.

427 – Engagement cumulé de responsabilités pénales – Ont été retenues de manière cumulée les responsabilités pénales d'un chirurgien et d'un anesthésiste qui n'ont pas vérifié la vacuité de l'estomac du jeune patient avant de procéder à l'opération, s'en tenant aux seules déclarations des parents, commettant ainsi une négligence en relation de cause à effet avec les lésions corporelles dont reste atteinte la victime[1390]. Dans une autre affaire, un patient décède par asphyxie à la suite de son opération de la carotide en raison de l'absence d'intubation en temps utile. Le chirurgien voit sa responsabilité pénale engagée car il ne s'est pas entretenu avec l'anesthésiste de l'état inquiétant du malade, n'a pas veillé à son transfert en salle de réanimation ainsi qu'il l'avait jugé nécessaire et s'en est remis entièrement à l'unique infirmière de garde pour être informé de l'évolution de l'état du patient, comportements qualifiés d'imprudents ; l'anesthésiste ne s'est à aucun moment rendue au chevet du patient, même après que l'infirmière l'eut informée de difficultés, alors que la surveillance du chirurgien ne la dispensait pas de contre-visite, comportement constitutif de négligence[1391].

Une parturiente décède des suites d'une hémorragie disséminée ayant pour origine une toxémie survenue en fin de césarienne. La cour d'appel

---

[1389] Cass. crim., 26 février 1997, n° 96-80.511.

[1390] Cass. crim., 22 juin 1972, *Bull. crim.*, n° 218.

[1391] Cass. crim., 23 novembre 1994, n° 94-80.376.

de Metz retient dans les liens de la prévention d'homicide involontaire l'obstétricien et l'anesthésiste car ils connaissaient les antécédents de la patiente (deux césariennes avec hypertension artérielle), n'ont pas procédé à un examen pré-anesthésique, n'ont pas veillé à la disponibilité immédiate de sang en raison du risque élevé d'hémorragie et ont pris en charge cette patiente au sein de la clinique alors qu'elle aurait dû être transférée vers un hôpital mieux équipé[1392].

À la suite d'une amygdalectomie, une jeune patiente souffre de saignements importants, hémorragie dont la gravité a été sous-évaluée. L'absence de consignes nécessaires pour sa surveillance clinique données par l'anesthésiste aux infirmières constitue une faute caractérisée. La responsabilité pénale du chirurgien a également été retenue pour son comportement fautif dans la prise en charge de l'enfant[1393].

Dans une autre affaire encore, une patiente subit une gastroplastie au cours de laquelle survient une perforation gastrique entraînant une fuite digestive génératrice d'une péritonite. S'en suit un choc septique qui sera à l'origine du décès de la patiente. La responsabilité pénale du chirurgien est retenue en raison d'une interprétation fautive de l'évolution de l'état de la patiente et d'une décision de ré-intervention tardive ; celle de l'anesthésiste est retenue également en raison de l'emploi par ses soins d'un produit dont l'usage était abandonné depuis plusieurs années[1394]. Dans ces différents exemples, le chirurgien et l'anesthésiste se voient reprocher des fautes distinctes et personnelles.

428 – Engagement dissocié des responsabilités pénales – Seule la responsabilité pénale du chirurgien a été retenue en raison de l'oubli d'une pince dans l'abdomen d'un patient opéré[1395]. Doit seule être retenue la responsabilité pénale de l'anesthésiste si le dommage subi par le patient découle d'un défaut de surveillance d'une durée suffisante en salle post-interventionnelle ayant entraîné une recirculation des drogues anesthésiques à l'origine d'un arrêt cardio-respiratoire fatal pour le patient[1396]. Il en est de même du médecin anesthésiste qui quitte à deux reprises la salle de réveil laissant sa patiente sans surveillance, la circonstance qu'il allait aider un brancardier ayant demandé de l'aide ne pouvant justifier un tel comportement dans une clinique importante dans laquelle d'autres personnels

---

1392 CA, Metz, 8 janvier 1998, *BICC*, 1998, n° 1324.

1393 Cass. crim., 13 février 2007, Bull. crim., n° 44 ; *DDS*, 2007, p. 504 et s., obs. C. Haboubi.

1394 Cass. crim., 15 décembre 2009, *RDS*, 2010, n° 35, p. 254 et s., obs. M. Guigue.

1395 CA, Aix-en-Provence, 12 janvier 1954, *JCP*, 1954, II, n° 8040, note R. Savatier.

1396 CA, Rennes, 10 octobre 2000, *JCP G*, 2001, IV, n° 2654.

pouvaient se rendre disponibles[1397]. Doit encore être déclaré pénalement responsable d'homicide involontaire pour le décès d'une jeune patiente en raison d'un défaut de surveillance post-opératoire l'anesthésiste-réanimateur, celui-ci ayant quitté l'établissement de santé sans donner d'instruction aux infirmières pour le contrôle de la tension artérielle et de la fréquence cardiaque de la patiente[1398]. À la suite d'un accident de la circulation, une patiente est admise aux services des urgences d'un établissement de santé et présente une fracture du bassin. Ce n'est que vingt-huit heures après son admission que le médecin réanimateur appelle un chirurgien qui pratiquera une opération au cours de laquelle la patiente décédera. Seule la responsabilité pénale du médecin réanimateur est retenue étant à l'origine exclusive du décès[1399].

Ainsi, lorsqu'est identifiée la faute unique du chirurgien ou de l'anesthésiste comme étant à l'origine du dommage pour le patient, seul celui à qui la faute peut être reprochée voit sa responsabilité pénale engagée, ce en raison du principe de responsabilité pénale personnelle.

429 – La répartition des responsabilités pénales des autres médecins – De manière plus générale, les responsabilités pénales des médecins ayant participé à la prise en charge d'un même patient peuvent être engagées de manière cumulée, soit en raison d'une faute commune, soit en raison de fautes distinctes.

La faute commune peut concerner la prise de décision médicale : ainsi, un gastro-entérologue et chirurgien spécialiste décident en présence du chirurgien de garde de ne pas intervenir immédiatement auprès d'un patient victime d'une hémorragie gastrique aiguë et de poursuivre la réanimation. Le patient décède. En première instance, seul le chirurgien de garde est condamné ; l'appel est interjeté par lui-même et le parquet. La cour d'appel condamne les trois en raison d'une décision commune de différer l'intervention sans demander l'avis du médecin réanimateur et sans tenir compte du dossier de réanimation de la nuit qui mentionnait une aggravation de l'état du patient[1400]. Il s'agit en réalité de fautes identiques dont chacune est imputable aux praticiens.

Plusieurs médecins intervenant auprès d'un patient peuvent se voir reprocher des fautes pénales distinctes. C'est ce qui a été retenu à l'encontre du chirurgien et de l'anesthésiste qui avaient procédé à une opération sur la

[1397] CA, Rouen, 26 octobre 1995, *BICC*, 1996, n° 420.

[1398] Cass. crim., 13 février 2007, *Bull. crim.*, n° 44.

[1399] Cass. crim., 26 novembre 2013, n° 12-86.586 ; *DDS*, 2014, p. 80 et s., obs. M. Mourand.

[1400] Cass. crim., 5 avril 2005, n° 04-85.503.

patiente mais également des cinq autres médecins qui, en se succédant au chevet de la patiente, avaient pu constater la nécessité de soins sans les réaliser ou les faire réaliser[1401].

Il peut enfin arriver qu'alors que plusieurs médecins ont participé à la prise en charge d'un patient, seul l'un d'entre eux puisse voir sa responsabilité pénale retenue : un médecin réanimateur interprète incorrectement les radiographies faites d'une patiente victime d'un accident de la circulation, ne fait pas d'investigations plus poussées, retarde le diagnostic et ne sollicite que tardivement une intervention chirurgicale[1402]. De même, un radiologue constate une aggravation de l'état d'une patiente mais ne s'assure pas que son confrère anesthésiste a reçu son rapport radiologique[1403].

Il convient de mettre à part l'hypothèse d'un engagement de la responsabilité pénale du médecin en sa qualité de chef de service ou chef de pôle pour les établissements de santé public. Ainsi, en cas de dysfonctionnement dans le service pour la prise en charge du patient, sa responsabilité pénale est susceptible d'être recherchée. S'appuyant sur une décision rendue quelques mois après l'entrée en vigueur de la loi du 10 juillet 2000, un commentateur avait indiqué que cette loi permettrait d'écarter plus aisément la responsabilité pénale des chefs de service en cas d'accident survenu au sein de l'établissement[1404]. En l'espèce, un patient était décédé à la suite d'une erreur médicale et le chef de service de l'établissement avait été relaxé en application de la loi nouvelle dans la mesure où il ne pouvait lui être reproché une faute caractérisée : en effet, il n'était pas rapporté la preuve de son intervention dans la désignation d'une personne compétente en lieu et place de l'interne spécialisé, ni même de la connaissance qu'il pouvait avoir de cette désignation[1405]. Cependant, des décisions postérieures sont venues contredire cette analyse. Ainsi, la responsabilité pénale d'un médecin, chef de service des urgences d'un hôpital, a été engagée en raison de la prise en charge défaillante d'un patient par un médecin urgentiste de nationalité étrangère non autorisé à exercer en France[1406].

430 – La répartition des responsabilités pénales du médecin et de l'interne – L'interne agit sous la responsabilité d'un médecin, chef de service, aux termes de l'article R. 6153-3 CSP qui dispose que « l'interne en méde-

1401 CA, Paris, 30 juin 1983, *JurisData* n° 1983-600156.

1402 Cass. crim., 26 novembre 2013, n° 12-86.586 ; *RDS*, 2014, n° 58, p. 1074 et s., obs. A. Ponseille.

1403 Cass. crim., 4 juin 2013, *RDS*, 2013, n° 56, p. 754 et s., obs. A. Ponseille.

1404 L. Demont, obs. sous cette décision, *Médecine & Droit*, 2002, n° 55, p. 16.

1405 CA, Reims, 28 mars 2001, *JurisData* n° 2001-151104.

1406 Cass. crim., 23 octobre 2012, n° 11-86.457 ; *RDS*, 2013, n° 51, p. 61 et s., obs. A. Ponseille.

cine exerce des fonctions de prévention, de diagnostic et de soins, par délégation et sous la responsabilité du praticien dont il relève ». Mais s'il agit en dehors de ses fonctions, il s'expose à voir sa responsabilité engagée, notamment pénale.

Dans une équipe médicale composée d'un médecin et d'un interne, plusieurs situations pénales peuvent se présenter.

La **responsabilité pénale du médecin peut être retenue de manière exclusive**. A seul été déclaré coupable de blessures involontaires un chirurgien sous la responsabilité et la surveillance duquel opérait un interne : celui-ci, inexpérimenté, a provoqué chez une patiente la dilacération et l'arrachement des vaisseaux poplités lors du perçage d'un tunnel fémoral, conduisant à l'amputation de la jambe. Il est reproché une triple faute au chirurgien consistant dans le manque de surveillance de son interne, le défaut de réaction après la maladresse commise et l'absence de réalisation des examens postopératoires qui auraient pu permettre la détection précoce des dégâts. L'interne a été relaxé aux motifs qu'en formation et inexpérimenté, il opérait sous les ordres directs du chirurgien et en sa présence et n'avait pas violé les consignes données, ni les devoirs généraux incombant aux internes[1407]. Il est encore possible de citer le cas d'un interne en médecine participant avec son chef de service à une intervention chirurgicale qui fait naître une complication entraînant une hémorragie cervicale avec hématome compressif fatal pour le patient. Tous deux mis en cause pour homicide involontaire, ils sont relaxés par le tribunal correctionnel mais condamnés en appel. La Cour de cassation casse la décision de la cour d'appel car la décision de reprise chirurgicale appartenait au chef de service et non à l'interne qui exerçait ses fonctions en cette qualité, par délégation et sous la responsabilité du praticien dont il relevait[1408]. De même, seule la responsabilité pénale du médecin a été retenue dans une autre affaire : une patiente subit une cœlioscopie pour rechercher l'origine de douleurs pelviennes. L'intervention est pratiquée par un médecin gynécologue assisté d'un interne. La patiente décède du fait d'une plaie chirurgicale due à une incision sous-ombilicale pratiquée par l'interne et ayant atteint l'aorte. Une ordonnance de non-lieu est rendue mais la chambre de l'instruction renvoie les prévenus devant un tribunal correctionnel qui retient la responsabilité pénale du seul médecin pour homicide involontaire. En appel, il est relaxé. Mais saisie d'un pourvoi, la chambre criminelle de la Cour de cassation casse l'arrêt de la cour d'appel

[1407] CA, Chambéry, 2 mai 2001, *JurisData*, n° 146178 ; *Médecine et Droit*, 2001, n° 50, p. 16 et s., obs. P.B.

[1408] Cass. crim., 3 mai 2006, *Bull. crim.*, n° 117.

pour « ne pas avoir recherché si le prévenu, auquel il incombait de contrôler l'acte pratiqué par l'interne, n'avait pas commis une faute entretenant un lien direct de causalité avec la mort de la patiente »[1409]. Cette décision contraste avec une plus ancienne qui avait considéré que l'application rétroactive de la loi du 10 juillet 2000 en raison de son caractère plus doux permettait d'écarter la responsabilité pénale du chef du service de réanimation neuro-respiratoire d'un CHU, pour défaut de démonstration d'une faute qualifiée eu égard à sa qualité d'« auteur indirect » au sens de l'article 121-3 C. pén., alors que celles de l'interne en médecine spécialisée et de l'interne en médecine générale stagiaire étaient retenues[1410].

Cependant, le statut d'interne ne constitue pas en lui-même une cause d'irresponsabilité pénale. Ainsi, la **responsabilité pénale de l'interne peut être seule recherchée** : un interne reçoit un détenu après un transfert en urgence à la demande du médecin de l'UCSA et, malgré des résultats d'analyse alarmants, ne contacte pas le chef de service ; l'engagement de sa responsabilité pénale est justifié[1411]. En revanche, est relaxé un interne en gynécologie qui reçoit une jeune patiente qui se plaint de douleurs ; la consultation est réalisée de manière sérieuse mais la tumeur est rare et indétectable ; certes, l'interne n'a pas réalisé des examens complets et n'a pas cru bon de prévenir un médecin confirmé ; sa responsabilité pénale est écartée en raison de l'incertitude du lien de causalité entre la faute et le dommage car, selon l'expertise judiciaire, même si la tumeur avait été détectée, la jeune patiente n'aurait pas survécu[1412].

431 – Pendant longtemps, la jurisprudence considérait que le chef d'équipe avait une obligation de surveillance personnelle à l'égard des actes accomplis sous sa direction et entraînant ainsi sa responsabilité pénale exclusivement, à l'instar du chef d'entreprise.

> *Le médecin est personnellement astreint à une surveillance des actes accomplis, sous sa direction immédiate, pendant une intervention chirurgicale, par le personnel placé sous ses ordres, et commet une*

[1409] Cass. crim., 10 février 2009, *Bull. crim.*, n° 33.

[1410] Cass. crim., 5 septembre 2000, *Bull. crim.*, n° 262 : le chef de service prescrit un examen au scanner pour une patiente sous assistance respiratoire ; le transfert au service radiologie devait être effectué par une interne en médecine spécialisée mais celle-ci charge un interne en médecine générale stagiaire de procéder à ce transfert ; ce dernier replace la sonde d'intubation qui s'était déplacée accidentellement dans l'œsophage de la patiente, ce qui provoque un arrêt cardio-respiratoire et une axonie entraînant des lésions cérébrales irréversibles.

[1411] Cass. crim., 1er avril 2003, n° 02-81.872.

[1412] CA, Amiens, 3 avril 2006, ct0099 ; Cass. crim., 22 mai 2007, n° 06-84.034 ; *DDS*, 2008, p. 88 et s., obs. A. BRONKHORST.

faute engageant sa responsabilité pénale dès lors qu'il n'exerce pas cette surveillance avec toute l'attention nécessaire[1413].

Mais la jurisprudence s'est ensuite orientée vers une responsabilité pénale distributive, solution plus adaptée à la réalité de la pratique médicale. La pratique judiciaire est comparable concernant la répartition des responsabilités pénales au sein d'une équipe de soins.

b – La détermination des responsabilités pénales au sein de l'équipe de soins

432 – La prévision initiale d'un engagement exclusif de la responsabilité pénale du médecin, chef d'équipe – Dans un premier temps, la jurisprudence avait exclu la responsabilité pénale des personnels non-médecins. Elle avait effectivement transposé la solution adoptée en matière de responsabilité pénale du chef d'entreprise. Le médecin était donc déclaré pénalement responsable pour des dommages occasionnés directement par ses assistants non-médecins. Dans la mesure où les infirmiers et les sages-femmes travaillent sous la responsabilité des médecins, la commission par ces derniers d'une infraction non-intentionnelle était en quelque sorte la preuve d'un défaut de surveillance du médecin. La responsabilité pénale du médecin était donc engagée et la faute commise par l'assistant éludée. En effet, en raison de l'inexistence d'une responsabilité pénale du fait d'autrui, le médecin était déclaré responsable uniquement pour les fautes qu'il avait personnellement commises et qui peuvent lui être reprochées. C'est pourquoi les juridictions prenaient soin de dégager une faute du médecin dans le choix, la direction ou la surveillance de ses assistants. Bien que le médecin ait été le chef de l'équipe de soins, il n'était responsable que pour ses fautes personnelles. Il n'était pas déclaré responsable des fautes personnelles que ses assistants pouvaient commettre.

433 – La prévision ultérieure d'un engagement cumulé ou dissocié des responsabilités pénales du chef d'équipe et des personnels soignants non-médecins – Bien que le médecin soit considéré comme un chef d'équipe, la jurisprudence reconnaît la responsabilité pénale personnelle des soignants non-médecins, membres de l'équipe de soins.

Dans certains cas, **le personnel médecin et le personnel non-médecin sont cumulativement déclarés responsables pénalement**, chacun pour une faute commise dans son domaine.

D'ailleurs, la Cour de cassation est venue préciser que « la responsabilité pénale des membres de l'équipe soignante n'est pas exclusive de celle de

[1413] Cass. crim., 9 mai 1956, *Bull. crim.*, n° 355 ; *JCP*, 1956, II, n° 9435, note R. Savatier.

son dirigeant » dans une affaire concernant une patiente atteinte d'une pathologie diagnostiquée avant son admission qui nécessitait l'administration immédiate d'un traitement antibiotique et la mise en œuvre de moyens de réanimation. La patiente est laissée plusieurs heures sans soins ce qui lui sera fatal. Il est reproché au chef de service des « négligences fautives dans l'organisation de la délégation des pouvoirs dévolus à chaque praticien en cas d'extrême urgence » outre les fautes reprochées aux autres membres de l'équipe de soins[1414].

Dans un arrêt du 21 octobre 1998, la chambre criminelle de la Cour de cassation a retenu que :

> *D'une part, au cours de la phase postopératoire, la sage-femme était libre de prescrire ou d'interrompre sous sa propre responsabilité l'administration d'un produit qu'elle est autorisée à prescrire et, d'autre part, l'existence des fautes relevées à l'encontre du gynécologue pendant les opérations d'évacuation de la cavité utérine ne suffit pas à exclure l'éventualité de fautes commises par la sage-femme pendant ces opérations ou dans la surveillance des suites des couches.*

Ayant accouché de jumelles, une femme décède d'une hémorragie intra-utérine. Le gynécologue et la sage-femme sont renvoyés devant le tribunal correctionnel qui ne condamne que le médecin ; la cour d'appel retient la même solution faisant valoir que les deux fautes (arrêt prématuré de la perfusion et défaut de diagnostic d'une hémorragie intra-utérine) n'étaient pas imputables à la sage-femme car il s'agissait d'un accouchement gémellaire à haute probabilité de risques et il appartenait donc au gynécologue de donner à celle-ci les directives nécessaires au sujet de la durée de la perfusion et de procéder lui-même à l'examen clinique qui aurait permis de diagnostiquer l'hémorragie interne. La Cour de cassation n'est pas de cet avis et casse l'arrêt de la cour d'appel[1415].

Un enfant est admis dans un établissement de santé par un médecin anesthésiste pour une gastro-entérite avec un début de déshydratation, nonobstant le défaut d'agrément pour l'accueil d'enfants. Le petit patient décède à la suite de l'administration par perfusion d'une dose excessive de sérum bicarboné, erreur imputable à une infirmière. Leurs responsabilités pénales respectives pour des fautes distinctes sont engagées, outre celle du directeur de l'établissement[1416].

[1414] Cass. crim., 26 mars 1997, *Bull. crim.*, n° 123 ; *Dr. pén.*, 1997, comm. n° 109, 3e espèce, obs. M. Véron ; *RDSS*, 1998, p. 64, obs. L. Dubouis.

[1415] *Bull. crim.*, n° 270.

[1416] Cass. crim., 24 juin 1992, n° 92-80.107 ; *Dr. pén.*, 1993, comm. n° 5, obs. M. Véron.

Une telle position a notamment été adoptée à la suite du décès d'un détenu. Une infirmière et un médecin psychiatre ont été déclarés coupables d'homicide involontaire, une faute caractérisée ayant été retenue à l'encontre des deux professionnels de santé. L'infirmière est informée par deux de ses collègues qui quittaient l'établissement que le détenu avait fait une crise d'épilepsie et qu'il devait faire l'objet de visites régulières pendant la nuit ; l'infirmière se contente d'entrer dans la cellule et repart en voyant qu'il dormait, ce qui sera qualifié de faute caractérisée. Le médecin, informé également par les deux infirmières, se contente de dire aux infirmières d'inscrire le détenu pour une consultation le lendemain et ne le visite pas dans la nuit, comportement également qualifié de faute caractérisée. Le détenu décède dans la nuit d'une nouvelle crise d'épilepsie. Infirmière et médecin sont condamnés pénalement pour homicide involontaire[1417].

De même, la responsabilité pénale d'une infirmière ayant réalisé une perfusion qui ne correspondait pas à la prescription du médecin en raison d'une lecture erronée a pu être engagée en même temps que celle du médecin prescripteur auquel il était reproché de ne pas avoir formulé avec toute la clarté indispensable sa prescription relative à la perfusion, comportement constitutif d'une faute caractérisée[1418].

Cependant, une erreur commise par un membre de l'équipe de soins ne peut pas être de nature à exonérer de sa responsabilité pénale le chirurgien dès lors qu'il est possible de lui reprocher des fautes. C'est ce qu'a rappelé la cour d'appel de Limoges dans un arrêt du 17 septembre 1997 : sans rendre une visite préalable à son patient, ni même consulter le dossier médical de celui-ci dont la tenue avait été pour le moins superficielle, un chirurgien procède à une néphrectomie en raison d'une tumeur mais se trompe de rein et poursuit l'opération malgré des doutes. Le fait que le patient ait été positionné par les membres de son équipe sur la table d'opération du mauvais côté ne saurait exclure la responsabilité pénale du médecin[1419].

Dans d'autres cas, **les médecins sont déchargés de toute responsabilité** car les magistrats considèrent que **la faute à l'origine du dommage a été exclusivement commise par un professionnel de santé non-médecin**. C'est ainsi que la responsabilité pénale de la seule sage-femme, à l'exclusion de celle du médecin accoucheur, a été retenue à la suite de l'amputation des orteils d'un nourrisson. Celui-ci, né prématurément, a été placé par la sage-femme après l'accouchement sur une table d'opération à air

[1417] CA, Aix-en-Provence, 2 décembre 2002, *JurisData*, n° 2002-205551.

[1418] Cass. crim., 1er avril 2008, n° 07-81.509.

[1419] *JurisData* n° 1997-046103.

chaud pulsé, la chaleur dégagée ayant conduit à la perte de ses orteils. La sage-femme, ayant en charge l'administration des soins postnatals, doit répondre des fautes pénales commises[1420]. Tel est encore le cas de la sage-femme dont la négligence est à l'origine de séquelles graves et irréversibles du système nerveux d'un nourrisson. N'ayant pas contacté le médecin alors qu'il s'agit d'une obligation en présence d'un accouchement dystocique, seule sa responsabilité pénale est engagée[1421]. Tel est encore le cas de l'infirmier dont l'acte fautif à l'origine du dommage relevait de son domaine propre de compétence[1422].

Dans certains cas enfin, **seule est retenue la responsabilité pénale du médecin** en raison d'un défaut de surveillance du personnel soignant non-médecin. Par exemple, la responsabilité pénale d'un médecin anesthésiste a ainsi pu être engagée à la suite du décès d'une patiente en raison du mauvais positionnement d'une sonde d'intubation, alors que cette sonde avait été placée par un infirmier anesthésiste. Tandis que l'infirmier était relaxé, le médecin était condamné notamment pour défaut de surveillance de son assistant[1423]. Un anesthésiste a également été condamné pour homicide involontaire du fait d'un manque de surveillance et de l'absence d'instructions données aux infirmières. Il est poursuivi de ce chef à la suite du décès d'un enfant ayant subi une amygdalectomie qui a entraîné une hémorragie non détectée et il est retenu à son encontre notamment une faute consistant dans l'absence d'instructions aux infirmières pour le contrôle régulier de la tension artérielle et de la fréquence cardiaque de la jeune patiente[1424]. Une faute pénale peut aussi n'être imputable qu'au médecin : ainsi en est-il du défaut de déplacement du praticien malgré les sollicitations répétées de la sage-femme[1425].

De même, a été relaxée une infirmière au motif qu'elle s'était contentée de suivre les instructions d'un médecin chirurgien qui, informé de ballonnements et de vomissements constatés, avait seulement prescrit une mise à plat ventre du patient et l'administration de suppositoires glycérinés. Il

PARTIE 3

[1420] Cass. crim., 10 novembre 1992, n° 89-86.065.

[1421] Cass. crim., 25 septembre 1996, n° 95-81.552 ; *Gaz. Pal.*, 1997, I, Chron. crim., p. 20, obs. J.-P. Doucet ; à rapprocher de CA, Aix-en-Provence, 23 mai 1973, *JCP*, 1974, II, n° 17632, note F. Chabas, relatif à l'engagement de la responsabilité pénale d'une sage-femme pour avoir commis une erreur de diagnostic qualifiée de faute pénale et pour inobservation des règlements, spécialement en ne faisant pas, comme elle en avait l'obligation, appel en temps utile à l'interne de service.

[1422] Cass. crim., 16 janvier 2007, *Dr. pén.*, comm. n° 49, obs. M. Véron.

[1423] Cass. crim., 11 janvier 1995, n° 94-81.171.

[1424] Cass. crim., 13 février 2007, *Bull. crim.*, n° 44.

[1425] Cass. crim., 9 janvier 1992, n° 91-81.544.

se rend coupable d'un homicide involontaire pour avoir manqué à son obligation de surveillance postopératoire en ne faisant pas pratiquer, malgré des symptômes d'occlusion intestinale et les douleurs du patient, les examens qui auraient permis d'éviter son décès[1426].

Enfin, au sein même de l'équipe de soins, l'infirmière est tenue de surveiller les actes accomplis par une élève infirmière : aussi engage sa responsabilité pénale pour faute caractérisée l'infirmière du service de radiologie ayant laissé une élève infirmière administrer une substance dangereuse à un patient hors sa présence et en dehors d'un cas d'urgence, sans s'être assurée qu'elle connaissait le mode opératoire[1427].

Ces solutions permettent de concilier le principe de personnalité de la responsabilité pénale avec le contrôle opéré par le médecin sur ses assistants. Mais de manière générale, la jurisprudence de la Cour de cassation génère une insécurité juridique certaine pour les professionnels de la santé mis en cause pénalement en cas d'accident survenu dans la prise en charge des patients. Ceci entraîne des difficultés pour assurer une gestion efficace du risque pénal en ce domaine qui est bien réel dans la mesure où, loin de limiter les cas de responsabilités, les modifications législatives entreprises concourent au contraire à leur développement[1428].

434 – Outre les personnes physiques, personnel soignant ou de direction, pouvant engager leur responsabilité pénale comme cela vient d'être exposé, les établissements de santé sont également susceptibles d'engager leur responsabilité pénale et, par suite, d'être pénalement condamnés.

[1426] CA, Paris, 17 décembre 1992, *JurisData*, n° 1992-023939.

[1427] Cass. crim., 26 juin 2001, n° 00-87.816 ; *Dr. pén.*, 2011, comm. n° 124, obs. M. Véron.

[1428] Cf. *supra*. n° 157 et s.

CHAPITRE 2

LA RESPONSABILITÉ PÉNALE DES ÉTABLISSEMENTS DE SANTÉ

En raison d'infractions commises au sein des établissements de santé et même si elle reste à ce jour exceptionnelle, la responsabilité pénale de telles structures, personnes morales, peut être recherchée et engagée sur le fondement de l'article 121-2 du Code pénal. Cette possibilité ne vaut que pour les faits postérieurs à l'entrée en vigueur de la disposition (au 1er mars 1994) qui prévoit cette responsabilité pénale. En effet, s'agissant d'un texte qui crée un nouveau régime de responsabilité pénale, il peut être qualifié de disposition plus sévère et n'a donc pas vocation à s'appliquer de manière rétroactive en raison des principes de légalité et de non-rétroactivité des lois pénales nouvelles plus sévères[1429]. Pour cette raison, ne pouvait être recherchée la responsabilité pénale d'un centre hospitalier malgré le désordre dans l'organisation du service de radiologie, dans l'organisation des remplacements et la délégation à des internes sans compétence de différentes tâches pour des faits commis en 1991[1430]. C'est encore pour cette raison que n'a pu être envisagée la responsabilité pénale d'une clinique à la suite du décès en janvier 1994 d'une jeune femme opérée ayant subi une appendicectomie sous cœlioscopie et victime d'un arrêt cardiorespiratoire en salle d'opération alors qu'elle y avait été abandonnée sans surveillance[1431] ; seule la responsabilité pénale du directeur de l'établissement, organe et représentant de la clinique, fut engagée en raison de l'absence de salle de réveil dans l'établissement, constitutive d'un dysfonctionnement dans l'organisation de l'établissement de santé.

Les principales infractions pour lesquelles il serait tentant de retenir la responsabilité pénale des établissements de santé sont des infractions

[1429] Art. 111-3 et 112-1 C. pén.

[1430] Cass. crim., 23 novembre 1999, n° 98-85.907.

[1431] T. corr., Bobigny, 7 juillet 1999, *Gaz. Pal.*, mars-avril 2000, p. 612 et s., obs. J. Bonneau.

de protection pénale de l'intégrité corporelle et de la vie des patients ou encore celles relatives à l'exercice illégal de professions de santé.

Depuis 1994, l'article 121-2 du Code pénal a été modifié à deux reprises: en son alinéa 3e, par la loi du 10 juillet 2000 portant redéfinition des délits non-intentionnels et en son alinéa 1er, par la loi du 9 mars 2004 portant adaptation de la justice aux évolutions de la criminalité. Cependant, les conditions pour l'engagement de la responsabilité pénale de la personne morale n'ont pas varié depuis.

Ainsi l'article 121-2 du Code pénal prévoit que:

> *Les personnes morales, à l'exclusion de l'État, sont responsables pénalement, selon les distinctions des articles 121-4 à 121-7, des infractions commises, pour leur compte, par leurs organes ou représentants.*
>
> *Toutefois, les collectivités territoriales et leurs groupements ne sont responsables pénalement que des infractions commises dans l'exercice d'activités susceptibles de faire l'objet de conventions de délégation de service public.*
>
> *La responsabilité pénale des personnes morales n'exclut pas celle des personnes physiques auteurs ou complices des mêmes faits, sous réserve des dispositions du quatrième alinéa de l'article 121-3.*

Assez rapidement après l'entrée en vigueur de ce texte, plusieurs auteurs se sont interrogés sur les modalités de son application à l'égard des établissements de santé notamment publics[1432]. Depuis, il convient de remarquer que peu nombreuses sont les décisions pénales concernant les établissements de santé, et parmi celles-ci sont encore plus rares celles qui retiennent leur responsabilité pénale. La doctrine avance quelques explications: l'activité médicale à l'origine du dommage subi par le patient est le fait d'une personne physique ce qui conduira le plus souvent à rechercher des responsabilités individuelles; est également recherchée de manière prioritaire une indemnisation par d'autres voies plus adaptées que la voie pénale; enfin les peines encourues s'avèrent peu adaptées à l'encontre d'établissements de santé dont certains sont déjà très endettés[1433].

436 – Au demeurant, l'évocation de la responsabilité pénale des établissements de santé suppose l'étude des conditions de son engagement (**section 1**) et de son régime (**section 2**).

[1432] J. Moreau, « La responsabilité pénale des établissements publics de santé et le nouveau Code pénal », *AJDA*, 1995, p. 620 et s.

[1433] J.-B. Thierry, « La responsabilité pénale des établissements de santé », *AJ pénal*, 2012, p. 376.

SECTION 1 – LES CONDITIONS DE L'ENGAGEMENT DE LA RESPONSABILITÉ PÉNALE DES ÉTABLISSEMENTS DE SANTÉ

437 – Certaines conditions légales concernent l'établissement de santé (**§1**), d'autres conditions s'attachent à la commission de l'infraction qui lui est reprochée (**§2**).

§ I – Les conditions relatives à l'établissement de santé

438 – Pour être susceptible d'engager sa responsabilité pénale, l'établissement de santé doit avoir la personnalité morale. Celle-ci est attribuée par la loi, exceptionnellement par le juge. La variété des établissements de santé susceptibles d'engager leur responsabilité pénale est importante (**A**) et la transformation de leur structure juridique peut avoir une incidence sur leur responsabilité pénale (**B**).

A – La diversité des établissements concernés

439 – Là où la loi ne distingue pas, il n'y a pas lieu de distinguer : le législateur utilisant l'expression « personnes morales », l'article 121-2 C. pén. a vocation à s'appliquer *a priori* à toute personne morale, établissements de santé compris. Cependant, parmi les établissements de santé, il convient de distinguer les établissements de santé privés (**1**) des établissements de santé publics (**2**).

1) Les établissements de santé privés

440 – Les articles L. 6161-1 et s. CSP présentent les établissements de santé privés. Il convient de ranger dans cette catégorie les établissements à but lucratif et à but non lucratif. Les premiers sont les cliniques qui peuvent prendre la forme de sociétés de personnes ou de sociétés de capitaux (SA, SARL, Société en commandite par actions). Elles acquièrent la personnalité juridique par leur inscription au registre du commerce et des sociétés. Les seconds sont des établissements de santé privés à intérêt collectif : certains ne possèdent pas à proprement parler de personnalité morale mais sont gérés par des personnes morales de droit privé telles que des associations, fondations, congrégations ou mutuelles. En revanche, les centres de lutte contre le cancer sont expressément identifiés par la loi comme étant des personnes morales de droit privé[1434]. Enfin, le Code de la santé publique identifie comme relevant de la catégorie des établissements de santé les

[1434] Art. L. 6162-2 CSP.

coopératives hospitalières de médecins qui sont des sociétés d'exercice professionnel[1435]. Elles prennent la forme juridique de société à responsabilité limitée, de société anonyme ou de société par actions simplifiée (art. L. 6163-3 CSP) et, à ce titre, possède la personnalité morale.

Bien que non regardées par la loi comme étant des établissements de santé privés, d'autres structures seraient susceptibles d'engager leur responsabilité pénale sur le fondement de l'article 121-2 C. pén. compte tenu du fait qu'elles sont également des personnes morales. Ainsi en est-il par exemple des laboratoires de biologie médicale au regard des structures d'exercice (art. L. 6223-1 CSP) ou des maisons de santé présentées expressément par la loi comme étant des personnes morales constituées entre des professionnels médicaux, auxiliaires médicaux ou pharmaciens (art. L. 6313-3 al.1er CSP).

Pour d'autres groupements de santé, c'est la structure juridique de gestion qui pourra éventuellement voir sa responsabilité pénale engagée : il en est ainsi par exemple des centres de santé qui sont gérés par des organismes à but non lucratif, des collectivités territoriales (art. L. 6313-1 al.4e CSP).

Enfin, peuvent engager leur responsabilité pénale les sociétés civiles professionnelles réunissant des professionnels de santé. Elles acquièrent la personnalité morale par leur inscription au registre du commerce et des sociétés qui peut être réalisée sous réserve d'une inscription préalable à l'ordre professionnel.

2) Les établissements de santé publics

441 – L'article L. 6141-1 CSP dispose dans son alinéa 1er que les établissements publics de santé sont des « personnes morales dotées de l'autonomie administrative et financière ».

Des fondations hospitalières, qui sont des fondations d'utilité publique, peuvent être créées par les établissements de santé publics en vertu de l'article L. 6141-7-3 CSP : elles disposent de la personnalité morale.

À la différence des personnes morales de droit privé, la responsabilité pénale des personnes morales de droit public est plus strictement définie : d'une part, la responsabilité pénale de l'État est expressément exclue par le 1er alinéa de l'article 121-2 C. pén. ; d'autre part, son alinéa 2e prévoit que « toutefois, les collectivités territoriales et leurs groupements ne sont responsables pénalement que des infractions commises dans l'exercice

---

[1435] Art. L. 6163-1 et s. CSP.

d'activités susceptibles de faire l'objet de conventions de délégation de service public ».

Or, le ressort des centres hospitaliers est communal, intercommunal, régional, interrégional ou national. La question a ainsi pu se poser de savoir si la limite posée par cet alinéa 2e concernait les établissements de santé. Les établissements de santé publics ne constituent pas des collectivités territoriales, pas plus que des groupements de ces dernières. Un auteur a pu s'interroger sur le cas de l'établissement de santé public ayant une forme intercommunale (hôpital constitué en syndicat de commune à vocation unique)[1436] : il pourrait être considéré comme « groupement » et, dès lors, il convient de s'interroger sur le point de savoir si les missions dévolues sont susceptibles de faire l'objet d'une délégation de service public. Une délégation de service public se définit comme un contrat conclu entre une personne publique titulaire d'une compétence et une autre chargée par ce contrat de gérer tout ou partie du service public correspondant à cette compétence[1437]. Or, les missions dévolues aux établissements publics de santé (diagnostic, soins, traitements…) qui assurent l'exécution du service public hospitalier pouvaient être considérées comme susceptibles de faire l'objet de convention de délégation de service public. Déjà sous l'empire de la loi n° 70-1318 du 31 décembre 1970 portant réforme hospitalière[1438], l'article 42 prévoyait la possibilité d'un contrat de concession entre les établissements publics de santé et les cliniques privées, procédure reconduite par la suite par la loi n° 91-748 du 31 juillet 1991 éponyme[1439]. Si bien que lorsque des infractions sont commises au sein des établissements de santé, leur responsabilité pénale est envisageable sous réserve que les autres conditions posées par l'art.121-2 du Code pénal soient remplies.

Cependant, en ce qui concerne les établissements de santé publics nationaux, la doctrine semble divisée sur le point de savoir si l'alinéa 1er de l'art.121-2 du Code pénal leur est applicable. Certains auteurs sont d'avis qu'il s'agit de structure assimilable à l'État donc ne pouvant engager qu'une responsabilité administrative, d'autres pensent que leur responsabilité pénale peut être recherchée. Les auteurs se ralliant à cette dernière position expliquent que l'exclusion de la responsabilité pénale de l'État au sens strict s'explique par le droit de punir dont il est détenteur. Seuls les hôpitaux militaires ne sauraient engager leur responsabilité pénale car ils

1436 J. Moreau, « La responsabilité pénale des établissements publics de santé et le nouveau Code pénal », *op. cit.*, p. 620 et s.

1437 Art. L. 1411-1 CGCT.

1438 *JO* du 3 janvier 1971, p. 67 et s.

1439 *JO* du 2 août 1991, p. 10255 et s.

dépendent directement du ministère de la Défense qui est une incarnation de l'État[1440].

B – Les conséquences liées à la transformation de la structure juridique des établissements de santé

442 – Les établissements de santé privés, comme les établissements de santé publics[1441], peuvent faire l'objet d'un certain nombre de transformations juridiques. Dès lors se pose la question de savoir si le nouvel établissement de santé, résultat d'une transformation juridique, peut être tenu responsable pénalement pour une infraction qui aurait été commise pour le compte de l'établissement de santé dans sa forme antérieure.

La réponse est négative dès lors que la transformation fait perdre à l'établissement sa personnalité juridique. Ainsi, en se fondant sur le principe à valeur constitutionnelle selon lequel nul n'est pénalement responsable que de son propre fait[1442], la Cour de cassation a considéré que la société qui a absorbé une autre société dont un organe ou un représentant avait commis une infraction pour son compte ne peut être déclarée pénalement responsable dans la mesure où l'opération d'absorption fait perdre à la société absorbée son existence juridique[1443]. Une telle solution est transposable aux établissements de santé. Par ailleurs, lorsque l'établissement de santé a été pénalement condamné à l'exécution d'une peine, la dissolution de la structure juridique de l'établissement empêche ou arrête l'exécution de la peine. Cependant, le recouvrement et l'exécution respectivement de l'amende et de la confiscation prononcées peuvent intervenir après la dissolution jusqu'à la clôture des opérations de liquidation[1444].

§ 2 – Les conditions relatives à la commission de l'infraction

443 – L'infraction fondant la responsabilité pénale de l'établissement de santé doit être consommée ou au moins tentée[1445]. Avant la loi du 9 mars

[1440] C. Caillé, M. Danti-Juan, « La responsabilité pénale des établissements de santé », p. 41 et s. in *Mélanges en l'honneur de Jean-Henri Soutoul*, Bordeaux: Les Études Hospitalières, 2000, 196 P.

[1441] L'art. L. 6141-7-1 CSP prévoit les modalités de transformation des établissements publics de santé.

[1442] Cette règle est énoncée à l'article 121-1 du Code pénal.

[1443] Cass. crim., 20 juin 2000, *Bull. crim.*, n° 237; Cass. crim., 14 octobre 2003, *RSC*, 2004, p. 339, obs. E. Fortis.

[1444] Art. 133-1 C. pén.

[1445] Art. 121-4 et 121-5 C. pén.

2004, pour que la responsabilité pénale d'une personne morale puisse être engagée, il fallait qu'un texte particulier prévoie cette possibilité pour telle infraction considérée. Le principe de spécialité a disparu avec la loi de 2004, ce qui signifie que les personnes morales peuvent *a priori* engager leur responsabilité pénale pour tout type d'infractions pénales. L'infraction doit être en outre commise « pour le compte » de la personne morale, ce qui ne signifie pas « au nom » de la personne morale mais pour favoriser celle-ci, en lui permettant un gain, une économie ou en lui évitant une perte[1446]. Cependant, s'agissant d'une personne morale, une entité « abstraite », l'engagement de la responsabilité pénale d'un des établissements de santé précité, suppose l'intervention d'une personne physique, « un *substratum* humain », raison pour laquelle cette responsabilité pénale, sans pouvoir être qualifiée de responsabilité pénale du fait d'autrui[1447], n'en demeure pas moins une responsabilité pénale indirecte ou « par reflet ». Ainsi, l'infraction pénale qui fonde la responsabilité pénale de l'établissement de santé est commise par un « organe » ou « représentant » aux termes de l'article 121-2 du Code pénal. Dans un établissement de santé, le personnel de direction (directeur) est à la fois organe et représentant au sens de la loi. Il ne fait aucun doute qu'une telle responsabilité pénale est aisément envisageable lorsque l'infraction pénale reprochée est sans lien avec l'activité de soins (**A**). En revanche, cela semble plus délicat lorsque c'est l'activité de soins qui est constitutive d'une infraction pénale (délit d'homicide involontaire et contravention ou délit de blessures involontaires) commise contre un patient : en effet, d'une part, le directeur, qui est représentant et organe, n'est pas matériellement auteur de l'infraction puisque non intervenant dans l'activité de soins et, d'autre part, le soignant, auteur direct ou indirect mais matériel de l'infraction, n'est ni organe, ni représentant de la personne morale et donc ne peut pas à ce titre permettre l'engagement de l'établissement de santé : la jurisprudence a cependant trouvé un moyen pour qu'une telle responsabilité puisse être envisagée (**B**).

A – Les modalités d'imputation des infractions sans lien avec l'activité de soins

444 – Les notions d'organe et de représentant sont distinctes mais non définies à l'article 121-2 du Code pénal. Est un « organe » la personne qui

[1446] Le fait de ne pas prévoir un nombre de personnels soignants suffisant par exemple génère des économies.

[1447] Ceci est proscrit par l'article 121-1 du Code pénal qui dispose que « Nul n'est responsable pénalement que de son propre fait ».

incarne la personne morale, c'est-à-dire toute personne ou tout ensemble de personnes que la loi dénomme comme ayant cette qualité (directeur, PDG, membres de conseil d'administration...) qui agit au nom de la personne morale et qui tire son pouvoir de la loi ou des statuts. Est un « représentant » la personne qui agit pour le compte de la personne morale dans ses rapports avec les tiers et qui peut engager la personne morale à l'égard des tiers. Ainsi, le directeur d'un établissement de santé public a la qualité d'organe et de représentant de l'établissement de santé[1448] puisqu'il est désigné par l'article L. 6141-1 al.3e CSP comme ayant, avec le directoire, des fonctions de direction. Dans les établissements de santé privés, exercera ces fonctions le président, le PDG, le directeur, le gérant selon la nature de la structure juridique de ces établissements. En revanche, les préposés de l'établissement de santé qui ont réalisé les interventions techniques sur le matelas chauffant (à l'origine d'une aggravation de l'état d'un patient) ne sont pas les organes de la personne morale, ni délégataires d'un pouvoir de direction ou d'administration[1449].

Lorsque l'infraction est sans lien avec l'activité de soins, elle peut être directement imputable à un organe ou représentant, personnel de direction de l'établissement de santé.

Ainsi, la responsabilité pénale d'un centre hospitalier a pu être retenue, en même temps que celle de son directeur, à la suite du décès d'un patient et de blessures subies par d'autres dus à la contamination par légionelle dans les tours réfrigérantes de l'établissement. Il est reproché au directeur une faute délibérée en relation certaine avec les dommages et consistant en un défaut délibéré de déclaration à la préfecture de la tour B, obligation imposée par l'article L. 512-8 du Code de l'environnement et par l'arrêté préfectoral du 9 août 2000, s'agissant d'une installation classée. En s'abstenant de procéder à cette déclaration et en ayant faussement laissé ou fait mentionner qu'elle avait été effectuée, l'hôpital et son directeur ont privé la tour de tout contrôle par l'inspecteur des installations classées, contrôle à l'issue duquel les prélèvements et analyses se révélant positifs, il aurait pu être mis un terme immédiat au fonctionnement du système de refroidissement de ladite tour[1450].

À la suite d'une panne d'électricité non gérée survenue dans un CHU, deux patients, un nourrisson et un patient âgé décèdent, le décès du second étant le résultat certain de la coupure d'alimentation électrique au

[1448] T. corr., Paris, 3 septembre 2003, n° 99-26423046.

[1449] Cass. crim., 13 décembre 2001, n° 11-81.330.

[1450] Cass. crim., 16 octobre 2012, n° 11-87.369.

service de réanimation dans lequel il se trouvait. Si le juge d'instruction a rendu une décision de non-lieu, en appel, la cour a renvoyé le CHU et son directeur devant le tribunal correctionnel pour homicide involontaire. Ceux-ci ont formé un pourvoi qui a été rejeté par la Cour de cassation. La société chargée de la maintenance subissait une période de grève de son personnel. Cet état de fait était connu du directeur du CHU qui, parti en vacances, ne s'était pas assuré qu'une personne qualifiée pourrait intervenir dans le cas d'une pareille panne alors même qu'il « avait la compétence, l'autorité et les moyens nécessaires pour faire respecter au sein de l'établissement qu'il dirigeait les règles de surveillance et d'organisation de nature à garantir la sécurité des patients qui y étaient hospitalisés ». L'homicide involontaire pouvant lui être reproché est susceptible d'engager également la responsabilité pénale du CHU[1451].

Dans un domaine très différent, deux supérieurs hiérarchiques (chef des services techniques et directeur des travaux de l'Assistance Publique-Hôpitaux de Paris) d'un agent hospitalier mentionnent dans un rapport le concernant et soumis à une commission administrative une sanction disciplinaire à laquelle il avait été condamné mais amnistiée. Une telle mention étant constitutive d'une infraction, l'établissement de santé est poursuivi pénalement et condamné. La Cour de cassation approuve les juges du fond considérant que ses supérieurs hiérarchiques, « qui participaient ainsi aux pouvoirs de l'employeur, représentaient l'établissement public et agissaient pour son compte » dès lors qu'ils avaient formulé sur cet agent des appréciations écrites à l'occasion d'une décision relative à sa carrière. La responsabilité pénale de l'établissement de santé pouvait dès lors être recherchée et retenue[1452].

Il est cependant des cas où seul le dirigeant de l'établissement de santé fait l'objet de poursuites pénales sans que soit inquiétée la personne morale. Ainsi a été retenue la seule responsabilité pénale du directeur de l'hôpital et du président du conseil d'administration dudit hôpital à la suite d'un incendie survenu en 1995 dans un des bâtiments causant le décès de trois patients. La commission de sécurité avait prescrit par deux fois des travaux de sécurité et le sous-préfet avait mis en demeure l'hôpital de les réaliser, mais ils n'avaient pas été exécutés. Il est reproché aux dirigeants une abstention fautive en lien de causalité certain avec les décès[1453]. Eu égard à la qualité tout à la fois d'organe et de représentant des prévenus, des poursuites contre l'établissement de santé auraient pu être envisagées

[1451] Cass. crim., 2 octobre 2012, n° 11-88.089.

[1452] Cass. crim., 6 avril 2004, *Bull. crim.*, n° 84.

[1453] Cass. crim., 9 novembre 1999, n° 98-87.432, *Bull. crim.*, n° 250.

mais tel n'a pas été le cas. Il faut préciser que la création de la responsabilité pénale des personnes morales datait du 1er mars 1994 et la frilosité des juges est de fait compréhensible à une époque où rares étaient encore les décisions rendues à l'encontre des établissements de santé sur le fondement de l'article 121-2 du Code pénal.

445 – La responsabilité pénale de l'établissement de santé peut également être retenue dès lors que l'infraction reprochée est en lien avec l'activité de soins.

B – Les modalités d'imputation des infractions en lien avec l'activité de soins

446 – Afin que soit engagée la responsabilité pénale de l'établissement de santé, il est indispensable que l'infraction puisse être imputée, reprochée à l'organe ou au représentant de l'établissement, comme le prévoit expressément l'article 121-2 du Code pénal. Pour ce faire, quand survient dans un tel établissement le décès d'un patient ou des blessures subies par lui en raison d'une prise en charge médicale inadaptée, les juges doivent imputer au chef d'établissement l'infraction non-intentionnelle correspondant à la gravité du dommage, d'une manière qui peut paraître artificielle. En effet, le directeur de l'établissement ne pouvant être regardé comme l'auteur « matériel » du dommage, les juges recherchent un « dysfonctionnement du service » ou une « défaillance fonctionnelle », pour reprendre des expressions prétoriennes, qui ne peut être imputable qu'au personnel de direction. Cela suffit à fonder la responsabilité pénale de l'établissement de santé (**1**). C'est la participation du directeur de l'établissement comme complice qui est retenue lorsque l'établissement emploie du personnel qui exerce illégalement des activités de soins (**2**).

1) Le recours à la notion de « défaillance fonctionnelle ou dysfonctionnement du service » en cas d'infractions d'homicide ou de blessures involontaires contre les patients

447 – La responsabilité pénale des personnes morales a été conçue par le Code pénal de 1994 pour appréhender essentiellement les comportements délictueux imputables aux entreprises privées et aux personnes morales de droit public telles que les communes. L'organisation des établissements de santé est tout à fait singulière. Ainsi, alors que le chef d'entreprise a la possibilité de déléguer ses pouvoirs en matière d'hygiène et de sécurité à un salarié et de lui transférer ainsi le poids de la responsabilité pénale en cas d'accidents du travail pouvant être pénalement qualifiés d'homicide ou de blessures involontaires[1454], pareil mode d'exonération n'existe pas dans un établissement de santé : en effet, le directeur ne délègue pas ses pouvoirs aux professionnels de santé en matière de sécurité. Le délégataire de pouvoirs, salarié d'une entreprise, possède la qualité de représentant au sens de l'article 121-2 C. pén.[1455] et l'infraction qu'il commet pour le compte de la société fonde la responsabilité pénale de cette société. Rien de comparable pour l'établissement de santé, le personnel soignant ne pouvant être considéré comme représentant de l'établissement de santé, personne morale, pour les raisons précédemment évoquées. Ils ne reçoivent pas non plus de délégation en matière de soins, en raison de l'exercice indépendant d'une telle activité. Ainsi, des éventuelles fautes pénales commises par les soignants dans la prise en charge des patients ne permettent pas *ipso facto* à imputer à l'organe ou au représentant de l'établissement de santé l'infraction d'homicide ou de blessures involontaires. La Cour de cassation a approuvé une cour d'appel qui, pour confirmer la décision de non-lieu d'un juge d'instruction, avait indiqué que « les décisions purement médicales ne ressortissent pas du pouvoir d'administration et de direction des organes et représentants de la personne morale, mais uniquement de la médecine qui est en totalement détachable »[1456]. Si la seule faute pénale du professionnel de santé dans la prise en charge médicale du patient exclut la possibilité d'engagement de la responsabilité pénale de l'établissement, en revanche, l'imputation à faute d'une « défaillance fonctionnelle ou d'un dysfonctionnement du service » au directeur n'exclut pas *a priori* d'éventuelles fautes pénales d'un ou plusieurs personnels de santé ayant concouru également à la réalisation du dommage.

448 – Afin de pouvoir dépasser cet obstacle juridique, les juges ont imaginé que les faits dommageables imputables aux personnels soignants dans le cadre d'une prise en charge défaillante du patient trouvaient parfois leur explication dans une faille de l'organisation du service, « **défaillance fonctionnelle** » ou un « **dysfonctionnement du service** » qui constitue une faute imputable au directeur, chargé en raison de cette qualité d'assurer le bon fonctionnement et la sécurité des différents services de l'établissement qu'il dirige. Ce vocabulaire est emprunté à la jurisprudence administrative[1457]. Il est ici en quelque sorte auteur indirect de l'homicide involontaire

[1454] Cass. crim., 11 mars 1993, *Bull. crim.* n° 112 : « Sauf si la loi en dispose autrement, le chef d'entreprise, qui n'a pas personnellement pris part à la réalisation de l'infraction peut s'exonérer de sa responsabilité pénale s'il apporte la preuve qu'il a délégué ses pouvoirs à une personne pourvue de la compétence, de l'autorité et des moyens nécessaires ».

[1455] Cass. crim., 30 mai 2000, *Bull. crim.*, n° 206.

[1456] Cass. crim., 13 décembre 2011, n° 11-81.330, inédit.

[1457] CE, 27 juin 2005, n° 250483 CHG Pau ; *AJDA*, 2005, p. 1434.

puisque cette faute a contribué à la réalisation du dommage[1458]. Quelques-unes des décisions rendues sont présentées ici, tantôt retenant ou envisageant comme possible la responsabilité pénale de ces établissements, tantôt l'écartant.

La responsabilité pénale de l'hôpital Trousseau a pu être retenue pour l'homicide involontaire d'un enfant de 20 mois pris en charge dans la structure : le tribunal correctionnel de Paris a considéré que sa directrice avait commis une faute délibérée « en laissant perdurer un glissement des tâches entre les infirmières et les aides-soignantes au mépris du décret n° 93-345 du 15 mars 1993 et de la circulaire y afférente relative à la répartition des tâches entre ces personnels » alors qu'elle avait le devoir d'en assurer le respect puisque « c'est pendant la nuit où s'est produit le glissement des tâches que l'état de l'enfant Olivier a empiré et a déclenché le processus vital »[1459]. Sans expressément le mentionner, les juges fondent leur décision sur un dysfonctionnement dans l'organisation du service.

Pour confirmer la mise en cause d'une clinique et de son PDG et leur renvoi devant le tribunal correctionnel pour homicide et blessures involontaires occasionnés à deux patients en raison du caractère défectueux d'un respirateur, la Cour de cassation donne raison aux juges du fond qui reprochaient au PDG le défaut d'entretien et de suivi et la violation de l'obligation pour la clinique de vérifier la qualité des appareils utilisés afin que soit assurée la sécurité des patients[1460]. Il relève de la compétence du directeur de l'établissement de veiller à la sécurité des patients.

Un nourrisson décède en raison d'une atrésie rectale diagnostiquée trop tardivement après transfert vers un autre établissement. Pour entrer en voie de condamnation, la cour d'appel retient que le directeur avait connaissance de « la situation de carence pédiatrique de la maternité » dont le personnel était en nombre insuffisant. Il lui est reproché de ne pas avoir pris « les mesures propres à organiser des gardes ou des astreintes pédiatriques permettant la surveillance et la prise en charge effective des enfants ». Ainsi :

> *En confiant imprudemment à un seul médecin pédiatre, à temps partiel, l'ensemble de la charge du service de pédiatrie néonatale, l'administration de l'hôpital y inclus son directeur agissant pour le compte de cette personne morale, a bien commis l'infraction d'homicide involontaire poursuivie, les fautes d'organisation commises étant caractérisées et*

[1458] Cf. *supra*. n°154.

[1459] T. corr., Paris, 3 septembre 2003, *précit.*

[1460] Cass. crim., 7 novembre 2000, n° 00-82.662.

exposant autrui au risque d'une particulière gravité qui ne pouvait être ignoré des personnes composant cette administration[1461].

Peut encore voir sa responsabilité pénale engagée le CHU dont le directeur général, qui « avait la compétence, l'autorité et les moyens nécessaires pour faire respecter au sein de l'établissement qu'il dirigeait les règles de surveillance et d'organisation de nature à garantir la sécurité des patients qui y étaient hospitalisés » n'a pas pris les mesures nécessaires pour anticiper une coupure d'électricité qui a été fatale pour au moins un patient de l'établissement[1462].

De même, la surveillance insuffisante du patient peut caractériser un « dysfonctionnement du service »: c'est ce qui a été décidé à la suite du décès d'un patient par asphyxie due à une régurgitation pendant son sommeil. Pour engager la responsabilité pénale de l'établissement de santé, le tribunal correctionnel retient « un dysfonctionnement du service caractérisé par l'insuffisance des examens, l'absence d'alerte de l'équipe soignante sur l'état réel du patient, le défaut de traçabilité des soins et de leur dispensation, [qui] n'a pas permis d'assurer une surveillance constante et nécessaire au patient »[1463]. Mais dès lors qu'aucune défaillance dans la surveillance ne peut être relevée, ni aucune négligence dans la prise en charge du patient, la responsabilité pénale de l'établissement d'accueil pour homicide involontaire en raison du suicide d'une patiente n'est pas justifiée[1464].

Des limites à l'engagement de la responsabilité pénale des établissements de santé peuvent néanmoins être posées. Ainsi, la seule défaillance dans le fonctionnement du service ne saurait suffire à retenir la responsabilité pénale de l'établissement de santé. Encore faut-il qu'elle soit la cause certaine du dommage subi par le patient. A été écartée la responsabilité pénale de l'AP-HP dans une affaire dans laquelle un défaut d'organisation du service des urgences et un manque de rigueur dans l'application des protocoles d'accueil étaient pourtant avérés: une patiente toxicomane est conduite aux urgences et prise en charge par un psychiatre qui ne détecte pas une hypothermie. La patiente ne va bénéficier d'aucun examen somatique. Elle décédera quelques heures plus tard. L'absence de responsabilité pénale découle de la seule incertitude du lien de causalité entre ce dysfonction-

1461 CA, Orléans, 25 avril 2005, *JurisData* n° 2005-283456.

1462 Cass. crim., 2 octobre 2012, *précit.*

1463 T. corr., Gap, 14 janvier 2010, n° 25/10 inédit.

1464 Cass. crim., 2 mai 2002, n° 01-85.918.

nement et le décès[1465]. C'est pour cette même raison que sera mis hors de cause un établissement public de santé qui avait assuré la prise en charge d'une victime d'un accident de la circulation admise en urgence. L'arrivée tardive du chirurgien d'astreinte également dans une clinique ne permettra pas l'opération, mais il n'est pas certain qu'une telle intervention aurait suffi pour la sauver. La cour d'appel souligne néanmoins que l'établissement public de santé avait toléré pendant de nombreuses années ce système de double astreinte au bénéfice du chirurgien et ne vérifiait pas la disponibilité effective des chirurgiens d'astreinte, ce qui constitue « un grave dysfonctionnement »[1466].

Par ailleurs, le fait que les juridictions administratives aient retenu la responsabilité de l'établissement de santé ne préjuge pas de l'engagement de sa responsabilité pénale devant le juge répressif: une patiente a bénéficié d'une greffe de cœur d'un donneur atteint d'une hépatite C non détectée par les tests pratiqués. Le tribunal administratif avait retenu la responsabilité du CHU pour absence de recours à un test complémentaire. À l'issue de l'information ouverte pour blessures involontaires, le juge d'instruction comme la chambre de l'instruction refuse le renvoi du CHU et de l'Établissement français des greffes devant le tribunal correctionnel en raison de l'absence de faute qualifiée. La Cour de cassation en rejetant le pourvoi de la partie civile approuve leurs décisions[1467].

En outre, la désorganisation régnant dans un service ne peut pas toujours être imputable à faute au directeur de l'établissement pour l'engagement de la responsabilité pénale de cette personne morale. Ainsi en est-il en cas de défaut de rangement de la pharmacie de l'établissement qui a conduit à l'administration par erreur à un enfant d'un médicament lui ayant provoqué un arrêt cardiaque. Poursuivie pour homicide involontaire, la clinique est mise hors de cause: la cour d'appel considère en effet que:

> *L'éventuel désordre dans le rangement des médicaments, sans tenir compte de leur dangerosité ou de leur dosage "adulte" ou "enfant", ne peut davantage être reproché à la clinique La Muette; [...] en effet, l'approvisionnement, la préparation et donc le rangement des armoires de médicaments étaient de la responsabilité exclusive du pharmacien de l'établissement; [...] les responsables de la clinique ne pouvaient intervenir pour modifier ou imposer ce rangement; [...] le pharmacien est en effet seul habilité à assurer dans le respect des règles qui régissent le*

1465 CA, Paris, 30 novembre 2006, *JurisData* n° 2006-325953.

1466 CA, Paris, 31 mai 2007, *JurisData* n° 2007-337331.

1467 Cass. crim., 24 janvier 2006, n° 04-87.722.

fonctionnement de l'établissement, la gestion, l'approvisionnement, la préparation, le contrôle, la détention et la dispensation des médicaments [art. L. 5126-6 CSP].

La cour d'appel en conclut qu'aucune faute pénale ne peut être reprochée à la clinique[1468].

La Cour de cassation a approuvé une cour d'appel qui avait écarté la responsabilité pénale d'une polyclinique poursuivie pour homicide involontaire à la suite du décès d'un nouveau-né juste après l'accouchement en raison d'un défaut d'oxygénation du cerveau. Les juges d'appel retiennent que la clinique n'a l'obligation que de fournir les moyens matériels et humains destinés à satisfaire le respect de la réglementation en vigueur alors, ce qui était le cas. Le décret applicable à l'époque des faits n'imposait pas la présence obligatoire de manière constante sur les lieux de l'obstétricien de garde, la nécessité de cette présence effective relevant d'une appréciation d'ordre médical[1469].

La survenance d'un accident qui n'a pas pour origine une faute des personnels soignants ne s'explique pas forcément par un défaut de surveillance ou d'organisation imputable à l'organe ou représentant de l'établissement de santé, dont la réalité doit être démontrée. C'est ce qu'a pu juger la Cour de cassation en rejetant le pourvoi des parties civiles formé contre l'arrêt de non-lieu d'une cour d'appel n'ayant pas relevé de faute qualifiée commise par les soignants dans la surveillance d'une patiente qui s'est suicidée à la suite d'une fugue[1470].

Une parturiente est victime d'une rupture utérine ayant causé un arrêt des échanges entre la mère et l'enfant. Ce dernier décède. L'expertise judiciaire ne met en évidence aucune faute des personnels soignants. Le juge d'instruction rend une ordonnance de non-lieu. À l'audience de la chambre de l'instruction, l'avocat des parties civiles demande oralement que soit retenue la responsabilité pénale de l'établissement hospitalier. La Cour répond que les membres de l'équipe médicale qui ont pris en charge la femme et son bébé (sage-femme et médecins) n'ont pas la qualité d'organe ou de représentant au sens de l'article 121-2 C. pén. et, de plus, les experts ne font état d'aucun dysfonctionnement de l'organisation même de l'équipe médicale ou de l'hôpital lui-même. Ceci conduit la cour d'appel de Chambéry à prononcer un non-lieu approuvé par la Cour de cassation[1471].

[1468] CA, Paris, 31 janvier 2008, *JurisData* n° 2008-356226.

[1469] Cass. crim., 4 octobre 2011, n° 11-80.195 ; CA, Amiens, 13 juin 2007, *JurisData* n° 2007-340174.

[1470] Cass. crim., 2 mars 2002, n° 01-85.918.

[1471] Cass. crim., 2 mai 2012, n° 11-86.573.

La Haute Juridiction a encore donné raison à la cour d'appel qui avait choisi de ne pas renvoyer devant le tribunal correctionnel un CHU dans lequel une patiente avait trouvé la mort à la suite d'une fausse route au cours de la prise d'un repas, car « aucune faute caractérisée liée à l'organisation ou à un défaut de surveillance commise par le centre hospitalier [...] n'est constituée »[1472]. Il convient de préciser que si la responsabilité pénale d'un établissement de santé peut être envisagée en cas de défaillance dans l'organisation d'un service, il semble malaisé de pouvoir l'envisager en cas de défaut de surveillance sauf à élargir considérablement le champ de cette responsabilité et à considérer qu'il incombe à l'organe ou représentant de l'établissement de santé la surveillance directe des patients. Sans doute convient-il de l'envisager dans la seule hypothèse où ce défaut de surveillance de la part du personnel soignant traduit un dysfonctionnement du service.

449 – Enfin, la question de l'**imputation effective de la faute de dysfonctionnement du service** à un organe ou à un représentant se pose avec une acuité toute particulière en matière de responsabilité pénale des établissements de santé. Pendant longtemps, la Cour de cassation considérait qu'en matière d'infractions non-intentionnelles d'homicide ou de blessures, il n'était point nécessaire de mentionner la personne physique auteur de l'infraction pénale car il ne pouvait s'agir que de l'organe ou du représentant de la personne morale, responsable du respect de l'hygiène et de la sécurité au sein de l'entreprise : la seule présomption d'imputation suffisait[1473]. Une telle approche de l'article 121-2 C. pén. avait pour conséquence d'imputer quasi directement l'infraction à la personne morale et de faire l'économie d'une démonstration de l'imputation d'une telle infraction à un organe ou à un représentant de la personne morale clairement identifié. La mise en jeu de la répression de la personne morale s'en trouvait donc facilitée.

La chambre criminelle de la Cour de cassation a cru pouvoir étendre la solution au cas des établissements de santé, comme le suggérait d'ailleurs une partie de la doctrine[1474]. Ce faisant, la Cour de cassation a donné raison à une cour d'appel qui avait infirmé un jugement de relaxe pour l'homicide involontaire d'une patiente arrivée aux urgences et dont la prise en charge inappropriée lui avait été fatale. Ceci en retenant que « [la] défaillance manifeste du service d'accueil des urgences, en infraction au règlement intérieur de l'hôpital qui impose la présence d'un médecin senior dans

[1472] Cass. crim., 15 mai 2013, n° 12-83.325 ; *RDS*, 2013, n° 55, p. 588 et s. obs. A. Ponseille.

[1473] Cf. par exemple : Cass. crim., 1er décembre 1998, *Bull. crim.*, n° 325.

[1474] Cf. P. Mistretta, « Les paradoxes de la responsabilité pénale des personnes morales en matière médicale », *RPDP*, 2009, p. 809, n° 3.

chaque unité fonctionnelle de ce service, entretient un lien de causalité certain avec le décès de la victime »[1475]. Une telle solution a été saluée par certains auteurs[1476]. Il est notable que, dans cet arrêt, il n'est pas fait référence à l'imputation de cette faute à l'organe ou au représentant de l'établissement, ceux-ci n'étant même pas mentionnés. La seule référence faite concerne le chef de service qui avait autorisé le médecin *senior* à s'absenter, mais qui n'a le statut que de subordonné ou d'agent et en aucun cas la qualité d'organe ou de représentant de l'établissement de santé. On perçoit immédiatement les conséquences préjudiciables d'une telle décision à l'égard de l'engagement de la responsabilité pénale des établissements de santé : la seule survenance d'une faute pouvant être pénalement qualifiée reprochée à un personnel soignant pourrait conduire à retenir la responsabilité pénale du CHU ou de la clinique pour homicide ou blessures involontaires de manière systématique. Fort heureusement, la Cour de cassation est revenue à une lecture du 121-2 du Code pénal plus conforme à la lettre du texte dans des décisions plus récentes prises dans d'autres domaines. Si la juridiction du Quai de l'Horloge n'exige pas l'indication de l'identité de l'auteur des manquements dès lors que l'infraction n'a pu être commise que par le président de l'Association responsable de la sécurité en l'absence de délégation de pouvoirs[1477], elle n'hésite pas à casser les décisions de juges du fond pour ne pas s'être mieux expliqué « sur l'existence effective d'une délégation de pouvoirs, ni sur le statut et les attributions des agents mis en cause propres à en faire des représentants de la personne morale »[1478] ou pour ne pas avoir mieux recherché « si les faits reprochés avaient été commis pour le compte de la personne morale poursuivie par l'un de ses organes ou représentants »[1479].

Plus récemment encore, la Cour de cassation a censuré les décisions de cours d'appel leur reprochant de ne pas avoir mieux recherché « si les manquements relevés résultaient de l'abstention de l'un des organes ou représentants » de la personne morale[1480]. Cette formule a été reprise dans un arrêt

[1475] Cass. crim., 9 mars 2010, n° 09-80.543, *Bull. crim.*, n° 49 ; *RSC*, 2010, p. 617 et s., obs. Y. Mayaud ; *RPDP*, 2010, p. 809, obs. P. Mistretta ; *AJ pénal*, 2010, p. 341.

[1476] Cf. par exemple J.-Y. Maréchal, « Un pas de plus vers la responsabilité pénale directe des personnes morales », *D.*, 2010, p. 2135 et s. ; du même auteur, cf. également : « Plaidoyer pour une responsabilité pénale directe des personnes morales », *JCP G*, 2009, I, n° 249.

[1477] Cass. crim., 18 juin 2013, n° 12-85.917 ; *Gaz. Pal.*, 2013, n° 262, p. 10, obs. J.-P. Vial.

[1478] Cass. crim., 11 octobre 2011, *Bull. crim.*, n° 202.

[1479] Cf. par exemple : Cass. crim., 11 juin 2013, n° 12-80.551 ; Cass. crim., 22 janvier 2013, *Bull. crim.*, n° 24 ; Cass. crim., 11 avril 2012, n° 10-86.974 ; Cass. crim., 2 octobre 2012, n° 11-84.415.

[1480] Cass. crim., 1er avril 2014, n° 12-86.501 ; Cass. crim., 6 mai 2014, n° 13-82.677 ; pour une présentation générale de cette jurisprudence, cf. J. Consigli, « La responsabilité pénale des personnes morales pour infractions involontaires : critères d'imputations », *RSC*, 2014, p. 297 et s.

de la Cour de cassation concernant la mise en cause pénale d'un établissement de santé : à la suite de l'abaissement imprévu de la demi-barrière coulissante latérale d'une couveuse qui accueillait un nourrisson, celui-ci chute et se blesse grièvement. Une information est ouverte contre le CHU. Le juge d'instruction rend une ordonnance de non-lieu mais la chambre de l'instruction décide d'un renvoi devant le tribunal correctionnel. Selon elle, certes, les services techniques ne peuvent être mis en cause dans l'entretien des couveuses mais de multiples facteurs révèlent des manquements au sein de l'organisation des services et la mise en place de procédure de contrôle et d'alerte qui ont conduit à la survenance de l'accident. Elle ajoute que la décision de placer le nouveau-né dans cette couveuse et de lui appliquer le protocole « NIDCAP » était en l'espèce inadaptée. La Cour de cassation casse l'arrêt de la cour d'appel lui reprochant de n'avoir pas recherché « si les manquements relevés résultaient de l'abstention de l'un des organes ou représentant de la personne morale et s'ils avaient été commis pour le compte de celle-ci »[1481]. La cour d'appel avait considéré que les manquements s'agissant de l'organisation du service ne pouvaient être commis que « par les dirigeants, les chefs de service, ou les organes responsables de la personne morale », retenant une présomption d'imputation alors que la responsabilité pénale des personnes morales est une responsabilité par représentation[1482]. Cette position est confirmée par un arrêt plus récent en date du 16 décembre 2014 par lequel la Cour de cassation a encore plus expressément reproché aux juges du fond de ne pas avoir recherché « par quel organe ou représentant » le délit avait été commis pour le compte de l'établissement[1483].

450 – Ce retour de la Cour de cassation à une application plus orthodoxe de l'article 121-2 du Code pénal nous semble salutaire, au moins en ce qui concerne les établissements de santé. En effet, l'imputation de l'infraction apparaît déjà quelque peu artificielle compte tenu de l'organisation interne de ce type d'établissement et de la spécificité de l'activité de soins. Il paraîtrait assez inique de faire supporter quasi-automatiquement à l'établissement de santé une responsabilité pénale en cas de survenance en son sein d'accidents susceptibles de recevoir la qualification pénale d'homicides ou de blessures involontaires.

PARTIE 3

1481 Cass. crim., 3 juin 2014, n° 13-81.056 ; *RDS*, 2014, n° 61, p. 1558 et s., obs. P. Renaud.

1482 *Gaz. Pal.*, 29 juillet 2014, n° 210, p. 26 et s., obs. E. Dreyer.

1483 Cass. crim., 16 décembre 2014, n° 13-87.330 ; *RDS*, 2015, n° 64, p. 263 et s., obs. A. Ponseille : recherche de la responsabilité pénale d'un hôpital à la suite du décès en raison d'une hémorragie de délivrance d'une patiente laissée sous la surveillance d'une élève infirmière.

2) Le recours à la notion de complicité pour l'exercice illégal d'une profession de santé

451 – Dans l'hypothèse où exerceraient une profession de santé au sein de l'établissement des personnes ne disposant pas des diplômes ou titres légalement exigés, une complicité d'exercice illégal pourrait être reprochée à l'organe ou représentant de la personne morale et ce faisant, la responsabilité pénale de la personne morale pourrait être engagée pour complicité du délit d'exercice illégal d'une profession de santé. Bien entendu cela supposerait que soit démontrée la réalité de l'exercice illégal ainsi que la connaissance par l'organe ou le représentant de l'établissement de santé d'un tel exercice non autorisé. À notre connaissance, la jurisprudence ne donne pas d'exemple concernant les établissements de santé, mais des poursuites de la personne morale auraient pu être envisagées là où seule la responsabilité pénale du dirigeant de l'établissement a été retenue. Par exemple, la directrice d'une maison de retraite a été condamnée pour complicité d'exercice illégal de la profession d'infirmière, pour avoir ordonné à une aide-soignante, en la menaçant de licenciement en cas de refus, de pratiquer des actes relevant de la compétence des infirmières. La mise en cause pénale de la structure juridique de la maison de retraite aurait pu être envisagée, la directrice ayant la qualité d'organe et de représentant de la structure juridique et la participation à une telle infraction permettant à la maison de retraite d'éviter le coût de l'embauche d'une infirmière[1484]. A été déclaré complice du même délit le directeur d'un laboratoire de biologie médicale pour avoir enjoint à des salariés techniciens titulaires d'un certificat de capacité de procéder à des prélèvements sanguins hors son établissement alors que la licéité de tels prélèvements est soumise à des garanties de formation complémentaire[1485]. De même, a été déclaré coupable de complicité d'exercice illégal de la médecine, à une époque où la responsabilité pénale de l'établissement de santé ne pouvait pas encore être retenue, le directeur d'une clinique qui avait laissé une personne accomplir des actes médicaux alors qu'elle était titulaire d'un diplôme étranger ne lui permettant pas d'exercer en France[1486]. Un auteur a même suggéré que plusieurs établissements de santé pourraient être pénalement responsables pour employer des infirmiers qui exercent illégalement leur profession dans la mesure où, depuis la création de l'Ordre national des Infirmiers par une loi du 21 décembre 2006, l'inscription au

[1484] CA, Bordeaux, 23 juin 2009, *JurisData* n° 2009-012049.

[1485] Cass. crim., 7 février 2006, *Bull. crim.*, n° 33.

[1486] CA, Paris, 11 juillet 1986, *JurisData* n° 1986-025952.

tableau de l'ordre est obligatoire, mais nombre d'entre eux ne sont pas encore inscrits[1487].

SECTION 2 – LE RÉGIME DE LA RESPONSABILITÉ PÉNALE DES ÉTABLISSEMENTS DE SANTÉ

452 – L'étude du régime de la responsabilité pénale des établissements de santé invite à s'interroger sur la possibilité de cumul avec celle de la personne physique, exerçant au sein de l'établissement (**§1**) et à la mise en œuvre de cette responsabilité pénale (**§2**).

§ I – La responsabilité pénale des établissements de santé et la responsabilité pénale des personnes physiques

453 – Ce cumul de responsabilités pénales de l'établissement de santé et du chef d'établissement est possible (**A**) mais n'est pas obligatoire (**B**). Il est parfois même exclu (**C**). Ceci ressort de l'alinéa 3e de l'article 121-2 du Code pénal qui dispose que « la responsabilité pénale des personnes morales n'exclut pas celle des personnes physiques auteurs ou complices des mêmes faits, sous réserve des dispositions du quatrième alinéa de l'article 121-3 ».

A – Un cumul possible

454 – La possibilité de cumul de la responsabilité pénale de la personne morale et de celle de la personne physique a été voulue par le législateur et se justifie par le fait que la victime ne voit parfois dans la responsabilité pénale de la personne morale qu'une « responsabilité pénale anonyme », désincarnée.

Le législateur a surtout voulu éviter que la responsabilité pénale de la personne morale ne soit une « responsabilité pénale paravent » permettant d'éviter la mise en jeu de celle des personnes physiques et qu'elle entraîne une rupture d'égalité entre les citoyens, entre ceux qui seraient représentants ou organes d'une personne morale et ceux qui ne le seraient pas.

Ainsi, lorsque la personne physique, organe ou représentant d'une personne morale, commet une infraction pénale dans les conditions posées à l'art.121-2 du Code pénal, sa responsabilité pénale en plus de celle de la personne morale peut être par principe retenue.

[1487] Au 1er mars 2012, 113000 étaient inscrits sur les 513000 : J.-B. Thierry, « La responsabilité pénale des établissements de santé », *AJ pénal*, 2012, p. 376 et s.

C'est ce qu'a décidé la cour d'appel d'Angers dans un arrêt du 29 novembre 2007[1488] retenant la responsabilité pénale d'une SARL et de son dirigeant pour exercice illégal de la pharmacie. De même, la Cour de cassation a donné raison à une cour d'appel d'avoir renvoyé le centre hospitalier et son directeur devant le tribunal correctionnel à la suite du décès de deux patients en raison d'une panne d'électricité non convenablement gérée[1489].

Il convient toutefois de noter que lorsque les poursuites portent sur des infractions d'homicide ou de blessures involontaires, si le directeur est considéré comme étant à l'origine indirecte du dommage causé, une faute qualifiée, c'est-à-dire délibérée ou caractérisée[1490] devra être démontrée pour l'engagement de sa responsabilité pénale, ce qui n'est pas le cas pour l'établissement de santé qui verra sa responsabilité pénale engagée quelle que soit la gravité de la faute puisque cette exigence n'est posée par l'alinéa 4e de l'article 121-3 du Code pénal que pour les personnes physiques.

À la différence d'autres personnes morales, le cumul des responsabilités pénales semble pouvoir jouer en l'espèce de manière singulière car celle du personnel soignant pourra également s'ajouter à celles de l'établissement de santé et du directeur, si une faute pénale distincte ayant concouru également à la réalisation du dommage peut lui être imputée[1491]. La formulation plus large que la seule référence aux organes et représentants de la personne morale, utilisée au dernier alinéa de l'article 121-2 C. pén., « personnes physiques auteurs ou complices des mêmes faits », permet d'envisager le cumul de l'ensemble de ces responsabilités pénales.

455 – Mais ce cumul de responsabilité pénale n'a rien d'automatique.

B – Un cumul non obligatoire

456 – En effet, la responsabilité pénale de la personne morale, de la personne physique, organe ou représentant, n'est pas une condition de la responsabilité pénale de la personne morale comme le révèle la lecture de l'alinéa 1er de l'art.121-2 C. pén. qui ne mentionne pas cette exigence mais rend nécessaire seulement la commission d'une infraction par un organe ou un représentant pour le compte de la personne morale.

Ainsi, la responsabilité pénale de l'établissement de santé peut être retenue même si celle du directeur ne l'est pas.

1488 *RDS*, 2008, n° 25, p. 593 et s., obs. A. Ponseille.

1489 Cass. crim., 2 octobre 2012, *précit.*

1490 Cf. *supra*. n° 126 et 129.

1491 Cf. *supra*. n° 447.

En revanche, le défaut de poursuites ou la relaxe du directeur et/ou du PDG d'une clinique ou du directeur d'un centre hospitalier ne peut être expliqué par le fait que la responsabilité pénale des personnes morales aurait été créée comme moyen d'exonération des dirigeants de l'établissement de santé : c'est pourtant ce qu'avait faussement cru pouvoir affirmer le tribunal correctionnel de Béthune dans un jugement du 12 novembre 1996. Il avait en effet retenu dans les liens de la prévention une clinique pour blessures involontaires à la suite d'une chute d'un visiteur dans l'escalier de l'établissement en raison d'une défaillance de l'éclairage. La directrice et le président-directeur général de la clinique, poursuivis également, avaient été relaxés : les juges avaient retenu à tort que la responsabilité pénale des personnes morales jouait comme une cause d'exonération et que dès lors la disposition légale la prévoyant devait s'appliquer de manière rétroactive[1492].

Une circulaire du 26 janvier 1998 exposant un premier bilan de la mise en œuvre de l'art.121-2 du Code pénal constate que, dans la plupart des cas, seule la responsabilité pénale de la personne morale est engagée.

C – Un cumul impossible

457 – En revanche, le cumul de responsabilités pénales sera exclu systématiquement quand seule une faute simple pourra être reprochée au directeur qui apparaît comme ne pouvant être qu'auteur indirect du dommage en matière d'homicide ou de blessures involontaires. Ceci est expressément prévu *in fine* de l'alinéa 3e de l'article 121-2 du Code pénal. Les rares décisions rendues ne s'attardent pas sur la qualification du « dysfonctionnement de service » : si elle permet sans doute de retenir la responsabilité pénale de l'établissement de santé, elle ne peut engager celle du directeur de l'établissement que dans la mesure où elle peut être qualifiée de faute délibérée ou de faute caractérisée[1493]. Il s'agira pour les juges de procéder à une démonstration supplémentaire en plus de son imputation effective au dirigeant de l'établissement. La qualification en faute simple apparaît ainsi comme un moyen d'exonération de responsabilité pénale pour le dirigeant de l'établissement de santé.

1492 T. corr., Béthune, 12 novembre 1996, *JurisData* n° 1996-048872.

1493 Cf Annexe 2.

§ 2 – La mise en œuvre de la responsabilité pénale des établissements de santé

458 – Elle s'inscrit dans une procédure pénale (**A**) et peut conduire au prononcé de peines lorsque la responsabilité pénale de l'établissement de santé est retenue (**B**).

A – Les poursuites pénales dirigées contre l'établissement de santé

459 – Des règles particulières sont applicables pour la poursuite, l'instruction et le jugement en raison de la qualité morale de la personne mise en cause.

Ces règles concernent la détermination de la compétence territoriale des autorités judiciaires qui peuvent être celles du lieu de l'infraction ou celle du lieu où la personne morale a son siège social notamment[1494].

Les poursuites sont exercées par le parquet à l'encontre de la personne morale prise en la personne de son représentant légal (directeur ou le PDG de l'établissement de santé le plus souvent). Cependant, comme celui-ci peut également faire l'objet de poursuites concomitantes en sa qualité de représentant ou d'organe de la personne morale, un mandataire de justice peut être désigné aux fins de représentation en justice de la personne morale mise en cause[1495]. Le représentant de la personne morale ne pourra faire l'objet d'aucune mesure de contraire autre que celle applicable au témoin[1496].

Au cours de l'instruction de l'affaire, si l'établissement de santé ne peut bien évidemment pas être mis en détention provisoire, en revanche, il peut faire l'objet d'un placement sous contrôle judiciaire à l'initiative du juge d'instruction (art.706-45 CPP) et être soumis à ce titre à un certain nombre d'obligations ou d'interdictions (art.706-45 CPP) telles que l'interdiction d'exercer certaines activités, le dépôt d'un cautionnement notamment. En cas de violation par la personne morale d'une de ces interdictions, la personne physique encourt la peine de deux ans d'emprisonnement et de 30 000 € d'amende[1497]. Quant à l'établissement de santé et en application de l'art.434-47 du Code pénal, il encourt dans le même cas notamment une amende, une confiscation, l'affichage ou la diffusion de la décision

[1494] Art. 706-42 CPP.

[1495] Art. 706-43 CPP.

[1496] Art. 706-44 CPP.

[1497] Art. 434-43 C. pén.

de condamnation, une interdiction d'exercice d'activité et certaines des peines prévues à l'article 131-39 du Code pénal.

B – La condamnation pénale de l'établissement de santé

460 – Il convient à ce stade de préciser que si pour telle infraction, aucune peine applicable à la personne morale n'est légalement prévue, cela signifie que seul le dirigeant de l'établissement ou seul le personnel soignant engagera sa responsabilité pénale.

Lorsqu'un établissement de santé peut engager sa responsabilité pénale, la peine pouvant être prononcée à titre principal est une peine d'**amende** selon ce que prévoient les articles 131-37 et 131-40 du Code pénal, amende de nature criminelle, délictuelle ou contraventionnelle selon le type d'infraction imputée. Pour cette peine, le taux maximum est égal au quintuple du montant de l'amende encourue pour les personnes physiques pour la même infraction[1498]. Lorsque le texte réprimant un crime ne prévoit pas d'amende, celle applicable pour ce crime aux personnes morales est de 1 000 000 €[1499].

La personne morale encourt également la peine **de sanction-réparation**, consistant en l'obligation d'indemnisation de la victime sous peine du paiement d'une amende de 75 000 € en matière correctionnelle[1500] ou 7 500 € en matière contraventionnelle[1501].

Enfin, si la loi le prévoit pour l'infraction considérée, les établissements de santé encourent une ou plusieurs **peines énumérées à l'article 131-39 C. pén.** dont la variété doit être soulignée :

> *1° La dissolution, lorsque la personne morale a été créée ou, lorsqu'il s'agit d'un crime ou d'un délit puni en ce qui concerne les personnes physiques d'une peine d'emprisonnement supérieure ou égale à trois ans, détournée de son objet pour commettre les faits incriminés ;*
>
> *2° L'interdiction, à titre définitif ou pour une durée de cinq ans au plus, d'exercer directement ou indirectement une ou plusieurs activités professionnelles ou sociales ;*
>
> *3° Le placement, pour une durée de cinq ans au plus, sous surveillance judiciaire ;*

1498 Art. 131-38 et 131-41 C. pén.

1499 Art. 131-38 C. pén.

1500 Art. 131-39-1 C. pén.

1501 Art. 131-44-1 C. pén.

4° La fermeture définitive ou pour une durée de cinq ans au plus des établissements ou de l'un ou de plusieurs des établissements de l'entreprise ayant servi à commettre les faits incriminés;

5° L'exclusion des marchés publics à titre définitif ou pour une durée de cinq ans au plus;

6° L'interdiction, à titre définitif ou pour une durée de cinq ans au plus, de procéder à une offre au public de titres financiers ou de faire admettre ses titres financiers aux négociations sur un marché réglementé;

7° L'interdiction, pour une durée de cinq ans au plus, d'émettre des chèques autres que ceux qui permettent le retrait de fonds par le tireur auprès du tiré ou ceux qui sont certifiés ou d'utiliser des cartes de paiement;

8° La peine de confiscation, dans les conditions et selon les modalités prévues à l'article 131-21;

9° L'affichage de la décision prononcée ou la diffusion de celle-ci soit par la presse écrite, soit par tout moyen de communication au public par voie électronique;

10° La confiscation de l'animal ayant été utilisé pour commettre l'infraction ou à l'encontre duquel l'infraction a été commise;

11° L'interdiction, à titre définitif ou pour une durée de cinq ans au plus, de détenir un animal;

12° L'interdiction, pour une durée de cinq ans au plus de percevoir toute aide publique attribuée par l'État, les collectivités territoriales, leurs établissements ou leurs groupements ainsi que toute aide financière versée par une personne privée chargée d'une mission de service public.

Toutefois, le dernier alinéa de l'article 131-39 C. pén. dispose que la peine de dissolution (1er) et le placement sous surveillance judiciaire (3e) pendant une durée de cinq ne sont pas applicables aux personnes morales de droit public : ainsi, ces peines ne peuvent s'appliquer aux établissements de santé publics.

Sous cette réserve et pour savoir quelles peines parmi celles énoncées à l'article 131-39 C. pén. sont encourues par la personne morale, il conviendra de se reporter systématiquement à l'article qui les prévoit expressément pour l'infraction commise. D'une qualification pénale à l'autre, ces peines ne sont pas identiques. Ainsi par exemple, alors que pour le délit d'exercice illégal des professions de santé les peines sont celles prévues aux paragraphes 2 à 9 de l'article 131-39 C. pén., ce sont celles prévues par les

PARTIE 3

paragraphes 2, 3, 8, 9 qui sont encourues en matière de délits d'homicide et de blessures involontaires.

La condamnation pénale de l'établissement de santé s'accompagne d'une condamnation sur intérêts civils pour l'indemnisation du ou des préjudices subis par la victime. Selon que l'établissement de santé mis en cause est un établissement de santé privé ou un établissement de santé public, la demande d'indemnisation sera présentée devant des juridictions différentes. Si l'établissement de santé dont la responsabilité pénale est retenue est un établissement de santé privé, elle le sera sur le fondement d'une constitution de partie civile devant la juridiction pénale de jugement qui a compétence pour prononcer sur les intérêts civils. Si l'établissement de santé condamné est un établissement de santé public, la demande sera obligatoirement portée devant le juge administratif.

461 – On retiendra que, de manière générale, la responsabilité pénale des établissements de santé est délicate à mettre en œuvre[1502] et elle est pour l'instant recherchée de manière résiduelle si l'on s'en tient à l'aridité du contentieux en la matière. La rareté des poursuites pénales contre les établissements de santé s'explique sans doute par la recherche privilégiée de la réparation des préjudices subis soit dans le cadre de procédures de conciliation ou de procès civils, soit au terme de recours devant le juge administratif sur le fondement d'une responsabilité administrative s'agissant des établissements de santé publics. En outre, les peines encourues par les établissements de santé s'avèrent peu adaptées lorsqu'elles prennent la forme d'interdictions d'activités ou de peines d'amende en raison des problèmes financiers que rencontrent déjà nombre d'établissements de santé.

[1502] M. Benillouche, « La responsabilité pénale des centres hospitaliers : les obstacles à la répression », *RDS*, 2013, n° 50, Hors-Série, p. 25 et s.

ANNEXES

Annexe n° 1 – Les différentes versions de l'article 121-3 du Code pénal

	Article 121-3 du Code pénal
Version 1992	Il n'y a point de crime ou de délit sans intention de le commettre. Toutefois, lorsque la loi le prévoit, il y a délit en cas d'imprudence, de négligence ou de mise en danger délibérée de la personne d'autrui. Il n'y a point de contravention en cas de force majeure.
Version 1996 **(Loi du 13 mai)**	Il n'y a point de crime ou de délit sans intention de le commettre. Toutefois, lorsque la loi le prévoit, il y a délit en cas de mise en danger délibérée de la personne d'autrui. Il y a également délit, lorsque la loi le prévoit, en cas d'imprudence, de négligence ou de manquement à une obligation de prudence ou de sécurité prévue par la loi ou les règlements sauf si l'auteur des faits a accompli les diligences normales compte tenu, le cas échéant, de la nature de ses missions ou de ses fonctions, de ses compétences ainsi que des pouvoirs et des moyens dont il disposait. Il n'y a point de contravention en cas de force majeure.
Version 2000 **(Loi du 10 juillet)**	Il n'y a point de crime ou de délit sans intention de le commettre. Toutefois, lorsque la loi le prévoit, il y a délit en cas de mise en danger délibérée de la personne d'autrui. Il y a également délit, lorsque la loi le prévoit, en cas d'imprudence, de négligence ou de manquement à une obligation de prudence ou de sécurité prévue par la loi ou le règlement s'il est établi que l'auteur des faits a accompli les diligences normales compte tenu, le cas échéant, de la nature de ses missions ou de ses fonctions, de ses compétences ainsi que des pouvoirs et des moyens dont il disposait. Dans le cas prévu par l'alinéa qui précède, les personnes physiques qui n'ont pas directement causé le dommage, mais qui ont créé ou contribué à créer la situation qui a permis la réalisation du dommage ou qui n'ont pas pris les mesures permettant de l'éviter, sont responsables pénalement s'il est établi qu'elles ont, soit violé de manière manifestement délibérée une obligation particulière de prudence ou de sécurité prévue par la loi ou le règlement, soit commis une faute caractérisée et qui exposait autrui à un risque d'une particulière gravité qu'elle ne pouvait ignorer. Il n'y a point de contravention en cas de force majeure.

Annexe n° 2 – Conditions et régime de la responsabilité pénale pour faits dommageables non-intentionnels

	Auteur personne physique	**Auteur personne morale**
Auteur indirect + Faute simple + Dommage	RC seulement	RP + RC
Auteur direct + Faute simple + Dommage	RP + RC	RP + RC
Auteur indirect + Faute qualifiée + Dommage	RP + RC	RP + RC
Auteur direct + Faute qualifiée + Dommage	RP + RC	RP + RC
RC = responsabilité civile et RP = responsabilité pénale		

Annexe n° 3 : Gradation des peines encourues pour les infractions d'atteintes involontaires à la vie ou à l'intégrité physique d'un patient

Qualification pénale	**Dommage**	**Fautes et sanctions pénales**	
Homicide involontaire **221-6 C.pénal**	Mort	Faute ordinaire ou caractérisée **221-6 al.1er** = 3ans/45 000 €	Faute délibérée **221-6 al.2^{d}** = 5ans/75 000 €
Blessures involontaires	ITT > 3mois	**222-19 al.1er** = 2ans/30 000 €	**222-19 al.2^{d}** = 3ans/45 000 €
	ITT ≤ 3mois	**R625-2** = 5^{e} classe	**222-20** = 1an/15 000 €
	Sans ITT	**R.622-1** = 2^{e} classe	**R.625-3** = 5^{e} classe

Annexe n° 4 : Nomenclature Dintilhac

	VICTIMES DIRECTES
Préjudices patrimoniaux	**Préjudices patrimoniaux temporaires (avant consolidation)**
	•dépenses de santé actuelles (**DSA**) •frais divers (**FD**) •perte de gains professionnels actuels (**PGPA**)
	Préjudices patrimoniaux permanents (après consolidation)
	•dépenses de santé futures (**DSF**) •frais de logement adapté (**FLA**) •frais de véhicule adapté (**FVA**) •assistance par tierce personne (**ATP**) •perte de gains professionnels future (**PGPF**) •incidence professionnelle (**IP**) •préjudice scolaire, universitaire ou de formation (**PSU**)
Préjudices extra-patrimoniaux	**Préjudices extra-patrimoniaux temporaires**
	•déficit fonctionnel temporaire (**DFT**) •souffrances endurées (**SE**) •préjudice esthétique temporaire (**PET**)
	Préjudices extra-patrimoniaux permanents
	•déficit fonctionnel permanent (**DFP**) •préjudice d'agrément (**PA**) •préjudice esthétique permanent (**PEP**) •préjudice sexuel (**PS**) •préjudice d'établissement (**PE**) •préjudice permanent exceptionnel (**PPE**)
	Préjudices extra-patrimoniaux évolutifs
	•préjudice lié à des pathologies évolutives

	VICTIMES INDIRECTES
Décès de la victime directe	**Préjudices patrimoniaux**
	•frais d'obsèques (**FO**) •perte de revenus professionnels (**PR**) •frais divers des proches (**FDP**)
	Préjudices extra-patrimoniaux
	•préjudice d'accompagnement (**PA**) •préjudice d'affection (**PAF**)
Survie de la victime directe	**Préjudices patrimoniaux**
	•perte de revenus des proches (**PRP**) •frais divers des proches (**FDP**)
	Préjudices extra-patrimoniaux
	•préjudice d'affection (**PAF**) •préjudices extra-patrimoniaux exceptionnels (**PEX**)

Annexe n° 5 : Rémunération des professionnels de santé requis ou désignés par la Justice pénale

Médecine légale

Art. R.116-1 CPP : Les tarifs d'honoraires correspondant aux actes d'expertise et d'examen prévus par les articles R. 117 à R. 120 sont déterminés par référence aux tarifs conventionnels d'honoraires fixés en application de l'article L. 162-15-2 du Code de la sécurité sociale et sont calculés, pour chacun de ces actes, d'après leur nature et leur valeur relative telles qu'elles résultent des cotations par lettres clés et coefficients mentionnées dans les articles suivants. Pour l'application de l'article R. 117, la valeur des coefficients Q1 à Q16 est fixée par arrêté conjoint du Ministre de la justice et du Ministre chargé du budget.

Art.R.117 CPP : Chaque médecin régulièrement requis ou commis reçoit à titre d'honoraires une somme calculée en fonction des cotations suivantes :

1° a) Pour une visite judiciaire comportant un ou plusieurs examens et le dépôt d'un rapport...	C × Q1
b) Pour une visite judiciaire comportant un ou plusieurs examens d'une victime, la fixation des taux d'incapacité et le dépôt d'un rapport...	C × Q2
c) Pour l'examen clinique et la prise de sang prévus aux articles R. 3354-7 à R. 3354-13 du Code de la santé publique et pour l'examen clinique et le prélèvement biologique prévus par l'article R. 235-6 du Code de la route, ainsi que le recueil de liquide biologique et le dépistage de stupéfiants prévus par l'article R. 6234-4 du même code :	
-auxquels il est procédé entre 7 heures et 22 heures :	C × Q3
-auxquels il est procédé entre 22 heures et 7 heures :	C × Q4 (plus une indemnité de 10,67 €)
-auxquels il est procédé les dimanches et jours fériés :	C × Q5 (plus une indemnité de 7,62 €)
d) Pour chaque examen prévu par l'article 706-88 du Code de procédure pénale :	C × Q6
2° Pour un transport sur les lieux et description de cadavre...	C × Q7
Lorsque ces opérations sont effectuées par l'expert qui procède ultérieurement à l'autopsie...	C × Q8
3° Pour autopsie avant inhumation...	Cs × Q9
4° Pour autopsie après exhumation ou autopsie de cadavre en état de décomposition avancée...	Cs × Q10
5° Pour autopsie de cadavre de nouveau-né avant inhumation...	Cs × Q11
6° Pour autopsie de cadavre de nouveau-né après exhumation ou autopsie de cadavre de nouveau-né en état de décomposition avancée...	Cs × Q12

7° Pour une expertise médico-psychologique comportant un ou plusieurs examens, pratiquée par un médecin ayant également la qualité de psychologue, intervenant en qualité d'expert unique :	CNPSY × Q13
8° Pour la partie médicale de l'expertise médico-psychologique pratiquée par un médecin et un psychologue mentionnée au 2° de l'article R. 120-2 :	C × Q14
9° Pour une expertise psychiatrique comportant un ou plusieurs examens :	CNPSY × Q15
10° Pour une expertise psychiatrique comportant un ou plusieurs examens et concernant une personne poursuivie ou condamnée pour infraction sexuelle ou une victime d'une telle infraction :	CNPSY × Q16
Toxicologie	
Art. R.118 CPP : Les analyses toxicologiques sont ainsi cotées, pour chaque expert, lorsque les dosages de plusieurs éléments ne peuvent être groupés en une seule opération :	
1° Pour recherche et dosage de l'alcool dans le sang : Et, en cas de recours à la chromatographie en phase gazeuse :	B 50 B 120
2° Dosage de l'oxycarbonémie...	B 50
3° Dosage de l'oxyde de carbone dans l'atmosphère...	B 50
4° Dosage de la benzolémie...	B 70
5° Recherche et dosage du trichloréthylène et de l'acide trichloracétique...	B 70
6° Recherche et dosage d'un élément toxique dans les viscères...	B 220
7° Expertise toxicologique complète...	B 1500
8° Recherche et dosage des amphétamines dans le sang ou les urines...	B 60
9° Recherche et dosage des stupéfiants dans le sang ou les urines...	B 150
10° Recherche et dosage des stupéfiants (cannabis, amphétamines, cocaïne et opiacés) en ayant recours à la chromatographie en phase gazeuse couplée à la spectrométrie de masse	GC/SM B.800.
11° Recherche des médicaments psychoactifs en ayant recours à la chromatographie en phase liquide haute performance couplée à une barrette de diodes ainsi qu'à la chromatographie en phase gazeuse couplée à la spectrométrie de masse	GC/SM B.900.

Biologie	
Art. R.119 CPP : Il est alloué à chaque expert régulièrement requis ou commis :	
Pour caractériser des produits biologiques, dans les cas simples, une somme calculée en fonction de la cotation...	B 50

Arrêté du 2 septembre 2008 relatif aux frais de Justice criminelle en matière de médecine légale, de traduction, d'interprétariat et d'administration *ad hoc*, JORF n° 0212 du 11 septembre 2008 page 14105 et s.

Article 1 : Le Code de procédure pénale (quatrième partie : Arrêtés) est modifié conformément aux dispositions du présent arrêté.

Article 2 : L'article A. 43-6 devient l'article A. 43-9 et il est inséré, après l'article A. 43-5, les articles suivants :

« Art.A. 43-6.-Conformément aux dispositions des articles R. 116-1 et R. 117, la valeur des coefficients Q 1 à Q 16 permettant de déterminer le tarif des expertises en matière de médecine légale est fixée dans le tableau ci-après :

COEFFICIENT	VALEUR
Q1	2,5
Q2	3,5
Q3	1,5
Q4	1,5
Q5	1,5
Q6	2
Q7	2,5
Q8	1,5
Q9	6
Q10	10
Q11	3
Q12	5
Q13	5
Q14	3,5
Q15	7,5
Q16	8

« Art.A. 43-7.-Conformément aux dispositions de l'article R. 122, la page de traduction par écrit est payée 25 euros.

« L'heure de traduction par oral est fixée à 25 euros.

« Le tarif de base applicable est majoré dans les hypothèses et proportions suivantes :

« 1° De 40 % pour la première heure de traduction ;

« 2° De 25 % pour l'heure de traduction effectuée entre 22 heures et 7 heures ;

« 3° De 25 % pour l'heure de traduction effectuée le samedi, le dimanche et les jours fériés.

« Ces majorations sont cumulables et chacune se calcule par référence au tarif de base.

« Art.A. 43-8.-Conformément aux dispositions des articles R. 216 et R. 216-1, il est alloué aux personnes désignées en qualité d'administrateur *ad hoc* dans le cadre d'une procédure pénale des indemnités correspondant aux montants Iaah 1 à Iaah 11 qui sont fixés dans le tableau ci-après :

INDICE	MONTANT
Iaah 1	175 euros
Iaah 2	250 euros
Iaah 3	450 euros
Iaah 4	125 euros
Iaah 5	100 euros
Iaah 6	300 euros
Iaah 7	75 euros
Iaah 8	100 euros
Iaah 9	100 euros
Iaah 10	300 euros
Iaah 11	50 euros

Article 3 : Il est inséré, après le nouvel article A. 43-9, deux articles ainsi rédigés :

« Art.A. 43-10.-Conformément aux dispositions de l'article 1210-3 du nouveau Code de procédure civile, le montant de l'indemnité allouée à la personne désignée en qualité d'administrateur *ad hoc* dans le cadre d'une procédure civile est fixé à 200 euros.

« Le montant de l'indemnité de carence est fixé à 50 euros.

« Art.A. 43-11.-Conformément aux dispositions de l'article R. 111-20 du code de l'entrée et du séjour des étrangers et du droit d'asile, le montant des indemnités allouées à la personne désignée en qualité d'administrateur *ad hoc* dans le cadre d'une procédure de maintien en zone d'attente ou d'une procédure de demande d'asile est fixé ainsi qu'il suit :

« 150 euros pour l'indemnité prévue au 1° ;

« 150 euros pour l'indemnité prévue au 2° ;

« 150 euros pour l'indemnité prévue au 3°.

« Le montant de l'indemnité de carence est fixé à 50 euros. »

Article 4 : I.-Les dispositions résultant des articles 8, 9, 11, 12, 13 et 14 du décret du 30 juillet 2008 susvisé, instituant ou modifiant les articles R. 116-1, R. 117, R. 122, R. 216 et R. 216-1 du Code de procédure pénale, l'article 1210-3 du nouveau Code de procédure civile et l'article R. 111-20 du Code de l'entrée et du séjour des étrangers et du droit d'asile entrent en vigueur à la date de publication du présent arrêté.

Les coefficients et tarifs fixés aux articles A. 43-6, A. 43-7, A. 43-8, A. 43-10 et A. 43-11 sont applicables aux missions réalisées sur réquisitions prises à compter de la date de publication du présent arrêté.

II.-A la date du 1er mars 2009, et pour les traductions réalisées sur réquisitions prises à compter de cette date, le deuxième alinéa de l'article A. 43-7 est ainsi rédigé :

« L'heure de traduction par oral est fixée à 30 euros. »

Article 5 : Les dispositions du présent arrêté sont applicables sur l'ensemble du territoire de la République.

Article 6 : Le directeur des services judiciaires du ministère de la justice et le directeur du budget du ministère du budget, des comptes publics et de la fonction publique sont chargés, chacun en ce qui le concerne, de l'exécution du présent arrêté, qui sera publié au Journal officiel de la République française.

Annexe n° 6 : Tableau comparatif et récapitulatif relatif aux soins pénalement ordonnés

	Obligation de soins	Injonction thérapeutique	Injonction de soins
Consentement requis pour le prononcé			
	Non	Non	Non
Expertise judiciaire requise pour son prononcé			
	Non	Non	Oui
Auteur du prononcé = autorité judiciaire			
	Oui	Oui	Oui
Modalité de prononcé			
	Facultatif	Facultatif/avis médical	De principe
Champ d'application			
	Infractions non définies	Consommation de produits stupéfiants et boissons alcooliques	Infractions énumérées de manière limitative
Mesures-supports			
Composition pénale	Non	Oui	Non
Contrôle judiciaire	Oui	Oui	Non
Assignation à résidence PSE	Oui	Oui	Non
Suivi socio-judiciaire	Oui	Non	Oui
Contrainte pénale	Oui	Oui	Oui si SSJ encouru
SME	Oui	Oui	Non
AME	Oui	Oui	Non
Aménagement de peine	Oui	Oui	Oui si SSJ encouru
Surveillance judiciaire	Oui	Non	Oui si SSJ encouru
Surveillance de sûreté	Oui	Non	Oui si SSJ encouru

Durée		
Celle de la mesure-support	24 mois maximum	Celle de la mesure-support
Déroulement en milieu ouvert		
Oui	Oui	Oui
Lien formalisé entre Autorité judiciaire – Autorité sanitaire		
Non	Oui	Oui
Sanction de l'inexécution du soin pénalement ordonné		
Oui	Oui	Oui

Annexe n° 7 : Circulaire du 21 juin 2012 relative aux recommandations nationales concernant la participation des professionnels de santé exerçant en milieu carcéral à la commission pluridisciplinaire unique

Liberté • Égalité • Fraternité
RÉPUBLIQUE FRANÇAISE

MINISTERE DE LA JUSTICE
MINISTERE DES AFFAIRES SOCIALES ET DE LA SANTE

DIRECTION DE L'ADMINISTRATION PENITENTIAIRE

DIRECTION DE LA PROTECTION JUDICIAIRE DE LA JEUNESSE

DIRECTION GENERALE DE L'OFFRE DE SOINS

DIRECTION GENERALE DE LA SANTE

Le Directeur de l'administration pénitentiaire
Le Directeur de la protection judiciaire de la jeunesse
Le Directeur général de l'offre de soins
et le Directeur général de la santé

aux

Directeurs interrégionaux des services pénitentiaires

Directeurs interrégionaux de la protection judiciaire de la jeunesse

et aux Directeurs généraux des agences régionales de santé

CIRCULAIRE INTERMINISTERIELLE N°DGS/MC1/DGOS/R4/DAP/DPJJ/2012/94 du 21 juin 2012 relative aux recommandations nationales concernant la participation des professionnels de santé exerçant en milieu carcéral à la commission pluridisciplinaire unique (CPU) prévue par l'article D90 du code de procédure pénale ou à la réunion de l'équipe pluridisciplinaire prévue par l'article D514 du même code et au partage d'informations opérationnelles entre professionnels de santé et ceux de l'administration pénitentiaire et de la protection judiciaire de la jeunesse.

Date d'application : immédiate
NOR : ETSP1206347C
Classement thématique : Professions de santé

Catégorie : Mesures d'organisation des services retenues par les ministres pour la mise en œuvre des dispositions dont il s'agit.

Résumé : Participation des professionnels de santé exerçant en milieu carcéral à la commission pluridisciplinaire unique (CPU) et à la réunion de l'équipe pluridisciplinaire dans les établissements accueillant des personnes mineures. Partage d'informations opérationnelles entre professionnels de santé et ceux de l'administration pénitentiaire et de la protection judiciaire de la jeunesse.
Mots-clés : commission pluridisciplinaire unique - réunion de l'équipe pluridisciplinaire - partage d'informations.

1

Textes de référence :
Loi n°2002-303 du 4 mars 2002 relative aux droits des malades et à la qualité du système de santé
Loi n°2008-174 du 25 février 2008 relative à la rétention de sûreté et à la déclaration d'irresponsabilité pénale pour cause de trouble mental.
Loi n°2009-1436 du 24 novembre 2009 pénitentiaire.
Décret n°2006-672 du 8 juin 2006 modifié relatif à la création, la composition et au fonctionnement des commissions administratives à caractère consultatif.
Décret n°2007-749 du 9 mai 2007 relatif au régime de détention des mineurs et modifiant le code de procédure pénale.
Décret n°2010-1635 du 23 décembre 2010 portant application de la loi pénitentiaire et modifiant le code de procédure pénale.
Décret n°2011-817 du 6 juillet 2011 portant création d'un traitement de données à caractère personnel relatif à la gestion informatisée des détenus en établissement (Gide).
Articles D90, D91 et D514 du code de procédure pénale.
CIRCULAIRE INTERMINISTERIELLE N°DHOS/DGS/DSS/DGAS/DAP/2005/27 du 10 janvier 2005 relative à l'actualisation du guide méthodologique relatif à la prise en charge sanitaire des personnes détenues et à leur protection sociale.
Plan d'actions stratégiques 2010-2014 : politique de santé pour les personnes placées sous main de justice.

Annexes :
Annexe 1 : Partage d'informations opérationnelles entre les acteurs pénitentiaires et les acteurs de santé

Diffusion : directeurs généraux des agences régionales de santé (ARS) ; directions des établissements hospitaliers de rattachement des UCSA ; ensemble des personnels des UCSA et des dispositifs de soins psychiatriques ; directeurs interrégionaux des services pénitentiaires ; directeurs interrégionaux de la protection judiciaire de la jeunesse, directeurs territoriaux de la protection judiciaire de la jeunesse, chefs d'établissements pénitentiaires, directeurs départementaux des services d'insertion et de probation, personnels des services pénitentiaires et des services d'insertion et probation.

Cette circulaire, élaborée conjointement pour répondre aux interrogations des professionnels de la santé et de la justice, a pour objet de préciser :

- le cadre et les limites du partage d'informations opérationnelles entre les professionnels de santé exerçant en milieu pénitentiaire et ceux de l'administration pénitentiaire et de la protection judiciaire de la jeunesse. Le contenu s'appuie sur les recommandations issues d'un groupe de travail interministériel sur ce sujet associant des représentants des professionnels de la santé et de la justice, mis en place à l'initiative du ministre chargé de la santé et piloté par ses services. Le partage d'informations dans ce cadre peut paraître complexe mais il est nécessaire, dans l'intérêt de la personne détenue.

- les modalités de participation des professionnels de santé à la commission pluridisciplinaire unique (CPU) et aux réunions de l'équipe pluridisciplinaire dans les établissements accueillant des personnes mineures, le but étant d'harmoniser celles-ci dans le respect des domaines de compétence et des cadres professionnels de chacun.

I - Partage d'informations opérationnelles entre professionnels de santé et professionnels de l'administration pénitentiaire et de la protection judiciaire de la jeunesse

Les conditions du partage d'information entre les professionnels de santé et les professionnels de l'administration pénitentiaire sont définies à l'article L. 6141-5 du code de la santé publique, issu de l'article 8 de la loi n°2008-174 du 25 février 2008 relative à la rétention de sûreté et à la déclaration d'irresponsabilité pénale pour cause de trouble mental dans les termes suivants : « Dès lors qu'il existe un risque sérieux pour la sécurité des

2

personnes au sein des établissements mentionnés au premier alinéa du présent article - *établissements publics de santé spécifiquement destinés à l'accueil des personnes incarcérées ou des personnes faisant l'objet d'une rétention de sûreté* - , les personnels soignants intervenant au sein de ces établissements et ayant connaissance de ce risque sont tenus de le signaler dans les plus brefs délais au directeur de l'établissement en lui transmettant, dans le respect des dispositions relatives au secret médical, les informations utiles à la mise en œuvre de mesures de protection. Les mêmes obligations sont applicables aux personnels soignants intervenant au sein des établissements pénitentiaires.».

Au-delà de ces dispositions, ce partage a pour objectif de préserver la santé et la sécurité de la personne détenue mais également de participer à la sécurité de l'ensemble des personnes intervenant en milieu pénitentiaire. Il s'exerce dans le respect du droit au secret médical, garanti aux personnes détenues par l'article 45 de la loi n° 2009-1436 du 24 novembre 2009 pénitentiaire.

Le partage d'informations est organisé dans le cadre de procédures et outils formalisés au sein des commissions telles que la CPU, la réunion hebdomadaire de l'équipe pluridisciplinaire lorsque l'établissement accueille des personnes mineures ou la commission santé prévue par le guide méthodologique relatif à la prise en charge sanitaire des personnes détenues.

Le document joint en annexe 1, issu des réflexions du groupe de travail interministériel précité, donne un cadre à ce partage, qui doit être décliné et organisé au niveau de chaque établissement.

Le cahier électronique de liaison (CEL) est mis en place par l'Administration pénitentiaire. Les professionnels de santé ne doivent en aucune façon y porter des éléments d'information couverts par le secret médical.

II - Participation des professionnels de santé exerçant en milieu carcéral à la commission pluridisciplinaire unique (CPU) prévue par l'article D. 90 du code de procédure pénale ou à la réunion de l'équipe pluridisciplinaire prévue par l'article D. 514 du même code

La commission pluridisciplinaire unique (CPU), dispositif pénitentiaire prévu par le décret n° 2010-1635 du 23 décembre 2010 portant application de la loi pénitentiaire et modifiant le code de procédure pénale, est présidée par le chef de l'établissement pénitentiaire ou son représentant. Sa consultation est obligatoire pour l'examen des parcours d'exécution de peine (PEP) des personnes condamnées (article D. 89 du code de procédure pénale) et facultative pour toute autre situation la justifiant. Elle a pour objectif une connaissance partagée de la situation globale d'une personne détenue tout au long de son parcours de détention. Dans les établissements accueillant des personnes mineures, cet objectif est dévolu à la réunion hebdomadaire de l'équipe pluridisciplinaire (article D. 514 du code de procédure pénale) à laquelle participe le service de la PJJ dans la mesure où l'accompagnement éducatif concerne également l'accès aux soins.

Les professionnels de santé - *représentant des équipes soignantes de l'unité de consultations et de soins ambulatoires ou du service médico-psychologique régional désigné par l'établissement de santé de rattachement* - sont invités à y participer en fonction de l'ordre du jour et apportent des éléments permettant une prise en charge plus adaptée des patients détenus grâce à une meilleure articulation entre les professionnels, dans le respect du secret médical. Suivant le principe du partage d'information au sein de ces instances, ils peuvent également être destinataires d'informations de la part des autres professionnels présents et qui seront utiles à la prise en charge thérapeutique de leurs patients dans les conditions prévues par le tableau joint à la présente.

La participation des professionnels de santé à ces instances est organisée selon les principes suivants :

- Le représentant du personnel soignant est désigné par l'établissement de santé de rattachement. Il est souhaitable dans un souci de continuité que cette représentation soit assurée par un même personnel.
Si un médecin a été désigné, il peut déléguer cette fonction de représentant à un personnel infirmier, tenu au secret professionnel conformément à l'article R. 4312-4 du code de la santé publique. A l'occasion de cette délégation, le médecin rappelle à l'infirmier ses conditions d'intervention au sein de la commission pluridisciplinaire unique au regard du droit au respect au secret médical reconnu aux personnes détenues.

- Il revient au chef de l'établissement pénitentiaire de veiller à ce que l'ordre du jour des réunions soit communiqué au moins cinq jours avant leur tenue au représentant désigné par l'établissement de santé de rattachement, lorsque la CPU examine le parcours d'exécution de la peine. Dans les autres cas, aucun délai n'est prescrit. Il convient toutefois de respecter un délai minimum de prévenance de trois jours pour permettre de préparer dans de bonnes conditions la réunion.

Celui-ci comporte la liste exhaustive des personnes détenues dont la situation sera évoquée afin de permettre à l'équipe soignante de préparer ces réunions et notamment d'informer les personnes détenues concernées de l'échange d'informations envisagé. Si la personne détenue concernée est mineure, les titulaires de l'autorité parentale sont informés de l'échange d'informations envisagé. Cette information préalable de la personne détenue et l'échange prévu à son sujet doivent s'exercer dans le strict respect des dispositions de la loi n°2002-303 du 4 mars 2002 relative aux droits des malades et à la qualité du système de santé.

La participation effective des professionnels de santé aux réunions de la CPU qui traitent de la prévention du suicide est fortement recommandée.

- Chaque réunion fait l'objet d'un relevé des avis, communiqué aux professionnels de santé, qui peuvent formuler, par écrit, toute remarque qui est intégrée dans le dossier de la personne détenue.

- L'instauration de protocoles dans ce domaine est indispensable pour garantir dans la durée un fonctionnement efficace et harmonisé. Ces protocoles doivent tenir compte des éventuelles spécificités concernant les personnes mineures incarcérées.

Nous vous remercions de nous faire connaître les éventuelles difficultés que vous pourriez rencontrer dans la mise en œuvre de ces recommandations.

Le Préfet, directeur de l'administration pénitentiaire

signé

Henri MASSE

Le Directeur général de l'offre de soins

signé

François-Xavier SELLERET

Le Directeur de la protection judiciaire de la jeunesse

signé

Jean-Louis DAUMAS

Le Directeur général de la santé

signé

Jean-Yves GRALL

4

ANNEXE 1 : LE PARTAGE D'INFORMATIONS OPERATIONNELLES ENTRE LES ACTEURS PENITENTIAIRES ET LES ACTEURS DE SANTE

Contenu de l'information	Partage de l'information			Délai de transmission		Observations
	Oui	Non	Non systématique*	Sans délai	Non urgent	
Informations nécessaires aux professionnels de santé pour effectuer leurs missions						
						Ces informations sont à transmettre le plus rapidement possible pour assurer au mieux la continuité des soins de certains patients.
A l'extérieur :						Toute personne doit avoir accès à l'ensemble des informations concernant sa santé connu par les professionnels de santé (article L.1111-7 CSP). Cela implique que le médecin connaisse l'identité d'une personne pour composer son dossier. Parallèlement, toute personne qui souhaite accéder à son dossier doit être identifiée par le médecin (article R.1111-1 CSP). Le médecin doit donc connaitre l'identité de la personne qu'il examine. Les consultations ne sont pas anonymes, sauf si la loi le permet (tests de dépistage du VIH dans le cadre d'un CDAG, consultations pour les personnes toxicomanes...), Enfin, pour répondre aux impératifs de sécurité liés aux mouvements des personnes détenues, la connaissance de leur identité est nécessaire.
. Les éléments d'état civil	X			X		
. L'adresse habituelle de résidence et des détenteurs de l'autorité parentale pour les mineurs	X			X		Pour le patient détenu mineur, cette information est essentielle pour la communication du service médical avec les détenteurs de l'autorité parentale.
. Le numéro de sécurité sociale s'il est connu ou le mode d'affiliation (CMU, ayant droit)	X			X		En application de l'article D.366 du code de procédure pénale, les détenus sont affiliés, dès leur incarcération, au régime général de la sécurité sociale. Une copie de l'attestation des justificatifs est à fournir.

ANNEXE 1 : LE PARTAGE D'INFORMATIONS OPERATIONNELLES ENTRE LES ACTEURS PENITENTIAIRES ET LES ACTEURS DE SANTE

Contenu de l'information	**Partage de l'information**			**Délai de transmission**		**Observations**
	Oui	Non	Non systématique*	Sans délai	Non urgent	
. Les événements survenus pendant la garde à vue (tentative de suicide,…) ou le défèrement, ou lors du parcours PJJ antérieur pour les mineurs (continuité de la prise en charge judiciaire)	X			X		Un examen médical de la personne gardée à vue est pratiqué systématiquement pour les mineurs ou en cas de prolongation d'une garde à vue en matière de criminalité organisée, ou, en application de l'article 63-3, à la demande de la personne gardée à vue, de sa famille ou du procureur de la République ou de l'OPJ. Le médecin peut être amené à établir un certificat par lequel il se prononce sur l'aptitude au maintien en garde à vue. Ce certificat est versé au dossier. Si une prise en charge médicale est nécessaire, afin d'assurer la continuité des soins, les dispositions de l'alinéa 3 de l'article L.1110-4 du code de la santé publique s'appliquent (secret partagé entre médecin sauf opposition de la personne). Le certificat est donc communicable si cela est nécessaire au médecin de l'établissement pénitentiaire dans le cadre de la continuité des soins. Une copie de la fiche de l'Administration pénitentiaire qui fait état des observations lors de l'arrivée au quartier arrivant peut éventuellement être transmise. Sur accord des mineurs et des détenteurs de l'autorité parentale, les outils PJJ (Recueil d'information santé : RIS et Projet d'accueil individualisé :PAI) relatifs à une prise en charge de la santé antérieure à la détention, peuvent être transmis aux professionnels médicaux par les professionnels de la PJJ.
A l'intérieur :						
. Le statut pénal du patient détenu (condamné ou prévenu)			X		X	**La connaissance du dossier pénal n'est généralement pas nécessaire pour les soins somatiques sauf dans certains cas pour préparer la sortie de l'établissement pénitentiaire.** En ce qui concerne les mineurs, ce caractère non nécessaire doit être nuancé. Leur prise en charge résulte de modalités spécifiques du fait de la continuité de l'intervention judiciaire et des services de la protection judiciaire de la jeunesse avant l'incarcération, pendant et après, de la présence de locaux et personnels dédiés, du maintien de l'autorité parentale. Elle doit tenir compte également de leur immaturité et du développement de leur personnalité.
. La durée prévisible d'incarcération (durée du mandat de dépôt, durée de la peine)			X		X	

ANNEXE 1 : LE PARTAGE D'INFORMATIONS OPERATIONNELLES ENTRE LES ACTEURS PENITENTIAIRES ET LES ACTEURS DE SANTE

Contenu de l'information	Partage de l'information			Délai de transmission		Observations
	Oui	Non	Non systématique*	Sans délai	Non urgent	
. La cellule ainsi que les changements de position	X			X		La continuité des soins (médicaments, consultation) doit être assurée. Lorsque la personne détenue est placée au quartier disciplinaire (article D.381, b) CPP) ou à l'isolement (art. D.381, c) CPP), elle doit recevoir la visite d'un médecin et bénéficier des soins (médicaments, consultations..).
. Les dates d'extraction et les mutations ou transferts d'un établissement à l'autre	X			X		Les médecins sont tenus, du fait de leurs obligations déontologiques, d'assurer la continuité des soins (article R.4127-47 CSP). Pour leur permettre de remplir cette obligation, il convient de les informer des transferts ou extractions des personnes détenues. Dans la mesure du possible, cette information doit être la plus précoce afin de préparer la transmission et l'organisation des traitements médicaux ou prescriptions, l'envoi du dossier médical et la prise de contact avec l'UCSA d'arrivée si besoin.
. Les modifications ou anomalies de comportement et d'habitudes en détention : repli sur soi, non sortie persistante en promenade, cessation inexpliquée d'activités, non alimentation	X			X		Les surveillants sont tenus de consigner les observations concernant leur mission, cette transmission ne pose pas d'obstacle a priori.
. Les mauvaises nouvelles reçues ou prévisibles (de nature familiale, judiciaire,...)	X			X		Ces informations sont nécessaires pour la prévention de la crise suicidaire.
Lors de la préparation à la sortie :						
. La nature de la structure d'accueil (sanitaire, médico-sociale, d'hébergement) envisagée (sans énoncer le diagnostic)	X				X	Ces informations (coordonnées de la structure ou du référent de celle ci) sont utiles pour organiser la continuité des soins.
. La date de libération prévue ou prévisible	X			X		Cette transmission est indispensable pour l'organisation de soins, elle est prévue par les RPE. Elle est fondamentale pour la continuité des soins. Il convient d'être particulièrement vigilant lors d'aménagement hors débat contradictoire ou CAP.

ANNEXE 1 : LE PARTAGE D'INFORMATIONS OPERATIONNELLES ENTRE LES ACTEURS PENITENTIAIRES ET LES ACTEURS DE SANTE

Contenu de l'information	Partage de l'information			Délai de transmission		Observations
	Oui	Non	Non systématique*	Sans délai	Non urgent	
. Soins pénalement obligés: injonction de soins	X				X	Si la personne fait l'objet d'une injonction de soins à la sortie, cette donnée est utile aux soignants: 1/ notion de la réalisation d'une expertise, indication d'une attention particulière 2/ utilité pour la préparation à la sortie.
Informations pouvant être communiquées par les professionnels de santé aux professionnels de l'administration pénitentiaire et de la protection judiciaire de la jeunesse						
. La réalisation des visites médicales réglementaires	X				X	Il s'agit d'une information importante pouvant remettre en cause un futur aménagement de peine et/ou permettant la proposition d'un travail sur les certificats d'aptitude au travail. Il faut distinguer différents types de visite médicale en fonction de leur caractère réglementaire ou non et de la nécessité d'un émargement pour certaines **(Cf. guide méthodologique).**
. Les certificats médicaux, légaux et réglementaires à l'exclusion des certificats destinés aux patients et remis en main propre						L'article D.382, alinéa 4 du CPP modifié par Décret n°98-1099 du 8 décembre 1998 - art. 90 JORF 9 décembre 1998 indique que le médecin informe le chef d'établissement des risques sur l'état de santé de la personne détenue. Les médecins intervenant dans les structures visées aux articles D. 368, D. 371 et D. 372 délivrent au détenu, à sa demande ou sur celle des détenteurs de l'autorité parentale lorsque le détenu est mineur, des certificats ou attestations relatifs à son état de santé et, sous réserve de son accord exprès, à sa famille ou à son conseil. Ils lui fournissent les attestations ou documents indispensables pour bénéficier des avantages qui lui sont reconnus par la sécurité sociale, et notamment de ceux prévus par la législation sur les accidents du travail et les maladies professionnelles. Ils délivrent aux autorités pénitentiaires des attestations écrites contenant les renseignements strictement nécessaires à l'orientation du détenu ainsi qu'aux modifications ou aux aménagements du régime pénitentiaire que pourrait justifier son état de santé.

ANNEXE 1 : LE PARTAGE D'INFORMATIONS OPERATIONNELLES ENTRE LES ACTEURS PENITENTIAIRES ET LES ACTEURS DE SANTE

Contenu de l'information	Partage de l'information			Délai de transmission		Observations
	Oui	Non	Non systématique*	Sans délai	Non urgent	
. Enoncé (sans précision du diagnostic) du risque sérieux pour le détenu ou pour autrui	X			X		Se référer à l'article L.6141-5 du CSP (L'alinéa 3 précise que les personnels soignants informent le directeur de l'établissement pénitentiaires de risques sérieux pour la sécurité des personnes détenues ou non. C'est une obligation légale d'information qui s 'exerce dans le respect du secret médical).
. Les principaux signes d'alerte à surveiller (sans énoncer le diagnostic) en vue d'obtenir une demande de surveillance renforcée ponctuelle pour un patient présentant un problème psychiatrique ou somatique	X			X		Cette information importante peut remettre en cause un aménagement de peine futur.
. La découverte de cas de maladies contagieuses ou à déclaration obligatoire (tuberculose,...) en vue de mettre en place le protocole adapté	X			X		Il s'agit, sans donner de nom de patients, de pouvoir informer sur les mesures à prendre et de prévenir également le médecin de prévention du ministère de la justice et des libertés territorial référent pour l'établissement pénitentiaire et les services PJJ concernés. La personne détenue doit alors être isolée (article D384-1 CPP). Cette information importante peut remettre en cause un aménagement de peine futur (par exemple hébergement en CHRS).
. Les handicaps et incapacités du patient nécessitant une adaptation des conditions de détention	X			X		Une attestation ou un certificat est remis au patient. Cette information est également nécessaire à la préparation d'une sortie anticipée.
. Les personnes détenues auxquelles doivent impérativement être remis des médicaments et documents médicaux avant la libération.	X			X		Ces informations sont indispensables pour la continuité des soins et des traitements et particulièrement nécessaires à la préparation d'une sortie anticipée ou simplement en fin de peine.
. Les personnes détenues victimes de maltraitance	X			X		Il s'agit d'une obligation déontologique (article R4127-10 du CSP). Un certificat est remis au patient. La situation peut nécessiter un signalement à l'autorité judiciaire. Le médecin doit effectivement recueillir l'accord des personnes majeures dès lors qu'elles sont "en mesure de se protéger en raison de leur âge ou de leur état physique ou psychique". L'accord de l' intéressé n'est donc pas nécessaire pour les mineurs, les majeurs en état de vulnérabilité.

ANNEXE 1 : LE PARTAGE D'INFORMATIONS OPERATIONNELLES ENTRE LES ACTEURS PENITENTIAIRES ET LES ACTEURS DE SANTE

Contenu de l'information	Partage de l'information			Délai de transmission		Observations
	Oui	Non	Non systématique*	Sans délai	Non urgent	
Informations nécessaires aux professionnels pénitentiaires et professionnels de la PJJ pour effectuer leurs missions						
. Situation susceptible de présenter un risque pour la personne détenue et/ou pour autrui :						
* maladie contagieuse en vue de mettre en œuvre des mesures préventives (tuberculose gale,..)	X			X		Toutes les maladies transmissibles ne sont pas contagieuses. Seules celles nécessitant des mesures d'isolement et/ou des mesures barrière sont à signaler (à titre d'exemple VIH, hépatites non concernées). Les mesures de prophylaxie sont mises en œuvre par l'AP. Il convient d'informer le médecin de prévention du ministère de la justice et des libertés territorial référent pour l'établissement pénitentiaire et les services PJJ concernés . Cette information doit être transmise en cas d'aménagement de peine programmé en hébergement collectif (type placement extérieur collectif).
* risque suicidaire hors phase aigüe nécessitant une hospitalisation en urgence en vue de mettre en œuvre un suivi spécifique	X			X		Hospitalisation en fonction de l'évaluation médicale du risque suicidaire.
* risque de dangerosité (au sens psychiatrique du terme) en vue de prévenir des agressions	X			X		Il s'agit d'un cas de dérogation facultative au secret médical . La copie de l'expertise est nécessaire.
. Matériels médicaux nécessaires à la vie quotidienne en cas de pathologies chroniques (oxygène, stylos injecteurs, défibrillateurs implantables,…)	X			X		Le certificat est remis au patient. La rédaction d'une convention est utile pour un accompagnement spécifique de la personne le temps de l'incarcération.
. Existence d'un suivi psychiatrique dans le cadre des demandes d'aménagements de peine (LC, placement extérieur, PSE, PSEM,…)		X		X		Le certificat de suivi est remis au patient. La relation médecin/JAP est décrite (article 720-1 du CPP). Les coordonnées du référent psychiatrique et/ou du CMP sont à transmettre.
. Nécessité et nature de l'hébergement dans le cadre de l'instruction des demandes de suspension de peine pour raison médicale	X				X	La discussion est au cas par cas avec SPIP et les éducateurs PJJ. A priori, l'état de santé de la personne nécessite des soins constants. Il est nécessaire de fournir certains justificatifs pour l'accueil de la personne dans la structure d'hébergement.

ANNEXE 1 : LE PARTAGE D'INFORMATIONS OPERATIONNELLES ENTRE LES ACTEURS PENITENTIAIRES ET LES ACTEURS DE SANTE

Contenu de l'information	Partage de l'information			Délai de transmission		Observations
	Oui	Non	Non systématique*	Sans délai	Non urgent	
. Existence d'une ordonnance à la personne détenue pour justifier de la présence des médicaments en cellule.	X			X		Il n'y a pas de signalement "à priori", tout patient ayant des médicaments doit être détenteur d'une ordonnance qu'il doit produire en cas de contrôle. Les ordonnances doivent être remis au patient. Selon l'article D273 CPP, il appartient au chef d'établissement de décider si une personne détenue peut garder à sa disposition, selon les modalités prescrites par les médecins intervenant dans les établissements pénitentiaires, des médicaments, matériels et appareillages médicaux. Il convient d'être vigilant lors d'aménagement hors débat contradictoire ou **CAP**. En ce qui concerne les mineurs, la question se pose de la pertinence de la détention de médicaments en cellule. Elle peut faire l'objet d'une discussion dans le cadre de la réunion hebdomadaire de l'équipe pluridisciplinaire.
. Existence d'un projet de soins élaboré avec le patient détenu en vue de le mettre en cohérence avec le projet de sortie (ex : relation avec un CSAPA) ou d'aménagement de peine			X		X	**Cette information est utile pour les personnels d'insertion et de probation** et lorsqu'il s'agit d'un mineur détenu, les éducateurs PJJ.
Informations pouvant être communiquées par les professionnels pénitentiaires et ceux de la PJJ aux professionnels de santé						
. La date de libération ou de transfert	X			X		C'est notamment le cas quand elle est connue pour les personnes condamnées. Dans tous les cas, cette information est capitale pour la continuité de soins.
. Les relations familiales et l'environnement social			X		X	
. Le comportement en détention, la participation ou non à des activités			X		X	
. L'hygiène du détenu et celle de la cellule			X		X	
. Tout élément pouvant faire craindre un comportement violent de la part de la personne détenue	X			X		Cette information est utile dans une logique de protection des soignants lors des consultations.

* « pas de transmission systématique, mais échange selon les cas »

7/7

29/02/2012

INDEX

L'index renvoie aux numéros de paragraphe

D

G

H

I

TABLE DES MATIÈRES

Septembre 2015

Achevé d'imprimer
sur les presses de Présence Graphique

Dépôt légal : Septembre 2015

Imprimé en Europe